L'usage des drogues et la toxicomanie

VOLUME III

Sous la direction de
Pierre Brisson

L'usage des drogues et la toxicomanie

VOLUME III

gaëtan morin
éditeur

Montréal □ Paris

Données de catalogage avant publication (Canada)

Vedette principale au titre :

L'usage des drogues et la toxicomanie

Comprend des réf. bibliogr. et un index.

ISBN 2-89105-268-4 (v. 1)
ISBN 2-89105-530-6 (v. 2)
ISBN 2-89105-773-2 (v. 3)

1. Toxicomanie.   2. Alcoolisme.   3. Toxicomanie – Traitement.   4. Psychotropes.   5. Toxicomanie – Aspect social.   6. Toxicomanes, Services aux.   I. Brisson, Pierre, 1955-   .

HV5801.U82   1988   362.29   C89-0004250-0

Tableau de la couverture : *Sans titre*
Œuvre de **Jean-Pierre Lafrance**

Multidisciplinaire, Jean-Pierre Lafrance s'adonne non seulement à la peinture, qui demeure son moyen d'expression privilégié, mais aussi à la sculpture, à l'estampe, à l'installation et à l'assemblage.

À travers l'abstraction de ses tableaux apparaissent certaines structures qui guident le regard vers d'autres lieux plus évocateurs. La sensibilité de l'artiste se reflète dans la luminosité des couleurs et dans la richesse des textures.

On trouve les œuvres de Jean-Pierre Lafrance à la Galerie Michel-Ange de Montréal.

Montréal, Gaëtan Morin Éditeur ltée
171, boul. de Mortagne, Boucherville (Québec), Canada   J4B 6G4. Tél. : (450) 449-2369
Paris, Gaëtan Morin Éditeur, Europe
105, rue Jules-Guesde, 92300 Levallois-Perret, France. Tél. : 01.41.40.49.19

L'information de Statistique Canada est utilisée en vertu d'une permission du ministre de l'Industrie, à titre de ministre responsable de Statistique Canada. On peut obtenir de l'information sur la disponibilité de la vaste gamme de données de Statistique Canada par l'entremise des bureaux régionaux de Statistique Canada, de son site sur le World Wide Web au http://www.statcan.ca, et de son numéro d'appels sans frais au 1-800-263-1136.

Révision linguistique : Jean-Pierre Leroux
Photo de la quatrième de couverture : Alexandre Brisson

Imprimé au Canada   1 2 3 4 5 6 7 8 9 0   09 08 07 06 05 04 03 02 01 00

Dépôt légal 4ᵉ trimestre 2000 – Bibliothèque nationale du Québec – Bibliothèque nationale du Canada

LES AUTEURS

Sophie Alarie, M.Sc. en criminologie, est agente de recherche au Centre hospitalier universitaire de Montréal (CHUM). Dans le cadre d'une étude menée auprès d'une cohorte de toxicomanes actifs (cohorte Saint-Luc), elle réalise l'analyse des données qualitatives concernant les comportements à risque et les comportements de protection reliés à l'infection par le VIH. Au Centre canadien de lutte à la toxicomanie, elle contribue à une recherche sur la relation entre la consommation d'alcool et de drogues et la criminalité.

David Barbeau est médecin généraliste au CLSC des Faubourgs auprès des populations marginales du centre-ville de Montréal. Il est également détenteur d'une maîtrise en pharmacologie de l'Université de Sherbrooke et poursuit des études postdoctorales en neurosciences fondamentales au Centre de recherche de l'Hôpital Douglas.

Line Beauchesne est professeure agrégée au Département de criminologie de l'Université d'Ottawa. Elle est membre du Comité de la recherche de SOS Drogue international, membre fondatrice de la Fondation canadienne pour une politique sur les drogues, membre du comité d'accompagnement des cahiers de Prospective Jeunesse, en Belgique, membre de la Ligue antiprohibitionniste belge et elle a siégé plusieurs années au conseil d'administration de l'Association des intervenants en toxicomanies du Québec (AITQ). Elle a écrit plusieurs livres et articles sur les politiques publiques en matière de drogues.

Mohamed Ben Amar est pharmacien, spécialisé en biologie clinique et en pharmacologie, diplômé de l'Université Paul-Sabatier (Toulouse) et de l'Université de Montréal. Depuis 1980, il enseigne la pharmacologie et la toxicologie à l'Université de Montréal et est chercheur au Centre hospitalier universitaire de Montréal (CHUM). Ses domaines de recherche incluent le VIH-sida, le cancer et les psychotropes. Il est l'auteur de diverses publications et communications scientifiques sur les médicaments du système nerveux. Depuis 1988, il témoigne à titre d'expert sur les drogues devant les tribunaux du Québec.

Gilles Bibeau s'est spécialisé dans les études africaines et en anthropologie de la santé. Ses recherches portent principalement sur les sujets suivants: les transformations des médecines et religions traditionnelles en milieu urbain africain, la comparaison des sémiologies populaires en santé mentale (Brésil, Pérou, Inde, Côte-d'Ivoire, Mali), l'étude des cultures de la drogue en milieu montréalais, les processus de reconstruction de l'identité chez les immigrants africains et indiens du Québec, notamment dans le milieu des jeunes. Toutes ces recherches sont caractérisées par le souci de mettre au point des méthodes combinant l'anthropologie avec l'épidémiologie. Il a été un membre très actif du Groupe interuniversitaire de recherche en anthropologie médicale et ethnopsychiatrie (GIRAME), qu'il a dirigé pendant plusieurs années. Il a été cofondateur de la revue *Psychotropes* et éditeur international pour *Medical Anthropology Quarterly*. Ses approches s'inspirent des courants interprétatif, phénoménologique et critique.

Marie-Denyse Boivin, titulaire d'une maîtrise en psychologie clinique et d'un doctorat en psychologie, est professeure en *counseling* d'orientation à la Faculté des sciences de l'éducation de l'Université Laval. Elle a œuvré dans le domaine de la toxicomanie et en santé mentale et participé à diverses activités scientifiques, au Québec et en Europe. Ses principaux champs d'intérêt sont l'insertion et la réinsertion des personnes présentant des problèmes de toxicomanie, la mesure et l'évaluation de même que le *counseling* personnel et professionnel.

Michel Brabant est médecin au service de désintoxication du Centre hospitalier universitaire de Montréal (CHUM), chargé d'enseignement de clinique au Département de médecine familiale et professeur accrédité au Département de psychiatrie de l'Université de Montréal.

Serge Brochu, Ph.D., a commencé sa carrière professionnelle en tant qu'intervenant au Service correctionnel du Canada (Pénitencier Leclerc, Centre régional de réception et Millhaven) et dans un centre de réadaptation pour personnes toxicomanes (Alternatives). Professeur titulaire à l'École de criminologie de l'Université de Montréal, il s'est principalement consacré à l'étude de la relation entre drogue et criminalité, à l'intervention auprès des toxicomanes et aux politiques en matière de drogue. Il est actuellement directeur du Centre international de criminologie comparée (CICC) de l'Université de Montréal et directeur scientifique dans l'équipe Recherche et intervention sur les substances psychoactives-Québec (RISQ).

René Carbonneau, Ph.D., est professeur adjoint à l'École de criminologie de l'Université de Montréal et chercheur au sein du Groupe de recherche sur l'inadaptation psychosociale chez l'enfant (GRIP) et de l'Équipe de recherche sur la prévention des toxicomanies.

Guy Charpentier travaille dans le domaine de la toxicomanie depuis 1962. Il a été, tour à tour, psychologue-thérapeute, directeur des services de réadaptation et directeur général, fonction qu'il occupe actuellement au Pavillon Jellinek, centre public de réadaptation pour alcooliques et toxicomanes, en Outaouais. Depuis quelques années, il s'intéresse au jeu pathologique et a été récemment membre d'un comité chargé de faire des recommandations au gouvernement du Québec sur cette question.

Andrée Demers, titulaire d'un doctorat en économie des ressources humaines de l'Université d'Aix-Marseille II, est professeure agrégée au Département de sociologie de l'Université de Montréal, directrice du Groupe de recherche sur les aspects sociaux de la santé et de la prévention (GRASP) et membre de l'équipe Recherche et intervention sur les substances psychoactives-Québec (RISQ). Ses recherches dans le domaine de la toxicomanie portent sur les facteurs sociaux associés à l'usage et à l'abus d'alcool. Elle est l'auteure de nombreux articles portant, notamment, sur l'impact des milieux de vie (famille, école, travail) et des contextes de consommation. Elle prépare actuellement, à titre d'éditrice scientifique, un ouvrage pour l'Organisation mondiale de la santé (OMS) sur l'épidémiologie de l'alcool dans les pays en développement. Ses travaux sont reconnus internationalement et elle est membre élue du conseil d'administration de la Kettil Bruun Society for Social and Epidemiological Research on Alcohol. De 1997 à 1999, elle a présidé le Groupe de travail ministériel sur la prévention de la toxicomanie.

Catherine Gosselin, Ph.D., est boursière du Conseil québécois de la recherche sociale (CQRS) et chargée de cours à l'Université de Sherbrooke. Elle est également membre du Groupe de recherche sur l'inadaptation psychosociale chez l'enfant (GRIP) et de l'Équipe de recherche sur la prévention des toxicomanies.

Nancy Haley est pédiatre à l'Hôpital Sainte-Justine et médecin-conseil en maladies infectieuses à la Direction de la santé publique de Montréal. En tant que pédiatre, elle a travaillé de nombreuses années en pédiatrie sociojuridique. Elle travaille actuellement en pédiatrie ambulatoire et est consultante au Centre maternel et infantile sur le sida. En santé publique, elle œuvre surtout dans les domaines des MTS, du VIH et des maladies transmissibles par le sang. Elle a contribué à titre de cochercheuse à des études portant sur la prévalence et l'incidence du VIH et des hépatites B et C chez les jeunes de la rue ainsi que sur leur trajectoire d'utilisation de drogues par injection. Elle a également mené une étude qualitative auprès de ce groupe dans le but d'améliorer la connaissance de leurs besoins et leur accès aux services de santé.

Pierre Lamarche est titulaire d'une maîtrise en sciences politiques. Après avoir passé quelques années à s'occuper d'organisation communautaire, au début des années 1970, il s'est dirigé vers les services aux personnes toxicomanes. Il a été chargé de programmes à la Direction de l'usage non médical des drogues (Santé et Bien-être social Canada), puis directeur de la Direction de la promotion de la santé pour le même ministère, mandat au cours duquel il a également touché à la recherche sociale. Il est ensuite passé à l'administration des services en prenant la direction générale du Centre de réadaptation Domrémy-Montréal, devenu, à la suite d'une fusion, le Centre Dollard-Cormier. Depuis deux ans, il assume la direction de l'Association des centres jeunesse où il se préoccupe de l'application de la *Loi sur la protection de la jeunesse* et de la *Loi sur les jeunes contrevenants*. Il siège à plusieurs conseils d'administration et au sein de plusieurs organismes de recherche, et s'intéresse tout particulièrement au sort des enfants et des familles en très grande détresse.

Pierre Lauzon est médecin omnipraticien et fondateur du Centre de recherche et d'aide aux narcomanes (CRAN) où il œuvre auprès de la clientèle toxicomane ; de même, il travaille au sein de l'Unité de toxicomanie du Centre hospitalier universitaire de Montréal (CHUM). Il est également chargé de formation clinique à la Faculté de médecine de l'Université de Montréal.

Louis Léonard, docteur en chimie médicinale, est pharmacien spécialisé dans le domaine de la conception de nouveaux médicaments. Ses travaux de recherche ont porté sur la synthèse et l'étude pharmacologique de nouveaux anorexigènes, antiépileptiques et inhibiteurs sélectifs de l'agressivité. Il donne à l'Université de Montréal divers cours portant sur la pharmacologie des psychotropes. Il est également président de Léonard, Vallée et Associés, une firme d'experts-conseils œuvrant dans le domaine médicolégal auprès des tribunaux criminels et civils.

Jean-François Malherbe est né à Bruxelles, en 1950. Docteur en philosophie (Louvain, 1975) et en théologie (Paris, 1983), il a été successivement professeur d'éthique et philosophie de la médecine à l'Université de Louvain (1983-1992), professeur d'éthique et anthropologie à l'Université de Montréal (1992-1994), doyen de la Faculté de théologie, d'éthique et de philosophie de l'Université de Sherbrooke (1994-1998). Il est actuellement titulaire de la Chaire d'éthique appliquée de l'Université de Sherbrooke. Auteur d'une centaine d'articles, il a également publié une douzaine de livres, parmi lesquels *Pour une éthique de la médecine* (Paris, 1987 ; Montréal, 1997) et *Autonomie et prévention – alcool, tabac, sida dans une société médicalisée* (Montréal, 1994). Il prépare actuellement une *Philosophie de la violence* en rapport, notamment, avec la problématique éthique des relations d'aide.

Céline Mercier, Ph.D. en psychologie, est professeure agrégée au Département de psychiatrie de l'Université McGill, directrice de l'axe « Recherche et évaluation des services de santé mentale » au Centre de recherche de l'Hôpital Douglas et chercheuse au RISQ. Ses intérêts de recherche concernent l'évaluation des services en santé mentale et en toxicomanie, l'élaboration de méthodologies pour l'évaluation des services dans la communauté et des services aux sans-abri. En tant que consultante, elle a principalement travaillé dans les domaines de la qualité de vie, de l'amélioration continue de la qualité et de la satisfaction face aux services. Céline Mercier est consultante senior pour le Centre collaborateur OMS de Montréal, vice-présidente du Comité de la santé mentale du Québec et membre du Groupe d'appui pour la transformation des services de santé mentale.

Louise Nadeau a reçu un doctorat de l'Université du Québec à Montréal et mené des travaux de recherche au Bedford College de l'Université de Londres, après avoir mis sur pied le certificat en toxicomanie de l'Université de Montréal. Elle est maintenant professeur titulaire au Département de psychologie de l'Université de

Montréal. Ses travaux de recherche ont pour objet l'alcool et les drogues, particulièrement l'épidémiologie de l'alcool, la comorbidité psychiatrique ainsi que les femmes et les substances psychoactives. Elle est l'auteure de plusieurs livres et a contribué à plusieurs ouvrages scientifiques et articles. Depuis septembre 1994, elle préside le Comité permanent de lutte à la toxicomanie du gouvernement du Québec (CPLT). Comme clinicienne, elle a assuré la supervision clinique d'une communauté thérapeutique pour toxicomanes en milieu carcéral. Membre de diverses organisations à titre bénévole, elle copréside la Table de concertation des femmes du Conseil international sur les problèmes d'alcoolisme et de toxicomanie et est la vice-présidente du conseil d'administration des Instituts de recherche en santé du Canada.

Éva Nonn est titulaire d'un doctorat en sciences juridiques et d'une maîtrise en criminologie. Depuis 13 ans, elle a réorienté sa carrière vers la recherche et travaille aujourd'hui à ce titre à la Direction de la santé publique de Montréal. Elle se spécialise dans les approches qualitatives et ses recherches visent à rendre compte de la perspective des acteurs dans la gestion des problèmes sociosanitaires qui les concernent. Ses travaux ont porté principalement sur les populations marginalisées comme les jeunes en difficulté, les minorités ethniques, les hommes ayant des relations sexuelles et affectives avec d'autres hommes. Aujourd'hui, ses travaux de recherche touchent les problèmes sociaux et sanitaires que soulèvent la toxicomanie et les pratiques d'injection de drogues chez les jeunes de la rue de Montréal.

Élise Roy a obtenu un diplôme en médecine et une maîtrise en santé communautaire. Elle est médecin-conseil en maladies infectieuses à la Direction de la santé publique de Montréal. Depuis une dizaine d'années, elle a mené plusieurs recherches épidémiologiques sur le VIH, sur les infections transmissibles par le sang et sur les MTS auprès des jeunes en difficulté et de la rue. Elle s'intéresse plus particulièrement aux conséquences sociosanitaires des conduites sexuelles et de consommation de drogues à haut risque chez les jeunes de la rue ainsi qu'à leur trajectoire de consommation. Elle mène également des études qualitatives auprès de ces jeunes, principalement sur le thème de l'injection de drogues.

Pascal Schneeberger, titulaire d'une maîtrise en criminologie de l'Université de Montréal (1994), est contractuel au service de différents organismes gouvernementaux et paragouvernementaux. Il occupe actuellement la fonction de professionnel de recherche au Centre international de criminologie comparée (CICC), à l'Université de Montréal, ainsi que dans l'équipe Recherche et intervention sur les substances psychoactives-Québec (RISQ). Ses travaux ont porté particulièrement sur la clientèle toxicomane judiciarisée de même que sur l'évaluation des programmes qui leur sont destinés.

Amnon J. Suissa est titulaire d'un baccalauréat et d'une maîtrise en travail social de même que d'un doctorat en sociologie de l'Université du Québec à Montréal.

Ayant suivi diverses formations dans le champ de la thérapie familiale, et en particulier à l'Institut Nathan Ackerman de New York, il est actuellement professeur au Département de travail social de l'Université du Québec à Hull où il enseigne l'intervention familiale et psychosociale. Durant plusieurs années, il a œuvré dans divers milieux de pratique : CLSC, services de la protection de la jeunesse, centre de réadaptation physique, organismes communautaires. Spécialisé dans le champ de la dépendance, il a publié, en 1998, *Pourquoi l'alcoolisme n'est pas une maladie*, aux Éditions Fides. Il est l'auteur de plusieurs articles, prononce des conférences aux niveaux national et international et dirige un cabinet privé.

Jacques Tondreau possède une maîtrise en sociologie et agit comme professionnel de recherche à la Faculté des sciences de l'éducation de l'Université Laval en tant que sociologue du travail. Au sein de plusieurs équipes de recherche, il s'est penché, entre autres choses, sur la réussite scolaire comparée des filles et des garçons, sur la reconnaissance des acquis et des compétences, sur la violence en milieu scolaire et en milieu de travail.

John Topp, M.Ps., M.B.A., est directeur général du Pavillon Foster, un centre public de réadaptation pour personnes alcooliques et toxicomanes. Il œuvre dans le domaine de la toxicomanie depuis une quinzaine d'années tant sur le plan de la prévention que sur celui de la réadaptation. Il a auparavant été coordonnateur régional en prévention de la toxicomanie, à la Régie régionale de la santé et des services sociaux de Montréal-Centre, et directeur du Centre de réadaptation Alternatives.

Richard E. Tremblay, Ph.D., est professeur titulaire au Département de psychologie de l'Université de Montréal et directeur du Groupe de recherche sur l'inadaptation psychosociale chez l'enfant (GRIP) et de l'Équipe de recherche sur la prévention des toxicomanies.

Frank Vitaro, Ph.D., est professeur titulaire à l'École de psychoéducation de l'Université de Montréal et chercheur au sein du Groupe de recherche sur l'inadaptation psychosociale chez l'enfant (GRIP) et de l'Équipe de recherche sur la prévention des toxicomanies.

Mark Zoccolillo, Ph.D., est psychiatre à l'Hôpital de Montréal pour enfants, professeur à l'Université McGill et chercheur au sein du Groupe de recherche sur l'inadaptation psychosociale chez l'enfant (GRIP) et de l'Équipe de recherche sur la prévention des toxicomanies.

TABLE DES MATIÈRES

CHAPITRE 4

Toxicomanie et misère persistante 103

Pierre Lamarche ♦ *Louise Nadeau*

SECTION II   Substances, dépendances

CHAPITRE 5

**Classification, caractéristiques et effets généraux
des substances psychotropes** 121

Louis Léonard ♦ *Mohamed Ben Amar*

CHAPITRE 6

Les mécanismes biopsychologiques intervenant dans la dépendance et ses traitements pharmacologiques 175

David Barbeau ◆ *Michel Brabant* ◆ *Pierre Lauzon*

CHAPITRE 7

Jeu pathologique et toxicomanie 201

John Topp ◆ *Guy Charpentier*

SECTION III   Populations, consommation, interventions

CHAPITRE 8

Les Québécois et l'alcool: mesures du phénomène et conséquences pour la prévention

Andrée Demers

CHAPITRE 9

Élise Roy ◆ Éva Nonn ◆ Nancy Haley

CHAPITRE 10

La violence conjugale et familiale dans le contexte de la toxicomanie

Amnon J. Suissa

SECTION IV   Traitement, suivi, éthique

CHAPITRE 12

Avertissement

Dans cet ouvrage, le masculin est utilisé comme représentant des deux sexes, sans discrimination à l'égard des hommes et des femmes et dans le seul but d'alléger le texte.

AVANT-PROPOS

Fédération québécoise des centres de réadaptation pour personnes alcooliques et autres toxicomanes (FQCRPAT)

La parution de ce troisième volume témoigne de l'intérêt des professionnels, des chercheurs et des étudiants à connaître les positions de spécialistes sur différentes facettes touchant l'usage des drogues et la toxicomanie.

La Fédération québécoise des centres de réadaptation pour personnes alcooliques et autres toxicomanes, seul réseau consacré uniquement à la toxicomanie au Québec, tenait à contribuer à la réalisation de cet ouvrage.

Ses membres visent l'excellence dans les services qu'ils rendent aux personnes toxicomanes. À ce titre, ils considèrent comme très importantes la promotion de la recherche, la diffusion des connaissances et la collaboration des experts à l'amélioration de la qualité.

Me Maurice Gabias
Président du conseil d'administration

AVANT-PROPOS

Groupe de recherche appliquée sur les psychotropes (GRAP)

Ce volume est le troisième de la série consacrée à *L'usage des drogues et la toxicomanie*. Cette fois encore, l'ouvrage cherche à faire l'état des lieux non seulement sur les usages de substances psychoactives et les conduites addictives, mais également sur les politiques afférentes à ces usages. Il permettra à nos lecteurs de comprendre l'évolution de ce champ d'étude et de répondre, du moins, nous l'espérons, à certaines de leurs interrogations.

Ce livre n'aurait pu voir le jour sans l'initiative et la persévérance de Lise Roy, la responsable des programmes de toxicomanie à l'Université de Sherbrooke. Elle a su mener ce dossier d'une main de maître, présente à toutes les étapes du processus de publication. Pour une troisième fois, Pierre Brisson a accepté de prendre la direction de l'ouvrage. Les auteurs qui ont travaillé avec lui ne connaissent que trop bien sa passion pour une langue claire et précise de même que son souci du détail, qualités indispensables à qui accepte de faire paraître un ouvrage de cette envergure dans un délai relativement court. Grâce à sa force de travail, nous pouvons ainsi assurer les lecteurs que les chapitres de ce livre présentent des données à jour. Nous avons également une dette de reconnaissance envers tous les auteurs qui ont accepté de contribuer à ce livre. Enfin, les membres du personnel de Gaëtan Morin Éditeur ont été, une fois de plus, de véritables collaborateurs.

Mes collègues de l'exécutif — Pierre Lamarche, de l'Association des centres jeunesse au Québec, et Michel Poirier, du Programme Le Portage pour la dépendance aux drogues — se joignent à moi pour remercier Lise Roy, secrétaire du GRAP, ainsi que tous ceux et celles qui ont permis la réalisation de cet ouvrage.

Louise Nadeau
Présidente

INTRODUCTION

Le troisième volume de *L'usage des drogues et la toxicomanie* prolonge et complète une tradition amorcée en 1988 par le Groupe de recherche appliquée sur les psychotropes (GRAP), avec pour partenaire fidèle la maison d'édition Gaëtan Morin. Depuis cette date, à six années d'intervalle, sont parus trois ouvrages réalisés dans le même esprit et en résonance avec les mêmes besoins du milieu : offrir au plus grand nombre d'interlocuteurs engagés dans le domaine de la toxicomanie (chercheurs, décideurs, intervenants, étudiants) une collection de textes francophones étoffés et accessibles, témoignant de l'avancement des recherches, des discours et des pratiques dans le champ de l'usage et de l'abus des psychotropes. Avec la publication de ce dernier collectif, l'entreprise atteint un total de 67 chapitres ayant mis à contribution 76 auteurs différents, principalement en provenance du Québec, mais aussi du Canada anglais et d'Europe. Ces collaborateurs auront produit des textes originaux, rédigés dans une perspective de synthèse et de vulgarisation et mettant à contribution un large éventail d'approches disciplinaires pour couvrir les dimensions de l'histoire et des contextes d'utilisation, des lois et des politiques publiques, des modèles théoriques et cliniques, de la prévention et de la promotion de la santé, de la réadaptation et du suivi, de la recherche et de la formation. Voici, brièvement, le contenu du présent volume.

La section I (*Perspectives, politiques*) s'ouvre sur des textes généraux et de nature réflexive où sont présentées, successivement, une perspective historique du développement du champ des toxicomanies au Québec (chapitre 1), une perspective critique des modèles d'analyse et d'intervention prévalant en santé publique et en toxicomanie (chapitre 2), une perspective critique des politiques publiques actuelles en matière de drogue (chapitre 3) et une réflexion sur les liens étroits unissant toxicomanie et misère et sur la nécessité d'établir des politiques favorisant un développement durable pour y remédier (chapitre 4).

La section II (*Substances, dépendances*) plonge concrètement au cœur de l'objet d'étude à travers, d'abord, la description des effets de l'ensemble des produits psychotropes (chapitre 5), suivie d'une explication des mécanismes biopsychologiques présents dans diverses formes de dépendance et la présentation des traitements pharmacologiques correspondants (chapitre 6). La section se termine (chapitre 7) par le portrait d'un profil particulier de dépendance, le jeu pathologique, depuis ses symptômes jusqu'aux diverses avenues de traitement, et dans le contexte de sa coexistence avec la problématique de la toxicomanie.

La section III (*Populations, consommation, interventions*) aborde le phénomène en fonction de substances particulières, de groupes plus vulnérables et d'interventions ciblées. Ainsi présente-t-on un bilan épidémiologique général de la consommation d'alcool chez les Québécois (chapitre 8), la situation de consommation et le discours des jeunes de la rue dans le contexte de l'injection de substances (chapitre 9), la problématique de la violence conjugale et familiale au regard de l'usage d'alcool ou de drogues et des interventions appropriées (chapitre 10), la prévention et le dépistage des problèmes de consommation chez les jeunes dans le cadre d'un modèle d'intervention systématique basé sur la considération des facteurs de prédiction (chapitre 11).

La section IV (*Traitement, suivi, éthique*) pose un regard sur la question du traitement et de son suivi, en soulevant certains enjeux éthiques qui y sont attachés. Les politiques de réadaptation en milieu carcéral sont d'abord présentées ainsi qu'une réflexion sur leur dimension éthique (chapitre 12), puis, par-delà le traitement, sont abordées les étapes du rétablissement du point de vue des personnes en cause (chapitre 13) et les stratégies de réinsertion sociale dans la perspective d'un continuum de services offerts aux personnes toxicomanes (chapitre 14). La section se clôt sur une réflexion philosophique et éthique quant aux tenants et aboutissants de la relation d'aide dans un domaine comme celui des toxicomanies (chapitre 15).

Les différents chapitres se rattachent les uns aux autres et se complètent pour donner une vue des questions d'actualité dans le domaine des toxicomanies. Ainsi, la réhabilitation du récit, du sens et de la *parole du sujet*, au cœur de l'exposé de Bibeau (chapitre 2), trouve un écho chez Roy, Nonn et Haley (chapitre 9), qui présentent les trajectoires de vie et de consommation de jeunes usagers à partir du récit qu'ils en font. Ces trajectoires nous renvoient, dans le texte de Mercier et Alarie (chapitre 13), à la compréhension que les personnes toxicomanes ont de leur propre parcours de rétablissement. Se plaçant à un point de vue philosophique, Malherbe (chapitre 15) s'attache à resituer le sens de ces existences marquées dans le registre de la condition humaine.

En contrepartie, les *données factuelles* sont largement présentes, chez Topp et Charpentier à propos du jeu problématique et pathologique (chapitre 7), chez Demers en ce qui concerne la consommation d'alcool (chapitre 8), chez Roy, Nonn et Haley quant à l'injection de drogues chez les jeunes de la rue (chapitre 9), chez Vitaro et ses collaborateurs au regard de la consommation précoce ou problématique de psychotropes par les jeunes (chapitre 11) et chez Brochu et Schneeberger pour ce qui est de la criminalité et de l'incarcération chez les toxicomanes (chapitre 12). Le continuum des *pratiques d'intervention* est aussi représenté, depuis les programmes de prévention et de dépistage auprès des jeunes (chapitre 11) jusqu'aux interventions à caractère pharmacologique (chapitre 6), en passant par les programmes de traitement à l'intention des joueurs (chapitre 7) et des détenus (chapitre 12) et le processus de réinsertion sociale (Boivin et Tondreau, chapitre 14).

Par ailleurs, les *aspects biopharmacologiques* de la question sont bien couverts dans les deux textes complémentaires de Léonard et Ben Amar (effets des substances, chapitre 5) et de Barbeau, Brabant et Lauzon (recherches sur le cerveau et nouveaux traitements, chapitre 6).

Plusieurs *coproblématiques* sont abordées au fil des chapitres: toxicomanie et criminalité (chapitre 12), toxicomanie et violence familiale (Suissa, chapitre 10), toxicomanie et sida (chapitre 9), toxicomanie et jeu compulsif (chapitre 7), toxicomanie et misère persistante (chapitre 4), ce dernier thème, exposé par Lamarche et Nadeau, posant la question de la responsabilité publique en matière de *santé des populations* ainsi que le fait Line Beauchesne à propos de la *politique des drogues* et des choix de l'État à l'heure de la réduction des méfaits (chapitre 3).

La première ébauche de cet ouvrage remonte à avril 1999. Entre-temps, le nombre, le contenu ainsi que l'organisation des textes ont fluctué de façon dynamique — ainsi en est-il toujours de pareilles entreprises! — pour aboutir aux 15 textes retenus et à l'ordre final proposé. Nous sommes conscient que plusieurs textes auraient pu figurer dans l'une ou l'autre section, que l'appellation desdites sections eût pu être différente et que la structure d'ensemble ne représente qu'une des architectures possibles. C'est précisément pour cette raison que nous suggérons aux lecteurs d'en faire à leur guise, de naviguer comme bon leur semble à travers ces îlots de connaissance, d'aborder les rives uniques de chacun des chapitres au gré de la curiosité, de l'intérêt ou de la dérive qui les mènent.

Rappelons que le travail d'homogénéisation linguistique nous a fait adopter le genre masculin dans la plupart des cas dans le but d'éviter les lourdeurs ou les confusions qu'aurait entraînées une énonciation mixte; cette décision n'a, bien sûr, aucune intention discriminatoire.

En terminant, il nous importe de saluer la compétence et le professionnalisme des quelque 28 collaborateurs qui ont rendu possible la réalisation de ce troisième volume. Nous tenons à les remercier sincèrement de la patience autant que de la diligence dont ils ont su faire preuve en cette époque où chacun croule sous les demandes et où tout est toujours requis pour l'avant-veille. Nous voulons surtout les remercier de la confiance qu'ils n'ont jamais cessé de nous témoigner au long du processus de direction d'édition. Ces efforts ne se seraient jamais matérialisés sans l'expertise et l'efficacité remarquables de Gaëtan Morin Éditeur; à cet égard, nous savons gré à Stéphane Lavoie, éditeur, à Lucie Turcotte, chargée de projet, et à Jean-Pierre Leroux, réviseur linguistique, pour le travail accompli dans des délais exceptionnels et avec une cordialité exemplaire. Nous sommes également redevable à Cenya Cence, diplômée de 2e cycle en toxicomanie de l'Université de Sherbrooke, et à Jocelyne Thibault, secrétaire pour les programmes de toxicomanies au sein de la même université, de leur assistance précieuse à plusieurs moments cruciaux (et critiques!) du processus d'édition. Enfin, notre reconnaissance va aux membres du GRAP qui nous ont, une troisième fois, confié le mandat de mener à bien une telle entreprise, et en particulier à Lise Roy qui, au nom de l'organisme, a assuré les tâches de recherche de fonds et de coordination du projet.

Pierre Brisson
Directeur de la publication

SECTION

I

Perspectives, politiques

CHAPITRE

1

Développement du champ québécois des toxicomanies au XXe siècle*

Pierre Brisson

L'auteur présente la constitution du champ québécois des toxicomanies au cours du xxe siècle : d'abord la période d'avant les années 1950, puis chacune des décennies suivantes, jusqu'en l'an 2000. En conclusion, il fait le constat du chemin parcouru et propose certaines réflexions en guise de bilan provisoire.

*   L'auteur tient à remercier Monique Gauthier, du Centre québécois de documentation en toxicomanie, pour son soutien lors de la recherche documentaire, Line Beauchesne, professeure de criminologie à l'Université d'Ottawa, et Lise Roy, responsable des programmes de toxicomanie à l'Université de Sherbrooke, pour leurs commentaires lors de l'élaboration de ce texte.

Nous ne voyons pas les choses
comme elles sont, mais comme nous sommes.
Le Talmud

Introduction

Quelques remarques méthodologiques s'imposent avant que nous entrions dans le vif d'une entreprise de cette ampleur. Nous avons cherché, le plus objectivement et systématiquement possible et à partir d'un mélange de matériaux descriptifs et analytiques, à rendre compte de l'évolution des pratiques et des discours dans le champ des toxicomanies au Québec, au long d'un siècle. Le siècle dernier (c'est ainsi que l'on devra maintenant parler du XXe) aura en effet vu se définir, se développer, se consolider et se complexifier ce champ.

Plusieurs interrogent aujourd'hui l'à-propos d'aborder les toxicomanies en tant que champ distinct d'étude et d'intervention dans un contexte où s'imposent les problématiques multiples et l'action intersectorielle. Historiquement, les faits sont là : le domaine particulier des toxicomanies a vu le Québec faire continuellement preuve d'innovation au cours des précédentes décennies, et nous croyons, à la suite de Giroux (1998), que ce secteur s'est constitué comme enjeu public et espace de pouvoir à la faveur des acteurs sociaux qui y ont trouvé un lieu de reconnaissance et de diffusion de leurs idées : religieux, médecins, gestionnaires, professionnels des sciences humaines, intervenants communautaires, professionnels de la santé publique, universitaires.

C'est de cette évolution que nous avons cherché à rendre compte, en tentant de saisir le champ qui nous intéresse à travers ses multiples dimensions aussi bien que dans ses résonances avec les lignes de force du développement sociohistorique québécois, voire occidental, de la domination religieuse à la crise contemporaine du sens. En cela, l'évolution du secteur s'apparente à celle d'autres champs de pratiques, qu'il s'agisse du service social, de la santé mentale ou de l'éducation spécialisée. En ce qui concerne l'objet d'étude, il porte principalement sur la réalité de l'alcool et des drogues illicites plutôt que sur celle des médicaments psychotropes et du tabac, substances dont le parcours n'est abordé qu'à l'occasion.

Le résultat constitue une trame polyphonique que certains trouveront par trop anecdotique, nous en sommes conscient. Une telle entreprise n'ayant jamais encore été menée aussi systématiquement, nous avons choisi l'inclusion de plusieurs éléments d'information afin que chacun puisse y choisir à sa convenance le découpage interprétatif qu'il jugera à propos. En revanche, que l'on nous excuse des inévitables oublis et de l'inégalité du traitement accordé à certains aspects du sujet : il aurait fallu un ouvrage entier[1] consacré à l'histoire pour rendre compte de tout et rendre justice à tous.

---

1. Déjà, nous sommes en dette avec les auteurs pour avoir dérogé aux propres règles de longueur de texte que nous leur avons imposées.

En conclusion, nous proposons quelques pistes de réflexion afin de compléter un parcours que nous souhaitons, au total, être source de motivation et de mobilisation pour celles et ceux que préoccupe la problématique des toxicomanies à l'aube du XXIe siècle.

Les années 1900-1950

Avant 1950, discours et pratiques dans le champ de la toxicomanie (non encore désigné comme tel) au Québec et en Amérique du Nord sont tributaires de la suprématie de l'approche morale, principalement structurée autour de la question de l'alcoolisme et de l'avènement des politiques prohibitionnistes en matière de drogues qui acquièrent un statut international. Ces deux manifestations historiques se présentent comme les branches d'un même tronc : la définition de la consommation de substances comme problème social au cours du XIXe siècle. Cela engendre des croisades pour la tempérance puis pour l'interdiction des drogues qui connaissent leur apogée au début du XXe siècle[2]. Bien que des préoccupations de moralité publique concernant la consommation de l'alcool et des drogues soient également présentes dans d'autres pays d'Occident (en fait foi la première convention internationale antidrogue de 1912 dont 12 pays sont signataires), l'Amérique du Nord anglo-saxonne en est le creuset le plus ardent, allant jusqu'à la promulgation d'une prohibition totale des produits alcooliques (1919-1933). Les substances opiacées et la cocaïne avaient précédé (1914), et le cannabis suivra (1937)[3].

Dans ce contexte, le Québec innove à deux égards : il devient la véritable terre d'élection des cercles Lacordaire, mouvement d'entraide en milieu naturel apparu près de 25 ans avant celui des Alcooliques anonymes ; il opte, en 1921, pour un modèle éducatif plutôt que coercitif à l'endroit de la consommation d'alcool avec la création de la Commission des liqueurs du Québec. Voyons plus en détail le sens et la portée de ces faits historiques.

Les cercles Lacordaire et Sainte-Jeanne-d'Arc

Instituée à Fall River (Massachusetts) en 1911, l'Association antialcoolique des cercles Lacordaire (hommes) et Sainte-Jeanne-d'Arc (femmes) voit un premier noyau s'implanter au Québec, en 1915, à Saint-Ours-sur-Richelieu. Bien que née sur le sol américain, l'initiative est fortement associée aux francophones puisqu'on en doit la paternité à un prêtre français émigré en Nouvelle-Angleterre,

---

2. Sur la cristallisation de l'alcoolisme comme problème social et l'évolution québécoise des mouvements de tempérance, voir Nadeau (1982, 1990) ; sur la construction sociale d'un problème de la drogue et les campagnes de propagande publiques à l'origine des lois canadiennes en la matière, consulter Beauchesne (1988, 1991).

3. Au Canada, la législation en matière de drogue est même antérieure à celle de son vis-à-vis américain : 1908 pour les opiacés et la cocaïne et 1922 pour le cannabis.

Joseph-Amédée Jacquemet, qui «invente» la formule en réponse aux problèmes d'alcoolisation présents ches les Canadiens français qui se sont installés aux États-Unis (Nadeau et Dumont, 2000). Cette filiation francophone et catholique explique, en plus du choix de patronymes français pour le mouvement[4], sa transplantation naturelle et son expansion décisive sur le sol québécois. En effet, après une stagnation jusqu'au milieu des années 1930, les cercles se multiplient au Québec, au point de se donner une direction autonome de celle de Fall River, en 1940. Le Cercle Lacordaire canadien est alors fondé, sous l'impulsion du père Ubald Villeneuve, qui en demeure l'aumônier national et l'animateur indéfectible jusqu'en 1964. Au cours de ces 25 années, le mouvement passe d'une dizaine de milliers de membres à près de 200 000, avant d'entamer son déclin, vers le milieu des années 1960. Le Cercle Lacordaire canadien disparaîtra en 1973 au profit de Sobriété du Canada, organisme chrétien qui, depuis, poursuit sa mission dans une perspective préventive de modération plutôt que d'abstinence.

Quel est l'apport du mouvement Lacordaire et comment se démarque-t-il des mouvements de tempérance qui ont précédé et du mouvement Alcooliques anonymes créé aux États-Unis en 1935 et implanté au Québec à partir de 1944[5]? Certes de mentalité prohibitionniste (ils partagent avec les mouvements de tempérance une vision de l'alcool en tant que «poison»), les cercles Lacordaire ne font toutefois pas la «guerre sainte» pour l'interdiction publique des boissons alcoolisées, comme les militants de la tempérance; ils se contentent d'exhorter leurs membres à ne pas tenir, offrir ni consommer d'alcool. Il s'agit, selon leur terme, d'un apostolat plutôt que d'une croisade.

Les Lacordaire proposent le choix d'un mode de vie vertueux fondé sur l'abstinence, dont on fait valoir les bénéfices «temporels» (bonne santé, meilleures finances, vie de famille harmonieuse) et surtout «surnaturels» (sacrifice de soi, souci du prochain) [Levack, 1949]. Le grand mérite du mouvement est d'humaniser l'approche des alcooliques à partir de cette idée d'un réseau de solidarité en milieu naturel auquel participent parents, amis et membres de la communauté (les religieux y sont minoritaires). Les cercles Lacordaire et Sainte-Jeanne-d'Arc offrent une communauté de vie où l'encadrement moral et le service des autres sont les points d'appui, ce qui n'est pas sans parenté avec certaines formes de communautés thérapeutiques, bien que celles-ci évoluent en milieu fermé[6].

---

4. Lacordaire est le nom du père dominicain français qui inspira sa vocation à Jacquemet et qui fut lui-même renommé pour ses écrits sur la tempérance.
5. Le mouvement Alcooliques anonymes est fondé par deux alcooliques, Bill W. et Bob S., à Akron, en Ohio, en 1935 (pour un récit détaillé, voir Kessel, 1960). Les premiers meetings québécois se tiennent vers le milieu des années 1940, dans le milieu anglophone montréalais, à l'instigation de Dave B., premier AA québécois. L'origine anglo-saxonne et la spiritualité prostestante à la base du mouvement, dans un contexte de domination politico-religieuse catholique, expliquent le peu de pénétration des Alcooliques anonymes chez les francophones avant les années 1960 (Nadeau, 1982; Proulx, 1985).
6. Les cercles Lacordaire évoluent en milieu ouvert mais au sein d'une société «fermée», monolithique, de sorte qu'ils n'ont pas besoin d'opérer de coupure pour favoriser un rétablissement. Dans la société «ouverte» et pluraliste qui suivra, les communautés thérapeutiques privilégient le milieu fermé pour favoriser la structuration d'un nouveau mode de vie à l'abri des influences.

Après le moralisme des ligues de tempérance qui stigmatisent l'alcoolique («vicieux», «ivrogne»), ne lui laissant souvent d'autres choix que l'asile, la prison ou la déchéance, le mouvement Lacordaire met en avant un humanisme religieux, les cercles se voulant d'abord des lieux d'accueil et de compassion. En cela, le mouvement Lacordaire s'inscrit dans une évolution lente vers la déculpabilisation du buveur; à preuve, le passage à une approche médicale et au cadre institutionnel de traitement émanera du milieu Lacordaire lui-même, au cours des années 1950.

La non-stigmatisation de l'alcoolique et sa prise en charge en milieu naturel apparentent fortement les mouvements Lacordaire et Alcooliques anonymes. Pour Nadeau (1982, p. 18), «ces deux mouvements socio-thérapeutiques ont constitué le modèle, [...] la mesure-étalon, de l'intervention en externe». Dans un cas comme dans l'autre, un réseau largement disséminé sur le territoire assure l'accueil, le soutien et l'encadrement presque jour et nuit. Pour l'époque, ce n'est pas rien. Ainsi, le milieu anglophone québécois, avant l'avènement des AA, ne possède guère de ressources équivalentes pour porter secours à l'alcoolique en détresse. Comme le mentionne Proulx (1985), lorsque dans les années 1940, au Québec, Dave B. cherche de l'assistance, il doit faire appel aux Alcooliques anonymes de New York tellement le milieu anglophone est dépouvru.

Des différences de fond existent cependant entre le mouvement Lacordaire et celui des Alcooliques anonymes, qui permettent de comprendre aussi bien la chute du premier que la croissance du second. Là où le mouvement Lacordaire prône un prohibitionnisme de fait, soit une communauté sans alcool pour tous ses adhérents, alcooliques et non alcooliques, Alcooliques anonymes, dès sa fondation, adopte une perspective non prohibitionniste, l'abstinence n'étant requise que pour les membres alcooliques, qui peuvent même tenir de l'alcool et en offrir à des non-alcooliques. Là où le mouvement Lacordaire préconise une démarche «thérapeutique» axée sur la pratique du culte et l'allégeance à l'Église catholique, AA propose une expérience spirituelle personnelle dont l'alcoolique est invité à témoigner devant ses pairs, un modèle théologique plutôt que religieux selon la distinction qu'a établie Nadeau (1982). L'effondrement de la pratique religieuse et la libéralisation des mœurs au cours des années 1960 consacrent le déclin des cercles Lacordaire et Sainte-Jeanne-d'Arc, alors que la neutralité politique et confessionnelle, inscrite au cœur même de ses traditions, assure la pérennité du mouvement AA.

Le rejet du prohibitionnisme

Le contexte général au sein duquel éclôt l'idéologie prohibitionniste, au début du XXᵉ siècle, permet d'en éclairer certains traits (Bachman et Coppel, 1989; Beauchesne, 1991; Nadeau, 1988):

— Sur le plan social, la révolution industrielle et la transformation du mode de vie qui en résulte font apparaître, parfois de façon exacerbée, des besoins nouveaux au sein de la population (soulagement, socialisation, évasion), besoins auxquels peuvent répondre les produits psychotropes, de par leurs effets.

— Sur le plan économique, la production de masse et l'ouverture sur les marchés extérieurs démocratisent l'accès à une panoplie de nouveaux produits : produits exotiques, jadis l'apanage de l'élite ou des voyageurs, tels l'opium, la coca ou le cannabis ; produits commerciaux, qu'on annoncera bientôt pour en faire croître les ventes, comme les produits pharmaceutiques et le tabac.

— Sur le plan culturel, la présence de sous-cultures de consommation où se retrouvent des étrangers (Chinois, Noirs, Latino-Américains) ou des individus porteurs de discours nouveaux (ouvriers, artistes, marginaux) favorise une association entre l'effet des produits et le bouleversement des repères culturels et moraux auquel donnent lieu ces transformations de la vie sociale.

En bref, le courant prohibitionniste apparaît comme l'expression d'un sursaut moral et la manifestation d'un opportunisme politique destinées à maîtriser les contrecoups du développement économique, soit l'éclosion et la diffusion de nouveaux modes de vie et de nouvelles valeurs — portés, notamment, par de nouveaux groupes sociaux et ethniques. La drogue s'impose comme symbole et bouc émissaire par excellence : incarnation du mal (et de l'étrange) et cause de tous les problèmes sociaux. Par-delà les arguments de santé et de sécurité publiques utilisés par la suite pour sa justification, le prohibitionnisme est et restera, au long du siècle, une authentique guerre morale en même temps qu'un commode alibi politique.

Pourquoi, dans ce contexte, le Québec rejette-t-il la prohibition des boissons alcoolisées, en 1921 ? La petite histoire nous fournit quelques éléments de réponse :

— Les croisades de tempérance originaires de la Nouvelle-Angleterre (1826) se propagent d'abord chez les protestants, pénétrant plus tard et moins facilement au sein de la population francophone (Dubuc, 1994).

— À partir de 1840, les mouvements catholiques de tempérance mobilisent principalement des femmes, soit les épouses des ouvriers, chez lesquels l'intoxication est fréquente. Le clivage entre hommes et femmes sur cette question a pu logiquement jouer en faveur des premiers, à une époque où la représentation et le pouvoir politique des femmes étaient beaucoup moindres.

— Le clergé n'aurait pas fait pression en faveur de la prohibition de peur de perdre toute gestion « idéologique » de la question au profit de l'État législateur (Nadeau, 1990).

— Finalement, la volonté de se distinguer en tant que francophones face à l'unanimisme continental des politiques anglo-saxonnes sur la question a certes pu peser dans la balance.

En 1898, lors d'un référendum sur la prohibition tenu au Canada, le Québec est la seule province à se prononcer contre ; en 1921, lorsque l'ensemble du pays bascule dans l'ère prohibitionniste à la suite des États-Unis, le gouvernement du Québec choisit de faire passer la distribution de l'alcool (vins et spiritueux) sous le contrôle de l'État, inaugurant un modèle de gestion aujourd'hui toujours en place (Société des alcools du Québec).

Ce geste du gouvernement québécois traduit bel et bien une préoccupation sanitaire plutôt qu'économique. Ainsi, dès sa création, la Commission des liqueurs encourage la consommation du vin au détriment des boissons fortes en tant que mesure d'éducation à la modération, comme en témoigne un extrait du premier rapport annuel :

> [...] le moyen le plus sûr de contrôler efficacement la consommation des liqueurs alcooliques n'est pas d'en priver complètement les citoyens mais, par des mesures de discipline raisonnablement exercées, de les amener progressivement à l'usage d'un substitut moins nocif, et de coût moins élevé. (Prévost, Gagné et Phaneuf, 1986, cités dans Dubuc, 1994, p. 327)

On se trouve là en présence d'une philosophie et de mesures typiques de l'approche de la réduction des méfaits, courant d'intervention sociosanitaire qui se manifestera, plus de 60 ans plus tard, en réaction aux coûts du prohibitionnisme antidrogue, prônant, plutôt que l'abstinence, l'utilisation de produits moins concentrés et le recours à des modes d'administration plus sécuritaires[7]. Le parallèle entre cette époque et la nôtre ne s'arrête pas là. Au cours des années 1920, le Québec va devenir un haut lieu de l'alcootourisme — à l'instar du narcotourisme que connaissent de nos jours les Pays-Bas en raison d'un accès libéralisé au cannabis — et des entrepreneurs locaux s'enrichiront avec le trafic continental de l'alcool[8].

Fait d'importance, le choix historique d'un modèle antiprohibitionniste n'a pas fait du Québec un champion de la consommation d'alcool, beaucoup s'en faut : encore maintenant, la consommation *per capita* des Québécois est moindre que celle de leurs vis-à-vis canadiens-anglais ou américains. D'ailleurs, lorsque la prohibition de l'alcool s'avère un échec chez nos voisins anglo-saxons, quelques années plus tard, tous les yeux se tournent vers le modèle québécois dont la notoriété attire des observateurs de partout dans le monde.

Ce modèle pragmatique québécois demeure vivant en Amérique du Nord, quelque 70 ans plus tard, présenté par ses actuels promoteurs au sein de l'organisme Éduc'alcool comme une philosophie du libre choix et de la responsabilisation, incluant de l'information sur les bienfaits du produit et une éducation à la consommation modérée et sécuritaire.

---

7. Notons qu'au cours de la même décennie, la Grande-Bretagne innove elle aussi à sa manière, préfigurant d'autres mesures en matière de réduction des méfaits. Dans le contexte du prohibitionnisme antidrogue, l'État crée le *British system*, soit la possibilité de prescrire médicalement des narcotiques aux consommateurs déjà dépendants.
8. Le clan des Bronfman, notamment, dont les méthodes ne sont pas sans rappeler celles des actuels barons de la drogue ; ainsi leur stratégie d'utiliser les îles Saint-Pierre et Miquelon comme base des opérations pour mener la contrebande sur la côte est américaine.

Les années 1950

Les années 1950 constituent la première décennie de l'après-guerre où l'Amérique gagne en confort et en prospérité et où de nouvelles idées et de nouveaux modes de vie se font un chemin sous la surface apparemment placide de la jeune société de consommation. Pendant ce temps, le pouvoir de l'Église et le régime Duplessis maintiennent la société québécoise dans ce que l'on a depuis qualifié de «grande noirceur», réfrénant l'innovation sur le plan politique, social et des mœurs. Cela n'empêche pas le mode de consommation à l'américaine et les nouvelles technologies comme la télévision de pénétrer notre univers.

L'usage récréatif de certains médicaments (barbituriques, amphétamines)[9] de même que de produits de rue (cannabis, héroïne) se répand alors dans la sous-culture des grandes villes, dont Montréal. Ces phénomènes préfigurent les nouveaux modes et les nouvelles substances de consommation de la décennie suivante. Pour l'heure, c'est toutefois le problème de l'alcoolisme qui occupe encore toute la place. La décennie 1950 est, à cet égard, celle du passage d'une approche morale et religieuse à une approche médicale et scientifique, la décennie où les prêtres passent le flambeau de la lutte contre l'alcoolisme aux médecins. Comme on le verra, cette transition devait advenir sans heurts notables, fruit d'une évolution logique autant que d'une collaboration sincère.

Des Lacordaire à Domrémy

La jonction entre les modèles étiologiques moral et de maladie s'effectuera à la faveur d'une série d'événements et de conjonctures propices:

— La composition des cercles Lacordaire, dès l'origine, met en présence une majorité de laïcs qui œuvrent sur le terrain aux côtés des religieux. On y trouve plusieurs médecins qu'anime un idéal religieux. Le premier président général du Cercle Lacordaire canadien (1939-1945) est le docteur Raoul Poulin, alors député fédéral de la Beauce. Il contribue à diffuser les idées scientifiques naissantes à propos de l'alcoolisme au sein du mouvement et s'acharne pendant 15 ans à l'ouverture de chaires antialcooliques dans les universités.

— Au cours de la décennie, la notoriété du mouvement Lacordaire déborde les frontières du Québec, et les présidents de même que l'aumônier national, le père Ubald Villeneuve, sont fréquemment appelés à faire part de leur expertise dans des forums nord-américains et internationaux. Ces rencontres favorisent l'acceptation d'une conception plus scientifique de l'alcoolisme

---

9. Ces produits, qui ne sont pas encore classés «drogues contrôlées», peuvent être facilement obtenus du médecin pour divers symptômes: insomnie, anxiété, dépression, fatigue. Ils sont généralement désignés sous le terme argotique de *goofballs*, qui signifie «boulette qui rend hébété» (Stanké et Beaudoin, 1962).

(notamment, les travaux de R.E. Jellinek) et de l'utilité d'une intervention collégiale sur le terrain pour aider les personnes atteintes.

— Comme souvent c'est le cas, certaines personnes jouent un rôle déterminant dans l'éclosion d'idées et de pratiques nouvelles. C'est ici qu'interviennent l'esprit et l'énergie de pionnier d'Ubald Villeneuve. Prenant connaissance d'expériences novatrices à l'étranger, il les implante aussitôt sur le sol québécois. Inspiré d'une initiative de la National Clergy Conference, aux États-Unis, il met sur pied, en 1955, les conférences du clergé canadien sur l'alcoolisme, destinées à sensibiliser les responsables religieux à l'évolution des idées et des pratiques dans ce domaine. Ces événements annuels réunissent quelque 200 membres du clergé canadien-français qui viennent entendre des spécialistes, religieux et laïcs, dont bon nombre sont médecins, psychiatres, psychologues, certains venus de France. Le docteur Raoul Poulin y expose la perspective médicale de l'alcoolisme lors de la première conférence. D'autres suivent, dont le docteur André Boudreau, en 1957, qui devient le principal propagateur des idées de Jellinek au Québec.

Toujours en 1955, Ubald Villeneuve découvre, lors d'un congrès en Europe du Nord, l'existence de maisons de traitement pour alcooliques sous la responsabilité de l'État ou de la municipalité dans les villes d'Helsinki et de Stockholm. Dès son retour à Québec, il mobilise une quarantaine de personnes, qui avancent les fonds pour concrétiser le projet: un local est loué, deux lits sont installés, un premier bénévole, le docteur Jules-E. Dorion, effectue une visite quotidienne. Fondée en décembre 1955 comme un service des cercles Lacordaire, la maison Domrémy de Québec, premier centre de traitement à voir le jour au Canada[10], ouvre officiellement ses portes en mars 1956 (Villeneuve, 1995).

Ainsi doit-on l'origine de notre réseau de soins en toxicomanie au mouvement Lacordaire. Le nom même des nouvelles cliniques, Domrémy, le rappellera toujours à notre mémoire puisqu'il désigne le village natal de Jeanne d'Arc, en France. Les liens étroits entre prêtres et médecins se poursuivent des cercles aux maisons de traitement puisque, dans chacune d'elles, un aumônier intègre l'équipe à titre de conseiller moral. Cette collaboration soutenue procède sans doute de considérations tactiques pour les deux groupes d'acteurs[11], mais, foncièrement, elle reflète un même engagement humaniste au bénéfice des personnes alcooliques.

---

10. Cela vaut au père Ubald Villeneuve un prix d'excellence du Gouverneur général du Canada, en 1994. À la même époque, le docteur David Archibald, futur directeur de l'Addiction Research Foundation, à Toronto, s'occupe également des alcooliques sans toutefois disposer d'un local spécifique pour l'hébergement et la réhabilitation.

11. Les religieux ne voulaient pas perdre la mainmise sur la lutte antialcoolique alors que le vent tournait; les médecins ne pouvaient se permettre de mordre la main de ceux qui nourrissaient idéologiquement encore une majorité de Québécois et le pouvoir politique.

L'expansion du réseau Domrémy

Le mois suivant son ouverture, Domrémy-Québec occupe la maison entière et passe de 2 à 12 lits. En juin 1956, un chalet situé à Saint-Louis-de-Pintendre, sur la rive sud du Saint-Laurent, est aménagé pour assurer une retraite à la campagne aux alcooliques. En 1957, le Cercle Lacordaire canadien achète un immeuble rue Calixa-Lavallée qui augmente significativement la capacité du centre de Québec. La même année, des maisons Domrémy ouvrent leurs portes à Montréal et à Saint-Jérôme. En 1958, Trois-Rivières aura la sienne et, en 1960, Sherbrooke. Parallèlement à l'expansion des cliniques s'ouvrent une multitude de salles d'accueil, fruit de l'organisation conjointe Domrémy-Lacordaire. Ces lieux sont des centres de solidarité et d'entraide pour anciens buveurs, des « maisons de l'amitié » comme les surnomment Nadeau et Dumont (2000), fréquemment visités par l'aumônier et formant le futur réseau des cliniques externes, destinées à la fois à la précure et à la postcure de l'alcoolique. En 1959, les 4 cliniques et les 36 salles d'accueil sont réunies dans la Fédération des maisons Domrémy.

Le docteur André Boudreau est actif dès 1957 à la clinique de Québec. Il présente, lors de la 3e conférence du clergé canadien sur l'alcoolisme, la « philosophie » du traitement que l'on y pratique alors (Boudreau, 1957). Ce traitement comporte trois parties indissociables : (1) le traitement médical à base de médication effectué en clinique qui vise à tranquilliser le patient ; (2) une période de détente et de réflexion à la campagne (maison de Saint-Louis-de-Pintendre) où le malade reçoit une psychothérapie sous forme de « leçons » données par un médecin et un prêtre ; (3) un apport spirituel assuré au long de la convalescence par la présence de l'aumônier (conseiller moral) et la visite de membres Lacordaire. Si une postcure s'avère nécessaire, le malade est adressé à un cercle Lacordaire ou à un accueil Domrémy pour une réinsertion en milieu naturel, souvent auprès de pairs en rétablissement.

Ce qui frappe dans la configuration du jeune réseau Domrémy et le programme de réadaptation qu'il propose, c'est la façon dont il intègre les influences passées et présentes, et en tire la richesse d'un modèle unique et inégalé à l'époque. À maints égards, il préfigure les approches globales qui vont suivre, mélangeant le biospirituel et le psychosocial avant la lettre. Des Lacordaire, le réseau Domrémy hérite, outre la composante spirituelle du traitement, des acquis de l'intervention en milieu naturel reliée à un authentique réseau social. Du milieu médical, il acquiert la rigueur d'une structuration et d'une systématisation de la démarche qui, on le constate, s'organise déjà en un continuum des soins — désintoxication, réhabilitation, réinsertion. Cette logique organisationnelle, non seulement du traitement mais de l'ensemble des activités qui gravitent autour, sera la grande force de l'Office de la prévention et du traitement de l'alcoolisme et des toxicomanies (OPTAT) au cours de la décennie 1960.

Au total, en raison de l'influence encore dominante du pouvoir religieux qui s'exerce en milieu ouvert plutôt que résidentiel, l'intervention externe est valorisée et mise à contribution comme jamais elle ne devait l'être. Nadeau (1982) émet ainsi l'hypothèse que cette période (1956-1960) a constitué, au Québec, l'«âge d'or du service en externe». Il faudra attendre les années 1980 pour que ses vertus soient de nouveau appliquées.

Publications et formation

En 1914, trois ans après la fondation des cercles Lacordaire aux États-Unis, le père Jacquemet lance une revue trimestrielle bilingue éditée à Fall River, la *Revue Antialcoolique*. Diffusée au sein des cercles québécois, elle peut, à ce titre, être considérée comme la première publication traitant d'alcoolisme à circuler au Québec. Lorsque le Cercle Lacordaire canadien acquiert son autonomie, la question d'un véhicule distinct se pose, et le premier exécutif du mouvement fait paraître, en 1941, le journal *Réaction*, véritable ancêtre des publications québécoises dans le domaine. Il s'agit d'un mensuel à caractère populaire où l'on trouve articles et dossiers à propos de la vie et des principes du mouvement, de même que la contribution de professionnels. Le journal atteint un tirage de 50 000 exemplaires à l'orée des années 1950. Il paraîtra jusqu'en 1971. S'ajoute, au cours des années 1950, le compte rendu des exposés et des forums des sept premières conférences du clergé canadien sur l'alcoolisme, manière d'actes de colloques édités par le père Villeneuve et envoyés à tous les prêtres francophones du pays; ce type de diffusion préfigure l'initiative de l'Association des intervenants en toxicomanie du Québec (AITQ), dans les années 1980, consistant à publier les actes de ses colloques annuels.

L'effervescence des années 1950 sur le plan de la circulation des idées se traduit également par de nouvelles initiatives sur le plan de la formation. Outre les conférences du clergé canadien sur l'alcoolisme, le mouvement Lacordaire inaugure des séminaires d'étude et de discussion à l'intention de groupes d'étudiants de la province (*seminars* antialcooliques, lancés en 1953); l'association Lacordaire-Domrémy conçoit, quelques années plus tard, des cours de vulgarisation destinés à la population générale (cours populaires sur l'alcoolisme, lancés en 1959). L'événement le plus remarquable reste toutefois le lancement des cours universitaires d'été, à l'Université de Sherbrooke, en 1958[12]. Un comité Lacordaire-Domrémy est formé pour recruter le personnel enseignant. Ces stages intensifs estivaux seront offerts sans interruption durant 30 ans, jusqu'en 1988.

Les années 1960

La décennie qui s'amorce est placée sous le signe du changement. Au Québec, c'est l'avènement de la Révolution tranquille, soit l'accession au pouvoir d'une

---

12. Rappelons que c'est à la détermination du premier président des cercles Lacordaire, le docteur Raoul Poulin, que l'on doit ce résultat. Il travailla 15 ans à instaurer une formation universitaire en alcoolisme pour les professionnels, projet qu'accepta la jeune Université de Sherbrooke après que l'Université Laval et l'Université de Montréal eurent décliné l'offre (Nadeau et Dumont, 2000).

nouvelle génération politique qui a la volonté de moderniser l'État et de transformer ses institutions et ses services, ce qui entraîne une laïcisation rapide de la société québécoise. L'Église catholique et les communautés religieuses perdent leur hégémonie dans de multiples secteurs de la vie sociale qui vont être réformés. Les territoires décléricalisés correspondent, *grosso modo*, aux actuels champs de compétences du ministère de la Santé et des Services sociaux et de celui de l'Éducation.

Les années 1960 sont également des années d'effervescence, caractérisées par l'activisme, les manifestations, le consumérisme et la contre-culture. L'usage de tous les produits psychotropes est à la hausse au Québec. La consommation d'alcool, en croissance depuis les années 1940, connaît sa plus forte progression, passant du simple au double au cours de ces années (Dubuc, 1994); l'usage du tabac atteint des sommets historiques avant que s'amorce son déclin, vers le milieu de la décennie (Roy, 1985); la consommation de médicaments psychotropes connaît un *boom* avec l'arrivée des benzodiazépines, cependant que barbituriques et amphétamines continuent de faire l'objet d'une vogue à des fins récréatives; l'usage des drogues illicites — cannabis, hallucinogènes et héroïne —, qui était un phénomène marginal, devient un fait de société et un nouveau problème de santé publique (Le Dain et coll., 1970).

André Boudreau et l'OPTAT

Le docteur André Boudreau, membre de l'équipe de Domrémy-Québec depuis 1957, devient secrétaire de la Fédération Domrémy en 1959. À l'instar d'Ubald Villeneuve lors de la décennie précédente, il sera l'inspirateur et l'animateur du secteur de la toxicomanie au cours des années 1960 et jusqu'à sa mort, en 1976. Le projet d'André Boudreau est d'unifier les ressources privées et publiques engagées dans le domaine de l'alcoolisme, lesquelles ressources relèvent alors de plusieurs ministères. Les efforts du docteur Boudreau et des gens qui l'entourent aboutissent, à l'été 1966, aux premiers pas de l'Office de la prévention et du traitement de l'alcoolisme et des toxicomanies, l'OPTAT. Boudreau en est le directeur général. Le statut de l'OPTAT est celui d'une fondation (organisme semi-public), ce qui lui permet de fusionner les composantes publiques et privées à son origine et de conserver l'apport précieux du bénévolat. Une loi viendra même protéger l'existence de l'organisme des aléas des changements de régime (Boudreau, 1967). Un siège social moderne est inauguré dans l'édifice Sainte-Foy, à Québec, regroupant l'ensemble des services que chapeaute le nouvel organisme.

Trois éléments caractérisent l'OPTAT : l'inclusion de la problématique des toxicomanies[13], alors tout juste émergente au Québec; la structuration en

---

13. Présente dans la dénomination même de l'organisme, la référence à la toxicomanie sera également incluse dans le titre du bulletin publié par l'ex-Fédération Domrémy, qui devient *Information sur l'alcoolisme et les autres toxicomanies*, à l'automne 1966.

secteurs donnant, autour du pôle du traitement, une place importante aux activités de nature préventive, soit l'éducation et l'information, et une place nouvelle à la recherche; la disparition des représentants religieux et de leur influence à la direction de l'organisme. L'OPTAT reflète bien la prise du pouvoir en train de se dérouler au Québec: professionnels de la santé, fonctionnaires et universitaires sont les nouveaux guides et bâtisseurs de la société. Poliment, on remercie ses anciens partenaires et bénévoles de la première heure:

> [...] il faut rendre hommage à ces organismes [mouvements Lacordaire et Alcooliques anonymes], qui ont une philosophie propre et des techniques particulières, d'avoir semé l'éveil et aussi d'avoir sensibilisé l'opinion en matière d'alcoolisme. Ils continueront à évoluer indépendamment de ce nouvel organisme mais leur collaboration sera des plus précieuses. D'ailleurs, ils seront invités à titre consultatif comme d'autres groupes qui peuvent nous aider de leur expérience... (Éditorial d'Albert Vézina lors de la naissance de l'OPTAT; Vézina, 1966, p. 2)

Les religieux demeureront encore présents jusqu'à la décennie suivante à travers le Cercle Lacordaire canadien, déclinant, le journal *Réaction*, les conférences annuelles du clergé canadien sur l'alcoolisme et la fonction de conseiller moral dans les cliniques Domrémy. Ayant abandonné tout poste de responsabilité depuis 1964, Ubald Villeneuve devait d'ailleurs achever son œuvre dans ce rôle modeste d'aumônier, confident et accompagnateur des alcooliques et toxicomanes à Domrémy-Québec, puis à l'hôpital Saint-François-d'Assise. À sa retraite, en 1998, deux ans avant sa mort, Villeneuve confiait que les 30 dernières années passées auprès de ces êtres souffrants lui avaient apporté bien davantage que l'activisme et la renommée des années précédentes (Lapalme, 1998). Incidemment, les religieux poursuivent dès lors leur mission en parallèle, souvent dans l'ombre, à travers un bénévolat et une aide humanitaire constants auprès des déshérités, parmi lesquels se trouveront de plus en plus nombreux les alcooliques et les toxicomanes. Ainsi en est-il de la mission de la Maison du Père, fondée en 1969 par les frères de la Trinité et toujours en activité.

Les années 1960 imposent définitivement le modèle de l'alcoolisme en tant que maladie à travers les écrits et les présentations de médecins, André Boudreau au premier chef, qui diffusent au Québec les idées du docteur R.E. Jellinek, à la suite de la publication de *The Disease Concept of Alcoholism*, en 1960. Bien que contestés par la suite sur le plan de la rigueur scientifique, les résultats de ses travaux ont une influence considérable qui perdurera: la maladie alcoolique est définie comme progressive et dégénérative (courbe prodromique), touchant particulièrement certains buveurs — alcooliques gamma et delta — dont l'organisme ne s'adapte pas au produit (pour des raisons héréditaires, avancera-t-on plus tard), entraînant une perte de contrôle et une incapacité de s'abstenir. Il s'agit là d'un état permanent et irréversible qui ne peut, dès lors, être soigné que par l'abstinence. Cette conception structure l'organisation dite scientifique du traitement dans le réseau Domrémy de l'époque et, sur un autre terrain, se conjugue avec l'approche spiritualiste des Alcooliques anonymes pour produire le modèle traditionnel de maladie (Nadeau, 1988, 1996) qui s'avérera le courant d'intervention dominant dans le secteur privé au cours des décennies à venir.

Il n'y a cependant pas d'adéquation mécanique entre la conception de l'alcoolisme comme maladie, sur le plan étiologique, et l'approche médicale de l'alcoolisme comme démarche thérapeutique effective. Au cours des années 1960, si l'approche thérapeutique a une dominante médicale (désintoxication et traitement résidentiel avec médication), elle prend également en considération l'ensemble des dimensions de la personne. Boudreau (1965), au début du premier numéro du bulletin de la Fédération Domrémy, présente l'alcoolisme comme une maladie requérant un traitement spécial sur les plans physique, psychologique, moral et social. Dans un autre numéro, le docteur Jean-Pierre Chiasson (1965) décrit le traitement de l'alcoolisme comme devant « s'appliquer à la totalité de la personne » et être le fait d'une équipe multidisciplinaire dont le médecin est le chef d'orchestre. De fait, l'équipe de traitement des cliniques et des unités de réadaptation de l'époque met à contribution cinq partenaires : le médecin, le conseiller spirituel, le psychiatre, l'infirmière et le travailleur social.

Bref, malgré l'évolution des discours qui définissent le problème — souvent portés par les groupes en position de pouvoir dans la société —, les pratiques d'intervention sur le terrain font preuve de pragmatisme, depuis l'origine, en privilégiant une perspective globale, pluridisciplinaire, biopsychosociale (et spirituelle, jusqu'à la fin de la décennie). C'est peut-être là l'originalité du modèle québécois, dont ce sont les années de gloire. En effet, la philosophie et les réalisations de l'OPTAT (approche globale du traitement, mais aussi approche intégrée du phénomène sur un continuum incluant la prévention et la recherche) sont largement diffusées par l'infatigable docteur Boudreau et font école, des experts du monde entier venant s'inspirer du savoir-faire québécois en la matière, voire le copier. À la fin de la décennie, le réseau de ressources thérapeutiques de l'OPTAT compte 11 centres résidentiels de traitement, 10 centres de consultation externes et 41 centres d'accueil répartis dans tout le Québec.

Le problème de la toxicomanie

Le grand bouillonnement d'idées et d'échanges internationaux qui se produit au cours de congrès et de colloques de toutes sortes auxquels participe l'OPTAT le sensibilise tôt au phénomène de la toxicomanie. L'Expo 67 rend ces manifestations socialement visibles et touche l'opinion publique, les jeunes générations de Québécois s'ouvrant au monde et s'imprégnant des valeurs de la contre-culture américaine qui bat son plein et dont l'usage des drogues est un ingrédient essentiel. Il est hors de notre propos de discuter ici les tenants et aboutissants de cette « révolution culturelle[14] ». Quoi qu'il en soit, l'avènement de nouvelles valeurs et

---

14. Lire à cet effet Rochon (1979), qui fait bien comprendre les origines de ce mouvement de même que les similitudes et les différences entre la révolte plus politique des jeunes Européens (Mai 68, Printemps de Prague) et celle plus existentielle des jeunes Nord-Américains (mouvement hippie, culture rock).

d'un mode de vie où la consommation de drogues occupe une grande place est un phénomène d'importance vu son incidence sur le développement du secteur de la toxicomanie, au Québec et ailleurs en Occident. Trois conséquences doivent être soulignées:

1. *L'émergence d'une véritable culture de la drogue et des usagers.* C'est la première fois que les consommateurs appartiennent à un mouvement, peuvent s'identifier à des leaders, voire à des guides en la matière, et font entendre leur voix publiquement dans des livres et des revues sur le sujet (par exemple *High Times*, aux États-Unis, *Mainmise*, au Québec, *Actuel*, en France). Le phénomène donne lieu au développement de savoir-faire et de rituels ainsi qu'à une réflexion sociale sur la consommation des psychotropes. Vers la fin de la décennie, ces nouvelles pratiques déboucheront sur de nouvelles ressources de prise en charge, adaptées aux besoins en croissance. Mentionnons la Clinique Sainte-Famille, le Bureau de consultation jeunesse et Alternatives, ressource fondée en 1969 qui s'inspire des expériences américaines de centres de crise et de cliniques libres. À l'époque, il s'agit d'un lieu d'accueil pour les consommateurs dans une perspective d'entraide communautaire (Tremblay, 1994). Usagers et intervenants ont réussi au cours de ces années à poser les balises d'un modèle éducatif et humaniste de gestion de la question des drogues, à l'intérieur même d'un contexte opposé à cela: le prohibitionnisme. La réunion de ces forces, au gré des situations d'expérimentation et d'urgence, est annonciatrice des nombreuses pratiques sociales autogestionnaires et humanitaires que porte aujourd'hui le mouvement de la réduction des méfaits (Brisson, 1997). C'est aussi autour de ressources nouvelles de ce type, créées à l'intention des jeunes, que s'amorce l'expérience québécoise du travail de milieu (Cheval, 1998).

2. *La création d'un nouveau problème social et la crise des consensus.* Le caractère illicite des substances, leur exotisme et le fait que le groupe le plus touché soit celui des jeunes suscitent l'émoi, l'alarmisme et la réaction des autorités en place. Le problème de la toxicomanie est né et les jeunes deviennent rapidement la cible des nouveaux efforts de prévention. C'est l'occasion d'un retour du moralisme, bourgeois plutôt que religieux cette fois («drogués», délinquants, déviants), qui provoque un véritable débat de société, le premier depuis l'époque de la tempérance, débat que l'on ne reverra poindre que beaucoup plus tard, dans le contexte du sida et de la réduction des méfaits. Les questions soulevées portent sur le sens de l'usage des produits psychotropes dans l'histoire et comme expérience humaine, sur les critères de distinction entre usage et abus, entre drogues dures et drogues douces, sur la relativité historique et culturelle des dangers et des méfaits de même que sur le statut de légalité des divers produits.

3. *L'établissement d'un nouveau corpus de connaissances.* La réalité déstabilisante de la consommation de drogues chez les jeunes entraîne l'investissement de fonds publics importants en recherche dans le but de mieux comprendre (et gérer) le nouveau phénomène. Ainsi le service de la recherche de l'OPTAT

va-t-il de l'avant avec les premières études sur la consommation de drogues chez les jeunes du secondaire et du collégial de l'île de Montréal, en 1969 et 1971[15]. L'effort d'investigation le plus notoire et ambitieux de l'époque est toutefois la mise sur pied par le gouvernement fédéral, en 1969, de la Commission d'enquête sur l'usage des drogues à des fins non médicales, connue sous le nom de «commission Le Dain». Les cinq commissaires[16] et leur équipe parcourent le pays et le monde, entendant plus d'un demi-million de témoins de tous les groupes intéressés; ils aboutissent, entre 1970 et 1973, à une somme publiée de quatre rapports totalisant plus de 2000 pages.

Publications et formation

Trois nouvelles publications apparaissent au Québec au cours de la décennie 1960-1970:

1. *Informations sur l'alcoolisme et les autres toxicomanies.* Il s'agit du bulletin de la Fédération Domrémy qui devient le bulletin de l'OPTAT, avec la même équipe. Lancé au début de l'année 1965 à 10000 exemplaires et distribué gratuitement, son tirage atteint les 30000 exemplaires à la fin des années 1960. Il est publié jusqu'en 1974, à raison de six numéros par année. Ce bulletin est un remarquable outil d'information qui permet de connaître les activités de l'OPTAT, de suivre les grands événements nationaux et internationaux, d'être en contact avec des articles de vulgarisation et des témoignages de praticiens dans le domaine. C'est l'ancêtre de l'actuelle revue *L'Intervenant*.

2. *La Vigne AA.* Il s'agit de la revue internationale bimestrielle des Alcooliques anonymes (*Grapevine*), publiée en version française à Montréal depuis le printemps 1965. On y trouve essentiellement des témoignages et des opinions de membres AA ainsi que des articles sur les principes, le mode de vie et les services du mouvement.

3. *Toxicomanies.* Autre initiative de l'OPTAT et d'André Boudreau, il s'agit cette fois d'une revue scientifique, la première de langue française dans le monde. Lancé au début de 1968, ce trimestriel (*quarterly*) publie des rapports de recherche scientifique, des études bibliographiques, des comptes rendus de débats ou de travaux controversés. Des auteurs américains (en traduction) et européens y collaborent. Une bonne proportion des textes traitent de la problématique des drogues illicites qui mobilise nombre de chercheurs à l'époque. La perspective est résolument pluridisciplinaire: s'y côtoient des

---

15. Le protocole de recherche s'inspire d'une enquête similaire conduite en 1968 par des chercheurs de l'Addiction Research Foundation, sous la direction de Reginald Smart. Les chercheurs de l'ARF ne cesseront de mener, à intervalles rapprochés, des enquêtes analogues sur les habitudes de consommation des jeunes Ontariens, ce qui leur fournira une perspective longitudinale. Au Québec, en raison de la disparition de l'OPTAT, une telle tradition n'a pu être maintenue.

16. Marie-Andrée Bertrand, Ian L. Campbell, Gérard Le Dain, Heinz Lehmann et J. Peter Stein.

articles en physiologie, épidémiologie, anthropologie, sociologie, criminologie et psychologie. La revue sera publiée jusqu'en 1981.

Par ailleurs, les stages d'été de l'Université de Sherbrooke demeurent la seule source de formation universitaire de la francophonie. Ils accueillent, de façon de plus en plus fréquente, des Européens qui viennent y chercher un savoir dans le domaine, que complète un stage dans le réseau des cliniques Domrémy. Comme le raconte Dollard Cormier (1987, p. 11) :

> Ayant passé une année en France en 1980-1981 et ayant à cette occasion visité divers centres d'aide aux alcooliques et toxicomanes, j'ai dû me rendre à l'évidence qu'il n'y avait pas un seul endroit où au moins un membre du personnel n'était pas venu suivre le cours de Sherbrooke et fait un stage dans un Centre Domrémy, sous l'égide de l'OPTAT.

Les conférences du clergé canadien sur l'alcoolisme se tiennent toujours, suscitant une participation modeste. En revanche, les cours populaires sur l'alcoolisme (qui deviennent les cours publics d'information générale sur les toxicomanies) accueillent en moyenne de 100 à 200 participants; ils constituent un véritable programme de formation sur mesure diffusé dans toutes les régions du Québec. L'OPTAT innove en offrant ces cours aux détenus du pénitencier de Cowansville, en 1967, et à quelque 250 policiers de divers services de la région de Montréal, en 1969. La même année, l'Office met à la disposition des éducateurs deux cours audiovisuels sur les drogues. Enfin, entreprise d'envergure, l'OPTAT se charge de l'organisation d'un pavillon thématique de Terre des hommes consacré à la question des drogues, à l'été 1969.

Les années 1970

Cette décennie est caractérisée par la restructuration complète du système sociosanitaire québécois à la suite du dépôt du rapport de la commission Castonguay-Nepveu, en 1972, après six années de travaux. Selon Mayer et Groulx (1987), ce long processus rend compte d'une opposition interne entre faction humaniste, en déclin, et faction technocratique, en plein essor. Si la première réussit à insuffler une logique de développement social et des idéaux progressistes — accessibilité des soins, approche préventive et communautaire, décentralisation —, la seconde impose sa logique productiviste et bureaucratique sur les plans de l'organisation et de la gestion du système[17]. Les réformes, qui sont majeures, sont menées en un laps de temps réduit, soit à peu près quatre ans. Plusieurs nouveaux établissements sont créés: les centres locaux de services communautaires

---

17. Cette « technocratisation » de l'État (Lalande-Gendreau, 1978) touche l'ensemble des sociétés occidentales développées. Elle est la conséquence d'une extension de l'idéologie scientifique à la sphère de la politique et des rapports sociaux, et se caractérise par le règne des experts et le clivage entre les autorités et la pratique quotidienne des acteurs sociaux (Habermas, 1973).

(CLSC), les départements de santé communautaire (DSC), les conseils régionaux de la santé et des services sociaux (CRSSS), les centres de services sociaux (CSS).

Disparition de l'OPTAT et mainmise de l'État

Après le dépôt de la *Loi sur la santé et les services sociaux* (1971), l'OPTAT perd petit à petit son pouvoir de coordination sur les activités de traitement, conservant toutefois un leadership en ce qui concerne la formation et la prévention. Le discours de l'organisme évolue vers une conception moins médicale et plus multidisciplinaire de la toxicomanie, un peu comme le mouvement Lacordaire s'était ouvert au modèle de maladie au cours des années 1950 afin de continuer à participer aux changements de l'époque. Cette fois, la transition est abrupte, le gouvernement ne désirant pas coexister avec une structure parallèle investie d'un pouvoir de coordination. En 1975, l'avènement des CLSC consacre le démantèlement de l'OPTAT (*L'Intervenant*, 1983). Le docteur André Boudreau meurt l'année suivante[18].

La disparition de l'OPTAT crée un vide, particulièrement sensible chez les médecins, qui resteront par la suite étrangers aux développements du secteur des toxicomanies et, pour la majorité, très mal formés au regard de la problématique[19]. Prenant en charge les institutions existantes, l'État fait le ménage, élimine les centres qui n'ont pas une approche suffisamment scientifique ou qui ont une approche trop morale et relègue l'intervention médicale au second plan. Certains doivent s'intégrer dans des services d'hôpitaux existants. Un certain nombre deviennent des centres d'accueil avec pour mission la réadaptation et la réinsertion selon la nouvelle perspective en vogue, l'approche psychosociale. De nouveaux professionnels des sciences humaines occupent alors toute la place, et le bénévolat, laïc comme religieux, disparaît presque complètement. En contrepartie, c'est au cours de cette décennie que le mouvement Alcooliques anonymes prend véritablement de l'ampleur chez les francophones (Proulx, 1985).

En 1976, le ministère des Affaires sociales publie un premier document d'orientation sur la question de l'usage et de l'abus des drogues. On y explique comment les diverses responsabilités seront réparties entre les établissements du réseau et la philosophie d'intervention dorénavant préconisée :

> Les activités de prévention sont considérées hautement prioritaires [...]. Les activités de réadaptation doivent faire appel à des interventions à caractère psychosocial [...]. Ces activités de réadaptation ont largement avantage à se dérouler en milieu externe [...]. Dans cette optique, il s'avère nécessaire de favoriser une intervention précoce et un dépistage adéquat des toxicomanes

---

18. Sans prétendre à une relation de cause à effet, on peut supposer que la disparition de l'OPTAT a eu une influence sur l'état de santé du docteur Boudreau.

19. Il faudra attendre les années 1990 et la détermination de médecins engagés dans le champ des toxicomanies tels Pierre Lauzon et Julie Bruneau pour que des programmes de sensibilisation et de formation destinés à ce corps professionnel soient implantés, notamment en ce qui a trait aux enjeux soulevés par la prescription de méthadone dans le contexte de la réduction des méfaits.

et mettre en branle, lorsque nécessaire, un processus de réadaptation qui soit global, *i.e.* faisant appel à toutes les dimensions de la situation des individus, et complet en assurant la continuité de l'intervention et la réinsertion sociale de ces derniers. (Ministère des Affaires sociales, 1976, p. 9)

L'engagement gouvernemental culmine avec la création, en 1979, d'un service de toxicomanie relevant du ministère, mis en place pour... coordonner l'activité des diverses composantes du réseau dans la mise en œuvre de sa politique, à l'heure où pointe pourtant déjà l'ère du désengagement de l'État.

Approche psychosociale et idéologie de la prévention

C'est au tour du modèle de maladie d'être ouvertement contesté par l'arrivée, au gouvernement et dans les universités, de nouveaux spécialistes des sciences humaines qui introduisent les idées de la psychologie humaniste existentielle (Rogers, Maslow, Lewin, Allport) et du behaviorisme cognitif (Skinner, Bandura, Mischel) [Cormier, 1984 ; Nadeau, 1996 ; Proulx, 1985]. La diffusion des travaux de Stanton Peele, à partir de la seconde moitié de la décennie, consacre le modèle explicatif psychosocial qui, prenant en considération le contexte de consommation et les dispositions de l'usager, paraît plus approprié que celui de maladie progressive et irréversible pour appréhender les nouvelles situations de toxicomanie.

Le secteur de la toxicomanie est dorénavant sous le signe des disciplines psychologiques, alors qu'au cours de la décennie précédente les chercheurs des sciences sociales dominaient aux côtés des médecins à l'intérieur de l'OPTAT[20]. À la suite des personnalités marquantes que furent Ubald Villeneuve et André Boudreau dans leur champ respectif, les années 1970 voient la venue d'un troisième grand inspirateur : Dollard Cormier. Docteur en psychologie formé auprès de Carl Rogers dans les années 1950, il fonde le Laboratoire de recherche sur l'abus de l'alcool et des drogues, au Département de psychologie de l'Université de Montréal, qui sera en activité de 1970 à 1988. Il représente parfaitement le pôle scientifique et critique en émergence et il contribuera largement à la conceptualisation et à la diffusion d'un modèle psychosocial[21] du traitement des toxicomanies qui va dès lors s'implanter progressivement dans les centres publics. Associé à la revue *Toxicomanies*, il y publie le résultat de ses travaux pendant toute la décennie.

---

20. Comme le rappellent Mayer et Ouellet (1991), la recherche fut dominée par les sciences sociales au cours des années 1960 — sociologie, économie, démographie — afin que soient produites les connaissances macrosociales dont le Québec avait besoin dans le contexte de réorganisation de la Révolution tranquille. Au cours des années 1970, la recherche devient davantage appliquée, centrée sur la mission du ministère des Affaires sociales, et privilégie les sciences du comportement et de la gestion.

21. Cette appellation évolue au fil des décennies en demeurant toutefois un amalgame un peu flou et passe-partout. Céline Mercier (1988, p. 370) tentera, au cours des années 1980, d'en préciser les sources théoriques et le contenu opérationnel, mentionnant que, dans le contexte québécois, «le psychosocial relève d'une intégration à différents niveaux du psychologique et du social».

Par ailleurs se fait jour une idéologie de la prévention dont l'éclosion en de véritables pratiques dans le champ de la toxicomanie viendra au cours des années 1980. Le concept est dans l'air et à la mode en raison de divers facteurs convergents.

— L'action de l'OPTAT pendant près de 10 ans a créé des bases solides en sensibilisant les intervenants et la population à l'importance de la dimension préventive. La publication de brochures et de dépliants, la production de matériel audiovisuel et la carrière de vulgarisateur public du docteur Boudreau à la radio et à la télévision y auront largement contribué.

— Les réformes gouvernementales dans les domaines de l'éducation (rapport Parent) et de la santé valorisent et créent des lieux propices à la diffusion d'activités préventives. Cela devient une mission des commissions scolaires à l'intérieur du développement de services constituant un complément à l'enseignement. D'ailleurs, des organismes de santé publique, des infirmières et des travailleurs sociaux organisent les premières activités préventives dans les écoles au cours des années 1970. La Commission des écoles catholiques de Montréal (CECM) mène, en 1976, la première d'une série d'enquêtes portant sur la consommation en milieu scolaire (Poissant et Crespo, 1976). Par ailleurs, la création des départements de santé communautaire donne un rôle accru aux médecins spécialisés en santé publique, notamment du côté de la prévention sociale, de l'éducation à la santé, des services communautaires, ce qui préfigure la place prépondérante qu'ils occuperont dans le champ de la toxicomanie avec l'avènement du sida.

— Finalement, la mise en place du modèle des déterminants de la santé (Lalonde, 1976) et du courant de promotion de la santé, au milieu de la décennie, aura également une influence sur la conceptualisation du pôle préventif en matière de toxicomanie, à travers l'accent mis, au cours de ces années, sur la modification des habitudes de vie. Ces idées apparaissent en contrepoint de critiques virulentes à l'endroit de la médicalisation à outrance et de la surconsommation pharmaceutique. Dorénavant, on cherchera à accroître et à protéger la santé, et non simplement à traiter la maladie. Le gouvernement fédéral, promoteur au Québec de cette nouvelle approche, entame à cette époque ses grandes campagnes «sanitaires» (exercice, alimentation) et, notamment, l'important marketing social antitabagiste qui se maintiendra jusqu'à nos jours. Ces nouvelles orientations ne sont pas sans faire l'affaire de plusieurs administrateurs et gestionnaires, rappelle Renaud (1981), lesquels cherchent déjà à freiner l'explosion des coûts du secteur de la santé.

L'implantation de nouvelles ressources

Au début des années 1970, une ressource se consacrant aux toxicomanes lourds et criminalisés fait son apparition : Le Portage. Ce centre implante au Québec le modèle de la communauté thérapeutique, calqué sur les précurseurs américains Synanon, en Californie (1958), et Daytop Village, à New York (1962). Il s'agit d'une communauté hiérarchique, axée sur la rééducation et la réinsertion du toxicomane à partir de méthodes puisant à plusieurs sources : tradition AA (confession publique et encadrement par des ex-toxicomanes), behaviorisme (apprentissage par récompenses et punitions), psychologie humaniste (développement et actualisation de la personnalité) [Broekaert et Van Der Straeten, 1997].

En 1971, Alternatives se donne aussi une vocation de centre de réadaptation pour surconsommateurs de drogues (héroïne), adoptant une perspective behavioriste. Lorsqu'il se joint au réseau public, en 1976, l'organisme modifie sa programmation en appliquant les principes de l'approche psychosociale et l'intervention en milieu ouvert (Tremblay, 1983, 1994).

La décennie marque également les débuts des centres privés. Ces services viennent répondre aux besoins de lieux de traitement pour les membres des Alcooliques anonymes qui ne se sentent pas à l'aise à l'intérieur des institutions du réseau public. Ils s'inspirent de l'approche dite Minnesota Model, mise au point à la fin des années 1940 dans un premier centre de thérapie fondé par des membres américains des AA avec l'aide de professionnels de la santé. L'approche, qui a des composantes médicale et psychologique, repose toutefois sur l'axe thérapeutique principal des 12 étapes. En 1973, deux membres des AA créent la Société Triple-A dans le but d'établir des maisons de thérapie de ce type au Québec. En 1975, ils ouvrent une maison à la campagne, à Ivry-sur-le-Lac, où le chanteur Jean Lapointe fait un séjour. Une collaboration naît qui va aboutir à l'ouverture de la Maison Querbes, en 1979, qui devient Maison Jean Lapointe, au début des années 1980. Le Pavillon du Nouveau Point de Vue, toujours en activité, voit également le jour au cours de cette décennie (Dubreuil, 1999).

Côté associations, en 1973 naît la Fédération des organismes bénévoles au service des personnes toxicomanes (FOBAST), qui se donne pour mission de regrouper les organismes bénévoles membres, sur le point d'être laissés à eux-mêmes avec la disparition de l'OPTAT ; les quelque 25 accueils Domrémy encore en activité aujourd'hui y sont réunis. Dans une volonté analogue de regroupement pour combler le vide laissé par l'Office, l'Association des intervenants en toxicomanie du Québec (AITQ) est fondée, en novembre 1977. Avant de disposer d'un secrétariat permanent dans les années 1980, elle se trouve en phase de construction et rassemble, à titre bénévole, les représentants des nouvelles ressources publiques, centres d'accueil et services hospitaliers.

Publications et formation

En 1973, l'équipe professorale des stages d'été de l'Université de Sherbrooke va assurer la formation à l'Université de Picardie, à Amiens (France), qui veut en importer la formule. La même année, l'Université de Sherbrooke lance le programme FIAT (formation pour les intervenants en alcoolisme et toxicomanie), ces cours universitaires «ambulatoires» étant offerts dans toute région québécoise qui en fait la demande. Ce programme donnera naissance, en 1984, à un certificat universitaire de premier cycle, également caractérisé par sa diffusion provinciale. Le premier certificat universitaire sera toutefois créé en 1979, à l'Université de Montréal, par la psychologue Louise Nadeau, autre personnalité marquante du domaine, dont l'apport scientifique et politique se fera sentir durant les décennies suivantes[22].

Côté publications, c'est la décennie de la revue *Toxicomanies*, qui, après l'OPTAT, passe sous les auspices de l'Université Laval et de l'Unité RADA (Recherche sur l'abus des drogues et de l'alcool). Le bulletin officiel de l'OPTAT, pour sa part, cesse d'être publié en 1974. Il faut toutefois souligner la parution du best-seller du docteur André Boudreau (1971), *Connaissance de la drogue*, dernier coup de maître de cet homme qui publie là une première monographie de vulgarisation grand public sur le phénomène de la drogue, laquelle connaîtra de nombreuses rééditions et traductions.

Mentionnons enfin la sortie des rapports de la commission Le Dain[23], entre 1970 et 1973, qui connaissent un grand retentissement, notamment à l'étranger: ces documents constituent une somme inégalée d'informations et d'analyses sur l'ensemble de la problématique de la drogue et sur le cannabis en particulier. Si la recommandation majoritaire et modérée des commissaires (décriminalisation de la possession et de la culture de cannabis à des fins personnelles) fait s'agiter le gouvernement libéral canadien pendant toute la décennie pour finalement rester lettre morte, les idées contenues dans ces rapports contribuent à l'enrichissement des débats et de la réflexion chez toute une génération d'acteurs dans le domaine de la toxicomanie.

Les années 1980

Cette décennie est marquée par une récession et la multiplication des problèmes sociaux dans plusieurs sociétés occidentales. Au Québec, on constate une remise en question de l'État-providence et la mise en place d'une vaste commission d'enquête sur la santé et les services sociaux, la commission Rochon. Le désengagement progressif de l'État se traduit par une désinstitutionnalisation et accélère

---

22. Nous avons identifié quatre inspirateurs — individus dont la pensée et les réalisations catalysent le mouvement de leur époque — qui ont plus particulièrement marqué, chacun à leur façon, l'évolution du secteur: Ubald Villeneuve, André Boudreau, Dollard Cormier et Louise Nadeau. Nous voudrions souligner qu'autour d'eux, cependant, ont travaillé et œuvrent encore bien d'autres pionniers aussi valeureux et des centaines d'artisans sans qui rien n'aurait été possible dans le domaine, et dont nous saluons ici l'apport inestimable.

23. Rapport provisoire, rapport final, rapport sur le cannabis et rapport sur le traitement.

le développement du secteur communautaire, ce qui donne un nouvel essor à l'intervention en milieu naturel et au travail de rue.

Cette époque de dépolitisation et du triomphe de la « personne » verra la recrudescence du moralisme antidrogue chez nos voisins du Sud avec l'entrée en fonction du couple Reagan et la diffusion de l'idéologie *Just say no*. Le sida fait aussi son apparition et l'on observe les premières initiatives liées à l'approche de la réduction des méfaits en Europe.

Formation des intervenants et débats philosophiques

Bien qu'on ne puisse le comparer à l'avènement de l'OPTAT dans les années 1960, l'établissement de deux programmes universitaires de premier cycle en toxicomanie, entre 1979 et 1985, exerce une influence considérable sur les façons de voir et de faire des intervenants pour les années à venir. Les certificats de l'Université de Montréal et de l'Université de Sherbrooke présentent sensiblement le même programme, soit une formation théorique et pratique pluridisciplinaire offrant la possibilité d'un stage dans le milieu. Louise Nadeau (1983, p. 129), l'instigatrice du premier programme à l'Université de Montréal, en explique la pertinence et l'objectif :

> Ce certificat a été créé au Québec au moment où les ressources et intervenants ont ressenti le besoin de se regrouper pour retrouver leur identité, briser leur isolement et satisfaire des besoins d'information et de formation. Après vingt ans d'expérience clinique québécoise et une synthèse de la littérature qui commence à se faire, il est désormais possible d'avoir et d'exiger une compréhension plus objective et critique des phénomènes de consommation et de surconsommation de psychotropes.

Une des nouveautés réside dans la diffusion d'une perspective « évolutive » par rapport au champ des toxicomanies, lequel atteint, au cours de ces années, l'âge adulte. Bien que l'on y présente l'évolution des diverses approches, les deux programmes de formation défendent une philosophie psychosociale ou, plus exactement, biopsychosociale. En effet, ces années voient émerger un modèle explicatif intégré, interdisciplinaire, de la dépendance aux substances psychotropes, que l'on appellera aussi « systémique », et dont la conceptualisation revient à Dollard Cormier dans son ouvrage le plus notoire et qui fait date, *Toxicomanie, style de vie*, paru en 1984.

La rencontre à l'université d'une foule d'acteurs, jeunes et moins jeunes, professionnels des milieux de la santé, de l'éducation, de la sécurité publique et du communautaire autant qu'ex-consommateurs, va donner lieu à un brassage d'idées, à des débats, voire à des divisions. On peut repérer quatre grands axes dans ces questionnements qui demeurent, dans une bonne mesure, encore bien vivants aujourd'hui :

1. *Usage et abus.* Le questionnement concernant ces notions tourne autour de deux pôles : à partir de quand l'usage devient-il abus ? Est-ce que la distinction

entre usage et abus s'applique dans le cas des drogues illicites? La réponse à ces questions, jamais définitive, permet par contre une grande richesse d'échanges et de points de vue qui font appel tant à la biologie qu'aux disciplines psychologique et sociale. Ainsi peut-on invoquer l'argument des seuils physiologiques de dangerosité, celui des critères diagnostiques de la dépendance ou encore celui des effets pervers de la législation antidrogue sur la qualité des produits. Certes, il s'agit là d'un des forums les plus motivants encore de nos jours, que l'on parle d'intoxication aiguë, d'intoxication chronique, d'usage inapproprié ou de réduction des méfaits. C'est en tout cas un débat incontournable pour quiconque se préoccupe de prévention.

2. *Abstinence et boire contrôlé.* Cet axe est certainement celui qui donne lieu aux échanges les plus passionnés. On y trouve, d'un côté, les ex-consommateurs adhérant à la philosophie AA pour qui l'abstinence est une question de survie et, de l'autre, les défenseurs d'une approche scientifique selon laquelle il a été expérimentalement démontré que l'alcoolisme n'est pas irréversible et que l'on peut, conséquemment, réapprendre à consommer modérément (Cormier, 1989; Nadeau, 1988). Ce débat est encore bien actuel dans le contexte de la réduction des méfaits et des enjeux soulevés par le choix d'une gestion plutôt que d'un arrêt de la consommation.

3. *Intervenants professionnels et ex-consommateurs.* Cette controverse oppose à peu près les mêmes camps. Doit-on exiger une formation professionnelle pour l'intervention auprès des toxicomanes? Un intervenant ayant déjà vécu ce problème n'est-il pas plus en mesure de comprendre et d'aider des surconsommateurs? Entre un non-toxicomane et un ex-toxicomane qui ont tous deux bénéficié d'une formation, le second ne fera-t-il pas un meilleur intervenant? Ces questions sont étroitement liées aux protocoles d'intervention et aux méthodes thérapeutiques utilisés dans les centres privés, qui connaissent une croissance exponentielle au cours de ces années et qui recrutent majoritairement des ex-consommateurs comme intervenants. L'enjeu fort actuel des normes de qualité pour les établissements nous plonge directement au cœur de ce débat[24].

4. *Prohibitionnisme et abolitionnisme.* Ce débat réactualise les trois options en présence dans les recommandations de la commission Le Dain: *statu quo*, réforme des lois, légalisation. Les positions sont toutefois polarisées. D'une part, le climat des campagnes américaines de guerre à la drogue battent leur plein et, si le Québec se distingue par un plus grand esprit de tolérance, l'option de la légalisation est perçue comme trop radicale par plusieurs. D'autre part, un important mouvement national et international d'opposition au prohibitionnisme se fait jour, en réaction aux désillusions de la

---

24. Au moment où nous écrivions ces lignes, un comité ministériel était en train de mettre au point de telles normes.

précédente décennie. Comme l'explique Marie-Andrée Bertrand (à paraître), commissaire à l'époque :

> [...] ce *niet* opposé aux recommandations législatives formulées par les comités que l'État avait lui-même créés a été ressenti comme une gifle par les milliers d'acteurs impliqués dans l'exercice de consultation [...]. C'est ce refus du législateur de faire place aux recommandations de ses propres commissions ou comités qui est à l'origine de la deuxième vague de revendications, laquelle naît vers 1985.

Les années 1980 donnent ainsi lieu à la naissance d'associations antiprohibitionnistes organisées et crédibles, réunissant personnalités publiques, professionnels, universitaires et usagers ; pendant québécois de la Ligue internationale antiprohibitionniste (LIA), la Ligue antiprohibitionnisme du Québec (LAQ) est fondée en 1989.

Une effervescence tous azimuts

La décennie donne lieu à un foisonnement de manifestations, initiatives nouvelles aussi bien que consolidation des acquis. En voici un survol :

— L'AITQ consolide ses assises, elle accueille les membres individuels (1983) et devient un véritable lieu d'animation, de diffusion et de représentation pour les intervenants du Québec. Elle organise annuellement des colloques dont les actes sont publiés à partir de 1981 ; elle crée, en 1983, la revue *L'Intervenant*, trimestriel d'information générale et scientifique qui paraît toujours ; elle publie des rapports spéciaux sur des questions de toxicomanie ; elle organise des séminaires de formation ; elle met sur pied un centre de documentation ; elle participe à des comités d'études et à des consultations publiques dans le domaine.

— Le Service de toxicomanie du ministère de la Santé et des Services sociaux[25] devient réellement actif comme instance de coordination et de mobilisation provinciale, s'associant à divers partenaires. Il publie du matériel d'information grand public (*La drogue, si on s'en parlait*) ; il organise chaque automne, à partir de 1985, une Semaine nationale de la prévention ; il prépare, en consultation, une seconde politique d'orientation ministérielle (Ministère de la Santé et des Services sociaux, 1990).

— Sur le plan des nouvelles ressources en toxicomanie, on observe un double phénomène. D'une part s'ouvrent une multitude de centres privés, principalement inspirés du modèle Minnesota (mais aussi des communautés thérapeutiques ou de formules hybrides), majoritairement animés par des ex-consommateurs et prônant une philosophie de l'abstinence. Au début des années 1980, l'AITQ publie un répertoire des ressources où elle dénombre 150 services de traitement, publics et privés ; lors d'un recensement analogue

---

25. Il devient le Service des programmes aux personnes toxicomanes, en 1989, et sera aboli en 1993.

effectué par Brochu (1988a), 110 services sont répertoriés[26]. Dans un cas comme dans l'autre, les ressources privées sont évaluées à 60% de l'ensemble. Notons la tenue à Montréal, en 1985, du congrès international des AA, pour le cinquantième anniversaire du mouvement. D'autre part s'ouvrent des ressources spécialisées permettant de faire face à la montée de nouvelles problématiques. Mentionnons le Centre Préfontaine, première ressource en toxicomanie pour sans-abri (1981); le Centre de recherche et d'aide aux narcomanes (CRAN), première clinique publique offrant un traitement à la méthadone (1985); le Centre d'action communautaire auprès des toxicomanes utilisateurs de seringues (CACTUS), premier lieu d'échange de seringues (1989); de nouveaux programmes jeunesse à l'intérieur d'établissements existants (centre de réadaptation Alternatives, en 1988) ou de nouvelles ressources entièrement dédiées à la clientèle jeune (Maison Jean Lapointe de Québec, en 1989).

— Dans le domaine de l'alcool, c'est la décennie de l'offensive sur tous les fronts contre la conduite avec facultés affaiblies. Sur le plan législatif, le gouvernement canadien amende sa loi sur la conduite en état d'ébriété, en 1984, pour la rendre plus sévère, alors que le Québec, de son côté, modifie son Code de la sécurité routière dans le même sens. En parallèle, la Société de l'assurance automobile du Québec (SAAQ) inaugure une tradition de campagnes publiques de sensibilisation à caractère souvent dramatique. Enfin, toujours en 1984, est mis en place à Québec par Jean-Marie De Koninck le premier service communautaire et bénévole de raccompagnement, Opération Nez Rouge. Cette initiative, qui dès lors ne cesse de grandir et qui est copiée en dehors de nos frontières, constitue un autre fleuron avant-gardiste du Québec dans le champ des toxicomanies et un précurseur de mesures en matière de réduction des méfaits en ce qui concerne les drogues licites.

Le virage préventif

La valorisation de la prévention amorcée durant la décennie précédente engendre une kyrielle d'initiatives en ce sens au cours des années 1980. La production de brochures, dépliants, vidéos et autres documents est abondante, plusieurs étant conçus à l'intention des francophones par Santé Canada et la Fondation de la recherche sur la toxicomanie de l'Ontario. Les actions sur le terrain, souvent inventives et louables, font cependant double emploi, ont un caractère éparpillé,

---

26. L'enquête de Brochu permet pour la première fois de faire une « autopsie » des ressources et des modèles de traitement existants en réadaptation. Ainsi y apprend-on les faits suivants : près de 700 personnes sont employées à temps plein dans l'ensemble des établissements, un peu moins du quart étant des bénévoles ; la majorité des centres privés et la quasi-totalité des centres publics utilisent systématiquement des méthodes pour évaluer leur clients ; les centres publics offrent davantage de services externes et recourent majoritairement à l'approche systémique ou psychosociale ; l'objectif principal le plus courant dans les centres, publics comme privés, qui accueillent des alcooliques est l'abstinence. À la fin de la décennie 1990, une autre analyse des programmes de traitement, uniquement dans les centres publics cette fois, sera conduite (Vermette, 1997).

éphémère et se font en l'absence d'évaluation de leurs effets. En 1987, lors du colloque provincial «Les jeunes, l'alcool, les drogues», une présentation des initiatives venant de partout dans la province permet de constater à la fois la variété des pratiques et l'absence de coordination entre elles. Si une grande partie de l'énergie déployée va à la production d'outils ou d'activités ponctuelles, de véritables programmes de prévention voient aussi le jour[27].

Les premiers bilans dans le domaine de la prévention (Beauchesne, 1986; Chamberland, 1990) confirment cet éclatement en posant des balises descriptives qui permettent de s'y retrouver. Parallèlement, une pensée québécoise de la prévention se constitue à travers la diffusion de divers écrits: citons la publication en français de Ken Low (1979), dont les idées sont notamment diffusées au Québec par Pierre Lamarche (1988); un programme de formation produit conjointement par la Fondation de la recherche sur la toxicomanie et Santé Canada (Torjman, 1986); une série d'articles publiés par Serge Brochu dans *L'Intervenant*, entre 1986 et 1988, base d'un ouvrage de synthèse sur la question qui paraîtra au début des années 1990 (Cormier, Brochu et Bergevin, 1991). Toutefois, ce sont les idées du courant de la promotion de la santé qui dynamiseront et structureront les actions préventives québécoises. La publication, au milieu des années 1980, du document *La santé pour tous* (Epp, 1986) introduit une pensée et des concepts qui concordent avec les aspirations de plusieurs groupes d'intervenants communautaires qui désirent faire de la prévention avec les principaux intéressés et faire porter leur action sur le milieu de vie. Les concepts liés à la promotion de la santé collective deviennent les mots clés des interventions à venir: participation communautaire, concertation, partenariat, intersectorialité, pouvoir d'agir (*empowerment*). L'effort de coordination et le coup de pouce déterminant viendront du ministère de la Santé et des Services sociaux qui lance, à l'automne 1987, une vaste démarche d'élaboration de programmes-cadres régionaux en matière de prévention des toxicomanies et de promotion de la santé, axés sur la concertation intrarégionale et interrégionale (Couillard, 1990). Deux ans plus tard, au début de 1990, un ensemble sans précédent d'activités reliées à la prévention des toxicomanies et à la promotion de la santé sont mises en œuvre dans 14 régions administratives du Québec.

Publications et recherche

Les publications abondent au cours de la décennie. Dollard Cormier est l'auteur le plus prolifique: outre l'ouvrage phare déjà mentionné, il fait paraître un livre sur le boire contrôlé (Cormier, 1989) et un autre, en collaboration, sur la problématique de la surconsommation médicamenteuse (Cormier et Trudel, 1990).

---

27. Mentionnons le programme Jeunes alcool drogues éducation (JADE), production conjointe du Centre de réadaptation Alternatives et de la CECM, et le programme Le Bar Ouvert, émanant de l'Institut de recherches cliniques de Montréal. À la différence d'outils ou d'activités isolés, un programme présente un ensemble d'activités structurées en fonction d'objectifs et découlant d'une analyse préalable de la situation.

Louise Nadeau collabore à deux ouvrages d'importance sur le phénomène de la toxicomanie féminine (Guyon, Simard et Nadeau, 1981; Nadeau, Mercier et Bourgeois, 1984). Un premier texte de Stanton Peele (1982), traduit en français dans le cadre du certificat de l'Université de Montréal, a un grand retentissement dans le milieu. Line Beauchesne fait paraître une monographie sur les programmes en prévention destinés aux jeunes (Beauchesne, 1986). Le Groupe de recherche appliquée sur les psychotropes (GRAP) amorce le projet de publication d'ouvrages collectifs pluridisciplinaires en toxicomanie (Brisson, 1988). Finalement, à la revue *L'Intervenant*, que nous avons déjà mentionnée, vient s'ajouter au printemps 1983 *Psychotropes, un journal d'information sur les drogues et leurs usages.* Lancée par le Département d'anthropologie de l'Université de Montréal[28], cette revue scientifique internationale prend le relais de *Toxicomanies*, disparue deux ans plus tôt. Préconisant une approche «factuelle, valide, accessible et critique» de l'information sur les toxicomanies, cette nouvelle revue demeure la seule de ce type dans le monde francophone.

La recherche en toxicomanie, inaugurée au Québec par l'OPTAT, prend à partir de la fin des années 1970 et au cours des années 1980 une orientation particulière dont rend compte une étude de Brochu (1988b) sur la question. Aux côtés de recherches fondamentales portant encore pour la plupart sur l'alcoolisme (facteurs de risque, marqueurs biologiques, état physique des gens admis en désintoxication, processus de rétablissement, etc.), une majorité d'études sont de type «appliqué», menées ou commanditées par le ministère de la Santé et des Services sociaux pour répondre aux besoins de gestion des administrateurs et aux besoins d'efficacité professionnelle des intervenants. Ainsi une place imposante est-elle occupée par les axes de recherche concernant l'évaluation de programmes, les études épidémiologiques et les profils de population ainsi que la recension des services et des ressources.

Les années 1990

Cette décennie consacre le passage de l'État-providence à l'État gestionnaire et la montée d'un néolibéralisme économique mondial qui aura des répercussions dans toutes les sphères de la vie sociale. Au Québec, la commission Rochon suscite un second réaménagement d'importance du réseau sociosanitaire en moins de 20 ans: la réforme Côté, au début des années 1990, puis le virage ambulatoire sous la direction de Jean Rochon lui-même (1994). L'accent est plus que jamais placé sur l'évaluation de l'efficacité et les indicateurs de rendement. Sur le plan social, les conséquences de la rencontre des problématiques de la toxicomanie et du sida se font sentir au Québec.

---

28. Le noyau fondateur est composé de Gilles Bibeau, directeur (Québec), Ronald Verbeke, rédacteur en chef (Belgique) et Georges Létourneau, éditeur (Québec). Pour un bilan de l'histoire et de l'orientation de cette revue, consulter Létourneau (1994).

Ces années représentent par ailleurs une ère d'accélération de toutes les fractures : coupure croissante entre les pays les plus riches et les pays les plus pauvres, et entre les plus riches et les plus pauvres dans plusieurs sociétés développées ; clivage entre les générations au pouvoir et les jeunes générations, et entre la population active et les sans-travail ; divorce entre les instances technocratiques et le pouvoir d'influence réel des groupes sociaux ; fossé entre la culture de masse planétaire et les voix culturelles minoritaires. Cela donne lieu à l'émergence de nouveaux phénomènes d'exclusion, de désaffiliation et de marginalisation sociales.

Le rapport Bertrand et le Comité permanent de lutte à la toxicomanie

La décennie s'amorce sous le signe du politique et elle le restera. À l'automne 1989, le gouvernement crée un groupe de travail afin d'analyser la situation de la toxicomanie et de proposer des stratégies d'action pour les années à venir. Le Groupe de travail sur la lutte contre la drogue[29] (1990) dépose son rapport six mois plus tard. Quelque temps auparavant, en mars 1990, des représentants de plusieurs secteurs sont réunis en un forum provincial sur les toxicomanies afin d'inciter le gouvernement à créer un conseil québécois des toxicomanies, renaissance fortement souhaitée d'un organisme qui succéderait à l'OPTAT. Il n'y aura pourtant pas de nouvel OPTAT, mais une des recommandations du rapport Bertrand aboutit à la création d'un comité permanent de lutte aux drogues, à l'automne 1990, sous l'autorité directe du premier ministre, au moment même où sont lancées les nouvelles orientations ministérielles en matière de toxicomanies, après deux ans de consultation. Avec la réforme du système de santé qui pointe, voilà la nouvelle donne du secteur de la toxicomanie. Ces années voient s'imposer Louise Nadeau à l'avant-scène où, un peu comme jadis André Boudreau, elle exerce un leadership et assume un rôle d'interlocutrice auprès de l'appareil gouvernemental. Elle est nommée présidente du Comité permanent de lutte à la toxicomanie (CPLT), en 1994[30].

Les recommandations du rapport Bertrand ne font pas l'unanimité ; celles-çi excluent toute la question des drogues légales (alcool, tabac, médicaments) pour se borner aux drogues de rue. Les retombées de ce rapport assureront toutefois d'importants investissements dans les champs de la prévention et de la promotion de la santé sur le plan local, ainsi que dans le secteur de l'éducation où sont engagés de nouveaux intervenants, les éducateurs en prévention des toxicomanies (EPT). Le credo lancé dans les orientations ministérielles apporte de l'eau au moulin ; on met clairement l'accent sur la prévention, à partir d'une concertation

---

29. Mieux connu sous le nom de comité Bertrand, du nom de son président, Mario Bertrand.
30. Louise Nadeau est une des deux seules spécialistes en toxicomanie consultées par le comité Bertrand, composé majoritairement de hauts fonctionnaires et de personnalités du monde des affaires. Au forum provincial, elle partage la tribune avec un pionnier d'une autre époque, Ubald Villeneuve.

entre tous les partenaires (publics, privés, communautaires) et dans une perspective globale d'organisation des services. On y retrouve les mêmes grands principes que ceux de la réforme Côté, soit la primauté de la personne, l'universalité et la qualité des services.

L'action que mène le Comité permanent au cours de la décennie est double. D'un côté, il met à jour et diffuse des connaissances concernant la situation générale de la toxicomanie, les grands enjeux et les problématiques de pointe dans le domaine : ainsi, entre 1992 et 2000, le CPLT publie au total une quarantaine de rapports d'expertise sur une grande variété de sujets, en plus d'une dizaine d'avis et de prises de position publiques sur des questions stratégiques. De l'autre côté, le comité se donne pour mission de consulter périodiquement le milieu afin de produire des bilans prospectifs et de faire des recommandations au ministre de la Santé. Deux vastes démarches de consultation sont menées, en 1995-1996 et en 1999-2000, qui donnent lieu à la publication de rapports de synthèse accompagnés de recommandations en 1996 et en 2000. Le CPLT, s'il n'a pas le large pouvoir de coordination que détenait l'OPTAT[31], exerce néanmoins un rôle majeur de diffusion des connaissances, d'animation du milieu et de conseiller de l'État sur la question des toxicomanies.

Le virage en santé publique et la réduction des méfaits

La propagation du sida au sein des usagers de drogues par injection (UDI) apparaît dès le début des années 1980 en Europe et se trouve rapidement définie comme un nouveau problème de santé publique par les instances sanitaires internationales (Organisation mondiale de la santé) et nationales, en Europe, en Amérique du Nord puis dans les pays en voie de développement. Au Canada, un premier atelier national sur le sujet, qui se tient en 1989, recommande de faire une priorité préventive de l'infection par le VIH chez les UDI (Brisson, 1997). Un virage décisif en santé publique s'amorce dans le champ des toxicomanies.

Au Québec, l'AITQ forme un comité toxicomanie-sida en juin 1990, qui publie, l'année suivante, un numéro spécial sur la question (*L'Intervenant*, 1991). C'est par la diffusion de textes d'auteurs canadiens-anglais, en traduction, que s'impose chez nous l'appellation (unique au monde) de « réduction des méfaits ». À partir de 1994, l'approche est clairement identifiée et largement diffusée au Québec : publication d'un cadre de référence sur la question par le Centre québécois de coordination sur le sida (1994) et lancement de formations-réseau sur la double problématique toxicomanie-sida ; prises de position publiques favorables à cette approche par l'AITQ (1995), le regroupement Domrémy (1995) et le Comité permanent de lutte à la toxicomanie (1996) ; publications en nombre croissant sur la question : Riley (1994) ; *L'Écho-toxico* (1995) ; Brisson (1997) ;

---

31. Il serait difficile pour un seul organisme de prétendre au rayonnement qu'exerçait l'OPTAT à l'époque, en raison de la complexification des dossiers et de la multiplication des acteurs au fil des décennies.

Suissa (1998a); Nadeau (1999). En parallèle, les pratiques prennent de l'expansion : lieux d'échange de seringues, accès à la méthadone, travail d'information et d'éducation auprès des usagers, ressources de prise en charge à bas seuil d'exigences. Très souvent, ces pratiques réactualisent des expériences menées antérieurement ou alors développent des acquis. La nouveauté est leur intégration dans un cadre unificateur, soit une philosophie qui prône un humanisme pragmatique pour faire face socialement aux problèmes découlant de l'usage des drogues.

Comme cela a été le cas dans les pays européens, l'approche de la réduction des méfaits envahit le champ traditionnel des pratiques en toxicomanie et provoque une redéfinition des représentations de même que du rôle des acteurs en cause (Wojciechowski, 1999). À la vision morale du toxicomane, associée au prohibitionnisme, se substitue une vision pragmatique qui obéit aux impératifs du contrôle sociosanitaire de l'épidémie. Cette approche, largement définie, voire imposée par les acteurs de la santé publique, ouvre la porte à un réel humanisme dans les rapports avec les usagers de drogues ainsi qu'à une remédicalisation du phénomène. Le toxicomane n'est plus un déviant, mais un malade que l'on doit amener à maîtriser ses comportements dans l'intérêt de la société, notamment en le traitant avec des produits de substitution. Ainsi s'engage avec les drogues illicites un peu le même processus qu'il y a 40 ans avec l'alcool : une approche rationnelle et scientifique (de nature épidémiologique plutôt que physiologique, cette fois) bat en brèche la conception morale dominante, favorisant la déculpabilisation de l'usager et surtout, sur le plan social, sa non-stigmatisation.

Mais il y a un hic. La réduction des méfaits répare en grande partie les pots cassés du prohibitionnisme — qui, comme jadis pour l'alcool, s'avère un mode inefficace et dangereux de gestion de la question de la drogue —, alors même que ce système est toujours en place[32]. De plus, la réduction des méfaits défend une « éthique » de la tolérance et de la compassion vis-à-vis de l'usage et de l'abus des psychotropes incompatible avec celle du prohibitionnisme, qui est fondée sur le moralisme et sur des arguments d'autorité. La coexistence apparemment normale des deux approches dans une même société pose, sinon de sérieux problèmes, du moins des questions de fond (voir à ce sujet le chapitre de Line Beauchesne dans le présent ouvrage).

Quoi qu'il en soit, la survenue du sida dans le champ des toxicomanies accroît le pouvoir de définition et d'intervention des intervenants en santé publique dans le secteur, pouvoir qu'ils exercent déjà presque entièrement en matière de lutte au tabagisme. L'approche de la réduction des méfaits accorde

---

32. Cela est d'autant plus vrai qu'en mai 1997, le gouvernement canadien met en vigueur sa nouvelle loi en matière de drogues (*Loi réglementant certaines drogues et autres substances*) qui, à l'encontre de représentations soutenues pour en faire une législation moins morale et plus sociale, reconduit le caractère essentiellement prohibitionniste et punitif des précédentes législations.

également une place importante à l'action des intervenants communautaires et des travailleurs de rue, déjà sollicités comme agents d'intervention précoce et d'accompagnement en milieu naturel par suite des retombées du virage ambulatoire et de la désinstitutionnalisation. C'est aussi l'occasion d'une prise de parole et de regroupements chez les usagers de drogues (à l'instar de ce qui se passe chez d'autres groupes marginalisés comme les sans-abri et les prostituées et prostitués), bien qu'à cet égard la tendance se développe beaucoup moins rapidement que dans certains pays européens.

Prévention et réadaptation

Les recommandations du rapport Bertrand et les orientations ministérielles favorisent l'actualisation des programmes régionaux en matière de prévention et de promotion mis en branle à la fin de la précédente décennie. Des coordonnateurs en toxicomanie sont d'ailleurs nommés dans chacune des régies régionales pour gérer la mise en œuvre des activités sur leur territoire. En 1995, la Direction de l'évaluation et de la planification du ministère de la Santé et des Services sociaux entreprend de faire le bilan d'ensemble de ces mesures. Elle procède à une évaluation des outils existants (Brisson, Lafortune et Paquin, 1996), des programmes et des projets menés (Lebeau, Sirois et Viens, 1996) ainsi que de l'action intersectorielle déployée (Lebeau, Vermette et Viens, 1997).

Le portrait tiré de ces bilans permet d'éclairer les forces et les faiblesses des actions préventives québécoises (Lebeau, Sirois et Viens, 1996; Ministère de la Santé et des Services sociaux, 2000). Sur le plan des acquis, notons le développement d'une expertise nouvelle chez un grand nombre d'intervenants, principalement ceux du réseau communautaire; la capacité de mettre en œuvre des actions à partir d'un partenariat intersectoriel, dans plus de 90% des cas; la tendance à privilégier des actions à volets multiples, agissant à la fois sur la clientèle cible (les jeunes, dans une proportion de 75%) et sur son entourage. Sur le plan des lacunes, il faut mentionner le mode de financement non récurrent qui favorise des activités ponctuelles et un recours encore trop fréquent à des stratégies d'information et de sensibilisation; la difficulté de maintenir la mobilisation et la concertation à l'intérieur des réseaux et entre les réseaux; le peu d'évaluation des actions menées de même que le peu d'utilisation des connaissances scientifiques existantes dans l'élaboration de ces actions.

Par ailleurs, les actions sur le plan de la prévention secondaire (dépistage et intervention précoce) connaissent un fort développement dans le contexte de la prévention de la transmission du VIH auprès des UDI, les lieux d'accès aux seringues passant de quelques-uns à plus de 650 au cours de la décennie (Centre québécois de coordination sur le sida, 2000). En outre, de nouveaux programmes donnant plus facilement accès à la méthadone sont mis en place (Unité de désintoxication de l'hôpital Saint-Luc [1992] et Relais méthadone [1999]). L'intervention en milieu scolaire est moins favorisée avec la disparition progressive des éducateurs en prévention des toxicomanies à partir du milieu de la décennie: des interventions générales de prévention primaire et des interventions précoces plus ciblées sont menées dans un grand nombre d'écoles de la province sans qu'il soit possible d'en faire un bilan rigoureux.

Au cours de ces années, l'importance accordée aux actions préventives est réaffirmée, d'abord dans la *Politique de la santé et du bien-être* (MSSS, 1992), puis dans les *Priorités nationales de Santé publique 1997-2002* (MSSS, 1997). Il semble toutefois que l'intégration des pratiques «classiques» de prévention primaire et de promotion de la santé (visant la réduction de l'offre et de la demande) et des pratiques nouvelles de réduction des méfaits (visant la réduction des usages inappropriés et de leurs conséquences) soit plus difficile. Pour y arriver, cela prend en effet près de deux ans au groupe de travail ministériel chargé de réviser, de préciser et de proposer un cadre intégré d'orientations et d'actions en prévention. Le document auquel cette démarche aboutit (Ministère de la Santé et des Services sociaux, 2000) est officiellement lancé au terme de deux autres années de consultation.

En ce qui a trait aux ressources publiques de traitement, on observe, comme dans le secteur hospitalier, des regroupements spectaculaires, les deux plus importants touchant les régions de Montréal et de Québec : ainsi, en 1995, les centres Domrémy-Montréal, Alternatives et Préfontaine sont réunis en un regroupement qui deviendra le Centre Dollard-Cormier, en 1997. À Québec, le Carrefour Ubald-Villeneuve et le pavillon Saint-François-d'Assise du Centre hospitalier universitaire de Québec deviennent le Centre de réadaptation Ubald-Villeneuve. De l'ancien réseau Domrémy, seul le centre public de la Mauricie/Centre du Québec conserve aujourd'hui l'appellation Domrémy d'origine. En 2000, la Fédération québécoise des centres de réadaptation pour personnes alcooliques et autres toxicomanes (FQCRPAT) regroupe 20 ressources publiques, alors que, du côté privé et communautaire, le ministère de la Santé et des Services sociaux dénombre quelque 150 ressources dans son dernier plan d'action en toxicomanie (Ministère de la Santé et des Services sociaux, 1998).

Deux forums publics d'importance sont organisés sous la responsabilité du secteur de la réadaptation au cours de la décennie : le xive Congrès des communautés thérapeutiques (le Programme de Portage, en 1991) et Rond-point 95 — Congrès national en toxicomanie (la FQCRPAT, en 1995).

Enfin, signalons deux phénomènes qui ont des répercussions majeures sur les façons de voir et de faire tant dans le domaine de la prévention que dans celui de la réadaptation, et qui vont continuer d'influencer les pratiques dans les années à venir : l'évolution décisive vers un modèle des déterminants environnementaux de la santé, soit la prise en considération des conditions de vie sociales, économiques et culturelles des populations ; l'évolution irréversible des modèles étiologique et thérapeutique vers la prise en considération de coproblématiques, doubles et multiples, impliquant la toxicomanie et la santé mentale, la criminalité, le sida, l'itinérance, la violence familiale, la négligence parentale, le suicide et les troubles d'adaptation scolaire et sociale.

Publications, formation et recherche

Les publications atteignent un nombre exponentiel au cours de ces années, particulièrement du côté des rapports de recherche et des rapports gouvernementaux. Outre la série des documents du CPLT, mentionnons celles des Cahiers du RISQ[33] et des avis du Comité aviseur sur la recherche et l'évaluation. Du côté des périodiques, on trouve deux nouvelles publications :

— *L'Écho-toxico*, un bulletin d'information générale et scientifique que produisent les programmes de toxicomanie de l'Université de Sherbrooke, deux fois par année, depuis janvier 1990. Il privilégie la parution de dossiers thématiques et il est le premier périodique en toxicomanie dans le réseau Internet depuis septembre 2000.

— *Psychotropes — Revue internationale des toxicomanies*, qui succède à la première revue du même nom, laquelle cesse de paraître en 1993. Cette publication change de format tout en conservant une vocation scientifique et un caractère international. Elle fonctionne sur la base d'un comité de rédaction mixte, québécois et français, et existe depuis janvier 1995.

Du côté des livres, mentionnons deux nouveaux ouvrages de Louise Nadeau, l'un portant sur l'alcool (1990) et l'autre, en collaboration, sur l'ensemble du champ d'études de la toxicomanie (Nadeau et Biron, 1998); en criminologie, Line Beauchesne publie un livre sur la légalisation des drogues (1991), tandis que Serge Brochu publie un ouvrage sur les rapports entre drogues et criminalité (1995); David Cohen (1995) fait paraître, en collaboration, un ouvrage critique sur les médicaments psychotropes, et Amnon Suissa (1998b) un autre sur le modèle de maladie en matière d'alcoolisme; Gilles Bibeau et Marc Perreault (1995) proposent une perspective anthropologique du phénomène de la toxicomanie intraveineuse et des piqueries, et Jean-François Malherbe (1994) apporte un point de vue philosophique et éthique sur la société de prévention; enfin, le GRAP poursuit sa série d'ouvrages collectifs pluridisciplinaires en la matière (Brisson, 1994). L'ensemble des publications — rapports, périodiques, monographies — spécialisées dans le domaine des toxicomanies sont désormais accessibles au Centre québécois de documentation en toxicomanie (CQDT), créé en 1991 par le ministère de la Santé et des Services sociaux et administré par le Centre Dollard-Cormier, à Montréal.

Ces dernières années, la formation continue et sur mesure est en plein essor afin de répondre aux besoins constants de perfectionnement des intervenants. La formation ministérielle-réseau du ministère de la Santé et des Services sociaux offre une grande variété de ces formations pour soutenir le développement des pratiques professionnelles et des pratiques de gestion en toxicomanie : promotion de la santé et prévention primaire ; dépistage, évaluation, orientation ; désintoxication et réadaptation ; toxicomanie et sida ; méthadone. Plusieurs associations

---

33. Recherche et intervention sur les substances psychoactives-Québec.

donnent aussi de la formation, dont l'AITQ, qui remplit cette mission depuis ses débuts; en 1998, elle s'associe avec l'Université de Sherbrooke pour établir un programme d'activités, offert à Longueuil et en province.

Enfin, du côté de la formation universitaire, l'événement marquant est la création de deux programmes de deuxième cycle en toxicomanie, lancés simultanément par l'Université de Sherbrooke et l'Université de Montréal, en janvier 1999[34]. Cette même année, en mars, se tient à Montréal un congrès international sur les drogues par injection sous les auspices du certificat en toxicomanies de l'Université de Montréal.

En ce qui a trait à la recherche, les années 1990 marquent un tournant. Dès 1991, le résultat d'une concertation entre les milieux de la planification, de l'intervention et de la recherche aboutit à un double événement. D'une part est créé le Comité aviseur sur la recherche et l'évaluation en toxicomanie, au ministère de la Santé et des Services sociaux, qui a pour mandat de conseiller le Ministère et de favoriser les échanges entre les divers milieux de recherche ainsi qu'entre ces milieux et les milieux d'intervention. D'autre part sont formées deux équipes de recherche spécialisées en toxicomanie: Recherche et intervention sur les substances psychoactives-Québec (RISQ) et l'Équipe de recherche sur la prévention et le traitement des toxicomanies. Deux autres équipes de recherche abordent aussi la dimension des toxicomanies dans leurs travaux: le Groupe de recherche sur les aspects sociaux de la prévention (GRASP) et le Groupe de recherche sur l'inadaptation psychosociale de l'enfant (GRIP). Enfin, notons également l'existence de plusieurs équipes de recherche formées dans le contexte d'études épidémiologiques, sociologiques et culturelles portant sur le phénomène de la toxicomanie et du sida.

Conclusion

Le secteur québécois des toxicomanies aura été le théâtre d'innovations tout au long de son développement, certaines demeurant toujours à l'avant-garde internationale: premier réseau sociocommunautaire d'entraide avant même les Alcooliques anonymes (cercles Lacordaire); modèle antiprohibitionniste de gestion de l'alcool avant que le reste de l'Amérique du Nord s'y rallie (Commission des liqueurs du Québec); première maison de traitement de l'alcoolisme au Canada (Domrémy Québec); modèle de renommée internationale intégrant les dimensions de la prévention, de la formation, de la recherche et du traitement dans une perspective pluridisciplinaire et de réseau (OPTAT); premières revues

---

34. Ces programmes voient le jour à la suite d'une évaluation de la pertinence et des besoins menée par l'Université de Sherbrooke, en 1996. Cette dernière offre le nouveau diplôme à l'intérieur des programmes de toxicomanies (premier et deuxième cycle), qui relèvent de la Faculté de médecine, sous la direction générale de Lise Roy. L'Université de Montréal offre le sien sous l'autorité de la Faculté des études supérieures; il est dirigé par Louise Nadeau.

scientifiques de langue française dans le domaine des toxicomanies (*Toxicomanies et Psychotropes*); cursus d'études universitaires dans le domaine, depuis les premiers stages d'été jusqu'aux actuels programmes de premier et de deuxième cycle (Université de Sherbrooke et Université de Montréal); réseau public de réadaptation pratiquant une approche psychosociale depuis le milieu des années 1970 (ministère de la Santé et des Services sociaux); mesure communautaire et bénévole de réduction des méfaits liée à la conduite avec facultés affaiblies (Opération Nez Rouge).

Au terme d'un siècle de développement, la situation se présente comme suit : jamais il n'y a eu autant de produits accessibles, sur les marchés blanc et noir, et jamais on n'a eu autant de raisons comme de pressions pour les utiliser, qui pour le plaisir, qui pour le soulagement (mobiles qui, eux, sont immémoriaux). Jamais non plus il n'y a eu autant d'acteurs mobilisés, de la rue aux laboratoires universitaires, des cliniques de désintoxication aux officines gouvernementales, des salles de cours aux centres de réadaptation, ayant pour intérêt (dans les deux sens du terme) la compréhension, la prévention ou la résolution des problèmes posés par les toxicomanies.

En guise de bilan provisoire, deux réflexions nous viennent: une sur l'omniprésence de la question morale, l'autre sur le peu de cas qui est fait du point de vue des usagers. La question morale d'abord. En dépit d'une évolution des façons de voir et des façons de faire dans le champ des toxicomanies vers des approches dites scientifiques, peut-on prétendre avoir évacué toute vision morale du phénomène de l'usage et de l'abus des psychotropes? N'observons-nous pas plutôt une coexistence permanente de la morale et de la science, de modèles non scientifiques et de modèles disciplinaires? Trois cas serviront d'illustrations. Premièrement, les membres d'Alcooliques anonymes «fonctionnent» à partir de l'adhésion à deux modèles apparemment antinomiques: l'alcoolisme «maladie irréversible», au sens biomédical et physiologiste du terme, en même temps que l'alcoolisme «maladie de l'âme», dans le sens d'une déficience profonde de l'être, ce pour quoi la démarche de rétablissement implique *à la fois* une abstinence totale et une conversion spirituelle. Deuxièmement, dans le contexte de la réduction des méfaits, les responsables politiques perpétuent une conception morale de la toxicomanie en maintenant un régime de sanctions pénales contre les simples usagers *en même temps* qu'ils reconnaissent la nature médicale et psychosociale du problème en avalisant des programmes de substitution ou des traitements visant la consommation contrôlée. Finalement, dans le cas du tabagisme, les autorités de la santé publique n'ignorent pas l'étiologie complexe — physiologique, psychologique et sociale — à la source de la dépendance à la nicotine, ce qui ne les empêche pas de mettre *également* en avant une vision du problème en tant que «vice sanitaire», soit un comportement moralement répréhensible parce qu'irresponsable vis-à-vis des coûts de la santé et de la qualité de vie d'autrui.

Ainsi, l'instance morale se métamorphose — spirituelle, juridique, sanitaire — mais perdure en filigrane dans les discours scientifiques rationalisants. C'est dire que les individus et les collectivités se conduisent (inconsciemment ou non) en fonction d'une base morale, d'un cadre éthique qui reflète autant les principes de vie des personnes que les valeurs dominantes de la société. La question clé est alors: quelles valeurs morales, quelle éthique collective prévalent qui orientent aujourd'hui les actions dans le champ des toxicomanies? Deux contextes permettent d'y réfléchir. En ce qui concerne la dimension répressive, Jean-Pierre Jacques (1999) explique les remous qu'opère l'introduction de l'approche de la réduction des méfaits dans un pays comme la France par le passage «forcé» d'une *morale d'inspiration kantienne* (primauté du devoir: le but dernier de l'homme est la vertu), actualisée dans l'application de lois prohibitionnistes, à une *morale utilitariste* (primauté du bonheur: le plus grand bien pour le plus grand nombre), incarnée dans des mesures nouvelles comme la fourniture contrôlée d'héroïne aux toxicomanes. Sur le plan de la prévention, des auteurs comme Thomas Szasz (1976), Ken Low (1994) et Jean-François Malherbe (1994) nous font réfléchir sur les différences de fond qui existent, pour une société et ses citoyens, entre des stratégies préventives en matière de toxicomanie (ou de suicide, de maladie mentale, etc.) fondées sur une philosophie du contrôle (nécessité de se conformer aux normes en vigueur, pour le bon fonctionnement social) et d'autres fondées sur une éthique de l'autonomie (liberté de se conduire selon ses propres normes, dans le respect d'autrui).

En ce qui a trait au second point de réflexion, la place occupée par des leaders et des intervenants de toutes sortes, incluant l'État, au long de la constitution du champ des toxicomanies nous fait souvent oublier les principaux protagonistes de cette histoire, soit les usagers eux-mêmes. Les utilisateurs de substances ont certes pris la parole au tournant des années 1960-1970, à la faveur d'un mouvement d'émancipation culturelle, puis dans les années 1980-1990, dans le contexte de la réduction des méfaits et de la défense du droit des exclus. Ajoutons à cela leur présence constante au sein de ressources de traitement et de groupes d'entraide tels que Alcooliques anonymes, qui, incidemment — et l'on néglige trop souvent de le souligner chez les professionnels de l'intervention —, constituent un formidable mouvement d'*empowerment* collectif issu des consommateurs et depuis toujours dirigé par eux, en marge de toutes les écoles de pensée et en l'absence d'une structure décisionnelle hiérarchique.

Il reste que l'écoute de la parole des usagers et l'examen du sens de leurs expériences ont été encore peu promus au Québec, pour diverses raisons: en partie parce que le moralisme juridique et sanitaire demeure plus enraciné qu'on ne le croit, nous coupant de l'humanité de ces gens; en partie parce que les disciplines qui dominent les discours et les pratiques dans le domaine, en Amérique du Nord (neurosciences, behaviorisme, épidémiologie), accordent peu d'importance au récit et à l'expérience du sujet en tant que sujet, à la différence de la tradition européenne qui met à contribution des disciplines comme la psychanalyse, l'anthropologie ou la philosophie. Mais finalement, la principale explication de ce clivage provient peut-être de la domination contemporaine du paradigme scientiste et technocratique — appréhender objectivement la réalité et en gérer efficacement le cours — qui nous exempte d'un regard sur nous-mêmes et d'une prise de conscience des parentés profondes qui nous lient à ces gens dénommés populations à risque, individus en difficulté, cas cliniques, et que nous souhaitons aider.

Aussi, de quelque côté des choses que nous soyons, le champ de l'usage et de l'abus des substances psychotropes est-il un terrain idéal pour s'exercer à la redécouverte de sa condition d'humain.

Ce que la Chenille appelle la fin du monde,
le Maître l'appelle un Papillon.
Proverbe zen

Références

BACHMANN, C. et COPPEL, A. (1989). *La drogue dans le monde. Hier et aujourd'hui*, Paris, Albin Michel.

BEAUCHESNE, L. (1991). *La légalisation des drogues… pour mieux en prévenir les abus*, Montréal, Éditions du Méridien.

BEAUCHESNE, L. (1988). « L'origine des lois canadiennes sur les drogues », dans P. Brisson (sous la dir. de), *L'usage des drogues et la toxicomanie*, Boucherville, Gaëtan Morin Éditeur, p. 125-137.

BEAUCHESNE, L. (1986). *L'abus des drogues. Les programmes de prévention chez les jeunes*, Québec, Presses de l'Université du Québec.

BERTRAND, M.-A. (à paraître). « La politique des drogues : contestations, paradoxes et confusion », *Psychotropes R.I.T.*, vol. 6.

BIBEAU, G. et PERREAULT, M. (1995). *Dérives montréalaises. À travers des itinéraires de toxicomanies dans le quartier Hochelaga-Maisonneuve*, Montréal, Boréal.

BOUDREAU, A. (1971). *Connaissance de la drogue*, Montréal, Éditions du Jour.

BOUDREAU, A. (1967). « L'évolution de la collaboration entre les secteurs publics et privés », *Informations sur l'alcoolisme et les autres toxicomanies*, vol. 3, n° 2, p. 2-4.

BOUDREAU, A. (1965). « L'alcoolisme est une maladie », *Informations sur l'alcoolisme*, vol. 1, n° 1, p. 1-4.

BOUDREAU, A. (1957). « L'œuvre de réhabilitation à Domrémy-Québec », dans U. Villeneuve (sous la dir. de), *3ᵉ Conférence du clergé canadien sur l'alcoolisme*, Québec, Secrétariat permanent de la Ligue catholique internationale contre l'alcoolisme, p. 191-207.

BRISSON, P. (1997). *L'approche de réduction des méfaits : sources, situation, pratiques.* Montréal, Comité permanent de lutte à la toxicomanie.

BRISSON, P. (sous la dir. de) (1994). *L'usage des drogues et la toxicomanie*, vol. II, Boucherville, Gaëtan Morin Éditeur.

BRISSON, P. (sous la dir. de) (1988). *L'usage des drogues et la toxicomanie*, Boucherville, Gaëtan Morin Éditeur.

BRISSON, P., LAFORTUNE, M. et PAQUIN, P. (1996). *Répertoire des outils de prévention des toxicomanies (imprimés et multimédias)*, Québec, Ministère de la Santé et des Services sociaux.

BROCHU, S. (1995). *Drogues et criminalité : une relation complexe*, Montréal, Presses de l'Université de Montréal.

BROCHU, S. (1988a). *Étude portant sur les ressources de réadaptation en alcoolisme et autres toxicomanies au Québec*, Montréal, Association des intervenants en toxicomanies du Québec.

BROCHU, S. (1988b). « La situation de la recherche en alcoolisme et en toxicomanie au Québec », *Colloque international francophone de l'Association des intervenants en toxicomanies du Québec,* AITQ, p. 361-372.

BROEKAERT, É. et VAN DER STRAETEN, G. (1997). «Histoire, philosophie et développement de la communauté thérapeutique en Europe», *Psychotropes R.I.T.*, vol. 3, n° 1, p. 7-23.

CENTRE QUÉBÉCOIS DE COORDINATION SUR LE SIDA (2000). *Liste officielle des centres d'accès aux seringues du Québec (distribution, vente, récupération) 2000,* Québec, Ministère de la Santé et des Services sociaux.

CENTRE QUÉBÉCOIS DE COORDINATION SUR LE SIDA (1994). *L'usage des drogues et l'épidémie de VIH, cadre de référence pour la prévention,* Québec, Ministère de la Santé et des Services sociaux.

CHAMBERLAND, C. (1990). *Portrait de la littérature québécoise en toxicomanie. Dossier I: La prévention,* Québec, Ministère de la Santé et des Services sociaux.

CHEVAL, C. (1998). «Le travail de rue. Une pratique d'accompagnement clinique», mémoire présenté à la Faculté des études supérieures, École de service social, Université de Montréal.

CHIASSON, J.-P. (1965). «Le traitement de l'alcoolisme doit s'appliquer à la personne en totalité», *Informations sur l'alcoolisme et les autres toxicomanies,* vol. 1, n° 3, p. 1-8.

COHEN, D. et CAILLOUX-COHEN, S. (1995). *Guide des médicaments de l'âme,* Montréal, Les Éditions de l'Homme.

COMITÉ PERMANENT DE LUTTE À LA TOXICOMANIE (1996). *La toxicomanie au Québec: des inquiétudes à l'action,* Montréal.

CORMIER, D. (1989). *Alcoolisme. Abstinence, boire contrôlé, boire réfléchi.* Montréal, Éditions du Méridien.

CORMIER, D. (1987). «Évolution de la conception de la toxicomanie et de l'intervention au Québec», conférence prononcée à l'occasion du 30e anniversaire du programme de toxicomanie, Université de Sherbrooke, 27 juillet.

CORMIER, D. (1984). *Toxicomanie: style de vie,* Boucherville, Gaëtan Morin Éditeur.

CORMIER, D., BROCHU, S. et BERGEVIN, J.-P. (1991). *Prévention primaire et secondaire des toxicomanies,* Montréal, Éditions du Méridien.

CORMIER, D. et TRUDEL, J. (1990). *Médicaments. La surconsommation chez les personnes âgées,* Montréal, Éditions du Méridien.

COUILLARD, J. (1990). «Pour une action préventive concertée en toxicomanie», *L'Intervenant,* vol. 6, n° 2, p. 7-8.

DUBREUIL, D. (1999). «Analyse de milieu», travail de session produit dans le cours *TXM-700,* Longueuil, Faculté de médecine, diplôme de 2e cycle en toxicomanie, Université de Sherbrooke.

DUBUC, J.-G. (1994). «Éduc'alcool: une philosophie du libre choix et de la responsabilisation», dans P. Brisson (sous la dir. de), *L'usage des drogues et la toxicomanie,* vol. II, Boucherville, Gaëtan Morin Éditeur, p. 323-345.

ÉCHO-TOXICO (L') (1996). «Dollard Cormier nous a quitté», vol. 7, n° 1, p. 11.

ÉCHO-TOXICO (L') (1995). «Spécial: réduction des méfaits», vol. 6, n° 2.

EPP, J. (1986). *La santé pour tous: plan d'ensemble pour la promotion de la santé,* Ottawa, Ministère des Approvisionnements et Services.

GIROUX, C. (1998). «La contribution des intervenants à la construction d'un discours québécois sur la toxicomanie: préliminaire à une analyse critique», *L'Intervenant,* vol. 14, n° 4, p. 5-8.

GROUPE DE TRAVAIL SUR LA LUTTE CONTRE LA DROGUE. (1990). *Rapport,* Québec, Les Publications du Québec.

GUYON, L., SIMARD, R. et NADEAU, L. (1981). «*Va te faire soigner, t'es malade*», Montréal, Stanké.

HABERMAS, J. (1973). *La technique et la science comme idéologie,* Paris, Gallimard.

INTERVENANT (*L'*) (1991). « Spécial : SIDA », vol. 7, n° 3.

INTERVENANT (*L'*) (1983). « Entrevue avec M. Arsenault, directeur du service de toxicomanie au M.A.S. », vol. 1, n° 1, p. 4-6.

JACQUES, J.-P. (1999). *Pour en finir avec les toxicomanies. Psychanalyse et pourvoyance légalisée de drogues*, Bruxelles, De Boeck Université.

KESSEL, J. (1960). *Avec les Alcooliques Anonymes*, Paris, Gallimard.

LALANDE-GENDREAU, C. (1978). « La technocratisation des services sociaux », *Intervention*, n° 53, p. 67-73.

LALONDE, M. (1976). *Nouvelles perspectives de la santé des Canadiens*, Ottawa, Éditeur officiel.

LAMARCHE, P. (1988). « Éléments d'une démarche en prévention », dans P. Brisson (sous la dir. de), *L'usage des drogues et la toxicomanie*, Boucherville, Gaëtan Morin Éditeur, p. 315-337.

LAPALME, L. (1998). *Portraits d'Oblats. Ubald Villeneuve*, Québec, Service audiovisuel oblat.

LEBEAU, A., SIROIS, G. et VIENS, C. (1996). *Description des contenus en promotion de la santé et en prévention des toxicomanies et analyse critique*, Québec, Ministère de la Santé et des Services sociaux.

LEBEAU, A., VERMETTE, G. et VIENS, C. (1997). *Bilan de l'action intersectorielle et de ses pratiques en promotion de la santé et en prévention des toxicomanies au Québec*, Québec, Ministère de la Santé et des Services sociaux.

LE DAIN, G., CAMPBELL, I., LEHMAN, H., STEIN, J.P. et BERTRAND, M.-A. (1970). *Rapport provisoire de la Commission d'enquête sur l'usage des drogues à des fins non médicales*, Ottawa, Gouvernement du Canada.

LÉTOURNEAU, G. (1994). « *Psychotropes*, un journal d'information sur les drogues et leurs usages : bilan et prospective », dans P. Brisson (sous la dir. de), *L'usage des drogues et la toxicomanie*, vol. II, Boucherville, Gaëtan Morin Éditeur, p. 73-101.

LEVACK, D. (1949). *Le Cercle Lacordaire. L'abstinence totale*, Québec, Centre canadien des cercles Lacordaire et Sainte-Jeanne-d'Arc.

LOW, K. (1994). « Les jeunes, les drogues et la dépendance : éléments d'une prévention radicale », dans P. Brisson (sous la dir. de), *L'usage des drogues et la toxicomanie*, vol. II, Boucherville, Gaëtan Morin Éditeur, p. 295-321.

LOW, K. (1979). *La prévention. Connaissances de base en matière de drogues. Numéro 5*, Ottawa, Groupe de travail fédéral-provincial sur les problèmes liés à l'alcool.

MALHERBE, J.-F. (1994). *Autonomie et prévention. Alcool, tabac, sida dans une société médicalisée*, Montréal, Fides, coll. « Catalyses ».

MAYER, R. et GROULX, L. (1987). *Synthèse critique de la littérature sur l'évolution des services sociaux au Québec depuis 1960*, Commission d'enquête sur les services de santé et les services sociaux, document n° 42, Québec, Les Publications du Québec.

MAYER, R. et OUELLET, F. (1991). *Méthodologie de recherche pour les intervenants sociaux*, Boucherville, Gaëtan Morin Éditeur.

MERCIER, C. (1988). « L'approche psychosociale dans le traitement de la toxicomanie », dans P. Brisson (sous la dir. de), *L'usage des drogues et la toxicomanie*, Boucherville, Gaëtan Morin Éditeur, p. 367-384.

MINISTÈRE DE LA SANTÉ ET DES SERVICES SOCIAUX (2000). *Pour une approche pragmatique de prévention en toxicomanie. Orientations et stratégie*, Québec.

MINISTÈRE DE LA SANTÉ ET DES SERVICES SOCIAUX (1998). *Plan d'action en toxicomanie. 1999-2001*, Québec.

MINISTÈRE DE LA SANTÉ ET DES SERVICES SOCIAUX (1997). *Priorités nationales de Santé publique 1997-2002*, Québec.

MINISTÈRE DE LA SANTÉ ET DES SERVICES SOCIAUX (1992). *La politique de la santé et du bien-être*, Québec.

MINISTÈRE DE LA SANTÉ ET DES SERVICES SOCIAUX (1990). *Orientations ministérielles à l'égard de l'usage et de l'abus des psychotropes*, Québec.

MINISTÈRE DES AFFAIRES SOCIALES (1976). *L'usage et l'abus des drogues. Politique du ministère des Affaires sociales*, Québec.

NADEAU, A. et DUMONT, A. (2000). *La trajectoire d'un géant: Ubald Villeneuve*, Québec, Anne Sigier.

NADEAU, L. (1999). «Toxicomanie et réduction des méfaits», *XXVIe Colloque: Outils et approches en toxicomanie: reconnaître nos compétences*, Longueuil, Association des intervenants en toxicomanie du Québec, p. 3-24.

NADEAU, L. (1996). «Évolution du discours sur l'addiction en Amérique du Nord», dans D. Bailly et J.-L. Venisse (sous la dir. de), *Dépendances et conduites de dépendance*, Paris, Masson, p. 24-37.

NADEAU, L. (1990). *Vivre avec l'alcool. La consommation, les effets, les abus*, Montréal, Éditions de l'Homme.

NADEAU, L. (1988). «L'Amérique en guerre des dépendances», *Autrement*, vol. 106, p. 123-130.

NADEAU, L. (1983). «Le certificat en toxicomanies de la Faculté de l'éducation permanente, à l'Université de Montréal», *Psychotropes*, vol. 1, n° 1, p. 129-130.

NADEAU, L. (1982). «Le réseau Domrémy de 1956 à 1960: l'âge d'or du service en externe?», *Actes du 10e colloque*, Montréal, Association des intervenants en toxicomanie du Québec, p. 9-26.

NADEAU, L. et BIRON, C. (1998). *Pour une meilleure compréhension de la toxicomanie*, Québec, Les Presses de l'Université Laval.

NADEAU, L., MERCIER, C. et BOURGEOIS, L. (1984). *Les femmes et l'alcool en Amérique du Nord et au Québec*, Québec, Presses de l'Université du Québec.

PEELE, S. (1982). *L'expérience de l'assuétude*, Montréal, Faculté de l'éducation permanente, Université de Montréal.

POISSANT, I. et CRESPO, M. (1976). *La consommation des drogues chez les jeunes du secondaire*, Montréal, Commission des écoles catholiques de Montréal.

PROULX, R. (1985). «Les services publics québécois pour toxicomanes et le mouvement des Alcooliques Anonymes», *L'Intervenant*, vol. 2, n° 3, p. 10-13.

RENAUD, M. (1981). «Les réformes québécoises de la santé ou les aventures d'un État "narcissique"» dans L. Bozzini, M. Renaud, D. Gaucher et J. Lliambias-Wolff (sous la dir. de), *Médecine et société. Les années 80*, Montréal, Éditions coopératives Albert Saint-Martin, p. 513-549.

RILEY, D. (1994). «La réduction des méfaits liés aux drogues: politiques et pratiques», dans P. Brisson (sous la dir. de), *L'usage des drogues et la toxicomanie*, vol. II, Boucherville, Gaëtan Morin Éditeur, p. 129-150.

ROCHON, G. (1979). *Politique et contre-culture*, Montréal, Hurtubise HMH.

ROY, L. (1985). *Le point sur les habitudes de vie: le tabac*, Québec, Conseil des affaires sociales et de la famille.

STANKÉ, A. et BEAUDOIN, M.-J. (1962). *La rage des «goof-balls»*. Reportage sur l'épidémie des stupéfiants, Montréal, Éditions de l'Homme.

SUISSA, A.J. (1998a). «L'approche de réduction des méfaits en toxicomanie: quelques expériences internationales», *L'Intervenant*, vol. 14, n° 3, p. 5-7.

SUISSA, A.J. (1998b). *Pourquoi l'alcoolisme n'est pas une maladie*, Montréal, Fides.

SZASZ, T. (1976). *Les rituels de la drogue*, Paris, Payot.

TORJMAN, S. (1986). *Prévention dans le domaine des drogues. Programme de formation*, Fondation de recherche sur la toxicomanie et Santé Bien-être Canada, Ottawa, Approvisionnements et Services Canada.

TREMBLAY, R. (1994). «Alternatives: un programme de réadaptation et ses courants d'influence», dans *Alternatives 1969-1994. Une motivation au changement, un passé garant de l'avenir*, Montréal, Centre de réadaptation Alternatives.

TREMBLAY, R. (1983). «Un modèle de réseau d'intervention pour la clientèle dite toxicomane de la région de Montréal», *Psychotropes*, vol. 1, n° 2, p. 71-78.

VERMETTE, S. (1997). *Inventaire analytique de programmes de réadaptation en alcoolisme et autres toxicomanies*, Québec, Ministère de la Santé et des Services sociaux, Comité aviseur sur la recherche et l'évaluation en toxicomanie.

VÉZINA, A. (1966). «Éditorial. OQAT: Office du Québec sur l'alcoolisme et les autres toxicomanies», *Informations sur l'alcoolisme*, vol. 2, n° 3, p. 2.

VILLENEUVE, V. (1995). *Comment a commencé Domrémy*, à compte d'auteur.

WOJCIECHOWSKI, J.-B. (1999). «Drogues et toxicomanies: nouvelles représentations, nouveaux enjeux», *Psychotropes R.I.T.*, vol. 5, n° 4, p. 19-32.

CHAPITRE

2

L'abus de rationalité en matière de santé publique et de toxicomanies : des perspectives critiques

Gilles Bibeau

Présentant le contexte de crise du sens et des identités qui caractérise la modernité actuelle à travers les observations de trois terrains d'enquête — gangs de jeunes néo-Québécois d'origine antillaise, usagers de drogues par injection dans le quartier Hochelaga-Maisonneuve et Afro-Américains de Harlem —, l'auteur critique la position théorique et méthodologique dominante en matière de santé publique et de toxicomanies qui fait peu de cas des débats actuels autour de la question de la rationalité humaine. Il souhaite à cet égard que ces disciplines prennent dorénavant en considération, dans leurs analyses et leurs pratiques d'intervention, l'intrication du personnel et du collectif, les systèmes de sens et de valeurs ainsi que la dimension politique des rapports de pouvoir.

> *Les Blancs me paraissaient très loin, là-bas dans*
> *leurs quartiers. La distance qui existait entre nous*
> *était beaucoup plus grande que les kilomètres qui*
> *nous séparaient physiquement. C'était une zone*
> *d'ignorance. Je me demandai si cela pouvait*
> *véritablement être surmonté.*
> Griffin (1962, p. 63)

La question de la rationalité humaine est aujourd'hui au cœur des débats en philosophie (retour de l'irrationnel), en physique (théorie du chaos), en économie (crise des modèles prédictifs), en droit (limite de l'imputabilité et de la responsabilité), dans les sciences de la gestion (l'aléatoire dans les processus de décision), en psychologie (le postbehaviorisme) et dans les sciences sociales (critique de la théorie du choix raisonné). La matière est appréhendée, dans une espèce de réenchantement de l'univers newtonien, sous forme de structures dissipatrices (Prigogine et Stengers, 1986), le cerveau est vu comme une carte, programmée il est vrai, sur laquelle s'écrit l'histoire de chaque personne (Dongier, 1996), et de plus en plus de sociologues pratiquent leur discipline en s'intéressant aux acteurs sociaux, à leurs discours, au jeu avec les règles collectives et à leurs expériences. Il semble bien que nous soyons entrés, sans trop nous en rendre compte, dans une nouvelle configuration de la connaissance, dans une épistémologie qui fait une place à l'aléatoire, au vécu, aux récits, à l'imaginaire et au désir. Pour le dire en un mot, le sujet, ou mieux la «personne», est de retour dans les sciences humaines: un tel retour nous force à revoir ce que nous croyons savoir au sujet de la rationalité.

Petersen et Lupton (1996) ont récemment montré que la *new public health* n'a pas, quant à elle, véritablement intégré le nouvel *ethos* épistémologique: ils indiquent qu'il y a urgence de réancrer la santé publique dans les débats théoriques et méthodologiques qui ont aujourd'hui cours dans les sciences humaines et sociales. La même urgence s'impose dans le cas des recherches portant sur les toxicomanies, qui sont encore, nous semble-t-il, trop exclusivement tributaires de l'épidémiologie et de la psychologie sociale. Notre expérience en tant qu'anthropologue ayant étudié les rapports entre drogues, prostitution et VIH, les cultures juvéniles de la marginalité et, plus largement, les problèmes de santé mentale nous conduisent à proposer au lecteur trois terrains de recherche en guise de support du développement de notre sujet:

— les données d'une recherche menée actuellement auprès de jeunes néo-Québécois d'origine afro-antillaise, membres de gangs, qui permettent d'évoquer l'intrication du personnel et du collectif;

— les données d'une étude déjà publiée à propos des piqueries dans le quartier Hochelaga-Maisonneuve, qui permettent de souligner l'importance du corps dans l'expérience du toxicomane, expérience amplifiée par la place éminente occupée par la corporéité dans le monde contemporain;

— les données de recherches relatives aux problèmes de santé chez les Afro-Américains de Harlem.

Nous élaborerons ensuite deux séries de paramètres ou horizons qui permettent de dessiner un cadre nouveau pour étudier les phénomènes associés à la toxicodépendance :

— l'évolution des débats et des sciences sociales vers une prise en considération de l'importance de centrer les études sur la biographie des personnes, sur une attention à leurs discours et sur la restitution du sens qu'elles assignent à leur expérience de dépendance psychotrope ;

— l'évolution des courants constitutifs de la «nouvelle santé publique», qui conduit à repenser la rationalité telle que nous l'associons aux êtres humains.

Pour introduire et clore ce débat, nous ferons un détour qui s'impose par une réflexion sur quelques manifestations symptomatiques de l'actuelle crise de la modernité.

Introduction : modernité, jeunesse et souffrance

La reconfiguration en profondeur des valeurs dans les sociétés occidentales contemporaines a provoqué dans la plupart des groupes de jeunes, notamment au cours des trois dernières décennies, des réactions individuelles et des réponses collectives souvent spectaculaires qui ont attiré (et continuent d'attirer) l'attention des professionnels intervenant auprès de la jeunesse, de la grande presse et du public en général. Les phénomènes suivants sont à la une des journaux : augmentation des taux de suicide chez les jeunes (deuxième cause de mortalité chez les jeunes Québécois de 15-19 ans), apparition de nouveaux profils dans la consommation des psychotropes (polyconsommation de drogues dures, prise de cocktails à base de médicaments et d'alcool), rajeunissement de la population de sans-abri, amplification du phénomène des gangs et banalisation de surprenantes formes de violence, le taxage par exemple, dans tous les milieux sociaux, y compris dans les quartiers conformistes de la petite bourgeoisie urbaine. Des incidents violents mettant en cause des jeunes et des actes de vandalisme sont en effet de plus en plus communément recensés un peu partout dans les villes, dans les cours des écoles, dans la rue, dans les transports en commun, entre des bandes de jeunes de territoires voisins, entre autres à l'occasion de fêtes (*parties*). Les journalistes aiment se faire l'écho de ces événements — les graffiti dans les stations de métro en sont un bon exemple — sans trop comprendre le sens que les jeunes leur donnent.

Les milieux professionnels spécialisés insistent, pour leur part, sur la prévalence accrue, chez les jeunes de toutes les classes sociales, des troubles de l'hyperactivité, des cas de personnalité multiple, des troubles de l'alimentation (surtout chez les filles) et des conduites autodestructrices qui occupent, de nos jours, une place grandissante dans le champ de la (psycho)pathologie. Une enquête récente du gouvernement du Québec (1998) révélait que quelque 40 % des jeunes Québécois de 15 à 19 ans présentent un haut « niveau de détresse psychologique », les filles étant plus touchées encore que les garçons. L'ampleur des phénomènes observés traduit, il n'y a pas de doute, la détresse de nombreux jeunes, leur désorientation, leurs malaises, voire leur profond mal-être, au sein d'une société en voie de réviser ses règles de vie collective. Les problèmes qui affectent les jeunes gagnent à être vus comme d'authentiques révélateurs du mal-être de la jeunesse dans les sociétés occidentales d'aujourd'hui et de la souffrance plus spécifique de certains jeunes (les jeunes d'origine afro-antillaise, par exemple), dans le contexte de la migration.

Il s'est écrit beaucoup de choses au sujet de la modernité ; or, ce sont précisément ces écrits qu'il faut interroger si nous voulons comprendre quelque chose à ce qui se passe aujourd'hui dans le monde des jeunes. Nous vivons à une époque centrée sur le « souci de soi », a écrit Foucault (1984), dans une « ère du vide » qui a provoqué, selon Lipovetsky (1993), une « déstandardisation des identités », dans l'âge du « retour du sujet » sous sa forme narcissique, affirmait Lasch (1978) il n'y a pas si longtemps encore, d'un sujet incertain, déprimé, dans « la fatigue d'être soi », dit le sociologue Ehrenberg (1998), dans un « individualisme négatif », soutient Castel (1997), dans un temps marqué par une profonde « crise de l'intériorité », écrit le psychanalyste Anatrella (1998), et une « identité inachevée », selon Balibar (1997), qui résume, sous cette formule brève, la ligne de pensée critique issue de Foucault. Ces auteurs insèrent tous, chacun à leur manière, la question du sujet, de l'identité et de la société au cœur de ce que Taylor (1994) a appelé, chez nous, le « malaise de la modernité ».

L'anthropologue Marc Augé, créateur à Paris du Centre de recherche sur les mondes contemporains, a souligné l'« individualisation croissante des destins », comme si chaque individu devait aujourd'hui inventer, pour son compte, sa propre philosophie, affaiblissant du même coup les bases mêmes des systèmes communs de référence. « La difficile symbolisation des rapports entre hommes, note Augé (1994b, p. 188-189), suscite une multiplication et une individuation des cosmologies » . Cette « individualisation des destins » que diagnostique l'anthropologue français, il l'attribue, dans son beau livre intitulé *Non-lieux* (1992), au fait que nos sociétés sont passées de la « place du marché » et du « café du coin » au « non-lieu » anonyme, du face à face des relations dans des groupes de proximité (amis, voisins, parents) à des regroupements de type virtuel et à plus d'anonymat que dans le passé. À n'en pas douter, beaucoup a été gagné en liberté de choix vis-à-vis des autres, mais quelque chose de l'ancienne socialité, fût-elle lourde à porter, s'est aussi perdu. Caractérisant la rupture qui s'est produite, Augé (1994a) écrit que la « surmodernité » a fini par imposer des « médias » là où il y avait des « médiations », les premiers se « substituant » aux seconds.

S'appuyant sur les résultats de recherches comparatives dans le champ de la santé mentale, Ellen Corin (1996), anthropologue et psychanalyste, a pour sa part attiré l'attention sur l'ampleur des « dérives » qui touchent aujourd'hui les personnes dans leurs rapports au temps (difficulté de se projeter dans le passé et dans l'avenir), aux registres communs de références et à leur environnement social primaire, notamment à la famille, au couple et aux rapports parents-enfants qui sont en pleine restructuration. C'est cependant moins du déclin du sujet sur le fond d'une crise collective de la signifiance que parle Corin que de l'émergence de nouvelles formes d'identité, personnelle et sociale, recomposées à partir des matériaux fournis par une société désormais hétérogène et plurielle. Le sujet contemporain apparaît comme aspiré, tous les spécialistes des sociétés occidentales l'ont noté, par la profonde béance qu'a creusée le retrait des systèmes collectifs de sens; mais ce même sujet fait aussi face — et c'est en cela que les choses ont changé, selon Corin — à une riche prolifération de signes, de symboles et d'images dont il s'empare, dans le désarroi parfois, pour construire, avec les autres, de nouveaux systèmes de sens.

Les cliniciens et intervenants savent, mieux que les autres sans doute, combien les personnes ont été transformées, au cours des dernières décennies, jusqu'au cœur de leur identité et de leur imaginaire. Les jeunes se situent au creuset de cette tourmente, ceux-là surtout qui vivent, en tant qu'immigrants, à la frontière de plusieurs mondes et qui n'hésitent pas à se placer à l'avant-garde dans la (re)construction de la société. Plus que les adultes, les jeunes appartiennent en effet à part entière à la « surmodernité » dont parle Augé. D'emblée, ils attribuent à ce monde surmoderne une valence beaucoup plus positive que ne le font les adultes, ce que Corin souligne justement en indiquant que notre modernité avancée ouvre de fait sur d'étonnantes recompositions de l'identité. Il est certain, par exemple, que les parents québécois ressentent plus que leurs enfants les effets de l'affaissement du système collectif de sens que la religion catholique avait imposé au Québec, système qui est devenu de moins en moins significatif pour la nouvelle génération (Bibeau, 1976, 1982). La situation particulière des *baby-boomers*, qui ont largement contribué à produire la surmodernité, mériterait ici un long détour que nous n'avons pas le loisir de faire[1].

Dans le cas des sociétés occidentales, nous serions sortis, pensent les chercheurs que nous venons de citer, de l'identification exclusivement fondée sur la famille, la proximité et la culture d'origine, comme cela s'est fait pendant longtemps. Le nouveau régime de vie collective dans lequel nous sommes entrés a été instauré, pense-t-on assez communément de nos jours, par la multi-appartenance d'un nombre croissant de personnes, par leur (re)positionnement aux frontières, par leur rapport quotidien à l'altérité (surtout celle des immigrants), par la mise en spectacle de la mondialisation et de son idéologie néolibérale. Tout cela favorise le dégagement vis-à-vis des ancrages identitaires jadis vécus spontanément par les personnes du fait même de leur naissance dans un groupe humain particulier. Une nouvelle dialectique de la marge et du centre en est venue à s'imposer, notait Corin (1986), dialectique qui tend à brouiller, voire à effacer, les notions mêmes de « centre » et de « marge », tantôt à travers la superposition ou la

---

1. Je ne peux que me limiter à renvoyer le lecteur aux idées développées par François Ricard dans *La génération lyrique* (1995).

juxtaposition de plusieurs philosophies de vie avec leurs repères souvent contradictoires, tantôt à travers le refus de hiérarchiser ces mêmes repères, laissant par le fait même entendre que tout se vaut.

Plutôt que d'un vide de sens (position de Lipovetsky), c'est de surplus et d'excès que les chercheurs occidentaux parlent aujourd'hui. La société contemporaine leur apparaît en effet comme autant déprimée (position d'Ehrenberg) que compulsive; prise dans l'«individuation» (position de Taylor) en même temps qu'elle est propulsée vers de nouveaux espaces de socialité; centrée sur la protection de l'espace intime (position de Lasch), mais ouverte aussi à de nouvelles altérités; moins dysfonctionnelle (position d'Anatrella) que surfonctionnelle (surgérée, surbureaucratisée, disent certains); moins irrationnelle que surrationnelle (achevant ainsi le projet des Lumières) ou que plurielle dans sa rationalité; plus citoyenne qu'ethnique ou que tribale (en dépit du retour des ethnicismes de toutes sortes); moins nationale que transnationale et, enfin, moins areligieuse ou postreligieuse que surreligieuse. Certains chercheurs insistent avec raison sur la confusion croissante des repères identificatoires; d'autres préfèrent attirer l'attention sur les processus de colmatage des systèmes de représentations qui se sont effrités et sur leur recomposition. Un paradoxe profond semble donc traverser les cultures occidentales contemporaines: d'un côté, le manque et le déficit, et de l'autre, le surplus et le débordement.

Le migrant peut être vu comme une icône de notre modernité avancée: il vit, selon Homi Bhabha (1994), aux frontières, dans le passage et le nomadisme; il est «ici et là autant que ni ici ni là», insiste Arjun Appadurai (1996, p. 86); sa mémoire est mouvement plus que fixation sur l'origine ou sur le point d'arrivée, affirme Edward Saïd (1996), penseur américain d'origine palestinienne. Nous habitons, c'est sans doute là un des traits majeurs de notre modernité avancée, un monde caractérisé par «la vie sur les frontières, l'usage parallèle de deux ou trois langues, l'appartenance à des groupes religieux souvent syncrétiques, le bricolage de nouvelles croyances, la transnationalisation des réseaux sociaux, et le métissage biologique» (Bibeau, 1997, p. 37). Il n'est donc pas étonnant que les chercheurs usent fréquemment, pour dire la manière contemporaine d'être au monde, des termes de fluidité, mobilité, éclectisme, diaspora, mondialisation, reterritorialisation, syncrétisme, métissage et créolisation.

Terrain 1: les gangs de jeunes néo-Québécois d'origine afro-antillaise

Dans une étude encore en cours[2] menée auprès de jeunes néo-Québécois d'origine afro-antillaise membres de «gangs», nous avons eu la surprise de constater qu'un seul jeune parmi les 55 interrogés nous a dit avoir déjà eu des idées

---

2. Menée avec mes collègues Kalpana Das et Marc Perreault et dont les analyses de données sont toujours en cours. Nous renvoyons le lecteur à la diffusion finale de tous les résultats pour les détails relatifs à la méthodologie utilisée et aux cohortes interrogées.

suicidaires sérieuses[3]. Chez un groupe équivalent de jeunes francophones du Québec, au moins une quinzaine nous auraient probablement avoué avoir un jour pensé au suicide (Tousignant, Hamgar et Bergeron, 1984)[4]. Il est par contre vrai que les jeunes Québécois d'origine afro-antillaise (haïtienne et jamaïcaine, notamment) constituent un pourcentage important de la clientèle ethnoculturelle dont s'occupent les centres de réadaptation, comme l'ont montré Messier et Toupin (1994). Ils sont aussi plus souvent impliqués dans des affrontements individuels ou de groupe avec la police (Douyon, 1995). De plus, ils sont proportionnellement plus nombreux à comparaître devant les tribunaux de la jeunesse. Enfin, la presse a contribué à les associer, dans l'esprit du grand public, au phénomène des gangs de la rue. Il n'en fallait pas davantage pour que tout le monde, experts, non-experts et intervenants, en arrive à voir dans les jeunes néo-Québécois d'origine afro-antillaise un groupe à haut risque, irrémédiablement enlisé dans les marges de la société québécoise (prostitution, drogue et petite criminalité) et dangereux pour l'ordre public.

Une question s'impose : comment se fait-il que bon nombre de jeunes Québécois tendent à tourner leur violence contre eux-mêmes à travers des conduites autodestructrices (suicide, anorexie et drogue), alors que d'autres, les jeunes immigrants afro-antillais dans le cas qui nous occupe, expriment plutôt cette violence (et leur mal-être) d'une manière antisociale ? Il paraît d'autant plus urgent de répondre à cette question que la « tolérance zéro » vis-à-vis des conduites le moindrement antisociales domine aujourd'hui toutes les pratiques : pas de gangs, pas de *squeegees* au coin des rues, pas de désordre et pas de bruit. Les policiers, les juges, les travailleurs sociaux, les psychologues et les agents communautaires réussiront, espèrent les partisans de la ligne dure, à faire disparaître une bonne partie des conduites antisociales, d'autant plus facilement qu'ils pourront compter sur l'appui d'une population de plus en plus intolérante. Quel prix la société devra-t-elle payer pour voir triompher la tolérance zéro ? Ne risquons-nous pas d'assister à une montée des conduites autodestructrices chez les jeunes ?

Assez tôt au cours de notre recherche, nous nous sommes demandé si les conduites antisociales des jeunes néo-Québécois d'origine afro-antillaise ne devaient pas être considérées comme d'authentiques mécanismes de protection face à l'autodestruction. Nous ne pouvions répondre à cette question qu'en entrant dans l'univers quotidien des jeunes immigrants afro-antillais, en recueillant leurs discours, en observant leurs pratiques et en essayant de voir le monde à travers leurs propres yeux. Nous avons pu pénétrer l'univers de ces jeunes marginaux grâce à la collaboration des travailleurs de rue et des intervenants qui

---

3. Le contexte de confiance établi entre les chercheurs de terrain et les jeunes nous autorise à penser que ces derniers ont sans doute dit la vérité ; il se peut néanmoins qu'il s'agisse ici d'une nette sous-évaluation des idées suicidaires dans ce type de population.

4. Au début des années 1980, l'équipe de Tousignant a surpris tout le monde en révélant que plus de 21 % des 666 cégépiens francophones interviewés leur avaient dit avoir déjà fait l'expérience d'idéations suicidaires sérieuses. L'enquête Santé Québec a montré que les niveaux d'anxiété chez les jeunes ont considérablement augmenté au cours de la dernière décennie, ce qui laisse penser que les taux indiqués par Tousignant sont aujourd'hui nettement dépassés.

vivent chaque jour dans la proximité des jeunes et qui ont été, d'emblée, associés à la recherche. Des organismes communautaires ethniques, des centres d'accueil et des écoles polyvalentes ont facilité les contacts avec les jeunes qui habitent, en majorité, dans les quartiers Parc Extension, Saint-Michel–Pie-IX et Rivière-des-Prairies (Montréal), et Saint-François (Laval).

Dans le contexte de ce chapitre, nous présenterons certains résultats concernant le processus de construction des stratégies de survie qu'inventent, dans le contexte de la migration, les jeunes néo-Québécois d'origine haïtienne[5]. Leurs stratégies s'organisent autour de trois pôles principaux :

1) la reconstruction de l'identité de jeunes Noirs au sein d'une société blanche à travers un « redoublement » de la créolisation ;

2) la vie au sein de gangs pour compenser l'éloignement de leur famille d'origine ;

3) la pratique de la criminalité, dans certaines circonstances, comme moyen d'assouvir le désir de maîtriser les signes de la réussite.

La reconstruction de l'identité

Les jeunes Afro-Antillais de Montréal appartiennent à la génération de Malcolm X, et du rap ; ils n'échappent pas non plus à l'imaginaire créole, composite et douloureux, dont parlent les écrivains antillais exilés. Ces jeunes apparaissent comme doublement créolisés : d'une part, dans leur identité originelle, celle que leurs parents ont emmenée avec eux dans la migration ; d'autre part, dans l'identité recomposée en terre québécoise. C'est de ce redoublement que surgit sans doute, pour bon nombre d'entre eux, la difficulté de se situer, en référence à des paramètres explicites, dans la société d'accueil. Le terme « créolisation[6] » s'est aussitôt imposé, d'autant que les jeunes Afro-Antillais associés aux gangs font une large place à la langue créole en tant que marqueur d'identité et support d'une

---

5. Les résultats ne valent pas nécessairement dans le cas d'autres gangs : même les gangs afro-antillais formés de jeunes Jamaïcains s'organisent autrement que les gangs d'Haïtiens, et il est évident que les jeunes du Sud-Est asiatique, d'Amérique latine ou d'Europe et les groupes québécois de souche se donnent des organisations différentes de celle qui est décrite ici.

6. Le mot « créolisation » renvoie à une analogie linguistique. Lorsque deux langues sont mises en contact, une troisième langue que les linguistes ont baptisée du nom de « créole » tend à se former à travers la combinaison originale d'éléments empruntés aux deux langues mères, parfois à trois ou même à quatre langues. Les langues créoles sont donc d'authentiques langues qui possèdent leur grammaire propre, laquelle est aussi complexe, sinon plus, que celle des langues qui sont à son origine. Les langues créoles se caractérisent cependant par le fait qu'elles se sont, en règle générale, développées dans le contexte de la rencontre inégalitaire, souvent même violente, entre deux univers culturels (l'Europe et l'Afrique à partir du XVIᵉ siècle, par exemple) et plus directement encore sur l'horizon des rapports hégémoniques institués entre la langue parlée par les maîtres (le français en Haïti et l'anglais en Jamaïque, par exemple) et celle des travailleurs ou des esclaves (des langues africaines dans le cas des plantations des Antilles). L'exemple de la formation des langues créoles a été utilisé, au cours des récentes années, pour penser d'autres phénomènes de contact : on en est ainsi venu à parler de musique créolisée, d'esthétique créole et même, plus largement, de culture créole, évoquant dans chaque cas la réalité nouvelle qui a surgi à la suite de la rencontre des différences.

différence ; quant à leur rapport au vaudou, religion prototypale sur le plan de la créolité, les néo-Québécois d'origine haïtienne se montrent cependant hésitants et incertains, reproduisant à cet égard l'ambivalence de leurs parents qui ont immigré au Québec.

À l'architecture complexe du monde que les jeunes Afro-Antillais du Québec mettent en place correspondrait donc une identité doublement créolisée. Les linguistes ont montré que le créole haïtien est néoafricain par sa syntaxe et néofrançais par son vocabulaire, indiquant par là que cet idiome caribéen est porteur d'un imaginaire et de valeurs propres aux Haïtiens. Mais la situation de créolisation est ici autrement plus complexe : les jeunes Afro-Antillais de Montréal empruntent, par-delà l'héritage reçu de leurs parents, à la culture *African-American* des ghettos noirs, à celle des autres jeunes Haïtiens installés à New York, Miami et Atlanta, à celle aussi des jeunes du Québec. En s'ouvrant à la langue des ghettos, à l'américanisation du créole et au « joual » québécois, la langue des jeunes marginaux haïtiens de Montréal en est arrivée à se complexifier tant au point de vue du vocabulaire qu'à celui de la syntaxe. De plus, les jeunes Afro-Antillais des gangs montréalais empruntent aux jeunes Noirs américains les signes et symboles principaux qui leur servent à construire leur place dans la société d'ici. Leur attitude à l'égard de leur société d'origine nous est apparue comme ambivalente : une langue créole à eux leur permet, il est vrai, de s'identifier comme Haïtiens, mais le vaudou, un autre marqueur identitaire, est craint et mis de côté ; ils disent être fiers (la « fierté haïtienne ») de leur pays d'origine, mais cela ne les empêche pas de se sentir loin de bon nombre de pratiques auxquelles tiennent leurs parents. Ils montrent une égale ambivalence à l'égard de la société québécoise dont ils vantent souvent les bons côtés, mais face à laquelle ils se sentent distants parce qu'elle fait, selon eux, encore trop peu de place à sa composante africaine.

Dans les faits, les jeunes Afro-Antillais de Montréal trouvent leurs modèles d'identification personnelle et leurs symboles d'appartenance collective dans la musique rap des *African-Americans*, dans des styles vestimentaires *made in USA* et, plus globalement, dans une manière d'être proche de celle des jeunes Noirs de Harlem, Chicago, Atlanta et Miami. Ils savent que les modèles inventés dans ces villes américaines constituent une réponse directe à la violence dont les jeunes des ghettos noirs sont les victimes, une violence qui n'existe pas avec la même intensité chez nous et qui prend de toute façon, dans notre société, un autre visage. Il ne s'agit cependant pas d'un calque de la culture des jeunes Noirs américains : c'est en effet en tant que jeunes Québécois héritiers d'une culture créole antillaise qu'ils retravaillent, pour l'ajuster à la situation d'ici, les emprunts faits à un autre monde.

Le gang comme famille

Peut-être convient-il de rappeler que des chercheurs (Thrasher, 1927) avaient montré, dès les années 1920, que les gangs de jeunes ont joué un rôle important dans la vie d'une ville comme Chicago : ils se donnaient un territoire (le *gangland*) généralement situé dans les zones de transition, entre les quartiers résidentiels des classes moyennes et les quartiers ethniques ; ils étaient essentiellement composés de garçons issus d'une même communauté ethnique ; ils s'organisaient autour d'une économie parallèle basculant parfois dans la criminalité ; chacun des gangs tendait à adopter des marqueurs communs (démarche, vêtements, musique) permettant aux différentes bandes de se reconnaître. Les choses n'auraient-elles donc pas changé entre 1920 et la fin du XXe siècle ? L'anthropologie nous aide à répondre à cette question. Un peu partout, les sociétés ont inventé des rituels d'initiation qui ont pour but de soumettre les jeunes à la loi clanique et d'en faire d'authentiques membres du groupe. On sait aussi que les jeunes tendent à se constituer, entre autres dans les sociétés occidentales modernes, en groupes, bandes et gangs qui jouent habituellement un double rôle : celui d'un lieu d'identification pour une classe d'âge et celui d'un lieu de contestation de l'ordre social dominant.

C'est sans doute sur cet horizon qu'il faut comprendre la genèse des gangs de jeunes, surtout dans des sociétés qui arrivent mal à assigner une place à la jeunesse. D'un côté, incertitude, morosité et fragilité accompagnent le processus d'éclatement des référents collectifs et la rupture dans la transmission des valeurs d'une génération à l'autre, et d'un pays à l'autre dans le cas des jeunes immigrants ; d'un autre côté, enthousiasme, exubérance et créativité font partie des tentatives de recomposition des nouveaux univers de sens, entreprise dans laquelle les jeunes jouent partout un rôle de premier plan, particulièrement les jeunes issus des familles immigrantes, qui doivent apprendre à vivre en combinant plusieurs héritages. Les jeunes immigrants ont à inventer en même temps la carte et le territoire, en s'avançant le long de chemins que leurs parents n'ont pas connus, en explorant autrement les lieux qu'habitent, et que protègent, les adultes membres de la société dite d'accueil et en expérimentant de nouvelles pratiques identitaires face auxquelles d'autres jeunes, les non-immigrants surtout, se sentent parfois étrangers. Tantôt les repères manquent aux jeunes Afro-Antillais, tantôt trop de pistes les sollicitent : plus que les autres jeunes, c'est dans l'ambivalence que vit quotidiennement la jeunesse immigrée.

Nous avons aussi fait une large place à l'ethnographie des familles dans notre recherche sur les jeunes Afro-Antillais de Montréal. Les jeunes néo-Québécois d'origine haïtienne nous ont dit se sentir souvent coincés, plus peut-être que d'autres jeunes, entre l'autoritarisme de leurs parents et la permissivité à l'égard des enfants qui prévaut en général au Québec, entre les impératifs de la réussite scolaire et le slogan démoralisateur *No future*, entre la pauvreté relative des familles dont ils sont majoritairement issus et la valorisation sociale attachée aux signes extérieurs de la richesse. Dans le prolongement des travaux de Thrasher sur les gangs de Chicago, Brown (1978) a montré que les gangs de jeunes *African-Americans* fonctionnent comme des extensions des familles d'origine, qu'elles remplacent d'ailleurs souvent. Il n'est pas exagéré d'affirmer que les jeunes réunis en gang forment en quelque sorte une famille qui reproduit largement le modèle des familles d'origine, laquelle est cependant plus harmonieuse, comme nous l'ont exprimé certains jeunes.

Les études ont montré que les adolescents s'insèrent généralement assez mal dans l'évolution des familles immigrantes, notamment des familles d'origine afro-antillaise, qui ont souvent dû rompre avec le modèle de la famille élargie. La dynamique se réorganise souvent en profondeur : les femmes se voient renforcées dans leur position d'autorité, les hommes perdent fréquemment une partie du statut social attaché à la masculinité, les grands-parents sont soit absents, soit mal adaptés dans le nouveau pays et les parents laissés derrière s'articulent mal à la famille installée ici. Il n'est pas rare que les couples vivent une crise grave qui conduit à la séparation. Les jeunes en souffrent d'autant plus que des jugements discriminatoires circulent à l'égard de leurs parents, qu'on dit incompétents sur le plan parental. Malgré les difficultés éprouvées dans leur famille, les jeunes néo-Québécois d'origine haïtienne n'en continuent pas moins à dire leur fierté vis-à-vis du style d'éducation familiale et leur désir de réussir là où leurs parents ont échoué. Les modèles familiaux afro-antillais survivent donc, par-delà d'importantes mutations, dans l'espace de la migration : c'est justement à ces modèles que les jeunes marginaux retournent quand ils donnent une structure à leur gang.

Exclusion et criminalité

Un élément capital de la vie des jeunes néo-Québécois est l'impact déstabilisateur de l'insécurité économique (parents sans emploi ou accomplissant un travail non qualifié, mal rémunéré), de l'exclusion sociale, voire du racisme dont les familles noires et les jeunes qui en sont issus sont souvent victimes, cela se traduisant entre autres par leur mise à l'écart dans les cours des écoles, dans les quartiers et dans la rue. Des « liens complexes, significatifs et troublants » (Comité de la santé mentale du Québec, 1994, p. 31) unissent la pauvreté, l'exclusion et la discrimination lors de l'apparition de conduites antisociales et d'actes de violence dirigés contre les personnes ou la propriété d'autrui, et ce, particulièrement chez les jeunes. De plus, il y a l'accès limité des jeunes au marché du travail dans le contexte d'un capitalisme triomphant. Les jeunes immigrants noirs sont aussi renvoyés à l'image négative associée à un continent (Afrique) en pleine dérive économique et à une île (Haïti) en mal de démocratie, image douloureuse et intériorisée dont il ne leur est pas facile de se défaire.

Les jeunes néo-Québécois d'origine antillaise vivent également de leurs rêves : de l'idéalisation de l'Amérique du Nord, libre et riche, terre pleine de promesses où leur semblent triompher ceux-là et celles-là qui savent se battre et s'imposer. Eux aussi comptent bien être dans le clan des vainqueurs, comme le disent les membres de gangs. Nous assistons dès lors à ce combat, jamais gagné, toujours recommencé, que mènent les jeunes Noirs d'ici pour se faire « une place au soleil » dans le pays où leurs parents ont choisi de vivre. Les gangs de jeunes marginaux d'origine afro-antillaise ne sont-il pas, en vérité, qu'une stratégie créolisée de la débrouille qui permet d'occuper une place, fût-elle périphérique, dans la société québécoise? Outil de la reconquête de soi, lieu d'une identité recomposée, espace d'une appartenance commune et instrument de contestation sociale, le gang semble jouer une pluralité de rôles, tantôt positifs, tantôt négatifs, qui s'imbriquent les uns dans les autres sans que l'on puisse jamais les séparer. La marge qui s'ouvre devant les jeunes est transformée en un espace de créativité où il leur paraît possible, éventuellement à travers des conduites antisociales et criminelles, de faire partie de la société d'ici.

Nous nous sommes situés dans notre étude à l'interface entre les ordres du collectif, du familial et de l'individuel: c'est là qu'on peut prendre la véritable mesure des phénomènes de marginalité (du gang d'amis au gang criminalisé), peu importe l'origine ethnique des jeunes. Certains chercheurs préfèrent s'appuyer sur une approche épidémiologique qui permet de repérer les individus «à risque»; d'autres font du dépistage de la mauvaise graine, dès l'école primaire, ou même avant, afin d'entreprendre au plus tôt des actions correctives. Le danger consiste, dans cet étiquetage précoce, à se rabattre exclusivement sur les profils psychologiques des enfants, détachés de leur contexte quotidien de vie; il ne reste plus alors aux éducateurs spécialisés qu'à entreprendre le «remodelage». Les tragédies personnelles ne peuvent être déconnectées ni de l'histoire de la famille et de ses pratiques d'éducation, ni du milieu quotidien de vie dans lequel évolue le jeune, comme les intervenants travaillant auprès des jeunes en difficulté le savent. Ce sont aussi les blessures mal cicatrisées dont sont porteurs les familles et les groupes (ethniques) d'appartenance des jeunes que les intervenants doivent, d'une certaine façon, prendre en charge.

Terrain 2: l'usage de drogues par injection dans Hochelaga-Maisonneuve

Dans une précédente recherche (Bibeau et Perreault, 1995), nous avons soutenu la thèse que «c'est d'une reterritorialisation largement avortée que témoigne l'itinéraire de la majorité des usagers de drogue par injection (UDI)». La territorialisation renvoie principalement au corps de l'UDI, mais aussi à l'espace de la piquerie. Pour comprendre la fascination de l'UDI vis-à-vis de la drogue, produit chimique qui se répand en lui, et sa dépendance à l'égard de l'aiguille qui lui entre dans les veines, il faut garder présente à l'esprit l'idée de pulsion de mort qui est au cœur des conduites ordaliques chez le toxicomane. Il faut aussi voir dans ces rituels de transgression collectivement réalisés dans les piqueries une ultime tentative pour rester dans le social. C'est au confluent de la mort et de la vie, du plaisir et de la souffrance, que nous avons essayé de comprendre l'existence du toxicomane: il advient comme sujet en prenant le risque de se détruire; il ne réussit à s'exprimer qu'à travers le silence. Pourquoi certaines personnes n'arrivent-elles à exister qu'en défiant chaque jour un peu plus la mort? Pourquoi la poursuite infernale de l'extase chimique et de la jouissance s'achève-t-elle dans l'autodestruction? C'est là un paradoxe que les études sur les toxicomanies doivent expliquer.

Selon l'hypothèse plutôt audacieuse discutée dans notre ouvrage, le corps constitue aujourd'hui le lieu par excellence de la reterritorialisation (réelle et symbolique) qui permet aux personnes de s'inscrire dans le monde et d'exister comme sujets. Nous voyons deux raisons principales dans cette prééminence accrue du corps : d'une part, il s'est constitué, dans notre modernité avancée, comme le dernier refuge sûr dans un monde où l'attache aux autres s'est distendue, où la trame des symboles s'est brouillée et où l'ancrage dans une histoire passée a moins d'importance ; d'autre part, il se situe à la frontière de l'intime et du public, il est objet et sujet à la fois, il est véhicule de plaisir et de souffrance, il est espace de liaison avec les autres et de retrait en soi. La drogue en tant que *pharmakon* (poison et remède) se présente comme l'instrument par excellence qui permet, par l'intermédiaire du corps, d'établir la symbiose entre le produit et la personne : «je deviens la drogue», dit le toxicomane. Il s'agit pour lui de «faire de la drogue» en «se faisant», à savoir prendre conscience de son existence à travers l'expérience du corps intoxiqué. Et les piqueries, ces espaces fragiles où le privé s'inscrit dans un social interdit, nous sont apparues comme n'étant pas autre chose que le prolongement, douloureux et déformé, des corps souffrants des toxicomanes.

Nous croyons que le corps et la piquerie sont constitués, par la médiation de la drogue, comme de vastes territoires, mal cartographiés, dans lesquels plus d'un se perdra, du moins aussi longtemps que nos sociétés persisteront à rejeter la drogue dans la marge ou dans la criminalité. Il n'est pas sûr, en effet, que l'on puisse aujourd'hui faire surgir dans ces espaces de vraies topographies de sens. Il faudrait pour cela que la prise de drogue, de certaines drogues tout au moins, ne transforme pas d'emblée l'usager en un personnage antisocial et en un criminel. À cet égard, nous n'allons pas du tout, en tant que société, dans la direction d'une plus grande tolérance.

Terrain 3 : les Afro-Américains de Harlem

En 1990, McCord et Freeman montrèrent que la survie des hommes de 40 ans habitant le quartier de Harlem, à New York, était inférieure à celle des paysans du Bangladesh. Avant cette étude, on savait déjà que les taux de mortalité dans la population des 25-44 ans de Harlem étaient six fois plus élevés chez les hommes et cinq fois plus chez les femmes que dans la population américaine blanche. Les nouvelles données des chercheurs américains firent l'effet d'une bombe dans les milieux de la santé publique : le taux de décès par cirrhose était 10 fois plus élevé chez les Afro-Américains de Harlem que chez les Américains d'origine européenne, les morts par abus de drogues y étaient multipliées par au moins 300 et les homicides (souvent associés à des situations de drogue ou d'alcool) s'y retrouvaient 14 fois plus souvent. À ces données impressionnantes s'ajoutaient pour les Noirs de Harlem des taux de mortalité par maladie cardiovasculaire et par cancer beaucoup plus élevés que chez leurs compatriotes blancs. Des études complémentaires révélèrent qu'une situation plus ou moins semblable à celle qui était enregistrée à Harlem prévalait dans tous les quartiers de New York (54 sur 342) où résidait une population à majorité afro-américaine ou hispano-américaine.

Il n'existe pas de relation linéaire ou univoque — et qui serait plus ou moins aisément mesurable par divers instruments — entre, d'une part, la position socialement marginale d'une personne, son insécurité économique, son faible réseau d'amis et l'effritement de son système de valeurs, tout cela faisant partie des variables antécédentes, et, d'autre part, la plus ou moins grande qualité de vie de cette personne, son abus éventuel d'alcool ou de drogue, la violence ou la criminalité qui l'entoure et son état général de santé physique et psychologique, cela étant envisagé comme des variables dépendantes. Sans aucun doute, tous ces éléments sont reliés entre eux, mais ils le sont à travers des médiations, des interactions et des processus extrêmement complexes sur lesquels il est devenu urgent que les spécialistes de la santé publique et des toxicomanies réfléchissent autrement qu'ils l'ont fait dans le passé. L'examen des dimensions sociale, politique et économique de la vie des personnes s'impose comme point de départ incontournable dans cette réflexion.

Dans un ouvrage publié il y a déjà une décennie (Corin et coll., 1990), nous avons utilisé une nouvelle notion, celle de dispositif pathogénique, pour évoquer la conjoncture complexe d'éléments contextuels et extra-individuels qui concourent à produire une plus grande vulnérabilité ou fragilité chez certains groupes de personnes. Nous écrivions :

> L'anthropologie et la sociologie peuvent apporter un complément à l'épidémiologie, en fournissant un éclairage permettant de voir comment et pourquoi s'établissent des interrelations entre des variables qui en viennent à former, dans un groupe humain particulier, un « nœud problème » ou une sorte de « dispositif pathogénique » qui favorise l'émergence de certains problèmes. (Corin et coll., 1990, p. 42)

Cette notion de dispositif pathogénique visait, dans notre esprit, à remplacer celle de groupe à risque ; elle permettait également de nous centrer sur l'analyse des processus collectifs, des dynamiques communautaires et des valeurs culturelles, et de montrer comment ces différents éléments en viennent à former des conjonctures, des sortes de « nœuds » justement, qui varient en fonction des milieux dans lesquels vivent les personnes.

Revenant à l'étude de McCord et Freeman (1990), nous pouvons affirmer que la pauvreté, la violence et l'insécurité, qui sont le lot commun des *African-Americans* vivant à Harlem, interagissent pour former des dispositifs pathogéniques qui engendrent différents types de problèmes chez les gens. On peut aussi, il est vrai, expliquer ces problèmes par les comportements inadéquats retrouvés chez bon nombre de résidents de Harlem (criminalité, drogue, alcool, prostitution). Une telle explication, courante dans les travaux de santé publique, oublie de prendre en considération au moins deux choses essentielles :

1) le fait que les comportements jugés inadéquats constituent, dans de nombreux cas, des stratégies de survie parfaitement adaptées aux caractéristiques du milieu social (style de famille, type de travail, regroupement en gang) ;

2) le fait que les individus risquent de se fragiliser encore davantage si on leur demande de devenir autonomes et de se détacher de leur environnement social.

Le défi conceptuel devant lequel nous sommes placés peut sans doute être formulé de la manière suivante : d'une part, préciser les médiations à travers lesquelles les contradictions internes du contexte quotidien de vie atteignent les personnes ; d'autre part, savoir expliquer comment l'ordre du collectif s'articule à l'ordre du personnel. Pour faire face à un tel défi, les chercheurs doivent élaborer de nouveau leur théorie du social et inventer des cadres interprétatifs proches de la réalité des gens.

Un groupe de chercheurs réunis autour d'Arthur Kleinman, Veena Das et Margaret Lock (1996) ont avancé les notions de souffrance collective (*collective suffering*) et de guérison sociale (*social healing*), cherchant à abolir les frontières établies par les spécialistes de la santé publique entre, d'un côté, l'économique, le politique et la question du pouvoir et, de l'autre, la prévalence de problèmes sociaux et personnels caractéristiques du milieu. En plus d'expurger le discours dominant de la santé publique de ses relents individualisants (question que nous examinerons un peu plus loin), les notions de souffrance collective et de guérison sociale permettent d'attirer l'attention sur les blessures communes que l'ordre social, politique et économique inflige, à des degrés variant selon les situations locales, tant aux individus qu'aux familles et à certains groupes sociaux. La « souffrance collective » constitue, pour ces auteurs, l'élément médiateur qui relie le contexte quotidien de vie d'une personne aux différents problèmes qu'elle tend à développer en tant que membre d'un groupe social particulier.

Il se pourrait bien que ces deux notions comptent, dans les années qui viennent, au nombre des concepts clés de la santé publique. Elles disent que nous n'avons pas le droit de séparer les niveaux individuel et social, de mettre dans deux cases distinctes les problèmes de santé et les problèmes sociaux comme s'ils appartenaient à deux espaces déconnectés l'un de l'autre, ou de détacher les situations vécues localement par un groupe social des enjeux globaux à l'échelle de toute une société. Il s'agit en effet de dépasser les dichotomies selon lesquelles les souffrances personnelles et les maladies qui les accompagnent sont détachées des tragédies collectives, les individus extraits de leurs groupes d'appartenance, les réalités locales décrochées des phénomènes macroscopiques, l'environnement domestique désarticulé de l'espace du travail et du milieu écologique général, et l'étude des conditions matérielles de vie amputée de toute attention aux valeurs spirituelles, religieuses et esthétiques des personnes. C'est tout cela que nous pensions en inventant le concept de dispositif pathologique.

Les trois terrains de recherche évoqués précédemment nous conduisent à un élargissement du cadre conceptuel et méthodologique généralement utilisé dans les recherches sur les problèmes de santé publique et de toxicomanies. Des réorientations importantes s'imposent dans nos manières de penser et dans nos pratiques de recherche pour qu'elles s'ancrent dans une nouvelle épistémologie impliquant une connaissance des débats contemporains au sein des sciences de la société et de la personne. Plutôt qu'un examen critique de la littérature qui domine aujourd'hui les champs de la santé publique et des toxicomanies, nous situerons cette connaissance sur un double horizon critique et dans le prolongement des données de terrain présentées.

Horizon 1 : débats et évolution au sein des sciences sociales

Tout comme les pensées marxiste et existentialiste avaient envahi le champ intellectuel français au lendemain de la Seconde Guerre mondiale, la vague structuraliste a déferlé sur les sciences humaines européennes au début des années 1960. Aucun ethnologue, aucun linguiste, aucun sociologue et aucun psychanalyste (du moins ceux qui travaillaient dans le sillage de Jacques Lacan) n'a alors pu éviter de confronter sa méthode et ses concepts d'analyse au structuralisme anthropologique de Claude Lévi-Strauss. Ils furent de fait très nombreux, dans toutes les disciplines des sciences humaines, à adhérer avec enthousiasme à la méthode structurale dont Lévi-Strauss avait démontré l'extraordinaire fécondité dans le domaine de l'analyse de la parenté et des mythes (voir à ce sujet le bilan dressé par Viet, 1965).

Pendant une quinzaine d'années, ce fut ainsi l'âge d'or du structuralisme qui triomphait apparemment partout, en psychologie, en sociologie, en anthropologie sociale et culturelle, en science économique, en science politique, en critique littéraire, en psychanalyse et jusqu'en philosophie. Son extraordinaire succès s'expliquait par le retour des règles et des modèles au lendemain d'une guerre qui avait apporté avec elle le désordre social et le chaos; mais également par l'équivoque et l'ambiguïté dont était entouré le projet structuraliste. Certains y voyaient une épistémologie nouvelle dans laquelle la structure considérée comme un ensemble organisé de relations ouvrait, par-delà les points de vue marxiste et phénoménologique, sur des possibilités plus formelles d'analyse des phénomènes humains; d'autres l'envisageaient comme une pensée permettant d'opérer un véritable renversement philosophique par rapport au marxisme qui faisait du sujet un simple support des structures et de l'histoire, une succession de formes; d'autres enfin voyaient le structuralisme redonner, après le bref épisode existentialiste, sa place éminente au modèle linguistique en tant que paradigme fondamental pour la compréhension des phénomènes humains.

Bon nombre de spécialistes des sciences humaines ont ainsi découvert dans le structuralisme une méthode riche de possibilités analytiques: tous les domaines de l'activité humaine fonctionnent à la manière de systèmes de signes (analogues au système référentiel primaire qu'est la langue) dont la logique interne (système de relations) peut être dégagée à l'aide de l'analyse structurale. On en est progressivement venu à faire entrer sous le nom de structuralisme, dans une sorte de programme étendu, toutes les sciences du signe, redonnant du coup à la sémiologie la position de premier plan qu'elle avait longtemps occupée dans les sciences humaines. De manière stricte, le structuralisme s'est défini comme une méthode d'analyse centrée sur la recherche des relations, des liaisons et des modèles au sein des systèmes de représentations; dans un sens élargi, il est devenu coextensif au vieux projet sémiologique dans lequel on considère l'être humain comme un producteur de systèmes de sens. Au moment où éclate en France la révolte étudiante de 1968, les grands penseurs français qui dominent la scène intellectuelle sont tous soupçonnés d'être des partisans du structuralisme.

Pourtant, aucun des maîtres à penser de l'époque (Foucault, Lacan, Barthes, Dumézil, Althusser) n'a alors reconnu faire partie d'un groupe cohérent et encore moins d'une «école», ce dont témoignaient d'ailleurs les relations souvent conflictuelles qui les opposaient les uns aux autres. Ils admettaient néanmoins qu'ils pratiquaient, sous une forme ou l'autre, les principes de base de l'analyse structurale.

C'est dans ce contexte que les intellectuels français en vinrent, vers la fin des années 1960 et durant la décennie suivante, à élaborer diverses synthèses combinant des concepts empruntés au marxisme, à l'existentialisme, au freudisme et au structuralisme. Les synthèses vraiment réussies furent assez rares, mais les tentatives ont au moins eu le mérite de maintenir vif le souci de ne rien abandonner qui soit important dans l'étude de l'humain, ni le vécu des existentialistes, ni l'expérience des phénoménologues, ni l'historicisme et la dialectique du marxisme, ni les systèmes de signes des structuralistes, non plus que les traces de l'impensé et du désir dont parle la psychanalyse.

Il fallut Foucault pour qu'advienne une réelle synthèse. En optant pour le «système», qu'il définissait «comme un ensemble de relations qui se maintiennent», l'auteur de *Les mots et les choses* (1966) se proposait en quelque sorte de lire le sens sur l'horizon de la structure, en faisant en plus, dans la foulée de Lacan, une place au désir et au fantasme et une place au pouvoir, comme s'il n'arrivait pas à renoncer aux acquis du marxisme.

Au fil des années, Foucault s'est cependant fait chaque jour un peu plus nietzschéen et a fini par affirmer la mort prochaine de l'humanisme tel que celui-ci était représenté aussi bien par Lévi-Strauss que par Sartre. Il a alors déplacé ses recherches du côté de l'étude du pouvoir tel qu'il s'infiltre, de manière microscopique, dans les aspects de la vie des sociétés humaines. Ce «structuralisme systémique», Foucault s'est efforcé de l'articuler à une théorie politique du pouvoir au sein d'un modèle critique qui influence de nos jours, en Amérique du Nord notamment, les courants de pensée les plus novateurs dans les sciences humaines. Michel Foucault a réussi à réintroduire le sujet vivant des phénoménologues et le poids de l'histoire des marxistes dans l'entreprise structuraliste, s'éloignant à la fois du formalisme de Lévi-Strauss et d'un marxisme embourbé dans une théorie trop mécanique de l'histoire. C'est en effet sur cette double question du sujet et de l'histoire que le structuralisme lévi-straussien a été contesté par Foucault, d'abord à cause de son incapacité de relier la structure à l'histoire, ce que Sartre lui avait déjà reproché, ensuite à cause de sa difficulté à insérer les sujets vivants dans les systèmes de sens. La pensée de Foucault n'a rien rejeté et a tout intégré : le système de Lévi-Strauss, l'histoire de Sartre, le sujet de Merleau-Ponty et le désir de la psychanalyse lacanienne. Sa force d'attraction réside précisément dans l'extraordinaire synthèse qu'il a réussie.

À travers le compte rendu des débats qui ont agité les milieux intellectuels français entre les années 1960 et 1980, c'est la question même de l'homme et des sociétés qui a été soulevée. Le débat entre les structuralistes et les marxistes ne sera jamais achevé : il reprend constamment dans des termes nouveaux les deux dimensions constitutives de l'être humain, à savoir le changement et la permanence, l'histoire et la structure. De la même manière, la question du sujet libre restera toujours posée aux spécialistes des sciences humaines, qu'ils soient positivistes, marxisants, interprétativistes ou soucieux de rendre compte des expériences subjectives des personnes. Aucune réponse définitive ne viendra jamais clore ces débats.

La configuration intellectuelle semble avoir considérablement changé au cours des 20 dernières années : de nouvelles figures sont de fait apparues et d'autres concepts ont été mis à la mode, mais ce sont encore les mêmes questions, celles-là que nous venons d'examiner, qui sont reformulées dans une langue nouvelle. L'influence de la sémiologie et des sciences du langage a contribué, plus que tout autre courant de pensée, à orienter la pratique des sciences humaines du côté de l'interprétation et de la recherche du sens, en Amérique du Nord notamment, où les sémiologues européens et les promoteurs de la critique littéraire ont été lus avec enthousiasme par les sociologues et les anthropologues. Le succès de la sémiologie, de la phénoménologie et du poststructuralisme dans le milieu des professionnels des sciences humaines a alimenté leur scepticisme déjà grand à l'égard des méthodes strictement positivistes.

En Amérique du Nord, une branche importante des sciences humaines a évolué, au cours de ces mêmes années, dans le sens d'une adéquation toujours croissante avec les exigences des méthodes positivistes et des analyses statistiques, entrant inévitablement en conflit avec les promoteurs des approches phénoménologiques, interprétatives et sémiologiques. Les partisans de ce positivisme se recrutent principalement dans le milieu de la psychologie sociale et des sciences du comportement, lequel exerce une influence majeure sur les études consacrées à la (sur)consommation de drogues. Nous nous dissocions radicalement de la perspective de ces chercheurs qui ne s'intéressent que marginalement à la trajectoire de vie des sujets et préfèrent se cacher derrière des questionnaires préétablis plutôt que de recueillir les récits des personnes, faisant passer la question de la fiabilité des instruments avant celle de leur validité. Il se peut que les sciences humaines se soient embourbées dans de longs débats, hier sur le marxisme, le structuralisme, la phénoménologie, le fonctionnalisme, l'empirisme et le positivisme, et aujourd'hui sur le postmodernisme, le déconstructivisme et la sémiologie. De tels débats, qui n'étaient pourtant pas inutiles, sont, de nos jours, plus nécessaires que jamais.

C'est du statut de la condition humaine, des faits sociaux et de la personne que les sociologues, les anthropologues, les psychologues et les historiens discutent sans arrêt à travers le langage des diverses théories de la société et du comportement humain. C'est aussi la spécificité des sciences humaines qu'ils revendiquent en refusant de les modeler exclusivement sur les méthodes couramment utilisées dans l'étude des phénomènes physiques et biologiques. Nous avons déjà exprimé notre méfiance, dans les études portant sur les toxicomanies, à l'égard des constructions systématiques, déterministes et totalisantes qui excluent l'expérience des personnes : dans tous nos travaux, nous avons essayé de mettre en évidence la contingence et la liberté des acteurs humains, soucieux de nous rallier à une pluralité de causes dans l'explication d'un tel phénomène. Il nous semble qu'on peut établir le lien avec le monde des sujets, avec leur histoire et les récits qu'ils en font, en tenant compte du sens qui relève globalement de la sémiologie, et c'est cette quête du sens qui devrait accompagner toute recherche relative aux drogues.

Horizon 2 : vers une «nouvelle santé publique»

Les questions que posent de nos jours les spécialistes de la santé publique nous paraissent se situer au confluent de trois préoccupations théoriques qui ont d'abord surgi indépendamment l'une de l'autre, pour ensuite converger de manière à créer le mouvement de la *new public health* :

— la prise de conscience du fait que la nature athéorique des méthodes usuelles en matière de santé publique n'était que leurre et fausse apparence : celles-ci sont en effet apparues comme profondément imprégnées d'une philosophie rationaliste, positiviste et normative relativement aux conceptions de la société et de la personne ;

— le diagnostic de l'isolement du domaine de la santé publique qui s'est tenu à l'écart, ces trois dernières décennies, des débats qui ont agité le milieu des sciences sociales, notamment sur la place des approches phénoménologique, structuraliste et sémiologique dans l'étude des phénomènes humains ;

— l'ignorance des perspectives critiques que les penseurs postmodernistes, féministes et postcoloniaux sont de nos jours en voie d'introduire au cœur des sciences sociales contemporaines.

Il est important d'évoquer ici ces lignes de renouvellement de la santé publique puisque les études relatives aux toxicomanies empruntent largement aux méthodes épidémiologiques qui ont communément cours dans ce secteur. Ce n'est qu'en se réinscrivant dans les débats actuels dans les sciences sociales contemporaines que la santé publique pourra arriver à inventer des méthodes, concepts et théories qui seront éventuellement mieux ajustés à l'étude de la complexité des sociétés actuelles.

Fonctionnalisme et santé publique

Les recherches menées sur la santé des populations ont été jusqu'ici largement dominées par un paradigme positiviste dans lequel les chercheurs se sont surtout préoccupés des questions de fiabilité et de validité dans la mise au point des protocoles de recherche. Les méthodes qui prévalent encore tendent à transformer toutes les dimensions des problèmes étudiés en des caractéristiques mesurables et en des données quantifiables qui sont traitées comme des faits ou des choses. Les spécialistes de la santé publique donnent l'impression de ne pas avoir été atteints par les débats qui ont été suscités au sein des sciences sociales par le constructivisme et par la critique de l'objectivisme ; de plus, ils semblent être restés imperméables aux approches interprétative, narratologique et sémiologique qui ont aidé, ailleurs, à renouveler l'analyse des phénomènes humains. Le domaine de la santé publique continue à adhérer à une description fonctionnaliste de la société qui est aujourd'hui dépassée : elle s'appuie trop exclusivement sur des instruments quantitatifs empruntés à l'épidémiologie, à la démographie et à la psychologie sociale ; elle s'intéresse surtout à la mesure des faits les plus objectivement vérifiables et les plus visibles ; enfin, elle se limite trop souvent à établir des relations probabilistes entre les données recueillies. Nous pouvons demander avec raison où sont les sujets vivants dans toutes ces mesures, pourquoi l'on fait si peu de place à leurs discours et comment le macrocontexte se relie aux conditions concrètes de vie des personnes.

Il y a maintenant près d'un siècle, le sociologue Émile Durkheim a écrit que toute société est faite de représentations collectives et de pratiques partagées à travers lesquelles les personnes sont reliées entre elles, et les institutions sociales, fonctionnellement connectées les unes aux autres. Le fonctionnalisme social renvoie, dans le modèle de Durkheim, à la fois aux processus qui maintiennent la solidarité entre les individus au sein du groupe et aux normes et aux valeurs communes qui favorisent l'intégration des différentes composantes sociales. Les héritiers du fonctionnalisme durkheimien continuent à diviser la société en parties ou sous-systèmes (la famille, la classe sociale, les domaines politique, économique, religieux, etc.), qu'ils étudient sous l'angle de leur interdépendance fonctionnelle. Ils savent, bien entendu, que l'ordre social est constamment menacé par des forces contradictoires et des conflits, mais ils accordent peu d'attention à ces processus dans leurs devis de recherche.

L'unité d'analyse privilégiée est, dans la santé publique d'inspiration durkheimienne, la société elle-même, interprétée comme un ensemble cohérent dans lequel les « individus » vivent une sorte de vie résiduelle par-delà les traits qu'ils partagent avec les autres membres du groupe. Les comportements individuels sont en effet interprétés comme dérivant non pas de choix personnels ou de valeurs singulières, mais de la société, en tant qu'elle modèle les représentations des individus et oriente leurs conduites. Les comportements sont donc vus comme les produits des valeurs, croyances et attitudes qui prévalent dans le groupe et qui en viennent à être conceptualisées comme une réalité extérieure aux personnes. Les spécialistes de la santé publique sont même plus durkheimiens que Durkheim lui-même lorsqu'ils affirment que les comportements humains sont mesurables, prévisibles et manipulables. Les conduites des personnes pourraient ainsi être remodelées et transformées, au moyen notamment de programmes d'éducation et de prévention. L'ingénierie du marketing social, qui est au cœur de l'entreprise d'information-éducation-communication (IEC), s'inscrit parfaitement dans la ligne de l'interprétation fonctionnaliste de la société.

C'est en cela justement que réside un des paradoxes les plus troublants de la santé publique classique qui finit par renier le modèle durkheimien qui l'a nourrie. Dans la mesure où les conduites des personnes sont strictement envisagées comme des phénomènes collectifs relevant de l'ordre social, la dimension individuelle devrait logiquement ne pas être prise en considération. Pourtant, les spécialistes de la santé publique et de l'IEC se centrent dans leurs études sur les comportements individuels qu'ils cherchent à modifier lorsque des conduites inadéquates paraissent intervenir dans la genèse des problèmes. Dans ce type d'approche, on cherche à remodeler la société en changeant les comportements des individus au lieu d'examiner les contraintes qui s'imposent aux personnes et de décrire les conditions de vie qui limitent l'initiative dont elles disposent. Plutôt que de s'intéresser sérieusement au social, la santé publique finit par se centrer sur l'individuel et le personnel en occultant la dimension collective de la société.

Il est vrai que les devis de santé publique n'ignorent pas entièrement l'ordre social, comme le démontre l'importance qu'ils accordent à la mesure de l'impact des variables sociodémographiques (sexe, niveau d'éducation, état civil, classe sociale, revenu) sur différentes variables dépendantes (la configuration du niveau de santé ou la forme d'un problème). Mais c'est là autre chose. Reconnaissons que les devis de recherche couramment utilisés en matière de santé publique sont souvent fort sophistiqués ; ils n'en sont pas moins incapables de rejoindre la dimension proprement collective du social, qui leur échappe en raison de l'accent mis exclusivement sur les comportements à risque. En traitant la société comme la simple addition des individus, la santé publique classique ne pouvait pas ne pas basculer dans une approche populationnelle inspirée de la démographie. Elle a ainsi fini par trahir le fonctionnalisme de Durkheim.

Le réductionnisme en matière de santé publique

De façon étonnante, plusieurs limitations continuent à dominer la recherche sociale en matière de santé publique à un moment où le champ des sciences sociales a pourtant été redynamisé par les théories critiques inspirées du marxisme, par les courants interprétatifs et par la pensée postmoderne. À quoi ressemblerait une santé publique qui incorporerait, en tout ou en partie, ces nouvelles perspectives théoriques? Les notions de narrativité, d'expérience et de signification font désormais partie du bagage normal des professionnels des sciences humaines contemporaines. On ne peut plus se limiter à répéter que les conduites des personnes doivent simplement être reportées sur l'horizon des normes collectives et des systèmes communs de sens; il faut aussi prendre au sérieux le fait que ces mêmes personnes produisent des discours, des récits et des commentaires à travers lesquels elles disent le sens qu'il convient d'assigner à leurs comportements. « *Human beings are self-interpreting animals* », a rappelé le philosophe Charles Taylor (1985, p. 45), reprenant à son compte un des thèmes centraux des sciences sociales. Depuis plus de trois décennies, Taylor s'en prend à toutes les formes de réductionnisme qui essaient de modeler l'étude des sociétés humaines sur les paradigmes qui ont cours en sciences naturelles. Il a avec bien d'autres rappelé, dans ce contexte, l'importance centrale de la question de la signification dans toute étude de l'humain et la nécessité pour les sciences humaines de s'appuyer sur la sémiologie et l'herméneutique.

L'accent mis sur la narrativité est de nos jours tellement fort qu'un anthropologue aussi clairvoyant que Clifford Geertz (1973) en est venu à dire que la culture n'est au fond rien d'autre qu'un mégatexte. Les personnes que l'on interroge incorporent dans leurs récits des présuppositions culturelles et les espaces blancs de leurs discours sont eux-mêmes chargés d'un sens que le chercheur peut restituer s'il connaît l'univers de référence de la personne. L'unité d'analyse n'est plus ici le système collectif comme dans le modèle durkheimien; c'est désormais la dynamique des personnes et des systèmes collectifs de signification qui intéresse le chercheur, dynamique qui peut être mise en évidence à travers les expériences des personnes et les récits qu'elles en font. La réorientation vers la narrativité et le vécu des personnes a ainsi conduit à la mise en place de techniques nouvelles qui ont été, jusqu'à récemment, pratiquement inutilisées dans les recherches menées sur la santé publique: ce sont les histoires de vie, les réunions de groupe (*focus groups*), les entrevues en profondeur, l'observation-participation.

L'absence d'approche critique en matière de santé publique

Les approches interprétative et narratologique sont cependant porteuses d'un danger qui a été fort bien relevé par les promoteurs de l'approche critique, à savoir la mise de côté de la dimension collective de la vie sociale. Les penseurs de gauche ont vivement critiqué les études épidémiologiques, notamment parce qu'elles fournissent une lecture inadéquate de l'organisation des sociétés et qu'elles accordent trop peu d'intérêt à l'examen des sources de l'inégalité sociale. À l'inverse des modèles fonctionnalistes qui voyaient la société comme un ensemble organisé autour de valeurs et d'institutions communes, les sciences sociales critiques insistent sur le fait que toute organisation sociale est le résultat d'une longue histoire et qu'elle est indissociable des relations de pouvoir opposant différents groupes pour le contrôle de la société. Les concepts de pouvoir, de domination et d'hégémonie, empruntés à Marx et à Gramsci, ont de fait été remis au goût du jour par Pierre Bourdieu (1980, 1993), Anthony Giddens (1998) et d'autres penseurs de gauche. Ils ont opportunément rappelé que les arrangements sociaux ont partout des bases politiques et économiques ; ils ont aussi insisté sur le fait que les sciences humaines ne doivent pas oublier d'analyser les situations d'injustice sociale. Une santé publique d'inspiration critique ne pourra advenir que si elle accepte de considérer les problèmes des personnes comme des productions sociales largement déterminées par les structures du pouvoir et les situations d'inégalité au sein des sociétés. Les nouveaux devis de recherche devront donc inclure l'étude des processus économiques et politiques tout autant que celle des comportements à risque et des styles individuels de vie.

Nous ne croyons pas que la «nouvelle santé publique» ait de fait à choisir entre les approches sémiologique, phénoménologique et critique : elle se doit plutôt de les intégrer. Les expressions à la mode «santé de la population» (*population health*), «nouvelle santé publique» (*new public health*) et «santé publique critique» (*critical public health*) sont heureusement beaucoup plus que de simples labels cosmétiques et indiquent que la santé publique est en pleine restructuration. Ces expressions renvoient à des théories critiques de la société, à des modèles autres dans la compréhension des déterminants de la santé, à des manières différentes de voir la place de l'économie, de la sociologie, des sciences politiques, de l'anthropologie, de l'histoire, de la sémiologie et même de la littérature, au sein de la santé publique. Cela rejoint ce qui se passe ailleurs sur la scène intellectuelle, notamment dans le domaine des sciences humaines. Ces nouvelles approches, malheureusement, n'ont pas encore réellement fait sentir leurs effets dans les études consacrées aux toxicomanies.

Conclusion :
les avatars et les défis d'une modernité en crise

Wright Mills, le célèbre sociologue américain, a rappelé dans les années 1950 une évidence que nous devrions avoir constamment à l'esprit, mais que nous préférons généralement oublier. Les trajectoires individuelles des personnes s'enroulent toujours sur des enjeux collectifs plus larges ou, comme il l'écrivait, les défis personnels sont absolument inséparables des débats de société et de l'environnement social, économique et moral dans lequel vivent les personnes. Le sociologue a connu la crise de 1929 et les années qui la suivirent. Dans tous ses écrits, il a insisté pour rappeler combien les vies individuelles sont tributaires des processus socioéconomiques globaux, montrant à travers des histoires de vie diverses comment les itinéraires des personnes sont indissociables des enjeux auxquels font face les groupes d'appartenance de base. Son ouvrage *Sociological Imagination* (1959) reste aujourd'hui d'actualité, peut-être encore davantage qu'il ne l'a été à l'époque de sa publication.

Les responsables politiques, les spécialistes des sciences sociales et les professionnels de l'aide (dans les domaines de la santé et des services sociaux) n'ignorent pas la brutalité ravageuse des nouveaux environnements économiques qui font éclater des familles entières, qui mettent à l'écart des groupes complets de travailleurs et qui font basculer toute une génération, celle des jeunes surtout, dans l'incertitude la plus complète. Au terme d'une étude approfondie sur les problèmes de santé mentale, les auteurs du *World Mental Report* ont été amenés à conclure que « les problèmes sociaux et les désordres psychologiques se profilent maintenant comme un problème d'ordre mondial d'une grande ampleur qui ne peut vraisemblablement pas être dissocié du contexte macroscopique hautement complexe de la mondialisation » (Desjarlais et coll., 1995, p. 15). L'ampleur des situations de violence, des conduites autodestructrices, de l'abus de drogues et des problèmes émotionnels est telle que nous nous devons de les examiner au sein d'une approche critique capable d'établir des liens entre la montée du néolibéralisme économique et la progression des problèmes personnels et sociaux dans plusieurs sociétés. De nombreuses personnes et familles se retrouvent structurellement marginalisées, mises de côté comme si l'on n'avait plus besoin d'elles dans ce nouveau climat mondial où les mots clés sont ceux de compétition, de contrôle des dépenses publiques et de désolidarisation. Une des voies d'avenir aurait pu être la résistance ou la révolte des exclus, mais cette avenue révolutionnaire, pourtant ancienne et qui a renouvelé périodiquement les sociétés en redistribuant les chances, semble aujourd'hui bouchée pour toutes sortes de raisons qu'il serait ici trop long d'énumérer.

La « mondialisation heureuse » semble être en train de déboucher sur le désenchantement et le chaos. À l'utopie orwellienne d'un monde planifié, contrôlé et unifié par des lois économiques dites « naturelles » et par les idéologies de la « raison », on peut opposer avec sans doute autant de raison (ou de déraison) une fiction kafkaïenne faite de désordre et de décomposition, du renforcement des frontières et de la résurgence des nations, du retour du fondamentalisme, de la violence entre les classes sociales à l'intérieur d'une nation et peut-être même de la guerre entre pays riches et pays pauvres.

George Orwell s'est de fait trompé dans ses prédictions : ce ne sont pas en réalité les États qui complotent dans l'ombre, tels des monstres tentaculaires, pour s'emparer des sociétés et limiter la liberté des citoyens, mais bel et bien les grandes puissances de l'argent, les multinationales et les organisations financières internationales qui soumettent à leurs diktats les gouvernements eux-mêmes. Winston Smith et son amante Julia, les héros de *1984* d'Orwell, ont été tous les deux brisés, vidés et « tués au-dedans » par la machine contrôlante d'une société toute-puissante, au point de devenir à jamais incapables d'amour, de désir et de violence, et de n'avoir plus comme projet que de laisser l'alcool frelaté et l'ennui les tuer à petit feu. Le malheureux Gregor Samsa, dans *La métamorphose* de Kafka, n'échappe pas plus que Winston et Julia à la peur, à l'anxiété et à l'angoisse, métamorphosé qu'il est en un hideux insecte qui est le symbole même de son rejet par les autres et par le monde dans lequel il vit. Ces exercices de futurologie peuvent paraître vains ou trop subjectifs pour nous guider avec sûreté dans l'étude des sociétés contemporaines. Pourtant, de tels héros de grands romans d'anticipation nous introduisent dans une réalité qui ressemble assez fidèlement à l'état du monde décrit dans ce chapitre.

Que l'on vive dans le monde d'Orwell (celui du super-contrôle), dans celui de Kafka (celui de la décomposition) ou dans les deux à la fois (un monde paradoxal qui correspond assez bien à notre passage dans un nouveau millénaire), la dimension tragique de l'existence humaine resurgit, dans l'un et l'autre, avec force. Winston Smith et Gregor Samsa sont prisonniers de deux mondes différents, mais leur maladie est à peu près la même : dégoûtante vermine, Gregor doit se cacher des regards des autres dans sa propre maison; ennemi de l'État, Winston n'a plus que la « taverne » pour oublier son mal, pour tuer ce qui reste en lui de vie. Les êtres humains ne peuvent jamais échapper, qu'ils vivent à l'Ouest, à l'Est, au Nord ou au Sud, aux questions fondamentales que posent la mort, le sacré, l'amour et la haine, la joie et la souffrance, le monde de l'intériorité et les rapports aux autres. Les réponses à toutes ces questions risquent de provoquer aujourd'hui plus d'angoisse que dans le passé, plus de souffrance personnelle que ce ne fut le cas pour les générations d'hier. Les repères collectifs se sont en effet considérablement érodés, les grands récits collectifs se sont affaissés, les systèmes moraux et les religions se sont remodelés sous l'impact de la mondialisation, les structures familiales et sociales se sont partout affaiblies et les conditions quotidiennes de vie se sont détériorées jusque dans les classes dites moyennes. Cela contribue, il n'y a pas de doute, à créer un environnement social et psychologique désormais caractérisé par une fragilité et une morosité grandissantes chez de plus en plus de gens.

Dans les années qui viennent, les Gregor Samsa, les Winston Smith et les Julia des romans de Kafka et d'Orwell seront encore avec nous, sans doute plus vrais que les personnages mêmes de ces douloureuses fictions. Pouvons-nous espérer une « métamorphose » pour notre monde, oubliant à la fois Kafka et Orwell, à travers le retour de l'idéal éthique de la démocratie et de la lutte pour que l'équité entre les citoyens ne soit pas que pure rhétorique? Cela ne pourra se faire que s'il y a de la place pour de vrais débats sur la scène politique, que si les citoyens redécouvrent la dimension du lien civique et que si le « communautarisme » oppose de nouveau ses droits au libéralisme triomphant. Il nous faudra aussi écouter ce que les sciences sociales critiques ont à dire au sujet des contradictions qui sont au cœur de nos sociétés et des symptômes qui en découlent, telle la montée des toxicomanies.

Références

ANATRELLA, T. (1998). *La différence interdite. Sexualité, éducation, violence. Trente ans après mai 1968*, Paris, Flammarion.

APPADURAI, A. (1996). *Modernity at Large. Cultural Dimensions of Globalization*, Minneapolis, University of Minnesota Press.

AUGÉ, M. (1994a). *Le sens des autres. Actualité de l'anthropologie*, Paris, Fayard.

AUGÉ, M. (1994b). *Pour une anthropologie des mondes contemporains*, Paris, Aubier.

AUGÉ, M. (1992). *Non-lieux. Introduction à une anthropologie de la surmodernité*, Paris, Seuil.

BALIBAR, É. (1997). *La crainte des masses*, Paris, Galilée.

BHABHA, H. (1994). « Dissemination : Time, Narrative and the Margins of the Modern Nation », dans *The Location of Culture*, Londres et New York, Routledge.

BIBEAU, G. (1999). « Une troisième voie en santé publique », *Ruptures. Revue interdisciplinaire en santé*, vol. 6, nº 2, p. 322-349.

BIBEAU, G. (1997). « Cultural Psychiatry in a Creolizing World : Questions for a New Research Agenda », *Transcultural Psychiatry*, vol. 31, nº 1, p. 9-41.

BIBEAU, G. (1982). « Le mouvement des Bérets Blancs en 1981 : thérapie ou impasse ? », *Les Cahiers de recherches en sciences de la religion*, vol. 4, p. 181-201.

BIBEAU, G. (1976). *Les Bérets blancs. Essai d'interprétation d'un mouvement québécois marginal*, Montréal, Parti-pris.

BIBEAU, G. et PERREAULT, M. (1995). *Dérives montréalaises à travers des itinéraires de toxicomanes dans le quartier Hochelaga-Maisonneuve*, Montréal, Boréal.

BOURDIEU, P. (1993). *La misère du monde*, Paris, Seuil.

BOURDIEU, P. (1980). *Le sens pratique*, Paris, Minuit.

BROWN, W.K. (1978). « Black Gangs as Family Extensions », *International Journal of Offender Therapy and Comparative Criminology*, vol. 22, p. 39-45.

CASTEL, R. (1997). *Les métamorphoses de la question sociale. Une chronique du salariat*, Paris, Fayard.

COMITÉ DE LA SANTÉ MENTALE DU QUÉBEC (1994). *Pauvreté et santé mentale*, Boucherville, Gaëtan Morin Éditeur.

CORIN, E. (1996). « Le mouvement de l'être. Impasses et défis des psychothérapies dans le monde contemporain », *Prisme*, vol. 6, nos 2-3, p. 333-349.

CORIN, E. (1986). « Centralité des marges et dynamique des centres », *Anthropologie et Sociétés*, vol. 10, nº 2, p. 1-21.

CORIN, E. et coll. (1990). *Comprendre pour soigner autrement. Repères pour régionaliser les services de santé mentale*, Montréal, Les Presses de l'Université de Montréal.

DESJARLAIS, R. et coll. (1995). *World Mental Health. Problems and Priorities in Low-Income Countries*, Oxford et New York, Oxford University Press.

DONGIER, M. (1996). « La psychiatrie entre neurosciences et psychanalyse », *Revue médicale de Liège*, vol. 51, nº 12, p. 763-770.

DOUYON, É. (1995). « La délinquance ethnique : une relecture », dans N. Normandeau et É. Douyon (sous la dir. de), *Justice et communautés culturelles ?*, Montréal, Méridien.

EHRENBERG, A. (1998). *La fatigue d'être soi*, Paris, Odile Jacob.

EHRENBERG, A. (1995). *L'individu incertain*, Paris, Calmann-Lévy.

FASSIN, D. (1999). « Santé : des inégalités sociales sans droit de cité », *Mouvements*, vol. 4, mai-juillet, p. 49-57.

FOUCAULT, M. (1994). *Dits et écrits*, tome I, 1954-1969, « Sur l'archéologie des sciences. Réponse au Cercle d'épistémologie », Paris, Gallimard, p. 696-731.

FOUCAULT, M. (1984). *Le souci de soi. Histoire de la sexualité 3*, Paris, Gallimard.

FOUCAULT, M. (1966). *Les mots et les choses. Une archéologie des sciences humaines*, Paris, Gallimard.

GEERTZ, C. (1973). *The Interpretation of Cultures*, New York, Basic Press.

GIDDENS, A. (1998). *The Third Way. The Renewal of Social Democracy*, Londres, Polity Press.

GIDDENS, A. (1994). *Les conséquences de la modernité*, Paris, L'Harmattan.

GOUVERNEMENT DU QUÉBEC (1998). *Pour une stratégie de soutien du développement des enfants et des jeunes. Agissons ensemble*, Québec.

GRIFFIN, J.H. (1962). *Dans la peau d'un Noir*, Paris, Gallimard

KAFKA, F. (1955). *La métamorphose*, Paris, Gallimard.

KLEINMAN, A., DAS, V. et LOCK, M. (1996). « Social Suffering », *Daedalus*, vol. 125, n° 1, p. 1-283.

LASCH, C. (1978). *The Culture of Narcissism*, New York, W.W. Norton & Company.

LÉVI-STRAUSS, C. (1966). *Anthropologie structurale*, Paris, Plon.

LÉVI-STRAUSS, C. (1962). *La pensée sauvage*, Paris, Plon.

LÉVI-STRAUSS, C. (1955). *Tristes tropiques*, Paris, Plon.

LIPOVETSKY, G. (1993). *L'ère du vide. Essais sur l'individualisme contemporain*, Paris, Gallimard.

MCCORD, C. et FREEMAN, H.P. (1990). « Excess Mortality in Harlem », *New England Journal of Medicine*, vol. 322, n° 3, p. 173-177.

MESSIER, C. et TOUPIN. J. (1994). *La clientèle multiethnique des centres de réadaptation pour les jeunes en difficulté*, Québec, Commisssion de protection des droits de la jeunesse.

MILLS, C.W. (1959). *The Sociological Imagination*, Londres et New York, Penguin Books.

ORWELL, G. (1955). *1984*, Paris, Gallimard.

PETERSEN, A. et LUPTON, D. (1996). *The New Public Health: Health and Self in the Age of Risk*, Londres, Sage Publications.

PRIGOGINE, Y. et STENGERS. I. (1986). *La nouvelle alliance. Métamorphose de la science*, Paris, Gallimard.

RICARD, F. (1995). *La génération lyrique*, Montréal, Boréal.

SAÏD, E.W. (1996). « L'exil intellectuel : expatriés et marginaux », dans P. Chemla (sous la dir. de), *Des intellectuels et du pouvoir*, Paris, Seuil.

SARTRE, J.-P. (1960). *Questions de méthode*, Paris, Gallimard.

TAYLOR, C. (1994). *Malaise de la modernité*, Paris, Cerf.

TAYLOR, C. (1985). *Human Agency and Language. Philosophical Papers I*, New York, Cambridge University Press.

THRASHER, F. (1927). *The Gang*, Chicago, University of Chicago Press.

TOUSIGNANT, M., HAMGAR, D. et BERGERON, L. (1984). « Le mal de vivre : comportements et idéations suicidaires chez les cégépiens de Montréal », *Santé mentale au Québec*, vol. 9, n° 2, p. 122-133.

VIET, J. (1965). *Les méthodes structuralistes dans les sciences sociales*, Paris et Amsterdam, Mouton.

Pour une réelle politique publique de réduction des méfaits en matière de drogues*

Line Beauchesne

L'auteure expose les principes directeurs des politiques publiques en matière de drogues à partir des trois grandes options soulevées par la commission Le Dain, ce qui lui permet de préciser les responsabilités de l'État et les limites de son action dans le contexte d'une éventuelle politique publique de réduction des méfaits. Par la suite, elle analyse les politiques québécoises actuelles sur l'alcool et le tabac de même que les mesures publiques existantes concernant les drogues illicites pour les situer par rapport aux exigences d'une réelle politique de réduction des méfaits. L'auteure conclut à la nécessité d'une normalisation de la consommation des drogues pour qu'existe une politique publique de réduction des méfaits cohérente et crédible, tant en matière de drogues légales qu'en matière de drogues illégales, politique qui permettrait véritablement à l'État d'assumer ses responsabilités au regard de la santé et de la sécurité des citoyens.

* Je tiens à remercier, pour leurs précieux commentaires et réflexions sur des versions préliminaires de ce chapitre, au Québec: Pierre Cloutier (avocat, Montréal), Richard Cloutier (Centre québécois de coordination sur le sida) et Jacques Laplante (Université d'Ottawa); en Belgique: Tom De Corte (Université de Gand), Jean-François Cauchie (Université de Louvain-la-Neuve), Philippe Mary (Université libre de Bruxelles), Micheline Roelandt (psychiatre) et Michel Rosenzweig (Prospective Jeunesse); en France: Anne Coppel (auteure du *Dragon domestique* et présidente de Limitez la Casse, collectif regroupant plusieurs militants et associations en matière de réduction des risques), Claude Faugeron (directrice de recherche, CNRS), Bertrand Lebeau (directeur du programme méthadone de Médecins du Monde, à Paris, et vice-président de l'Association française pour la réduction des risques); en Suisse: Annie Mino (direction de la santé publique). La direction de Pierre Brisson pour alimenter le contenu de cette réflexion fut également fort pertinente.

> *Nourrir les hommes sans les aimer, c'est les traiter*
> *en bétail. Les aimer sans les respecter,*
> *c'est les traiter en animaux domestiques.*
> Mencius, philosophe chinois, 300 av. J.-C.

Une politique publique est l'articulation par l'État ou ses institutions de principes directeurs visant à orienter des actions cohérentes dans un secteur. L'établissement de ces principes directeurs et l'orientation des actions peuvent se faire par la force et la violence. Nous sommes alors dans une dictature. Ou bien l'établissement de ces principes directeurs est issu de débats de manière à gagner le plus possible en crédibilité populaire, ce qui permet des stratégies d'implantation administratives, économiques, sociales et juridiques jugées légitimes, plus cohérentes, utilisant le droit pénal et la force en dernier recours. Nous sommes alors dans une démocratie.

Sur maintes questions de politiques publiques, les dés ne sont pas si clairement jetés. La criminologie critique, à cet égard, étudie le droit pénal pour déterminer si son usage, dans divers secteurs, est un dernier recours. Selon la prémisse de ce courant d'étude, le droit pénal est une violence institutionnelle grave qui doit être utilisée au minimum, dans les cas de menaces face à l'ordre social, lorsqu'il est impossible à court terme de gérer la situation autrement. Le droit pénal est d'abord et avant tout un mécanisme d'exclusion sociale, de stigmatisation (Pires, 1995).

Pour la criminologie critique, l'usage récurrent du droit pénal pour maintenir en place une politique est considéré soit comme un échec de son contenu, soit comme le résultat d'une absence de consensus chez les personnes touchées par la politique, ou encore comme la conséquence d'un manque de soutien étatique adéquat pour en assurer l'implantation. Voir dans le droit pénal une composante d'une politique et non une mesure d'exception revient à accepter, dans le fondement même du rôle de l'État, la légitimité de la violence pour forcer les gens à se conformer à ses décisions.

C'est dans cette perspective de la criminologie critique que nous examinerons les changements en cours dans nos politiques publiques en matière de drogues.

Les diverses options quant au rôle de l'État

Le *Rapport* de la commission Le Dain, du nom du président de la Commission d'enquête sur l'usage des drogues à des fins non médicales (Le Dain, 1972), aura constitué l'aboutissement d'une réflexion fort poussée sur l'usage des drogues à des fins non médicales, où, pour la première fois, des spécialistes de différentes disciplines s'unissaient pour conseiller le gouvernement en matière de politiques publiques sur les drogues dans le cadre d'une commission royale d'enquête. L'analyse des diverses options concernant le rôle de l'État contenues dans ce rapport — et qui en ont soutenu les conclusions et les recommandations — a, toutefois, reçu peu d'attention en comparaison de la problématique de la drogue. À cet égard, le premier volume du rapport sur le cannabis est particulièrement intéressant : l'ensemble des commissaires reconnaissent le peu de nocivité du cannabis, mais ne s'entendent pas sur la politique publique à instaurer pour cette drogue. Comme nous le verrons, la source des dissensions reposait essentiellement sur une vision différente du rôle de l'État.

Le premier rapport minoritaire : le moralisme juridique

Un premier rapport minoritaire a été présenté à la commission Le Dain par Ian Campbell. Celui-ci, s'appuyant sur la philosophie politique du baron Devlin (1968), demande non seulement que soit maintenue la prohibition actuelle du cannabis, mais que la répression des usagers de cette drogue soit accrue : rafles, traitement médical sous tutelle, suivi à long terme avec tests d'urine, contrôle des fréquentations, etc. Il faut, explique Campbell, stopper la « contamination[1] » par certains milieux criminogènes des jeunes de bonne famille dont les parents vivent le drame de perdre tout espoir d'un avenir productif pour leur progéniture à cause de l'usage de drogues, y compris le cannabis.

Campbell explique que l'État a non seulement la responsabilité dans ses politiques publiques d'être le gardien de l'ordre public et le protecteur des personnes non autonomes, mais également celle de *maintenir une morale commune au sein de la société*. Aussi l'État peut-il avoir recours au droit pénal pour contrer les comportements qui menacent la « morale établie », indépendamment des dangers de l'acte accompli, pour l'individu ou la société. L'enjeu est d'empêcher la désintégration de la société actuelle par la perte d'une « morale commune », élément essentiel de cohésion sociale et de prospérité économique.

Même si Campbell reconnaît le peu de nocivité du cannabis, il demande donc le maintien de sa criminalisation, car il s'agit de rendre visible le refus moral de son usage :

> Il me semble indéniable que la majorité des citoyens ont le droit d'interdire par voie légale toute conduite qu'ils jugent inconvenante ou alarmante, que cette conduite cause ou non un préjudice à autrui. Ce principe est reconnu dans nos lois contre le nudisme public. Or, tout porte à croire que l'usage public du cannabis est offensant et alarmant pour la grande majorité des Canadiens, surtout lorsqu'il est le fait d'adolescents. Il ne paraît donc pas abusif que la loi l'interdise.

---

1. Cette terminologie en matière de drogues est revenue en force avec l'arrivée du sida.

[…] Indépendamment de la mesure dans laquelle cette intoxication des jeunes prédispose à une intoxication chronique à l'âge adulte ou entrave le développement complet et normal des facultés humaines, elle réduit l'aptitude de l'individu à mener une vie équilibrée, riche et créatrice, tout en limitant ses possibilités de contribution à la société. […]

[…] on ne s'est pas assez préoccupé ces derniers temps des conséquences que peut avoir pour les jeunes un excès de libertés et de droits. (Le Dain, 1972, p. 313-314)[2]

Dans cette perspective dite du moralisme juridique, l'État intervient en matière de drogues au nom de sa responsabilité dans la préservation des « valeurs communes », qui sont vitales pour le bien-être social. Il devient ainsi légitime de maintenir, même par la force, une lutte contre les « contaminants » qui viennent pourrir le corps social ; l'État peut appliquer des contrôles et des interdits en matière de drogues, et même cibler certains groupes minoritaires, sans que la population pousse les hauts cris si celle-ci adhère à cette morale commune. De plus, tant les politiques que les pratiques judiciaires sont colorées par cette vision moraliste, car les usagers, qu'ils sachent ou non bien gérer leur consommation, demeurent condamnables vu leur choix du « vice » contre la « vertu ». Les interdits en matière de drogues sont ici affaire de morale bien avant d'être une question de santé publique.

Ce moralisme juridique est ce qui domine le discours actuel soutenant le maintien de la prohibition en matière de drogues. Il a des racines profondes dans l'histoire de la culture protestante telle qu'elle s'est développée en Amérique du Nord[3] ; et, à ce titre, il n'est pas étonnant que les États-Unis soient à l'origine de la guerre à la drogue et que les principaux porte-parole du discours qui la maintient soient américains.

Le présupposé à la base de cette perspective est qu'il existerait une morale commune dont les pouvoirs en place devraient être garants. La science de la morale, depuis des siècles, recherche des dénominateurs communs sur lesquels fonder une morale universelle :

Ainsi, dans le domaine des normes universelles, bien que quasi toutes les doctrines philosophiques affichent le même objectif : le bonheur de l'homme, il existe une grande disparité en ce qui concerne les moyens d'y parvenir, le

---

2. Bien sûr, la position de Campbell a été rédigée en 1972, avant la charte des droits, alors que l'on ne définissait pas l'indécence de la même manière qu'aujourd'hui. La Cour suprême a beaucoup restreint cette notion avec l'arrivée de la Charte (par exemple, l'affaire Butler, en 1992). Toutefois, pour notre propos, l'intérêt de la position de Campbell est sa justification d'interdits au nom de la morale.

3. La culture protestante a produit aussi le libéralisme juridique, que nous verrons un peu plus loin, libéralisme juridique qui explique les positions des cantons suisses protestants et des Pays-Bas, par exemple (Beauchesne, 1997 ; Boggio, 2000 ; Lap, 1994). Pour comprendre comment le protestantisme s'est développé dans la voie du moralisme juridique en Amérique du Nord, voir Beauchesne (2000). Ce moralisme est encore bien présent (Wagner, 1997).

choix des valeurs à préserver: leur hiérarchie est variable d'une doctrine à l'autre, d'une culture à l'autre, d'un individu à l'autre et souvent chez un même individu d'un moment à un autre suivant les circonstances.

[...] En d'autres termes, notre morale se décline et s'adapte en fonction de notre éthique personnelle, cette dernière représentant un idéal de vie, la morale le moyen de s'en rapprocher.

La morale et l'éthique sont ainsi enracinées dans un relativisme des situations, des sentiments et des valeurs. (Rosenzweig, 1999, p. 3-4)

En fait, prétendre à une morale commune, c'est refuser de respecter un pluralisme bien réel des valeurs propres aux individus ou aux groupes dans la société.

La logique du moralisme juridique est vraie: lorsque tout le monde pense de la même façon, la gestion sociale est plus simple, un peu comme la dictature est une gestion politique plus simple que la recherche de consensus en démocratie[4]. Mais les conséquences du moralisme juridique relèvent de l'abus de pouvoir dès que l'on approuve la recherche de consensus, recherche qui s'inscrit dans le pluralisme social des valeurs. Il ne faut pas l'oublier, le pluralisme des valeurs est réel; cela signifie que la morale commune est, en fait, la morale des groupes au pouvoir[5]. À cet égard, la prohibition des drogues, telle que maintenue actuellement dans les politiques publiques, constitue une violence abusive de l'État, violence dont le prix est très cher payé par les citoyens (Beauchesne, 1992).

Le rapport majoritaire: le paternalisme juridique

S'appuyant cette fois sur la philosophie politique de H.L.A. Hart (1969), le rapport majoritaire de la commission Le Dain présente une position mixte, mêlant le traitement avec la punition. Il demande la décriminalisation du cannabis à cause de sa faible nocivité, non la légalisation pour éviter que le droit n'encourage la prise de produits nocifs pour la santé des jeunes. Les commissaires expliquent qu'ils comprennent la nécessité de préserver à tout prix les libertés individuelles, mais l'État, en plus d'être le gardien de l'ordre public, a *une fonction paternaliste qui le mène à utiliser certaines formes de contraintes légales pour empêcher les individus non autonomes de se nuire à eux-mêmes.* C'est pourquoi il lui incombe, en vertu du droit pénal, de restreindre l'accessibilité du cannabis, et ce, surtout pour les jeunes.

Cette position, privilégiée dans les pays où domine la culture catholique, a ouvert grand la porte au contrôle médical en matière de drogues au nom de la

---

4. N'importe quel gestionnaire qui a l'expérience de réunions à répétition aurait pu dire cela.
5. Un exemple de cette imposition des valeurs nous est donné par l'État du Kansas, aux États-Unis, qui, le 1er septembre 1999, interdisait dans les écoles la diffusion des théories de Darwin car cela allait à l'encontre des valeurs religieuses dominantes.

protection de la santé publique, les experts possédant le savoir nécessaire pour protéger les personnes qui ne savent pas[6].

Cette position est plus complexe que la précédente. D'une part, il y a toute la question des faibles, les personnes non autonomes. Qui désigne ces personnes? D'autre part, il y a la signification du terme «protection», signification centrale en matière de drogues. Cela peut-il aller jusqu'à protéger les personnes contre leur propre volonté, et par la force, s'il le faut?

Abordons le premier élément. Historiquement, on a longtemps soutenu que les ouvriers étaient incapables de maîtriser l'alcool, contrairement à la classe aisée. Aujourd'hui, ce sont les autochtones qui seraient déficients en cette matière, en comparaison des Blancs, un peu de la même manière qu'aux États-Unis les Noirs sont moins autonomes que les Blancs pour gérer les drogues illicites. Cette discrimination ne se retrouve-t-elle pas également au regard des homosexuels, moins aptes que les hétérosexuels à gérer leur sexualité, ou à l'endroit des femmes, moins capables que les hommes de contrôler leurs émotions? Ces idées reçues permettent d'éluder la question des conditions de vie de certaines populations en comparaison d'autres groupes, dominants, et des valeurs privilégiées par ces groupes pour maintenir leur domination. Bien entendu, dans une société, il y a des populations plus fragiles dont l'État a le devoir de s'occuper. Cela doit-il pour autant s'exprimer par des interdits et des punitions pour assurer leur bien-être? Ce qui mène à la question de la «protection».

Il est possible de protéger quelqu'un en le rendant plus autonome, plus apte à faire des choix, en améliorant ses conditions de vie, les soins offerts et l'information dont il dispose. On peut également décider que si les choix de cette personne ne correspondent pas à nos valeurs, c'est qu'elle n'est pas apte à faire des choix et qu'il faut les lui imposer par la force.

Toute personne qui a été parent connaît la difficulté qui se trouve ici. Il y a les situations d'urgence où, à court terme, l'interdit est le meilleur choix: «Petit, ne traverse pas la rue sans maman!» Cela dit, l'éducation vise à ce qu'un jour il puisse la traverser sans maman et, conscient des dangers, en prenant les précautions nécessaires. Les parents ne seront pas toujours là pour lui tenir la main. Alors ces derniers l'informent, le préparent à pouvoir juger adéquatement, pour son bien-être et celui de son entourage, de la manière de traverser la rue. Malgré cela, si par malheur un drame arrive, les parents espéreront que la tragédie sera évitée et que les hôpitaux fourniront les meilleurs soins.

Imaginez maintenant la situation suivante: les parents interdisent au petit de traverser la rue jusqu'à l'âge adulte, car il est jugé non autonome; adulte, s'il la

---

6. Ce que Foucault (1976) a qualifié de bio-pouvoir. Ce type de contrôle médical ne concerne pas que la question des drogues. Par exemple, il n'y a pas si longtemps, au Québec, la décision d'avorter ou pas n'appartenait pas à la femme, mais au corps médical (comités thérapeutiques), qui décidait de la pertinence de sa demande. Les critères pour en juger, malgré des apparences médicales et des justifications thérapeutiques, allaient bien au-delà de considérations médicales.

traverse, les autorités le mettent en prison pour avoir brisé l'interdit — peu importe qu'il ait ou non traversé la rue avec succès —, ou encore, si un accident est arrivé, on met comme condition d'accès aux soins la promesse qu'il ne traversera plus jamais la rue. En fait, sur le plan juridique, l'argument qui justifie la prohibition au nom de la protection des jeunes n'a pas beaucoup de sens. Il n'est pas possible de justifier une prohibition totale englobant les adultes sous prétexte que l'on veut protéger la santé des enfants, comme on ne saurait interdire aux adultes de boire du vin sous prétexte que l'usage en est dangereux pour les enfants. La protection serait mieux servie par une réglementation sur la qualité d'un produit et sa mise sur le marché, laquelle pourrait être interdite auprès des mineurs.

Les fondements de cette position, qui mêle la punition avec le traitement sous conditions au nom du paternalisme[7] et de la protection des faibles, relèvent du refus de considérer que la mission de l'État est de maximiser la possibilité pour chacun de devenir autonome, citoyen à part entière. Si l'on accepte ce rôle de l'État, il lui appartient de faire la preuve, sur le plan juridique, que le droit pénal est le seul moyen d'empêcher les individus non autonomes de se nuire à eux-mêmes. Cette preuve, en matière de drogues, n'est pas faite (Van Ree, 1999).

Le deuxième rapport minoritaire (dissident) : le libéralisme juridique

Un deuxième rapport minoritaire, celui de Marie-Andrée Bertrand, s'appuie sur la philosophie politique de J.S. Mill (1974) pour demander la légalisation du cannabis. Ce rapport explique que *l'État étant essentiellement le gardien de l'ordre public, il doit s'en tenir à ce qui trouble de manière globale la paix publique,* par exemple dans le cas de la sécurité routière, et réduire son action de manière à préserver au maximum les droits civils. La répression pénale et les traitements obligatoires en ce qui a trait au cannabis relèveraient ainsi de l'abus de pouvoir de l'État et de ses institutions, puisque cette drogue, relativement inoffensive, pourrait être gérée correctement par les consommateurs si l'État en régulait la qualité et le marché.

Ainsi, même si certaines pratiques de consommation demeurent suspectes pour nombre de personnes au regard de la morale, cela ne signifie pas pour autant que l'État doive les réguler par l'interdit, à moins que ces pratiques de consommation ne constituent, en soi, une menace pour autrui. Doit-on déduire que, dans un contexte de libéralisme juridique, l'État n'a aucune responsabilité en matière de drogues tant que n'existent pas de telles menaces? Bien au contraire. L'interdit n'est pas la seule forme d'intervention. Pour comprendre le rôle de l'État

---

7. Cette notion de paternalisme, dans les études sur les conditions des femmes, prend toute sa significa-tion. Au nom de ce paternalisme, les femmes ont longtemps été jugées non autonomes, et elles n'avaient même pas, en droit, le statut de «personne».

dans un contexte de libéralisme juridique, certaines précisions au sujet du vocabulaire s'imposent.

Tout d'abord, il faut distinguer le libéralisme juridique du libéralisme économique. Le libéralisme économique sous-entend un retrait de l'État pour laisser
jouer les forces du marché, ce qui, en fin de compte, se traduit par un capitalisme
sauvage où les plus forts se renforcent alors que les plus faibles sont laissés à eux-
mêmes, sans les moyens nécessaires pour changer leurs conditions ou maintenir
une qualité de vie adéquate. Dans le libéralisme juridique, l'État maintient ses
responsabilités dans la gestion de l'ordre public en procurant aux citoyens l'environnement le plus sécuritaire possible, de même qu'en assurant les conditions
sociales les plus propices à l'épanouissement de chacun ; il privilégie cependant
une gestion qui préserve au maximum les droits et libertés de chacun. En
d'autres termes, sur la question des drogues, l'État a la responsabilité d'assurer le
contexte de consommation le plus sécuritaire possible et de mettre en place les
conditions nécessaires à la réduction des méfaits de cette consommation.

Est-ce à dire que l'État devient promoteur de la consommation des drogues
ou encore perd sa capacité d'intervention pour en prévenir les abus ? Au contraire. C'est confondre ici le libéralisme juridique avec le courant libertaire[8], qui
ne reconnaît à l'État aucune responsabilité sociale ou politique, et donc aucun
pouvoir légitime de limiter la liberté individuelle de quelque manière que ce soit.
Ce courant, qui a ses adeptes en matière de drogues, ne relève pas du libéralisme
juridique.

En fait, en matière de drogues[9], pour définir clairement ce que signifie le
libéralisme juridique, il est nécessaire d'aborder l'approche de la réduction des
méfaits et d'en préciser le contenu. Nous verrons alors que les valeurs qui sous-
tendent cette approche ne peuvent se traduire dans une politique publique que
sur les fondements du libéralisme juridique.

La réduction des méfaits en matière de drogues

Une approche et des pratiques différentes

L'approche de la réduction des méfaits en matière de drogues comprend deux
volets : la réduction des usages à risque et la réduction des conséquences néga-

---

8. Le courant libertaire date de la fin du XIXe siècle et est issu de la conception politique de Proudhon et de
   Bakounine, qui proclamaient que seul l'anarchisme était légitime et ne reconnaissaient aucun pouvoir de
   contrainte de l'État sur les individus.
9. Les débats entre ces trois grandes options en philosophie du droit et de l'État sont toujours très vifs
   aujourd'hui, et ce, particulièrement en ce qui concerne les questions de moralité telles que l'avortement,
   la pornographie, l'homosexualité et la prostitution. Sur le sujet, voir Dworkin (1994), Dysenhaus et
   Ripstein (1996), Greenawalt (1995) et Husak (1997).

tives liées à des usages problématiques. En ce qui concerne le premier volet, la réduction des usages à risque peut être un travail de prévention de la demande même du produit lorsque le simple usage est à risque (par exemple, le tabac), ou encore un travail de prévention de la consommation à risque ou de pratiques de consommation d'un produit qui présentent des risques (par exemple, l'alcool au volant)[10]. Pour ce qui est de la réduction des conséquences négatives liées à des usages problématiques, l'intervention vise la diminution des problèmes liés à ces usages (par exemple, la rééducation en ce qui touche le boire contrôlé ou l'abstinence) ou encore la diminution des conditions de l'environnement qui accroissent les problèmes d'usage (par exemple, des politiques publiques qui assurent un marché sécuritaire)[11].

Cette approche est caractérisée par deux principes: le pragmatisme et l'humanisme. Brisson (1997, p. 43) définit ce pragmatisme en recourant à la maxime suivante: «Puisque les drogues sont là pour rester, intervenons de façon à limiter les problèmes chez ceux qui en usent et leur entourage»; et l'humanisme en faisant appel au principe suivant: «L'usager de drogues est une personne à part entière, digne de respect, possédant des droits et un pouvoir d'agir en tant que citoyen» (p. 45).

Si les racines «culturelles» de l'approche de la réduction des méfaits sont liées à l'usage même des drogues, à travers la transmission du savoir et du savoir-faire permettant aux personnes utilisatrices de bénéficier de leurs bienfaits tout en minimisant les méfaits, les racines politiques de cette approche, qui ont conduit l'État à lui donner un certain appui, sont essentiellement sanitaires, liées à l'arrivée du sida au cours des années 1980. L'évolution de la réduction des méfaits depuis le milieu de cette décennie aura toutefois conduit à un élargissement de son champ d'action et à des changements en profondeur dans les philosophies d'intervention, ce dont témoigne un important centre de réadaptation comme le Centre Dollard-Cormier:

> [...] ce n'est plus le fait de consommer (ou de trop consommer) qui constitue le problème du client, c'est l'apparition d'un problème important dans la vie du client qui constitue la mesure de l'abus. Autrement dit, le problème

---

10. Nous aurons l'occasion de préciser ces deux exemples un peu plus loin.
11. La réduction des méfaits et l'abstinence, de même que l'approche de la réduction des méfaits et la légalisation des drogues, sont souvent présentées comme des questions parallèles (Nadeau, 1998). Exclure l'abstinence dans la réduction des méfaits, c'est confondre la fin et les moyens. Réduire les méfaits est un objectif global en matière de drogues et l'abstinence peut légitimement constituer un moyen, parmi d'autres, qui permet de réduire les méfaits chez certains usagers. Il faut éviter de restreindre la réduction des méfaits au mouvement initial qui a donné une portée politique à cette approche, soit la réduction de l'incidence du VIH et de l'hépatite par la distribution de seringues, de matériel stérile ou encore de drogues de substitution. En fait, ces actions sont des stratégies de réduction des méfaits fort limitées au regard de la philosophie de l'approche qui englobe l'ensemble des méfaits liés à l'usage des drogues, méfaits dont les sources ne peuvent être analysées de la même manière, selon que les drogues sont légales ou pas (Brisson, 1997). La suite de ce chapitre développera la conséquence de ce dernier constat, soit le lien inévitable entre une politique publique de réduction des méfaits et la légalisation des drogues.

de consommation lui-même ne porte pas à conséquence, ce sont les conséquences qui consacrent un problème de consommation. [...] Dans cette
perspective, la cible première de l'intervention ne peut être la consommation en soi mais les conséquences négatives — les méfaits — que provoquent les comportements de consommation sur la vie du client. (Boilard,
1995, p. 5)

Ce changement de philosophie mène un nombre croissant de médecins à
choisir de soigner les usagers de drogues au même titre que n'importe quel autre
citoyen. Cela signifie que leur fonction est de les garder en vie, dans les
meilleures conditions de santé possible. Comme le souligne un pionnier de
l'approche en Grande-Bretagne, le docteur Marks (Henman, 1995), quand le
médecin soigne un ulcère ou fait un pontage, il n'impose pas comme condition
au patient un changement dans ses habitudes — une meilleure alimentation, un
mode de vie sans stress ou davantage d'activité physique —, même s'il l'encourage dans cette direction. Le médecin prodigue soins et conseils et sait que la
démarche en vue de modifier des habitudes de vie appartient au patient lui-
même. Ainsi, pour plusieurs professionnels, ce rôle implique, dans les cas de
dépendance aux drogues, d'une part, que le toxicomane a son mot à dire en ce
qui concerne ses besoins et, d'autre part, que le médecin peut lui prescrire
n'importe quelle drogue susceptible de le soulager et de le maintenir en vie, y
compris l'héroïne. C'est maintenant une pratique acquise dans certaines cliniques
en Suisse, en Angleterre et aux Pays-Bas.

Cette volonté d'entreprendre des actions nouvelles, tant chez les intervenants
de la santé que chez ceux du communautaire, les conduit à faire pression pour
que l'approche de la réduction des méfaits passe de stratégies conjoncturelles
liées à l'arrivée du sida à des stratégies ancrées dans une politique en matière de
santé publique. Leur action a aujourd'hui porté des fruits dans de nombreux
pays, mais est-ce vraiment souhaitable? Pour répondre à cette question, il faut
d'abord saisir la différence entre une stratégie d'urgence et une politique
publique.

Des motivations variées et une loi du silence

L'approche de la réduction des méfaits a regroupé des acteurs aux motivations
fort différentes. Certains luttent encore essentiellement contre le sida, et si un
vaccin était accessible, leur action se limiterait sans doute à un programme de
vaccination contre le VIH. D'autres ont vu dans ce créneau du sida l'occasion
d'aider une clientèle négligée et souvent méprisée, qu'ils avaient de la peine à
rejoindre. Si le paravent du sida regroupe des gens aux motivations variées et une
grande diversité d'actions auprès des usagers de drogues, les fondements moraux
traditionnels dominent encore les politiques publiques se réclamant de la réduction des méfaits. En fait, ces politiques nouvelles donnent avant tout lieu au passage d'un moralisme juridique pur et dur à une ouverture plus grande de l'intervention médicale sur certaines clientèles, dans un cadre de paternalisme

juridique. En d'autres termes, certains toxicomanes sont passés du statut de délinquant à celui de malade potentiellement contagieux dont il faut protéger le « bon citoyen ». Que la majorité des fonds des programmes dans le domaine de la réduction des méfaits soient destinés aux usagers de drogues par injection (UDI) et s'inscrivent toujours de façon institutionnelle au nom de la lutte contre le sida témoigne de cette situation. Ces programmes en matière de drogues axés sur le sida obligent dans les faits leurs responsables à inonder d'euphémismes et de lourds silences leurs rapports d'activités pour éviter de faire des liens pourtant évidents entre les problèmes éprouvés sur le terrain et les effets de la prohibition.

Un exemple. Dans trois documents récents du Centre québécois de coordination sur le sida (1994, 1998, 1999) où l'on évalue le contexte et l'efficacité des programmes de prévention du VIH chez les UDI, il est fait référence à la nécessité de la collaboration policière pour l'exploitation d'un lieu fixe d'échange de seringues, du fait qu'elle « constitue un des acteurs clés dans la mise en œuvre de ces programmes » (1998, p. 25). On mentionne également la méfiance d'intervenants à l'égard des usagers, méfiance qu'il faudrait corriger. On n'explique pas le pourquoi de cette méfiance sinon en disant que la clientèle est « impopulaire » et « ne fait pas l'unanimité » auprès de la population, ce qui crée quelques difficultés opérationnelles. Ce que l'on ne dit pas, c'est que la prohibition maintient une perception négative de cette clientèle qui suscite la peur, la méfiance et même le mépris.

Il ne s'agit pas de critiquer le travail du Centre québécois de coordination sur le sida, qui est remarquable, et il est compréhensible pour des intervenants de ne pas vouloir perdre leurs fonds et leur capacité d'action car il y a urgence en ce domaine. Mais ce silence a un prix : il préserve le moralisme juridique, qui fonde la prohibition en matière de drogues, et le paternalisme juridique, qui crée un créneau de compassion à l'égard de certains usagers qui passent du statut de délinquant à celui de malade parce que susceptibles de devenir séropositifs. Ce tabou à propos de la loi et de ses méfaits est porteur d'un danger majeur, soit l'institutionnalisation de la guerre à la drogue dans les politiques mêmes de santé publique, débouchant sur la normalisation du travail de « sauvetage » des méfaits de la prohibition et de la répression.

De plus, ce statut de malade qu'acquiert l'UDI dans les politiques publiques maintient l'illusion que son mode de vie a essentiellement pour cause le produit consommé, sans qu'un lien soit établi avec les conditions de consommation créées par la prohibition (Mary, 1998). Comme le soulignait un usager de drogues d'un groupe d'autosupport belge :

> Vous savez, à choisir entre délinquant et malade, nous préférons encore avoir l'étiquette de délinquant. Avec elle, on se console en se disant que quelque part, on en a fait le choix. Quand un toxicomane donne son avis sur quelque chose ou est actif, il passe systématiquement pour une exception. (Cauchie, 2000, p. 102)

Ce statut de malade perpétue également dans la population l'image que les programmes de lutte contre le sida destinés aux UDI constituent une aide nécessaire jusqu'à ce que ceux-ci fassent le «bon» choix pour éviter tous leurs problèmes de vie, soit celui de l'abstinence[12]. À cet égard, les programmes sont davantage perçus comme une stratégie de défense sociale — protéger les «bons citoyens» de la contamination des toxicomanes — que comme une stratégie de protection sociale — réduire les méfaits de la consommation chez des usagers considérés comme des citoyens à part entière (Cauchie, 2000; Colle, 1996, 1999; Perron, 1999). Comme les groupes d'UDI le soulignent[13], la personne dépendante du tabac n'acquiert pas le statut de malade toxicomane, car le marché noir ne l'oblige pas à se créer un mode de vie lié à sa dépendance; ce mode de vie avec les risques et les difficultés qu'il comporte, lorsqu'il y a dépendance à une drogue illégale à prix fort, n'est pas lié à la maladie mais au marché noir. C'est cette question qui est éludée avec le statut de malade, en même temps que tous les autres désirs et besoins qui font partie de la vie de n'importe quel individu:

> Comme les autres usagers de drogues, nous avons une vie en dehors de notre usage de drogues et, si nous avions le choix, nous ne laisserions pas la drogue circonscrire nos vies. Malheureusement, dans l'environnement hostile dans lequel nous devons vivre, notre usage de drogues est ce qui est considéré comme le plus important par ceux qui ont un pouvoir sur nos vies. [...] Ce n'est pas ce que nous voulons, mais cela nous est imposé — même si nous faisons tout notre possible pour survivre. (Balian et White, 1998, p. 392)

En somme, si l'approche de la réduction des méfaits peut légitimement se traduire en de multiples formes d'intervention selon les urgences sur le terrain, tout en gardant le silence sur la loi et ses effets, cela ne peut toutefois s'appeler une politique publique en matière de drogues ni ne doit prétendre le devenir sans que le choix moral de considérer l'usager de drogue comme un citoyen à part entière soit un principe directeur qui crée des obligations pour l'État. En fait, cette approche ne peut devenir une réelle politique publique en matière de drogues qu'une fois inscrite dans le libéralisme juridique.

Vers une politique publique de réduction des méfaits

Une politique publique crée des obligations pour l'État, soit la mise en place de mécanismes institutionnels qui vont en permettre l'implantation réelle. Sinon, cela relève de la fumisterie puisqu'il s'agit d'une rhétorique politique sans possibilité réelle d'implantation. Quels seraient ainsi les mécanismes institutionnels

---

12. De la même manière, les actions de prévention du VIH chez les prostituées et les prostitués n'ont pas modifié les perceptions ni amené un débat sur l'éventuelle légalisation de ces activités. Cela ne signifie pas que, sur le terrain, les intervenants ne tentent pas de dépasser l'étroitesse des politiques. À cet égard, le programme Stella à Montréal, par exemple, mène un travail plus large que la prévention du VIH même si ses fonds proviennent des programmes destinés à cette fin.

13. Sur les regroupements d'usagers et leurs revendications, voir Perron (1999) et le site d'Act Up: www.actup.org

essentiels pour qu'une politique publique de réduction des méfaits devienne réalité ?

D'abord, comme l'État a la responsabilité de veiller à ce que la consommation des aliments ou d'autres produits soit le plus sécuritaire possible pour les citoyens, il est également de sa responsabilité d'assurer un contexte sécuritaire de consommation en matière de drogues. Pour ce faire, certains outils relevant d'un volet de *réduction des usages à risque* sont indispensables :

— une réglementation qui assure des contrôles sur la qualité des produits. Cette réglementation, si cela est nécessaire, peut amener à modifier certaines composantes, conditions de culture ou de fabrication d'une drogue pour en diminuer la nocivité ;

— une réglementation qui s'assure que la commercialisation d'une drogue s'accompagne d'une information adéquate destinée au consommateur, entre autres par un étiquetage précis ;

— une réglementation sur la distribution de la drogue afin, le cas échéant, d'en restreindre l'accès à certains lieux ou à certaines clientèles ;

— la disponibilité des fonds nécessaires à la mise en place de programmes de prévention permettant de rendre le citoyen averti quant aux bienfaits et aux méfaits de l'usage selon les produits, les modes de consommation, les contextes, etc.

D'autre part, un volet de *réduction des conséquences négatives liées à un usage problématique* devrait également être pris en considération, à travers les éléments suivants :

— la disponibilité de fonds nécessaires à la mise en place d'une gamme variée de soins ;

— la disponibilité de fonds nécessaires pour former les intervenants dans le secteur afin qu'ils puissent assurer une qualité maximale de soins ;

— la disponibilité de fonds nécessaires pour poursuivre les recherches dans ce secteur en vue d'améliorer les connaissances sur les produits, sur les risques liés aux différents usages, sur les modes de consommation dans différentes populations et sur les soins les mieux adaptés aux divers besoins.

Ces éléments, essentiels à la réalisation d'une politique publique de réduction des méfaits, constituent les obligations de l'État dans un contexte de libéralisme juridique où est recherchée l'augmentation de l'autonomie du citoyen au regard des choix qui s'offrent à lui[14]. C'est en considération de ces obligations que nous allons maintenant faire l'analyse de certaines de nos politiques publiques actuelles.

---

14. Sur la signification de cette autonomie en matière de drogues, voir Cohen (1999) et Erickson et Cheung (1999).

Les politiques publiques en matière de drogues légales

Le cas de l'alcool

Des études récentes montrent clairement qu'une politique publique visant la réduction de l'usage de l'alcool indépendamment de son mode de gestion peut amener à rater l'objectif ultime d'une diminution des problèmes. En d'autres mots, une baisse de la consommation moyenne ne se traduit pas nécessairement par une diminution des conséquences négatives, car ces dernières proviennent davantage des intoxications, comme le démontrent des analyses faites en Australie, en Angleterre, en Ontario et au Québec. Dans une entrevue sur la question, Louise Nadeau explique bien le phénomène :

> En d'autres termes, il existe deux catégories de consommateurs d'alcool qu'il faut éviter de confondre.
>
> Exemple typique de la première catégorie, Monsieur ou Madame X boit ses deux verres de vin à chaque souper. Son médecin l'en félicitera : l'alcool, à doses modérées et régulières — lire : au maximum deux verres par jour —, réduit les risques de maladies cardiaques. De très nombreuses études indiquent que la santé des buveurs modérés est meilleure que celle des abstinents, même après avoir exclu l'influence de variables comme l'âge ou l'activité physique. Bref, pour Monsieur ou Madame X, l'alcool est source de plaisir et de santé, pas de problèmes.
>
> Il en va autrement pour Monsieur ou Madame Y qui ingurgite le même volume d'alcool par semaine, mais en une ou deux occasions. Là, le médecin n'est plus d'accord, et le travailleur social ouvre l'œil.
>
> Pourquoi ? Une fraction importante de ceux qui s'intoxiquent à l'alcool boivent parce qu'ils ont des problèmes... et ils ont des problèmes entre autres parce qu'ils boivent. [...]
>
> Et c'est ici qu'on découvre un hic dans les données de Santé Québec. La catégorie de buveurs modérés a fondu au profit des abstinents. Pour reprendre notre exemple, Madame ou Monsieur X a remplacé son vin par de l'eau minérale. Si boire n'était pas *politically incorrect*, son médecin devrait même le ou la disputer légèrement. La baisse de consommation a donc un effet pervers.
>
> Mais il y a pire. Les mêmes données montrent que les gros buveurs, ceux qui s'intoxiquent, ont maintenu leur consommation. [...] (Denis, 1996, p. 53)

Au Québec, les buveurs qui sont encore excessifs forment un noyau dur. Pour les rejoindre, il faudra changer de message, pense Louise Nadeau. Mais il faudra d'abord changer d'objectif :

> Avec les connaissances actuelles, si on devait faire des recommandations intelligentes au Ministère, on ne fixerait plus l'objectif en fonction du volume global [réduction de la demande], dit la chercheure. On viserait à diminuer le nombre d'intoxications [réduction des méfaits]. (Denis, 1996, p. 53-54)

Un tel constat conduisait, en 1997, le Comité permanent de lutte à la toxicomanie à recommander au ministère de la Santé et des Services sociaux la modification de l'objectif de la politique québécoise sur l'alcool de 1992 — «réduire de 15 % d'ici 10 ans la consommation d'alcool au Québec» — pour l'objectif suivant: «réduire le nombre de personnes qui adoptent une consommation d'alcool à risque et réduire les méfaits associés à cette consommation, à la fois pour les usagers eux-mêmes, leur entourage et l'ensemble de la société» (Comité permanent de lutte à la toximanie, 1997, p. 13).

En fait, dans la perspective du libéralisme juridique, il est abusif de la part de l'État de vouloir réguler les comportements en matière d'alcool sur une base morale, soit de diminuer la consommation d'alcool, indépendamment de sa gestion. Toutefois, l'État a le devoir d'assurer un environnement sécuritaire et les mécanismes institutionnels permettant l'implantation de programmes pour réduire à la fois les usages durs de cette drogue et les conséquences néfastes qui en découlent. Comme pour toute drogue, il y a en effet des usages plus doux et des usages plus durs présentant des niveaux de risque variables. Cette distinction entre usages doux et usages durs pénètre fort lentement dans la sphère politique: c'est que la question de l'usage d'alcool est encore fortement imprégnée de la morale de l'abstinence en tant qu'idéal de vie pour tout citoyen. C'est ce dont témoignent les débats virulents sur les programmes de boire contrôlé (voir Tucker, Donavan et Marlatt, 1999), mais également les récents débats sur la criminalisation de l'alcool au volant où le recours au droit pénal tend à gagner en popularité[15]. Cette dernière affirmation mérite d'être développée.

Les campagnes éducatives pour modifier le comportement des gens qui conduisent un véhicule à moteur avec les facultés affaiblies font porter principalement leur action sur la consommation d'alcool. De même, les infractions criminelles reliées à la conduite avec les facultés affaiblies s'appliquent presque exclusivement à la criminalisation de la conduite en état d'ébriété. Le Code criminel prévoit d'ailleurs une accusation spécifique pour les gens qui conduisent avec plus de 80 mg d'alcool par 100 ml de sang. Cette délimitation de la punition en fonction du taux d'alcool amène à négliger la prévention sur un ensemble d'autres facteurs:

> Dans les accidents d'automobile, il n'y a pas que le facteur consommation d'alcool qui entre en jeu, mais aussi tout un ensemble d'autres facteurs comme: l'état des routes, les conditions climatiques, les limites réglementaires de vitesse, les bris mécaniques possibles de la voiture, des problèmes soudains de santé chez le conducteur, etc. Chez les jeunes, il faut tenir compte qu'ils ont le plus souvent très peu d'expérience avec l'automobile même. La maîtrise de la conduite automobile peut ne pas être adéquate en raison du peu d'opportunité de prendre le volant. Ils peuvent ignorer en plus l'action de l'alcool sur leur organisme et sur leur habileté au volant,

---

15. Pour suivre les débats sur cette question à la Chambre des communes, voir le site Internet de la Canadian Drug Policy Foundation: www.cfdp.ca

connaissance susceptible d'avoir été acquise chez les vieux routiers. (Cormier, Brochu et Bergevin, 1991, p. 209)

Cette focalisation sur l'alcool au volant permet à l'État d'éviter d'assumer certaines actions coûteuses en matière de sécurité routière (transports en commun à bon prix et adéquats, réparation des routes, amélioration de la signalisation et des normes de sécurité dans la construction des voitures, etc.) de même qu'elle empêche d'apprendre l'importance d'éviter de conduire un véhicule à moteur avec les facultés affaiblies, quelle qu'en soit la cause : fatigue trop grande, médicaments contre la grippe qui réduisent l'attention, émotions fortes à la suite d'une querelle, etc.

Cette peur du gendarme en matière d'alcool au volant plutôt qu'une prévention plus globale de la conduite avec les facultés affaiblies crée des effets pervers. Voici un exemple. Une personne a pris quelques verres ; par crainte des barrages policiers, elle attend quelques heures, sans boire d'alcool, avant de quitter le lieu où elle se trouve. Finalement, elle prendra sa voiture sans être nécessairement sobre, mais en étant par contre presque endormie au volant. Où est la prévention de la conduite avec les facultés affaiblies dans cette situation ? Cette personne a fait un choix non au regard de sa capacité de conduire, mais uniquement en fonction de la possibilité de sanction. Les statistiques pourront enregistrer une diminution des conducteurs ayant bu, mais la sécurité routière aura-t-elle augmenté pour autant ? Pas nécessairement.

Si l'objectif réel de la loi est de prévenir la conduite avec les facultés affaiblies pour diminuer la présence sur les routes de conducteurs qui constituent un danger pour autrui, un individu très fatigué, qui a consommé des médicaments parce qu'il est enrhumé, qui vient de se quereller avec sa conjointe, qui a eu une longue journée de travail, qui est trop âgé, etc., peut être dans une situation où ses facultés sont affaiblies et constituer un danger pour lui-même ou les autres. Pourquoi isoler une des causes pour laquelle on se donne le droit d'utiliser avec force le droit pénal ? Y a-t-il une conduite avec de «bonnes» facultés affaiblies et une conduite avec de «mauvaises»[16] ? Les bons vieux tests de réflexes utilisés autrefois et éventuellement des tests supplémentaires d'habiletés sont d'excellents instruments pour mesurer la capacité de conduire d'une personne. En matière de sécurité routière, l'enjeu est de savoir si la personne est en état de conduire, peu importe les raisons, et non de savoir si elle a consommé de l'alcool. Vu sous cet angle, serait-on aussi prompt à penser le droit pénal comme solution pour «corriger» l'ensemble des conducteurs avec les facultés affaiblies ? Probablement pas…

Ce qui rend ici l'usage du droit pénal si aisé en tant que solution au problème est la considération qu'il est «immoral» de prendre de l'alcool au volant, raisonnement qu'il est plus difficile de tenir avec une définition des facultés

---

16. Comme il semble y avoir de bonnes et de mauvaises raisons d'avoir contracté le VIH. La responsabilité de l'État et le soutien public ne sont alors plus les mêmes.

affaiblies qui ne porterait plus sur l'unique prise d'alcool au volant mais sur une meilleure sécurité routière globale. Il est d'autant plus urgent de repenser sur d'autres bases la réduction des problèmes de conduite avec les facultés affaiblies que se développent déjà de nouveaux tests pour repérer les conducteurs ayant consommé d'autres drogues; on parle ici de tests d'urine et de tests sanguins[17]. Cela pourrait se révéler fort abusif, d'autant que l'industrie des tests de drogues cherche à accroître son marché (Hanson, 1992).

Quant aux responsabilités de l'État en matière de sécurité routière, elles sont tout aussi importantes si l'on veut s'assurer que l'usage du droit pénal est un dernier recours et non une façon pour le gouvernement de compenser ses lacunes quant à ses responsabilités dans ce secteur (réseau routier sécuritaire, réglementation adéquate concernant la fabrication des voitures, disponibilité du transport en commun et programme global de prévention).

En somme, ce premier cas d'analyse d'une politique en matière de drogues permet d'indiquer deux grandes difficultés qui freinent l'implantation d'une véritable politique publique de réduction des méfaits: d'une part, l'idéal moral d'abstinence qui imprègne encore notre culture, y compris en matière de drogues légales; d'autre part, l'intérêt pour l'État de traduire cet idéal moral en des normes juridiques — punir un individu immoral, source de tous les maux —, évitant ainsi tout questionnement sur ses obligations quant à la sécurité des citoyens. En fait, le moralisme juridique est encore bien présent dans les politiques publiques sur l'alcool.

Le cas du tabac

Le 17 juin 1998, l'Assemblée nationale du Québec adoptait le projet de loi 444, appelé *Loi sur le tabac*, en remplacement de la *Loi sur la protection des non-fumeurs*. Cette loi édicte les règles applicables à l'usage du tabac, à sa distribution ainsi qu'à sa commercialisation. Elle vient, entre autres, interdire de fumer dans de nombreux lieux publics (établissements de santé et de services sociaux, écoles, services de garde et centres de la petite enfance) et détermine des normes relatives à la construction, à la ventilation et à l'aménagement des fumoirs dans de nombreux autres lieux.

La cible de cette législation est le «tabagisme» et non les fumeurs; c'est pourquoi cette proposition écarte clairement toute prohibition générale de la consommation du tabac, rejetant l'esprit de «tolérance zéro» de certains groupes antitabac. Que le gouvernement ait pris ses distances par rapport à ce moralisme dans sa politique est heureux. Qu'il établisse que la réduction de l'usage à risque

---

17. Voir à cet effet les demandes du Comité permanent de lutte à la toxicomanie (1999, p. 10) dans ses recommandations supplémentaires sur la déjudiciarisation du cannabis, à savoir: «que soient développés des moyens visant à réduire les méfaits associés à la consommation de cannabis, telle la conduite avec facultés affaiblies, comme ce fut fait pour l'alcool». Voir également sur le sujet Notte (1999).

équivaut à des stratégies de réduction de la demande globale du tabac, vu la nocivité actuelle de cette drogue, est également cohérent.

Toutefois, dans le cadre d'une politique adoptant la réduction des méfaits dans ses principes directeurs, la diminution de la nocivité de cette drogue est également de sa responsabilité, considérant le fait que plusieurs personnes en font encore usage. Cependant, face à la puissance de l'industrie du tabac, la capacité du gouvernement de réglementer la qualité du produit, soit la culture et la fabrication de cette drogue pour en diminuer la nocivité et la pharmacodépendance, est considérablement limitée[18]. Il y a pourtant là une bataille à mener[19].

D'autre part, dans le cadre d'une politique adoptant la réduction des méfaits dans ses principes directeurs, la prévention de l'usage doit être bien davantage qu'interdit et coercition, sinon cela ouvre la porte à un moralisme discriminatoire à l'égard des fumeurs. Et ce moralisme est bien présent. La preuve : on omet généralement de discuter de la question du tabac dans les documents récents en matière de politiques sur les drogues parce que l'esprit prohibitionniste qui domine les débats sur ce produit contrevient à l'approche de la réduction des méfaits que l'on veut privilégier. Réduction des méfaits pour les héroïnomanes, d'un côté, et chasse aux sorcières avec les fumeurs, de l'autre[20].

Ainsi, les politiques relatives au tabac permettent de souligner deux autres difficultés d'une politique de réduction des méfaits en matière de drogues : d'une part, la capacité limitée de l'État d'imposer des normes de fabrication sécuritaire à l'industrie et, d'autre part, la difficulté de considérer la réduction globale de la demande et l'idéal d'abstinence sans inscrire ces objectifs dans un courant d'intolérance à l'égard des usagers de cette drogue. Le débat portant sur la possibilité de refuser de soigner des fumeurs en chirurgie cardiaque rend compte de cette intolérance. Refuse-t-on des soins aux gens qui ne font pas suffisamment d'exercice, mangent de façon inadéquate, maintiennent un niveau de stress trop élevé, etc. ? Ce sont pourtant des comportements à risque que l'on peut, éventuellement, modifier. Pourquoi l'usage du tabac est-il isolé dans ce domaine ? Parce que c'est devenu une drogue immorale.

---

18. L'article 29 de cette politique ayant trait à la « détermination de normes pour la composition du tabac » a peu de portée réelle en cette matière. Toutefois, Santé Canada procède à des démarches pour indiquer les quantités réelles de nicotine et de goudron des cigarettes, ce qui indiquera enfin la mystification des cigarettes « légères » ou « douces » (Dô, 2000).

19. La décision des tribunaux américains de rendre publics certains documents internes de l'industrie du tabac, en 1999, a clairement montré non seulement que cette industrie connaissait depuis plusieurs années certains dangers du tabac et a masqué cette information, mais qu'elle a travaillé activement à augmenter la pharmacodépendance à ce produit par une manipulation chimique et génétique (entre autres en ajoutant de l'ammoniac pour faciliter l'absorption de la nicotine par les fumeurs). Voir http://www.library.ucsf.edu/tobacco/calminnesota/

20. Il y a même eu des résistances au ministère de la Santé et des Services sociaux au sujet d'un programme de prévention contre le sida destiné aux héroïnomanes dont les messages étaient sur des pochettes d'allumettes. On trouvait que c'était inciter les héroïnomanes à l'usage du tabac... Sur le moralisme antitabac, voir Corbeil (1999).

Les politiques publiques en matière de drogues illégales

Au Québec, la demande d'une politique publique de réduction des méfaits en matière de drogues illégales a été faite, en 1997, par le Comité permanent de lutte à la toxicomanie (CPLT).

Dans son *Avis* adressé au ministère, le CPLT explique que les objectifs de la politique québécoise en matière de drogues illégales se fondent encore sur une vision traditionnelle, soit la réduction de l'usage, peu importe le risque que cela comporte. Il demande clairement d'abandonner la stratégie fédérale de tolérance zéro, soutenue par la loi, et qu'il y ait reconnaissance du fait que la répression est la principale source des méfaits pour l'usager de ces drogues. À cet effet, il recommande un virage global, soit l'adoption d'une approche de la réduction des méfaits, qui implique de reconnaître, tant pour l'alcool que pour plusieurs drogues illicites, que la majorité des usages sont bien gérés et que l'énergie et l'argent du ministère devraient être consacrés à la prévention des usages à risque et à la réduction des conséquences négatives des usages problématiques. À cet égard, le CPLT demande de modifier l'objectif de 1992 — «augmenter le nombre de personnes qui ne consommeront jamais de drogues illégales» — en faveur de l'objectif suivant: «réduire le nombre de personnes qui font un usage abusif ou non approprié de drogues illicites et réduire les méfaits associés à la consommation de ces drogues, à la fois pour les usagers eux-mêmes, leur entourage et l'ensemble de la société québécoise» (Comité permanent de lutte à la toxicomanie, 1997, p. 24).

Cette demande du CPLT trouve un écho dans le *Plan d'action en toxicomanie, 1999-2001* du ministère de la Santé et des Services sociaux (1998a). Toutefois, au regard de la demande du CPLT, on ne retrouve plus dans ce document la question des méfaits de la loi et, du coup, ce qui est en réalité érigé en politique publique n'est pas la réduction des méfaits fondée sur le libéralisme juridique, mais une «médecine de guerre» fondée sur le moralisme et le paternalisme juridiques. Une médecine de guerre est effectivement nécessaire dans le contexte actuel; mais lui reconnaître un statut de politique publique, c'est considérer les méfaits de cette guerre comme «normaux», sans interroger la guerre elle-même dans ses fondements. C'est comme si l'on érigeait en politique publique un programme de distribution de masques à gaz aux citoyens dans le voisinage d'industries très polluantes, en disant qu'il s'agit non seulement d'une stratégie de réduction des méfaits pour les poumons, mais d'une politique publique en matière d'environnement. Cela enverrait comme message que cette pollution industrielle est une situation normale à laquelle les citoyens doivent s'adapter; ainsi, pour certaines parties de la population qui n'ont pas les moyens financiers de vivre plus loin, les masques à gaz constitueraient un moindre mal.

Voici quelques illustrations de cette médecine de guerre en matière de drogues.

Le gouvernement finance la production de documents éducatifs où des UDI donnent des trucs pour déceler la pureté de la drogue et éviter ainsi de se tuer ou d'être malade à la suite d'une injection (Concertation en toxicomanie, Hochelaga-Maisonneuve, 1999), ou encore la production de trousses de réduction des méfaits pour les usagers de *crack* (Bianchi, 1999) — logique de la santé — quand, en même temps, la police continue ses arrestations et que les lois prohibitives entretiennent le marché noir — logique de la justice.

Des centres de distribution de cannabis à des fins thérapeutiques sont tolérés par la police au Québec, en Ontario et en Colombie-Britannique — logique de la santé — même si la loi n'autorise toujours pas la consommation et la culture de cette drogue — logique de la justice. Ainsi, des malades doivent régulièrement changer de fournisseurs et vivre avec les aléas de la qualité et de la concentration variables de la marijuana en raison des arrestations. En mai 1999, la Chambre des communes acceptait d'entreprendre des tests cliniques en vue d'établir un modèle de distribution de marijuana à des fins thérapeutiques. Mais, selon les propos du ministre de la Justice, il y a deux difficultés majeures à résoudre : trouver des fournisseurs et veiller à ce que des gens ne profitent pas de cette distribution à des fins récréatives. En d'autres termes, il faut s'assurer que si l'usage thérapeutique est permis, cela sera pour les « bonnes » maladies, et éviter que l'on ait l'air de tolérer l'usage de la marijuana. Cela n'a strictement rien à voir avec une politique publique de réduction des méfaits. Il s'agit d'une médecine de guerre où l'on soigne les blessés les plus graves[21].

Le Service correctionnel canadien multiplie les tests de drogues et punit les individus qui ont des résultats positifs — logique punitive de la justice —, en même temps qu'il fournit de l'eau de Javel et du désinfectant aux détenus pour qu'ils puissent nettoyer leurs seringues et qu'il assure l'accès à des programmes de maintien au moyen de la méthadone à ceux qui y avaient recours avant leur détention — logique de la santé (Jürgen et Riley, 1997). Il y a même actuellement un débat sur la question d'instaurer un programme d'échange de seringues en prison, comme cela se pratique déjà dans d'autres pays. La situation est d'autant plus urgente que des détenus commencent à s'injecter des drogues en prison

---

21. En fait, les trois essais scientifiques entrepris par le gouvernement fédéral ont des objectifs assez clairs sur cette question :

    Le premier explorera les effets thérapeutiques directs de la drogue chez des personnes atteintes du sida et sera administré par la Community Research Initiative de Toronto et le Réseau canadien pour les essais VIH (subventionné par le gouvernement fédéral). Comme il n'y avait pas de marijuana cultivée au Canada au début de l'étude [*sic*], les chercheurs emploieront de la marijuana du Mississippi.

    Le deuxième essai portera sur une forme liquide de marijuana qui sera administrée à l'aide d'un inhalateur semblable à celui qu'utilisent les asthmatiques. Les chercheurs espèrent que cet inhalateur permettra aux usagers de profiter des bienfaits de la drogue sans ressentir d'euphorie ni être exposés à la fumée cancérigène.

    Pour le troisième essai, supervisé par le Conseil de recherches médicales, on choisira parmi des propositions des scientifiques canadiens qui souhaitent étudier l'administration de marijuana à des patients séropositifs ou encore à des personnes soumises à la chimiothérapie ou atteintes d'une maladie pour laquelle nous avons des preuves anecdotiques de l'efficacité thérapeutique du cannabis. (Hendry, 1999, p. 5)

pour contrer le fait que la marijuana y est trop facilement repérée, par les tests ou autrement (Riley, 1995). Si les personnes qui réclament l'échange de seringues en prison ont raison dans le cadre d'une médecine d'urgence, peut-on considérer cette situation comme normale dans le cadre d'une politique de santé publique?

Certains tentent encore d'éviter le débat sur la prohibition que soulèvent ces contradictions dans l'application des stratégies de réduction des méfaits. Au nom de l'urgence, du pragmatisme ou encore de l'étapisme, plusieurs croient que si l'on érige une médecine de guerre en politique publique, cela ouvrira les esprits, et la tolérance suivra. L'effet est tout autre. Transformer une médecine de guerre en politique publique de réduction des méfaits, c'est projeter dans l'opinion publique non seulement l'idée que les interventions pour contrer les méfaits de cette guerre sont normales, mais également celle que les usagers de drogues en sont les principaux responsables, ce qui entretient l'hostilité à leur égard; c'est également laisser se perpétuer le flot de contradictions dans lesquelles les stratégies de réduction des méfaits s'élaborent actuellement en raison de la préséance institutionnelle des budgets sanitaires en matière de prévention du VIH. En fait, sans une remise en cause explicite de la prohibition, il y a maintien du moralisme et du paternalisme juridiques qui imprègnent tant la question des drogues légales que celle des drogues illégales, empêchant l'État de prendre ses responsabilités en ce domaine: normaliser l'usage, en reconnaître les bienfaits comme les méfaits, considérer les usagers comme des citoyens à part entière et assurer la prévention et l'intervention dans un contexte sécuritaire où l'usage du droit pénal est un dernier recours (Roelandt, 1996).

Il faut cesser de trouver normal que les actions touchant la santé publique servent à corriger celles qui concernent la Justice. Il faut refuser de considérer comme une politique publique de réduction des méfaits ce qui, en réalité, est une médecine de guerre[22].

Jalons pour une politique publique de réduction des méfaits

L'espace judiciaire des conventions internationales

Aucun pays n'a légalisé les drogues. Avec le maintien de la prohibition dans les pays environnants, choisir de légaliser les drogues, c'est ouvrir la voie aux trafiquants en tout genre, avec toutes les violences que cela suppose. Ce geste ne peut donc être fait par un seul pays, d'autant qu'il lui faudrait alors se retirer des

---

22. Il y aurait en soi tout un chapitre à écrire sur la description des méfaits de la guerre qui vont des coûts exorbitants en frais de répression et de justice au contrôle criminel de l'offre entraînant hausse des prix, concentration et adultération des produits, en passant par la marginalisation des usagers et la perpétration de crimes, sans oublier les dangers d'épidémie de VIH et d'hépatites. Lire à ce sujet Cain (1994), Choiseul Praslin (1991) et Drucker (1999).

conventions internationales[23], accords multilatéraux qui lient les États signataires de la prohibition. Au Canada, un tel retrait est encore plus difficile à envisager, car nos voisins américains, qui sont les principaux instigateurs de ces conventions et les principaux bénéficiaires de la guerre à la drogue (Choiseul Praslin, 1991 ; Ligne internationale antiprohibitionniste, 1994), ne laisseraient certainement pas une pareille chose se produire sans réagir.

Cela dit, être signataire de ces accords, tels qu'ils sont rédigés actuellement, n'oblige en rien à appliquer les formes de répression qui sévissent actuellement. Les conventions internationales créent des obligations juridiques (ce sur quoi doivent porter les interdits), mais non judiciaires (types de mesures à mettre en place pour réprimer les infractions). En particulier, la convention de 1988, la plus récente, mentionne explicitement que l'application nationale des interdits en matière de drogues en ce qui concerne la demande des produits (possession, consommation, culture pour usage personnel) doit se faire dans les limites de la constitution des pays signataires et, par conséquent, de notre charte des droits (Krajewski, 1999). Il est ainsi abusif de justifier la sévérité de nos lois sur les drogues sous prétexte que l'on doit se conformer aux conventions internationales.

Ne peut-on alors, sur le plan judiciaire, établir par étapes une politique publique de réduction des méfaits en diminuant peu à peu les méfaits de la loi pour inscrire nos politiques publiques en matière de drogues dans un libéralisme juridique ?

La modification des lois concernant la possession simple de cannabis

Le débat le plus connu, lorsque l'on parle d'étapisme en matière de transformation de nos lois sur les drogues, est celui de la décriminalisation de la possession simple de cannabis qui permettrait de traiter cet acte en dehors du code pénal et, éventuellement, de réduire au minimum l'intervention étatique dans ce domaine, soit aux questions d'ordre public ou de consommation sécuritaire.

Pour que cette décriminalisation *de facto*[24] du cannabis soit comprise en tant qu'étape vers une politique publique de réduction des méfaits, il ne faut pas y voir la correction d'une erreur de la prohibition concernant cette substance particulière — perpétuant du coup la légitimité de la prohibition des autres produits —, mais un premier pas pour soustraire la problématique des drogues du code pénal, en dehors des situations de dernier recours.

---

23. Nous faisons ici référence à la convention de Vienne de 1988 et à la Convention unique sur les stupé-fiants de 1961, amendée en 1971.
24. La criminalisation *de facto* signifie que l'acte est toujours criminel, histoire de respecter les conventions, mais qu'en réalité il y a des espaces de tolérance permettant de minimiser cette criminalisation.

L'*Avis* du Comité permanent de lutte à la toxicomanie (1999), qui demande la déjudiciarisation[25] de la possession simple de cannabis, témoigne de ce silence généralisé sur les méfaits de la prohibition; non seulement il empêche cette option de se transformer en étape vers une politique publique de réduction des méfaits, mais il maintient l'esprit de la prohibition.

Le CPLT demande la déjudiciarisation du cannabis dans «certains cas», car, dans d'autres, «la judiciarisation peut s'avérer la mesure la mieux indiquée» (Comité permanent de lutte à la toxicomanie, 1999, p. 7). Soit on judiciarise une personne en possession de cannabis pour son usage personnel, soit on ne la judiciarise pas. L'acte est sans équivoque. On ne peut conserver la menace de judiciarisation pour gérer des cas de délinquance que l'on chercherait à pénaliser par le biais de cette loi. Dans notre droit pénal, une personne est innocente jusqu'à preuve du contraire et se servir d'une infraction-prétexte pour criminaliser quelqu'un est contraire aux fondements mêmes de notre droit. On ne pourrait pas davantage conserver la possibilité de judiciarisation pour une récidive en matière de consommation de cannabis, car cela rend simplement compte d'un indice de «visibilité» du consommateur, non de dangerosité. D'autre part, qualifier de récidive la possession simple de cannabis dans le contexte où quelqu'un a déjà un casier judiciaire, c'est se donner le droit de judiciariser les individus que l'on juge «mauvais citoyens».

De plus, le CPLT demande que, dans les cas de non-judiciarisation, il y ait quand même des mesures, soit «d'autres types d'interventions mieux appropriés» (Comité permanent de lutte à la toxicomanie, 1999, p. 9). Il n'y a pas là une volonté de normalisation de la consommation de cannabis.

Demander la déjudiciarisation de la possession simple de cannabis dans certains cas plutôt que la décriminalisation dans tous les cas, en affirmant clairement, par ailleurs, que le droit pénal n'est pas approprié pour gérer cet acte, garde en fait la porte ouverte à l'arbitraire des décisions, au chantage de même qu'à la distinction entre le «bon» consommateur, citoyen jugé respectable, et le «mauvais» consommateur, citoyen jugé non respectable. D'une part, cela ne nous change pas beaucoup de la situation actuelle; d'autre part, cela peut avoir l'effet pervers de mettre en contact avec le système pénal des personnes qui, autrement, ne s'y seraient pas retrouvées, sous prétexte que celles qui sont maintenant judiciarisées le méritent vraiment.

---

25. La déjudiciarisation peut se faire après le dépôt d'une accusation, où l'on estime que des mesures de rechange pourront, si elles sont suivies avec succès par l'accusé, faire tomber la poursuite. Ou encore, si elle est opérée avant le dépôt d'une accusation, cela laisse aux organismes d'enquête le pouvoir de donner ou non un simple avertissement. Le CPLT ne précise pas quelles sont les mesures de déjudiciarisation les plus appropriées. Quoi qu'il en soit, dans ce que nous appelons déjudiciarisation au Canada, nous sommes encore dans le système pénal. Il est à noter que, pour d'autres pays, la déjudiciarisation signifie qu'un acte sort du système pénal, pour être traité ailleurs (devant un tribunal administratif, par exemple, comme aux Pays-Bas). Cela n'est pas le sens donné par le droit canadien. C'est pourquoi la décriminalisation est la seule voie qui sorte du système pénal la question du cannabis.

Cet exemple en matière de cannabis illustre que, pour constituer une étape vers une politique publique de réduction des méfaits, un changement juridique doit s'articuler à la finalité d'une normalisation de l'usage des drogues, de manière à considérer que, quel que soit le produit, il existe des usages doux et des usages durs et qu'à cet égard l'État doit assumer sa principale responsabilité : s'assurer que la consommation pourra se faire de la manière la plus sécuritaire possible pour que les méfaits en soient atténués.

Doit-on alors abandonner tout allégement de la répression en invoquant le fait que la légalisation est impossible à court terme ? Non. Pas plus que l'on ne doit abandonner les idéaux de justice et d'égalité dans nos actions sous prétexte que la justice et l'égalité dans leur perfection n'existeront pas à court terme. En fait, ces idéaux de justice et d'égalité, comme la finalité d'une politique publique de réduction des méfaits en matière de drogues, sont nécessaires afin que chaque étape de nos actions soit évaluée à l'aune de cette finalité. Si cette finalité n'est pas prise en considération, la légitimité de la guerre à la drogue ne s'en trouve que renforcée, et ce, même dans un *Avis* en faveur de la déjudiciarisation de la possession de cannabis.

Lieux d'injection sécuritaires et prescription de drogues

Les lieux d'injection sécuritaires sont-ils vraiment sécuritaires ? Pas pour les toxicomanes, s'ils doivent toujours se procurer leur drogue sur le marché noir. Un lieu d'injection sécuritaire pour les toxicomanes n'a de réalité que si l'on fournit la drogue de manière que la consommation soit plus sécuritaire, car l'injection constitue tout de même un usage dur. Cela peut se faire dans le cadre de nos lois actuelles, en inscrivant cette action dans un objectif thérapeutique où l'on « soigne » les toxicomanes en les accompagnant dans leur démarche afin de briser peu à peu la dynamique de vie issue d'un mode de consommation criminalisé. Ce que nos lois interdisent, c'est l'usage non médical des drogues, pas les usages thérapeutiques. C'est cet espace qui est utilisé en Suisse pour permettre des lieux d'injection sécuritaires et la prescription de drogues (Boggio, 2000).

En fait, ce type d'action demande la même imagination que celle que l'on a eue au Québec lorsque l'on a voulu, dans un contexte où l'avortement était criminalisé, normaliser cet acte avec l'aide et le soutien nécessaires pour s'assurer que les femmes l'accompliraient par choix et seraient accompagnées le mieux possible. Cela s'est appelé les cliniques de planification familiale. Pour développer de tels espaces de liberté en matière de drogues dans un contexte prohibitionniste, il faudra également avoir cette imagination et l'intention d'augmenter l'autonomie du consommateur de même que la volonté de l'accompagner au rythme de ses victoires et de ses échecs. Plus le toxicomane gagne en autonomie, devenant capable d'organiser sa vie autour d'autre chose que la quête de sa drogue, plus ses objectifs s'élargissent et, du même coup, plus il prend ses distances vis-à-vis du marché noir. C'est ce que confirme le premier rapport d'activité suisse sur le Programme expérimental de prescription de stupéfiants (1999), qui a inscrit son action dans les quatre objectifs généraux suivants:

1) accroître l'accessibilité aux soins;
2) maintenir les patients en traitement;
3) diminuer les risques médico-psycho-sociaux qu'ils courent;
4) accroître leur autonomie.

Une stratégie globale de prévention

En 1998, un document de consultation du ministère de la Santé et des Services sociaux du Québec est mis en circulation pour recueillir des commentaires, document intitulé *Pour une approche pragmatique de prévention en toxicomanie: orientations et stratégie* (Ministère de la Santé et des Services sociaux, 1998b).

Ce document, qui, au moment de la rédaction de ce chapitre, n'avait pas encore reçu l'aval politique, constitue déjà un outil de travail pour de nombreux intervenants. Sachant qu'il a su s'inscrire en tant qu'étape vers une politique publique de réduction des méfaits, il vaut la peine que nous en soulignions certains aspects.

La perspective de ce document englobe l'ensemble des drogues, légales ou non, y compris les médicaments psychotropes et les stéroïdes anabolisants, afin de privilégier une cohérence d'action en matière de drogues. Le document pose en tant que principes directeurs le pragmatisme et l'humanisme, lesquels fondent l'approche de la réduction des méfaits. Il s'appuie sur ces principes et sur cette perspective globale en traduisant explicitement les implications qui en découlent. Quelles sont-elles? Tout d'abord, il y a la reconnaissance du plaisir que peut procurer l'usage de drogues et des possibilités d'usage approprié pour l'ensemble des psychotropes, le document abordant la prévention sans l'artificielle barrière entre les drogues licites et les drogues illicites. Ensuite, la question du sida est clairement située comme un méfait parmi d'autres découlant de l'usage de drogues, ce qui évite de confondre une politique publique en matière de drogues avec une stratégie spécifique de lutte contre le sida. Enfin, il y a la reconnaissance des inégalités sociales, des conditions de vie et de l'environnement sociétal et légal des individus dans la prise en considération des actions à entreprendre en ce qui touche la réduction des méfaits. Ces éléments conduisent les auteurs du document à ouvrir la question de la prohibition de certaines drogues en tant que source de méfaits, non seulement lorsque l'on veut «diminuer les risques associés à l'absence de contrôle sur la qualité et la concentration des substances psychotropes», mais également lorsque l'on vise l'intégration sociale et le soutien des usagers de drogues plutôt que leur exclusion:

> [...] par les sanctions qu'elle impose, la législation actuelle en matière de
> drogues illicites peut, dans certains cas, constituer un obstacle à la réduction
> des méfaits, dans la mesure où les poursuites judiciaires, l'emprisonnement,
> le dossier criminel constituent des méfaits importants liés à l'usage des

drogues. Si la répression a une place en matière de lutte au trafic de substances psychotropes, il existe actuellement un déséquilibre entre les actions répressives, qui consistent à punir et à exclure les usagers de drogues illicites, et les actions préventives, qui visent l'intégration sociale et le soutien. (Ministère de la Santé et des Services sociaux, 1998b, p. 37)

Dans les actions proposées, qui vont plus loin que la simple nécessité d'informer les consommateurs sur les drogues en circulation sur le marché noir et sur les risques qui peuvent y être associés, action nécessaire dans le contexte prohibitionniste actuel, les auteurs recommandent également:

Considérant les conséquences néfastes liées au marché noir ou à la fabrication clandestine des substances actuellement illicites, [de] favoriser un débat de société sur la pertinence de rendre accessibles certaines substances dans des lieux et à des conditions bien définies [...] [de] solliciter les aménagements requis à la réglementation afin de faciliter la prescription de certaines substances, actuellement illicites, à des fins thérapeutiques. (P. 40-41)

De plus, pour élaborer des stratégies adéquates en matière de drogues illicites, il est recommandé de consulter non seulement des groupes d'UDI — il ne s'agit plus de la lutte contre le sida —, mais les usagers des différentes drogues et leur entourage:

Les populations cibles doivent être consultées et invitées à participer à l'élaboration et à la mise en œuvre des programmes ou des projets en matière de promotion de la santé, de prévention et de réduction des méfaits. (P. 42)

Et le document de conclure:

[...] la mise en œuvre de tels changements exige des conditions d'implantation structurantes qui interpellent la collaboration de plusieurs acteurs, des individus et des collectivités, toujours dans le respect de la personne et de ses choix en matière de substances psychotropes. (P. 47)

En somme, ce travail, vu son ouverture sur les conséquences concrètes des principes qui fondent l'approche de la réduction des méfaits, a réussi à conserver une approche cohérente, ne négligeant ni les responsabilités de l'État dans ce secteur, ni la personne de l'usager de drogues, légales ou illégales, en tant que citoyen à part entière, pour tenter de constituer les assises d'une politique publique de réduction des méfaits. La transformation de ce document en politique publique a duré deux ans. C'est maintenant presque chose faite. Si, dans les méandres de cette transformation, la cohérence du contenu initial a été respectée, l'implantation de cette politique de prévention sera une histoire à suivre.

Conclusion

Les stratégies de réduction des méfaits, à l'heure actuelle, s'élaborent de manière anarchique, chacun y voyant ce qu'il veut bien voir. En fait, des stratégies de réduction des méfaits, sans articulations politiques adéquates basées sur leurs fondements, peuvent justifier tant la répression à l'égard de certains usagers de drogues que l'action de membres de Médecins du Monde pour soigner les UDI, tant l'enfermement carcéral de toxicomanes que la distribution de matériel stérile pour s'injecter des drogues en prison. Cette situation oblige les intervenants qui veulent travailler à l'inclusion sociale des usagers de drogues à œuvrer au milieu des méfaits de la prohibition et de la répression qui en découle, et à se justifier continuellement face à une population hostile à l'endroit des usagers. C'est ainsi que le malaise grandit sur le terrain, car, dans ce contexte, il est difficile de clarifier les objectifs prioritaires, les limites éthiques des interventions, de contrer certaines difficultés de fonctionnement, de même que d'établir des critères satisfaisants pour évaluer les résultats des programmes. C'est pourquoi nombreux sont ceux qui commencent à trouver que l'argument de la lutte contre le sida est un lourd tribut à payer pour l'intervention auprès des toxicomanes, et ces derniers, comme nous l'avons mentionné précédemment, commencent à exiger d'être autre chose qu'un possible danger de contamination, ou encore contestent le statut politique de malade pour recevoir de l'aide et du soutien.

Dans le contexte actuel, chacun gagnerait à faire l'exercice consistant à reprendre les options sur le rôle de l'État présentées en début de chapitre, pour situer la finalité de ses actions. Cela ne permet pas de tout changer du jour au lendemain, mais cela aide à s'orienter, à faire des choix d'action plus cohérents et crédibles.

Opter pour le libéralisme juridique en matière de drogues, comme en toute autre matière, est, à notre point de vue, un idéal nécessaire dans une démocratie. À chacun, tout bas ou très haut — selon son privilège de parole —, d'en articuler les étapes en matière de drogues. Il est certain que, dans le contexte prohibitionniste actuel, il faut beaucoup de courage et d'imagination pour les articuler. Mais ce n'est qu'à ce prix que l'on pourra prétendre mettre en place petit à petit une véritable politique publique de réduction des méfaits en matière de drogues.

Références

BALIAN, R. et WHITE, C. (1998). « Defining the Drug User », *International Journal of Drug Policy*, n° 9, p. 391-396.

BEAUCHESNE, L. (2000). « La culture protestante américaine : influence sur les politiques en matière de drogues », *Histoire sociale / Social History*, vol. 33, n° 66, novembre.

BEAUCHESNE, L. (1997). « La politique de tolérance néerlandaise : 20 ans plus tard », *L'Écho-toxico*, vol. 8, n° 2, p. 7-8.

BEAUCHESNE, L. (1992). *La légalisation des drogues pour mieux en prévenir les abus*, 2ᵉ éd., Montréal et Genève, Le Méridien et Georg.

BIANCHI, A. (1999). « Un groupe de travail propose une trousse de réduction des méfaits pour les usagers de crack », *Le Journal de toxicomanie et de santé mentale*, vol. 2, n° 3, p. 9.

BOGGIO, Y. (2000). « De l'indifférence à l'acceptation de la complexité, la trajectoire suisse en matière de drogues », *GRD Psychotropes, politique, société*.

BOILARD, J. (1995). « La réadaptation à Domrémy-Montréal. La réduction des méfaits », *L'Écho-toxico*, vol. 6, n° 2, p. 4-7.

BRISSON, P. (1997). *L'approche de la réduction des méfaits : sources, situation, pratiques*, Québec, Gouvernement du Québec, Comité permanent de lutte à la toxiconomie.

CAIN, J.V. (1994). *Report of the Task Force into Illicit Narcotic Overdose Deaths in British Columbia*, Victoria, Office of the Chief Coroner, Province of British Columbia, Ministry of Attorney General.

CAUCHIE, J.-F. (2000). « Impact des contrats de sécurité sur le secteur de l'intervention psycho-médico-sociale en toxicomanie », dans L. Van Campenhoudt (sous la dir. de), *Les effets des politiques sécuritaires en Belgique*, Bruxelles, Labor, p. 85-100.

CENTRE QUÉBÉCOIS DE COORDINATION SUR LE SIDA (1999). *Les programmes de prévention du VIH chez les utilisateurs de drogues par injection au Québec : une démarche collective d'évaluation*, Québec, Ministère de la Santé et des Services sociaux.

CENTRE QUÉBÉCOIS DE COORDINATION SUR LE SIDA (1998). *Monitorage des clientèles et des services des programmes de prévention du VIH chez les utilisateurs de drogues par injection du Québec*, Québec, Ministère de la Santé et des Services sociaux.

CENTRE QUÉBÉCOIS DE COORDINATION SUR LE SIDA (1994). *L'usage de drogues et l'épidémie du VIH : cadre de référence pour la prévention*, Québec, Ministère de la Santé et des Services sociaux.

CHAYER, L. (1999). « Le discours de détenus québécois sur la consommation de drogues en pénitencier », *Les Cahiers de Prospective Jeunesse*, vol. 4, n° 4, p. 10-14.

CHOISEUL PRASLIN, C.H. DE (1991). *La drogue, une économie dynamisée par la répression*, Paris, CNRS.

COHEN, P. (1999). « Shifting the Main Purposes of Drug Control : From Suppression to Regulation of Use, Reduction of Risks as the New Focus for Drug Policy », *International Journal of Drug Policy*, vol. 10, n° 3, p. 223-234.

COLLE, F.-X. (1999). « Prohibition, propagande, prévention », *La revue THS*, n° 2, p. 43-44.

COLLE, F.-X. (1996). *Toxicomanies, systèmes et familles. Où les drogues rencontrent les émotions*, Paris, Érès.

COMITÉ PERMANENT DE LUTTE À LA TOXICOMANIE (1999). *Avis sur la déjudiciarisation de la possession simple de cannabis*, Québec, Gouvernement du Québec.

COMITÉ PERMANENT DE LUTTE À LA TOXICOMANIE (1997). *Avis sur l'objectif de la politique de la santé et du bien-être de 1992 qui porte sur l'alcoolisme et l'usage abusif de psychotropes au Québec*, Québec, Gouvernement du Québec.

CONCERTATION EN TOXICOMANIE, HOCHELAGA-MAISONNEUVE (1999). *Faire sa veine*, vidéo produite grâce au soutien du Centre québécois de coordination sur le sida.

CORBEIL, Y. (1999). *Passage à tabac*, Montréal, Lanctôt éditeur.

CORMIER, D., BROCHU, S. et BERGEVIN, J.-P. (1991). *Prévention primaire et secondaire de la toxicomanie*, Montréal, Le Méridien.

DE JONG, W. et WEBER, U. (1999). « The Professional Acceptance of Drug Use : A Closer Look at Drug Consumption Rooms in the Netherlands, Germany and Switzerland », *International Journal of Drug Policy*, vol. 10, n° 2, p. 99-108.

DENIS, E. (1996). « La modération a bien meilleur goût, mais… », *Interface*, vol. 17, n° 1, p. 53-55.

DEVLIN, P. (1968 ©1965). *The Enforcement of Morals*, Londres et New York, Oxford University Press.

DÔ, S. (2000). « Les vrais chiffres ! », *Protégez-vous*, janvier, p. 4-7.

DRUCKER, E. (1999). « Drug Prohibition and Public Health : 25 Years of Evidence », *The Drug Policy Letter*, n° 40, p. 4-18.

DWORKIN, G. (sous la dir. de) (1994). *Morality, Harm and the Law*, Colo., Westview Press.

DYSENHAUS, D. et RIPSTEIN, A. (sous la dir. de) (1996). *Law and Morality*, Toronto, University of Toronto Press.

ERICKSON, P.G. et CHEUNG, Y.W. (1999). «Harm Reduction Among Cocaine Users: Reflections on Individual Intervention and Community Social Capital», *International Journal of Drug Policy*, vol. 10, n° 3, p. 235-246.

FAUGERON, C. (sous la dir. de) (1999). *Les drogues en France. Politiques, marchés, usages*, Genève, Georg.

FOUCAULT, M. (1976). *La volonté de savoir*, Paris, Gallimard.

GREENAWALT, K. (1995). «Law Enforcement of Morality», *The Journal of Criminal Law and Criminology*, vol. 85, n° 3, p. 710-725.

HANSON, A. (1992). «Le dépistage des drogues: contrôle des drogues ou des esprits?», *Psychotropes*, vol. 7, n° 3, p. 71-87.

HART, H.L.A. (1969 ©1963). *Law, Liberty and Morality*, Stanford (Calif.), Stanford University Press.

HENDRY, C. (1999). «Politique révisée sur la marijuana», *Le Journal de toxicomanie et de santé mentale*, vol. 2, n° 4, p. 5.

HENMAN, A. (1995). *Drogues légales. L'expérience de Liverpool*, Paris, Éditions du Lézard.

HUSAK, D. (1997). *Drugs and Rights*, Cambridge, Cambridge University Press.

JÜRGEN, R. et RILEY, D. (1997). «Responding to Aids and Drug Use in Prisons in Canada», *The International Journal of Drug Policy*, vol. 8, n° 1, p. 31-39.

KRAJEWSKI, K. (1999). «How Flexible are the United Nations Drug Conventions?», *International Journal of Drug Policy*, vol. 10, n° 4, p. 329-338.

LAP, M. (1994). «About Netherweed and Coffeeshops», dans L. Böllinger (sous la dir. de), *De-Americanizing Drug Policy*, Francfort, Peter Lang, p. 137-150.

LEBEAU, B. (1999). «Neurotoxicité de l'"ecstasy". La science, la prévention et les jeunes», *La revue THS*, n° 2, p. 22-25.

LE DAIN, G. (1972). *Rapport: Le cannabis*, Ottawa, Information Canada.

LIGUE INTERNATIONALE ANTIPROHIBITIONNISTE (1994). *Pour une révision de la politique internationale en matière de drogues. Rapport sur les possibilités de modifications et-ou de dénonciation des Conventions des Nations Unies*, Bruxelles, Parlement européen et LIA.

MARY, P. (1998). *Délinquant, délinquance et insécurité. Un demi-siècle de traitement en Belgique (1944-1997)*, Bruxelles, Bruylant.

MILL, J. S. (1974 ©1859). *On Liberty*, New York, Norton.

MINISTÈRE DE LA SANTÉ ET DES SERVICES SOCIAUX (1998a). *Plan d'action en toxicomanie, 1999-2001*, Québec, Direction des communications.

MINISTÈRE DE LA SANTÉ ET DES SERVICES SOCIAUX (1998b). *Pour une approche pragmatique de prévention en toxicomanie: orientations et stratégie*, document de consultation, Québec.

MINO, A. et AREVER, S. (1996). *J'accuse. Les mensonges qui tuent les drogués*, Paris, Calmann-Lévy.

NADEAU, L. (1998). «Toxicomanie et réduction des méfaits», conférence d'ouverture présentée au XXVIᵉ colloque de l'Association des intervenants en toxicomanie du Québec, 26 octobre.

NOTTE, D. (1999). «Fumer ou conduire, il faut choisir...», *Les Cahiers de Prospective Jeunesse*, vol. 4, n° 2, p. 3-6.

PERRON, C. (1999). «Le regroupement d'usagers», dans *Recueil des présentations lors de la quinzième rencontre provinciale des intervenant(e)s en prévention de la transmission du VIH chez les UDI*, Québec, Centre québécois de coordination sur le sida.

PIRES, A.P. (1995). «Quelques obstacles à une mutation du droit pénal», *Revue générale de droit*, vol. 26, p. 133-154.

PROGRAMME EXPÉRIMENTAL DE PRESCRIPTION DE STUPÉFIANTS (1999). *Rapport d'activité 1998*, Genève.

RILEY, D. (1995). «Drug Testing in Prisons», *The International Journal of Drug Policy*, http://www.drugtext.nl/IJPD/

ROELANDT, M. (1996). «Justice et thérapie ou l'impossible alliance», *Cahiers de Prospective Jeunesse*, vol. 1, p. 1-2.

ROSENZWEIG, M. (1999). «Pour une éthique de la clinique des assuétudes et des addictions», conférence pro-noncée au colloque *Quelle prise en charge des patients toxicomanes... aujourd'hui... demain?*, Mons, Société Belge d'Éthique et de Morale Médicale, 23 avril.

TUCKER, J.A., DONOVAN, D.M. et MARLATT, G.A. (sous la dir. de) (1999). *Changing Addictive Behavior*, New York, The Guilford Press.

VAN REE, E. (1999). «Drugs as a Human Right», *The International Journal of Drug Policy*, vol. 10, n° 2, p. 89-98.

WAGNER, D. (1997). *The New Temperance: The American Obsession with Sin and Vice*, Colo., Westview Press.

Toxicomanie
et misère persistante

Pierre Lamarche ◆ Louise Nadeau

Les auteurs traitent de l'étroite relation entre toxicomanie et misère afin d'éclairer le phénomène de la persistance, d'une génération à l'autre, de défi- cits sur les plans du «capital social» et du «capital familial». Précisant d'abord les caractéristiques de la misère au sein des sociétés développées, ils pro- posent ensuite des pistes de solution qui, devant s'ajouter aux moyens exis- tants, participent d'une stratégie globale de développement du capital familial dont la mise en œuvre ne saurait être éphémère, mais s'étendre sur toute une génération.

Introduction

Les personnes dont il sera question dans ce chapitre ne sont que trop connues de la Cour, des services sociaux et de l'assistance sociale. Elles ne sont pas très nombreuses — peut-être 3 % des adultes et 5 % des enfants —, mais les coûts socioéconomiques qu'elles engendrent sont considérables et leur détresse est chronique. Si c'est une femme, elle est mère seule et s'occupe d'enfants (deux ou trois) généralement nés de pères différents. Si c'est un homme, sa condition le rapproche de l'analphabétisme fonctionnel et il a probablement un casier judiciaire. Il pourrait être le père de quelques-uns des enfants de ces femmes dont nous venons de dire un mot. Il voit rarement ses enfants et il ne s'en occupe pas. Ces hommes et ces femmes portent, le plus souvent dans la honte, un lourd héritage de scolarité insuffisante, de pauvreté, de santé (physique et mentale) déficiente, de famille éclatée, de violence domestique, de détresse psychologique sur lequel viennent se greffer des comportements de victime et une difficulté chronique à dire les choses et à agir de manière qu'elles changent. La toxicomanie se retrouve beaucoup plus fréquemment dans ces milieux que dans d'autres plus favorisés. Évidemment, la performance professionnelle, le culte de la santé, la verbalisation du vécu et les autres idées cardinales de l'univers moderne leur offrent peu de points d'ancrage.

Les enfants de ces familles réussissent moins bien à l'école que ceux des familles plus stables et nanties. Généralement, les problèmes se révèlent dès l'arrivée à l'école : ces enfants parlent peu ou mal, ils ont de la difficulté à se concentrer sur une activité, ne savent pas comment collaborer avec leurs camarades et réagissent fréquemment par la colère et l'agressivité. Dans les jeux interactifs, ils manifestent une très faible résistance au stress des tâches complexes qui comportent des essais et, forcément, des erreurs (Clément et Tourigny, 1999 ; Renaud et coll., 1997). On peut déjà les identifier à cinq ans et prédire, si aucune intervention n'est mise en œuvre dès cet âge, que la plupart décrocheront rapidement pour emprunter la voie tracée par leur père et leur mère (Tremblay et coll., 1995). On sait aussi que plusieurs de ces enfants sont négligés (Blackson, 1994 ; Hawkins, Catalano et Miller, 1992 ; Maziade et coll., 1989 ; Velleman, 1992 ; Wolfe, 1998). Il est maintenant évident, pour tous les observateurs, que la toxicomanie joue un rôle extrêmement important dans la négligence et les mauvais traitements infligés aux enfants (pour une synthèse, voir Clément et Tourigny, 1999), ce qui est précisément la conclusion à laquelle en viennent Wang et Daro (1998), qui commentent les plus récentes données de l'enquête américaine sur la négligence des enfants menée annuellement dans 50 États.

Les travailleurs sociaux savent depuis fort longtemps combien il est difficile pour une famille très pauvre et affligée par la toxicomanie de remplir ses obligations, notamment et surtout sur le plan des capacités parentales. D'ailleurs, le premier réflexe des « autorités » face aux familles de parents alcooliques et, plus récemment, toxicomanes est de baisser les bras devant la gravité du phénomène et de tenir pour acquis qu'un parent alcoolique ou toxicomane a peu de chances d'acquérir un jour les habiletés parentales adéquates pour assurer le développement et la sécurité de ses enfants. Conséquemment, les enfants provenant de familles où les parents sont alcooliques ou toxicomanes, de familles très pauvres, de familles noires ou autochtones, se trouvent fortement surreprésentés dans les placements en dehors du milieu familial. Mais est-ce bien la voie à suivre?

Sans nier que la dépendance aux drogues comporte en soi des effets néfastes qui altèrent le fonctionnement neurophysiologique et le comportement des individus (Altman et coll., 1996), nous chercherons surtout à comprendre comment la toxicomanie et la misère sociale constituent la chaîne et la trame d'un tissu social si solide que le couple toxicomane et miséreux a tendance à se perpétuer, sinon à s'accentuer, de génération en génération.

La misère des pays riches

En Occident, la misère fut dramatiquement illustrée dans les romans du XIXᵉ siècle. On peut penser à *Oliver Twist* ou à *David Copperfield* de Charles Dickens (1839, 1850), ou aux *Misérables* de Victor Hugo (1862), des œuvres dont le ton mélodramatique manifeste l'indignation sociale, bouillonnante sous ces plumes lyriques: Jean Valjean va au bagne pour avoir volé du pain, et le roman fait ensuite état de souffrances physiques et morales à la limite du supportable. Certaines de ces œuvres ont également su illustrer la misère des alcooliques, notamment *L'assommoir*, d'Émile Zola (1877), dans lequel l'auteur brosse le tableau de la misère de la fin du siècle où la consommation d'absinthe conduit à une chute progressive de la fortune:

> J'ai voulu peindre la déchéance fatale d'une famille ouvrière, dans le milieu empesté de nos faubourgs. Au bout de l'ivrognerie et de la fainéantise, il y a le relâchement des liens de la famille, les ordures de la promiscuité, l'oubli progressif des sentiments honnêtes, puis comme dénouement, la honte et la mort. (Préface, p. I)

Ces romanciers ont su évoquer, au moyen d'histoires exemplaires et de la description d'environnements où font défaut les choses nécessaires à la vie, de quelle manière les transformations économiques et sociales liées à l'industrialisation agissaient sur le tissu social de l'époque en accroissant les problèmes sociaux et la misère. Dans ce contexte, la consommation excessive d'alcool constituait une stratégie adaptative pour composer avec les conditions de travail épuisantes, l'insalubrité des logements, la maladie et les épreuves de la vie. Ces conditions du XIXᵉ siècle existent encore aujourd'hui. Elles sont évidemment présentes dans la trentaine d'États en guerre (où l'on estime que plusieurs millions d'enfants vivent dans l'indigence) et dans les pays en voie de développement où les familles vivent dans la pauvreté et le dénuement. Ce type de misère se traduit par une extrême pauvreté, la privation totale, l'exposition au danger et une mortalité prématurée. Dans les pays riches, la situation est différente: l'eau potable, les maisons électrifiées avec des installations sanitaires, l'aide sociale et une infrastructure de services communautaires devraient permettent de répondre aux besoins primaires de tous les citoyens. Cette misère revêt un autre visage que celui du spectre quotidien de la mort par violence ou inanition.

Jean Bédard (1998) a décrit ce quart-monde occidental comme la somme des handicaps qui inhibent la participation à la société civile[1]. Les préjudices qui en découlent empêchent une minorité importante de citoyens d'adhérer aux objectifs et aux projets que partage la collectivité à laquelle ils appartiennent. Ils ne disposent pas des ressources qui leur permettraient d'exercer pleinement leur citoyenneté. Ces handicaps se nomment sous-scolarisation, troubles mentaux, toxicomanie, violence conjugale ou abus sexuels dans l'enfance. Le processus d'exclusion agit comme un engrenage dans lequel les «fenêtres» se ferment progressivement, d'une génération à l'autre, tandis que les déficits se transmettent aussi sûrement, de génération en génération.

À partir de la réflexion de Bédard, nous avons inventorié les diverses dimensions mises en cause dans ce processus d'exclusion et décrit comment le citoyen à part entière participe à la société civile et comment, *a contrario*, l'exclu s'en voit refuser l'accès:

1. La dimension *fonctionnelle*: le citoyen à part entière participe à la production collective alors que l'exclu n'y a pas sa place.

2. La dimension *pécuniaire*: le citoyen à part entière dispose de la capacité d'acquérir des biens et des services alors que l'exclu n'a pas les ressources requises pour consommer les biens et les services de base comme de luxe.

3. La dimension *culturelle*: le citoyen à part entière participe à la culture (corpus de connaissances et d'expériences) alors que l'exclu évite les lieux de communication de la culture.

4. La dimension *morale*: le citoyen à part entière a intériorisé les valeurs dominantes de la société et adhère à celles-ci alors que l'exclu confond le plus souvent les valeurs marginales et les valeurs dominantes.

5. La dimension *sociale*: le citoyen à part entière appartient à plusieurs réseaux sociaux alors que l'exclu est inséré dans un nombre très limité de réseaux, généralement marginaux.

6. La dimension *juridique*: le citoyen à part entière a droit à une justice équitable alors que l'exclu traîne avec lui une présomption de culpabilité.

7. La dimension *symbolique*: le citoyen à part entière présente tous les symboles de l'appartenance à la société civile alors que l'exclu se replie vers l'expression de symboles d'un autre temps, d'une autre culture ou de cultures marginalisantes.

---

1. Ce terme est ici entendu dans le sens large de société démocratique. Les auteurs sont conscients de la complexité politique, historique et sociologique que recouvre ce terme (voir, notamment, Thériault, 1985).

8. La dimension *politique* : le citoyen à part entière reconnaît les divers lieux d'expression de la démocratie et y participe alors que l'exclu s'en tient éloigné, n'accordant pas sa confiance et ne sachant pas comment traiter avec les systèmes de participation d'une société démocratique.

Les déterminants de la santé

Cette description des lieux multiples de l'exclusion reprend, d'un point de vue différent, les travaux de recherche qui s'intéressent aux « facteurs de prédiction » de l'espérance de vie dans une population (Evans, Barer et Marmor, 1996 ; Renaud et coll., 1997). Dans le domaine de la santé publique, ces travaux construisent la base du modèle des déterminants de la santé (Association canadienne de santé publique, 1997 ; Nadeau, 1999). Ainsi, l'examen de la longévité différentielle dans les populations permet de constater qu'il existe des déterminants — ou facteurs de prédiction — sociaux, économiques et culturels de la santé. L'ensemble des travaux sur la question signale que les déterminants de cet ordre sont le produit d'une interaction de plusieurs variables : le revenu et le statut social, le niveau de scolarité, l'emploi et les conditions de travail, l'intégration sociale et les habiletés individuelles, l'environnement immédiat ainsi que le bagage génétique, la biologie et les services de santé offerts dans une société donnée (Angus et Turbayne, 1995 ; Evans et Stoddart, 1994). Les qualités de chacun de ces facteurs, dans une collectivité donnée, constituent la base du « capital social » — revenu *per capita*, niveau moyen de scolarité, taux de chômage, conditions de travail — qui permet de décrire la santé d'une collectivité et de prédire l'espérance de vie moyenne de ses citoyens en comparaison d'autres collectivités. Ainsi capital social et déterminants de la santé convergent-ils pour augmenter la longévité des uns, nantis, et pour la diminuer chez les autres, vivant de l'aide sociale.

Par ailleurs, force est de constater que les principales ressources favorisant l'insertion sociale se retrouvent dans le milieu de vie immédiat, c'est-à-dire la famille. La somme de ces ressources est dite aussi « capital familial ». Le fait de reconnaître que les mauvaises habitudes de vie découlent, dans une large mesure, du contexte socioéconomique dans lequel une personne vit et travaille et ne relèvent pas uniquement d'un choix personnel conduit à considérer que des facteurs externes nuisent non seulement à la santé, mais aussi à la participation d'un citoyen à la société civile (Renaud et coll., 1997). Refuser cette réalité équivaut à adopter une idéologie de culpabilisation des victimes (Crawford, 1981), et cette croyance dans la faute personnelle des indigents a pour conséquence que l'on évite d'activer les mécanismes de développement social qui, pourtant, sont nécessaires pour favoriser la réinsertion de ceux et celles qui, de génération en génération, stagnent dans la misère.

Prenons l'exemple d'une ville comme Montréal (Régie régionale de la santé et des services sociaux de Montréal, 1998), une métropole de près de deux millions d'habitants. La comparaison entre les quartiers défavorisés et les quartiers aisés mène aux conclusions suivantes : dans les secteurs défavorisés, l'espérance de vie est écourtée, la mortalité infantile est plus répandue et les bébés de moins d'un an se retrouvent plus souvent à l'hôpital, le taux de grossesse chez les adolescentes est six fois plus important et le taux de suicide est deux fois plus élevé. Au début de l'an 2000, un demi-million de citoyens sur 1,8 million et près de 23 % des familles vivaient sous le seuil de la pauvreté alors que certaines municipalités de cette grande agglomération se démarquent avec des revenus moyens par ménage parmi les plus élevés du Canada. Le taux de chômage atteint près de 15 % dans les quartiers défavorisés. Or, le chômage s'accompagne d'effets dévastateurs sur la santé, particulièrement si le soutien social fait défaut. On a constaté, chez les personnes en chômage prolongé, un plus grand nombre de décès prématurés, une augmentation des troubles affectifs chez leurs conjoints et un risque accru de problèmes affectifs et de troubles du comportement chez leurs enfants, particulièrement parmi les adolescents (Osberg, 1998 ; Polanyl et coll., 1998).

Une étude portant sur 25 jeunes placés en famille d'accueil permet de comprendre comment se manifestent, dans la vie des enfants, les facteurs constitutifs du capital social (Sheriff et coll., 1997). La perspective phénoménologique adoptée par l'auteure illustre l'inexorable trajectoire d'exclusion dans laquelle sont engagés ces enfants. Ainsi, ces jeunes, qui sont issus de milieux carencés, jouissent rarement des symboles habituels de l'intégration sociale. Leurs parents sont différents, car ils ne participent pas à la vie économique ou civile et eux-mêmes ne considèrent jamais, malgré leur jeune âge, qu'ils contribuent de façon significative à l'organisation de la société. Ils ne disposent pas des ressources nécessaires pour se procurer les biens et les services que consomment leurs pairs. Ils peuvent, par le vol à l'étalage, par l'achat d'objets recelés ou par le « taxage », se procurer les signes extérieurs d'inscription dans la société civile, mais cette délinquance risque de leur causer des problèmes face à la sécurité publique et à la justice, et alimente le cycle de l'exclusion. Ils sont oubliés lors des moments cruciaux où les symboles d'attachement paraissent si importants : leurs anniversaires ne sont pas célébrés tandis que les grandes fêtes civiles et religieuses ne sont pas soulignées et ne l'ont jamais été, et ils n'envisagent pas que ces symboles de la cohésion familiale leur appartiennent vraiment un jour. Que peuvent-ils faire, sinon chercher à s'illustrer à l'intérieur du cadre qui est le leur, c'est-à-dire adopter à leur tour une trajectoire d'exclusion ? En fait, ces récits de vie démontrent qu'aucun obstacle sérieux ne vient s'interposer entre la trajectoire d'exclusion qui leur est proposée et un autre destin. Les données quantitatives du Conseil canadien de développement social (Ross et Roberts, 1999) illustrent cruellement comment les enfants sont affectés par les conséquences de la dégradation continuelle des conditions sociales des plus démunis. Il n'est donc pas étonnant que les déficits du « capital social » ne se résorbent pas avec le temps, puisque le déficit économique entre les plus pauvres et les plus riches se creuse toujours, accentuant les obstacles au développement des familles et des communautés. Plus grave encore, rien n'est sérieusement entrepris, très tôt dans la vie de ces enfants, pour interrompre, à une échelle systémique, le cycle de la misère et de la transmission intergénérationnelle des déficits qui en découlent. La misère sociale, produit de plusieurs générations de pauvreté, s'accentue avec le temps. La prise chronique de grandes quantités d'alcool ou de drogues vient pétrifier cet immobilisme social.

Toxicomanie et misère : solutions pour un développement durable

La toxicomanie est une problématique complexe et multifactorielle (Landry et coll., 1994 ; Nadeau et Biron, 1998). Il s'agit tout à la fois d'une souffrance et d'un handicap qu'il est difficile d'extraire du tissu social. Toutes les toxicomanies ne revêtent pas le même sens. Certaines sont liées à des épreuves repérables qu'a subies la personne — deuil, perte matérielle, accident (Gorman et Brown, 1992). D'autres sont inséparables d'une constellation de macrofacteurs, où il devient rapidement difficile d'évaluer lesquels s'avèrent déterminants. Ce type de toxicomanie pénètre plus largement et s'ancre plus fortement dans les milieux où sévissent à la fois les conditions d'habitation lamentables, une scolarité insuffisante, la pauvreté et les familles éclatées. Pour ajouter à la complexité, en sus des conditions matérielles débilitantes, il faut considérer les caractéristiques psychosociales des populations les plus démunies. Les personnes toxicomanes engagées dans des trajectoires d'exclusion manifestent généralement une plus grande rigidité dans leurs relations avec autrui et ont tendance à répéter les mêmes erreurs. Elles manifestent aussi plus de difficulté à répondre aux demandes de l'environnement et à tirer profit de l'aide qu'on tente de leur apporter (Millon, 1990). Ces troubles de la personnalité augmentent la résistance au changement.

À ces traits de personnalité s'ajoutent les conséquences d'une dépendance physique aux substances psychoactives : désir persistant de consommer, consommation de grandes quantités par occasion, diminution de l'intérêt pour tout ce qui n'est pas acquisition et consommation de substances (American Psychiatric Association, 1994). Alors que les drogues ont tout d'abord été utilisées comme stratégie adaptative pour composer avec la détresse inhérente à leur style de vie, comme « wagon de queue » à la remorque d'un train de difficultés chroniques, la toxicomanie fait rapidement son chemin jusqu'à agir comme la locomotive de ce train et faire tache d'huile dans tout le style de vie (Cormier, 1984). Pendant que s'opère cette transition conduisant à l'omniprésence de la toxicomanie, toutes les composantes du capital social continuent de s'appauvrir : la situation d'emploi se détériore, les troubles mentaux s'aggravent, la capacité d'assurer à la famille une alimentation saine et un logement salubre se réduit sans cesse. Parce qu'il est inextricablement lié à l'ignorance, aux carences affectives, à la marginalisation et à la toxicomanie des proches, ce type de dépendance à des produits psychotropes agit comme catalyseur des manifestations de l'exclusion sur tous les plans et inhibe la capacité de s'en sortir. La toxicomanie devient ainsi un facteur d'appauvrissement du capital social et contribue fortement à accentuer l'indigence.

Dans de telles circonstances, les définitions pathologiques traditionnelles et les approches cliniques classiques visant l'individu s'avèrent inappropriées. De fait, bien que la plupart des modèles explicatifs de la toxicomanie considèrent généralement les facteurs liés à l'environnement, ils y occupent rarement une place prépondérante (Nadeau et Biron, 1998). Les meilleures stratégies cliniques d'intervention seront facilement mises en échec par l'absence de ressources personnelles, communautaires et sociales, de même que par le découragement consécutif à l'insuccès de l'intervention, tant chez les intervenants qu'au sein de la famille touchée. De fait, c'est plus que l'individu qu'il faut traiter, c'est le capital familial qu'il faut faire fructifier.

Les recommandations du rapport de la Commission royale sur les peuples autochtones (1996) permettent d'illustrer notre propos. Comme les troubles et les problèmes liés à l'alcool ainsi que les cas de syndrome alcoolique fœtal atteignent des niveaux épidémiques chez les peuples autochtones du Canada, on aurait pu s'attendre à ce que ces problèmes fassent l'objet d'une attention particulière dans le rapport en cinq volumes de la commission. Or, la commission a d'abord mis en lumière l'importance de considérer le capital humain et historique d'une nation, pour ensuite trouver des pistes conduisant à l'amélioration de la santé. Elle a, de fait, refusé de traiter la toxicomanie en « silo », c'est-à-dire comme un phénomène isolé de la condition générale de ces peuples, qui est une condition de pauvreté, de mauvaise santé, d'échec scolaire, de violence familiale et de mortalité prématurée en comparaison de la condition générale des autres Canadiens. Comme l'ont affirmé les nombreuses personnes consultées lors des travaux de la commission, et dont l'opinion a été prise en considération, aucune solution simple ou individuelle ne pourra venir à bout de la problématique de la toxicomanie : il faut aborder de façon holistique les problèmes auxquels font face les personnes qui, aujourd'hui, sont dans la misère à la suite d'une perte de leur capital social. Cette sagesse des Premières Nations face à leurs propres difficultés, lesquelles sont comparables à celles du quart des autres Canadiens non autochtones, peut nous servir de phare. Aucune solution univoque ne pourra venir à bout de la problématique de la misère qui découle d'une succession de difficultés chroniques entretenant une relation synergique.

Pistes d'action pour un développement du capital familial

Pour interrompre ce cycle destructeur, qui fait indéniablement partie du tableau clinique d'une personne vivant dans la misère, un des maillons forts de la chaîne de solutions doit s'appuyer sur *une approche de développement du capital familial*. C'est par cette voie, longue mais incontournable, que l'on pourra créer les conditions essentielles d'appui à un développement durable chez nos concitoyens les plus démunis. Comment les divers acteurs de notre société peuvent-ils contribuer à ce vaste chantier ? Tout accès au changement ne se trouve-t-il pas hors de leur portée, sur le terrain d'action des politiciens et des mandarins qui dessinent les programmes de l'État ? En fait, tous les acteurs — y compris ceux qui œuvrent dans le domaine de la toxicomanie — peuvent jouer un rôle constructif, en se rappelant qu'aucune mesure isolée ne saurait être suffisante en raison de la constellation des problèmes à traiter, cependant que chacun des éléments de solution est nécessaire au rétablissement d'un équilibre.

Bien allumer les petits cerveaux

Premièrement, les responsables des programmes de prévention devraient, dès le plus jeune âge de l'enfant, contribuer à lui offrir un environnement stimulant lors des périodes critiques du développement, surtout si les parents vivent un problème de toxicomanie (Steinhauer, 1998). De telles mesures sont plus efficaces que les programmes d'éducation généraux en ce qu'elles visent des progrès spécifiques au cours de périodes cruciales du développement neurophysiologique de l'enfant. En outre, elles fournissent un excellent moyen d'atteindre les parents dans ce qu'ils ont de plus cher : le développement de leurs enfants et le rêve, perçu par eux comme inaccessible, de s'en sortir. Bon nombre de travaux indiquent que c'est au cours des années préscolaires que les enfants acquièrent des compétences cognitives, linguistiques et arithmétiques fondamentales qui déterminent leurs capacités et leurs compétences ultérieures (Bertrand, 1998).

C'est avant la naissance et au cours des premières années que le cerveau se développe le plus rapidement. On comprend ainsi l'effet positif de la stimulation précoce de l'enfant sur les fonctions supérieures. Les soins et la tendresse prodigués durant ces périodes déterminantes du développement cérébral ne font pas que stimuler la formation des parties du cerveau qui coordonnent les fonctions visuelles et d'autres sens, ils activent aussi les embranchements neuronaux menant à d'autres centres cérébraux qui sont le support des fonctions supérieures de l'esprit (excitation, régulation des réponses affectives et comportement) [McCain et Mustard, 1999].

Il existe de nombreux exemples d'actions efficaces qui peuvent apporter du soutien aux enfants, à l'intérieur du contexte scolaire et familial (Renaud et coll., 1997). Songeons, entre autres, aux visites à domicile pour soutenir les parents, à des garderies destinées aux nourrissons et aux tout-petits ainsi qu'à des programmes de stimulation pour les jeunes enfants.

Rejoindre tôt les enfants de parents alcooliques et toxicomanes

L'évaluation de la personne toxicomane devrait toujours comprendre un examen des capacités parentales. Deux facteurs devraient, à cet égard, attirer l'attention de l'intervenant : la capacité de construire les bases d'un *attachement* sain et la capacité d'offrir un *environnement* dans lequel l'enfant peut se développer en toute sécurité, ces deux facteurs se trouvant d'ailleurs intimement reliés (Gottlied, 1998). Les programmes d'aide aux personnes toxicomanes devraient comprendre un volet d'appui à l'exercice des responsabilités parentales. Pour les clients qui sont prêts à accepter cette aide, cet investissement devrait même augmenter l'efficacité du programme d'intervention.

Force est de constater, cependant, la difficulté à laquelle font face les intervenants. Ces familles, surtout les mères toxicomanes, ressentent une vive détresse, notamment parce qu'elles portent souvent une grande souffrance consécutive à la négligence qu'elles ont elles-mêmes subie durant leur enfance (Comité permanent de lutte à la toxicomanie, 1999 ; Guyon et coll., 1998). Par ailleurs, il y a indubitablement un risque accru de misère et de négligence pour leurs enfants en raison de la toxicomanie de la mère. Ce dilemme est l'un des plus difficiles que connaissent les intervenants travaillant avec des mères toxicomanes, soit de maintenir un lien de confiance qui permette de poursuivre l'intervention et de préserver l'intégrité de la famille et, en même temps, d'assurer la protection de l'enfant. C'est seulement si l'intervenant réussit à adopter une stratégie globale qu'il devient possible de protéger l'enfant. Par ailleurs, si la stratégie choisie consiste à séparer la mère de l'enfant, dans de trop nombreux cas une nouvelle grossesse viendra pallier ce qui est perçu par la mère comme un « enlèvement » illégitime de son enfant.

Préparer les jeunes à leur intégration sociale

De tous les déterminants de la réussite de l'insertion sociale, la qualification professionnelle représente l'un des plus solides, l'un des plus porteurs d'espoir. Contrairement à d'autres déterminants, il n'apparaît pas inaccessible et met tous les acteurs sociaux à contribution. Il présente également l'avantage de ne pas être déterminé par la classe sociale, car il fait référence à un diplôme menant autant à l'exercice d'un métier qu'à celui d'une profession. La difficulté de se trouver un travail détermine grandement le degré d'isolement d'une famille de sorte que, en dépit d'une situation originellement démunie, la perspective de voir un ou plusieurs membres de la famille exercer un métier peut avoir pour effet de prévenir la reproduction de la misère. Les programmes d'aide aux personnes alcooliques et toxicomanes auraient donc intérêt, dans une perspective de *développement social durable,* à s'assurer que les tous les enfants des familles indigentes seront les sujets actifs d'un plan de préparation à l'intégration du marché du travail, par l'obtention d'un diplôme approprié. Plus la question de la réussite scolaire des enfants est introduite tôt, plus on accroît les chances de faire échec à l'échec. On sait que certaines écoles en milieu défavorisé réussissent mieux que d'autres à protéger les enfants démunis contre l'échec scolaire (Bennett et Orford, 1998). Il faut dégager les facteurs de succès de ces expériences afin de les transposer dans les milieux qui en ont besoin et veiller à ce que l'école soit un partenaire de la réussite scolaire.

Offrir des revenus décents aux familles

En ce qui concerne la dimension pécuniaire, les familles avec enfants devraient être assurées d'un revenu minimal décent. On considère facilement que ce type de mesure échappe au rayon d'action de l'intervenant. Mais n'est-ce pas une responsabilité des services sociaux que de défendre de façon prioritaire les plus démunis? Généralement silencieux, les organismes de services pourraient se montrer plus entreprenants et réclamer des ressources supplémentaires pour les familles très pauvres, même lorsque les parents sont des toxicomanes. Bien que plusieurs l'aient dit avant nous, sans trop de succès, plusieurs iniquités à la source de situations de pauvreté constatées quotidiennement dans les services sociaux pourraient être évitées. Si la société n'est pas prête à s'engager auprès de personnes toxicomanes, envisageons au moins de le faire pour les familles, y compris celles qui sont formées par des parents toxicomanes, pour encourager leur préservation et éviter leur dislocation. Plutôt que de réduire ou d'éliminer les paiements de transfert aux familles lorsque celles-ci connaissent des difficultés, il faudrait s'assurer que les ressources allouées par l'État servent le meilleur intérêt des enfants. Le placement des enfants de parents toxicomanes dans des milieux substituts, même s'il peut s'avérer la meilleure solution à court terme lorsque la sécurité ou le développement des enfants — ou les deux — sont compromis, ne peut être considéré comme une solution permanente dans la majorité des cas. Or, les compressions effectuées dans les revenus des familles dès le placement des enfants n'est pas de nature à aider ces familles à s'en sortir, ni à permettre un retour des enfants auprès de leurs parents. Voilà comment se corsent des situations déjà pénibles et tendues, quand elles ne se résolvent pas par une nouvelle grossesse pour pallier le choc de l'«enlèvement» de l'enfant. Dans ces familles, l'augmentation des difficultés budgétaires reliées à la diminution des paiements et la détresse de la séparation, ajoutées à un contexte déjà démoralisant, constituent des facteurs d'aggravation.

Mobiliser des communautés pour faire échec à la misère

La question des ressources pécuniaires touche également aux ressources matérielles du milieu qui manquent si dramatiquement aux familles dont nous parlons ici, l'affluence dans les banques alimentaires le démontrant éloquemment. Des moyens doivent donc être mobilisés pour assurer le soutien matériel des familles indigentes. Plusieurs histoires à succès sur ce terrain sont bien documentées — tels le projet RÉSO (Hamel, 1998), le Chic Resto Pop ou les fondations privées américaines qui réparent et rendent accessibles aux familles des appareils électroménagers. La portée de telles actions peut paraître limitée, mais, en additionnant les mesures simples et concrètes qui répondent aux problèmes quotidiens éprouvés par les familles démunies, on accroît les chances de préserver ces dernières.

Occuper le champ culturel

L'accès à la dimension culturelle de la vie en société (fabrication d'un journal ou mise sur pied d'un café Internet avec les sans-abri, formation d'une chorale, mise en œuvre d'un théâtre de la résistance chez les adolescents, etc.), à la dimension politique (participation active aux instances de nos propres organisations, par exemple) et, surtout, à la dimension juridique (le droit à la présomption d'innocence) progresse sur une échelle générationnelle et, conséquemment, doit être favorisé le plus tôt possible pour que les fruits puissent en être cueillis dès la prochaine génération.

Dépasser le modèle du « silo »

Les services de réadaptation destinés aux personnes toxicomanes répondent assez bien aux besoins de traitement des individus. La recherche psychosociale a, depuis quatre ou cinq décennies, produit un corpus de connaissances impressionnant et utile. Le travail ne sera pas complet tant que l'on n'aura pas ajouté à ce coffre les outils nécessaires au développement du capital familial. Les enfants des personnes toxicomanes sont souvent signalés pour négligence parentale, quand ce ne sont pas les parents qui sont arrêtés pour divers délits. Selon l'évaluation des intervenants des Centres jeunesse de Montréal, 32 % des mères et 40 % des pères dont les enfants sont signalés pour négligence parentale font un usage abusif de drogues et d'alcool, tandis que, dans près de la moitié des signalements retenus pour négligence, interviendrait l'abus de drogues ou d'alcool chez les parents. En outre, les situations de négligence apparaissent généralement lorsque le parent est en état d'intoxication (Clément et Tourigny, 1999). Or, comme nous l'avons mentionné précédemment, la plupart des approches cliniques restent centrées soit sur la personne toxicomane, soit sur l'enfant, au mieux sur le « système familial » ; elles se rendent très rarement sur le terrain du changement générationnel. Les services opèrent ainsi en vase clos, selon la « perspective du silo » qui alimente le cadre d'exclusion.

Conclusion

Les propositions précédentes peuvent soulever la désapprobation : n'encourage-t-on pas, par de telles mesures, la persistance d'un style de vie condamnable ? Notre perspective est autre. Les personnes toxicomanes et alcooliques doivent à leur dépendance chronique et grave bien des difficultés, cela ne fait aucun doute. Cependant, les approches de pénalisation de la misère ne remportent pas de succès si probants qu'on puisse les considérer comme une solution de rechange sérieuse à la société de compassion. La solution la plus utile, à moyen terme, réside plutôt dans l'addition d'approches visant des effets générationnels, par opposition au travail actuel, majoritairement centré sur les individus. Il s'agit d'un appel à considérer le temps dans une perspective continue plutôt qu'atomisée, afin d'éviter d'attribuer le problème à un membre particulier d'une famille, à un moment précis de son histoire, en oubliant quels en sont les tenants et les aboutissants. En fait, l'aune à laquelle les changements doivent être mesurés est la génération. Compte tenu de la résistance du tissu social, seules des actions et des interventions persistantes porteront des fruits, et les résultats ne pourront être acquis qu'au terme d'un travail intergénérationnel intense, au-delà de la courte durée habituelle des prétendus projets de développement qui naissent et meurent au fil des ans, alimentant le cynisme des citoyens dans le besoin. Par définition, la persistance représente un pilier du développement durable, ce dont les organismes communautaires qui ont survécu aux aléas de la précarité peuvent témoigner.

Pour obtenir, à terme, des changements durables, il faudra travailler au-delà du contrôle de la toxicomanie pour toucher aux rapports les plus intimes entre les membres de la famille, comme l'attachement, s'attaquer à des déterminants de l'intégration sociale, comme la qualification, et maximiser les ressources dont disposent les familles pour assurer le développement de leurs enfants. Bref, lorsque l'intervention cesse, une fois le problème de toxicomanie «contrôlé», on condamne la famille à continuer à fonctionner avec un capital limité et, surtout, on se condamne à reprendre, avec la prochaine génération, le même parcours clinique, issu d'une trajectoire d'exclusion. Loin de nous l'idée que la réduction de la misère entraînera la disparition de la toxicomanie, mais, de toute évidence, la lutte à la misère et le soulagement de la toxicomanie constituent deux chantiers qui se recoupent.

Références

ALTMAN, J., EVERITT, B.J., GLAUTIER, S., MARKOU, A., NUTT, D., ORETTI, R., PHILLIPS, G.D. et ROBBINS, T.W. (1996). «The Biological, Social and Clinical Bases of Drug Addiction: Commentary and Debate», *Psychopharmacology*, vol. 125, n° 4, p. 285-345.

AMERICAN PSYCHIATRIC ASSOCIATION (1994). *Diagnostic and Statistical Manual of Mental Disorders*, 4ᵉ éd., Washington (D.C.), American Psychiatric Association.

ANGUS, D.E. et TURBAYNE, E. (1995). *Ce que nous réserve l'avenir: résumé des enjeux dans le domaine de la santé et des soins de santé*, Ottawa, Projet national sur les compétences infirmières.

ASSOCIATION CANADIENNE DE SANTÉ PUBLIQUE (1997). *Incidences des conditions et des politiques socio-économiques sur la santé: conséquences au plan de la politique publique*, Ottawa.

BÉDARD, J. (1998). *Familles en détresse sociale: repère d'action. Tome I: Du social au communautaire*, Québec, Éditions Anne Sigier.

BENNETT, K.J. et ORFORD, D.R. (1998). «Les écoles, la santé mentale et la qualité de vie», dans *La santé au Canada: un héritage à faire fructifier. Le cadre et les enjeux*, Sainte-Foy, Éditions Multimondes, p. 49-89.

BERTRAND, J.-E. (1998). «Enrichir l'expérience des enfants d'âge préscolaire», dans *La santé au Canada: un héritage à faire fructifier. Les déterminants de la santé: les enfants et les adolescents*, Sainte-Foy, Éditions Multi-mondes, p. 8-43.

BLACKSON, T.C. (1994). «Temperament: A Salient Correlate of Risk Factors for Alcohol and Drug Abuse», *Drug and Alcohol Dependence*, vol. 36, p. 205-214.

CHOSSUDOVSKY, M. (1998). *La mondialisation de la pauvreté*, Montréal, Écho-société.

CLÉMENT, M.-E. et TOURIGNY, M. (1999). *Négligence envers les enfants et toxicomanie des parents: portrait d'une double problématique*, Montréal, Comité permanent de lutte à la toxicomanie.

COMITÉ PERMANENT DE LUTTE À LA TOXICOMANIE (1999). *Avis sur les mères toxicomanes. Présenté au ministre de la Santé et des Services sociaux*, Montréal.

COMMISSION ROYALE SUR LES PEUPLES AUTOCHTONES (1996). *À l'aube d'un rapprochement. Points saillants du rapport de la Commission royale sur les peuples autochtones*, Ottawa, Ministère des Approvisionnements et Services du Canada.

CORMIER, D. (1984). *Toxicomanies: styles de vie*, Chicoutimi, Gaëtan Morin Éditeur.

CRAWFORD, R. (1981). «"C'est de ta faute": l'idéologie de la culpabilisation de la victime et ses applications dans les politiques de la santé», dans L. Bozzini, M. Renaud, D. Gaucher et J. Lambias-Wolff (sous la dir. de), *Médecine et société. Les années 80*, Montréal, Éditions coopératives Albert Saint-Martin, p. 481-512.

EVANS, R.G., BARER, M.L. et MARMOR, T.R. (sous la dir. de) (1996). *Être ou ne pas être en bonne santé: biologie et déterminants sociaux de la maladie*, Paris, John Libbey Eurotext.

EVANS, R.G. et STODDART, G.L. (1994). «Producing Health, Consuming Health Care», dans R.G. Evans, M.L. Barer et T.R. Marmor (sous la dir. de), *Why Are Some People Healthy and Others Not? The Determinants of Health of Populations*, New York, Aldine de Gruyter, p. 27-64.

GORMAN, D.M. et BROWN, G.W. (1992). «Recent Developments in Life-events Research and Their Relevance for the Study of Addictions», *British Journal of Addiction*, vol. 87, p. 837-849.

GOTTLIED, B.H. (1998). «Promouvoir le développement optimal des jeunes au Canada», dans *La santé au Canada: un héritage à faire fructifier. Les déterminants de la santé: les enfants et les adolescents*, Sainte-Foy, Éditions Multi-mondes, p. 251-284.

GUYON, L. et coll. (1998). *Les mères toxicomanes: recension des écrits*, Montréal, Comité permanent de lutte à la toxicomanie.

HAMEL, P. (1998). «Solidarité communautaire et développement local: une nouvelle perspective pour construire des compromis sociopolitiques», dans *La santé au Canada: un héritage à faire fructifier. Le cadre et les enjeux*, Sainte-Foy, Éditions Multi-mondes, p. 203-247.

HAWKINS, J.D., CATALANO, R.F. et MILLER, J.Y. (1992). «Risk and Protective Factors for Alcohol and Other Drug Problems in Adolescence and Early Adulthood: Implications for Substance Abuse Prevention», *Psychological Bulletin*, vol. 112, p. 64-105.

LAMARCHE, P. (1988). «Le trafic international des stupéfiants: une analyse politique», dans P. Brisson (sous la dir. de), *L'usage des drogues et la toxicomanie*, vol. I, Boucherville, Gaëtan Morin Éditeur, p. 157-167.

LAMARCHE, P. (1985). «Le trafic international des stupéfiants: variation sur le thème de l'échange inégal», *Psychotropes: un journal d'information sur les drogues et leurs usages*, n° 2, p. 96-102.

LANDRY, M. et coll. (1994). «Alcoolisme et autres toxicomanies», dans F. Dumont, S. Langlois et Y. Martin (sous la dir. de), *Traité des problèmes sociaux*, Québec, Institut québécois de recherche sur la culture, p. 179-197.

MAZIADE, M. et coll. (1989). « Significance of Extreme Temperament in Infancy for Clinical Status in Preschool Years: Value of Extreme Temperament at 4-8 Months for Predicting Diagnosis at 4-7 Years », *British Journal of Psychiatry*, vol. 154, p. 535-543.

McCAIN M.N. et MUSTARD J.F. (1999). *Inverser la véritable fuite des cerveaux. Étude sur la petite enfance*, Toronto, Institut canadien de recherches avancées.

MILLON, T. (1990). « The Disorders of Personality », dans L.A. Pervin (sous la dir. de), *Handbook of Personality: Theory and Research*, New York, Guilford Press, p. 339-368.

NADEAU, L. (1999). « Santé publique, déterminants de la santé et addictions », dans D. Bailly et J.-L. Vénisse (sous la dir. de), *Addictions et psychiatrie*, Paris, Masson, p. 149-169.

NADEAU, L. et BIRON, C. (1998). *Pour une meilleure compréhension de la toxicomanie*, Québec, Les Presses de l'Université Laval.

OSBERG, L. (1998). « Les variables de la politique économique et la santé des populations », dans *La santé au Canada: un héritage à faire fructifier. Le cadre et les enjeux*, Sainte-Foy, Éditions Multi-mondes, p. 601-631.

POLANYL, M.E.D. et coll. (1998). « Créer un milieu favorable à la santé: examen critique de l'incidence sur la santé des changements apportés au milieu du travail », dans *La santé au Canada: un héritage à faire fructifier. Le cadre et les enjeux*, Sainte-Foy, Éditions Multi-mondes, p. 93-155.

RÉGIE RÉGIONALE DE LA SANTÉ ET DES SERVICES SOCIAUX DE MONTRÉAL (1998). *Les inégalités sociales de la santé*, Montréal, Direction de la santé publique.

RENAUD, M. et coll. (1997). « Rapport de travail du Groupe de travail sur les déterminants de la santé », dans *La santé au Canada: un héritage à faire fructifier: rapports de synthèse et documents de référence* / Determinants of Health Working Group: Synthesis Report, *Canada Health Action: Building on the Legacy: Synthesis Reports and Issues Papers*, Ottawa, Ministre des Travaux publics et Services gouvernementaux.

ROSS, D.P. et ROBERTS, P. (1999). *Le bien-être de l'enfant et le revenu familial. Un nouveau regard au débat sur la pauvreté*, Ottawa, Conseil canadien de développement social.

SHERIFF, T. et coll. (1997). *Pauvreté et protection des jeunes de 16-18 ans*, Québec, Institut universitaire sur les jeunes en difficulté, Centre jeunesse de Québec.

STEINHAUER, P.D. (1998). « Développer la résilience chez les enfants des milieux défavorisés », dans *La santé au Canada: un héritage à faire fructifier. Les déterminants de la santé: les enfants et les adolescents*, Sainte-Foy, Éditions Multi-mondes, p. 49-95.

THÉRIAULT, J.-Y. (1985). *La société civile ou la chimère insaisissable*, Montréal, Québec/Amérique.

TREMBLAY, R.E., et coll. (1995). « A Bimodal Preventive Intervention for Disruptive Kindergarten Boys: Its Impact Through Mid-Adolescence », *Journal of Consulting and Clinical Psychology*, vol. 63, p. 560-568.

VELLEMAN, R. (1992). « Intergenerational Effects. A Review of Environmentally Oriented Studies Concerning the Relationship Between Parental Alcohol Problems and Family Disharmony in the Genesis of Alcohol and Other Problems. I: The Intergenerational Effects of Alcohol Problems », *The International Journal of the Addictions*, vol. 27, p. 253-280.

WANG, C.T. et DARO, D. (1998). « Current Trends in Child Abuse Reporting: The Results of the 1997 Annual Fifty State Survey », dans National Committee to Prevent Child Abuse, *Child Abuse and*

Neglect Statistics, Washington (D.C.), avril.

WOLFE, D.A. (1998). « Prévenir la violence et la négligence à l'endroit des enfants », dans *La santé au Canada : un héritage à faire fructifier. Les déterminants de la santé : les enfants et les adolescents*, Sainte-Foy, Éditions Multimondes, p. 107-141.

ZOLA, É. (1877). *L'assommoir*, Paris, Livre de Poche (1965).

Substances, dépendances

Classification, caractéristiques et effets généraux des substances psychotropes

Louis Léonard ◆ *Mohamed Ben Amar*

À partir d'une classification générale en cinq grands groupes, les auteurs résument les caractéristiques principales des diverses catégories de psychotropes sur les plans pharmacologique et toxicologique : indications théra-peutiques ; effets aigus ; surdosage ; effets chroniques ; tolérance, pharma-codépendance et sevrage. Un index exhaustif des produits psychotropes complète la revue.

Introduction

Avant d'examiner en détail les différents psychotropes et leurs propriétés, il convient de présenter la classification retenue ainsi que la définition des termes utilisés pour décrire les caractéristiques de chaque catégorie de substances. Nous n'avons pas la prétention de proposer une typologie et des définitions universelles, mais nous croyons avoir retenu celles qui sont les plus communément employées dans le domaine de la pharmacologie.

Classification des psychotropes

Le psychotrope est une substance qui agit sur le psychisme d'un individu en modifiant son fonctionnement mental. Il peut entraîner des changements dans les perceptions, l'humeur, la conscience, le comportement et diverses fonctions psychologiques et organiques.

Il existe de nombreuses façons de classer les psychotropes : selon l'origine, le type d'usage (récréatif ou médical, licite ou illicite), la structure chimique, les mécanismes d'action, l'usage thérapeutique ou les principaux effets pharmacologiques. Cette dernière façon est la méthode de classification qu'on utilise le plus couramment en toxicomanie. Elle facilite la compréhension des effets des psychotropes sur le système nerveux central et, ainsi, sur le comportement humain. C'est celle qui est retenue dans cet ouvrage.

Partant de cette base pharmacologique, on peut de nouveau classer les psychotropes de plusieurs façons. La classification originelle de Delay et Deniker (Deniker, 1969) distinguait trois grandes classes de psychotropes : les psycholeptiques, les psychoanaleptiques et les psychodysleptiques, typologie tripartite qui prendra la dénomination bien connue de dépresseurs, stimulants et perturbateurs dans les années 1970, à l'instigation de chercheurs québécois (Boudreau, 1972). La classification proposée par la commission Le Dain, en 1972, présentait, quant à elle, les psychotropes en sept catégories. Pour ce chapitre, notre choix s'est porté sur une classification en cinq groupes principaux ou classes de psychotropes, inspirée d'une typologie proposée par la Fondation de la recherche sur la toxicomanie de l'Ontario (Brands, Sproule et Marshman, 1998). Le tableau 5.1 présente cette classification.

Définition des paramètres descriptifs

Nous présentons la majorité des catégories de substances selon leurs principales caractéristiques ; quelques catégories moins importantes sont décrites par un résumé ou certains de leurs paramètres, faute d'espace.

TABLEAU 5.1   **Classification des psychotropes**

I. Dépresseurs	II. Stimulants	III. Perturbateurs	IV. Médicaments psychiatriques	V. Stéroïdes

• Alcools
• Sédatifs-hypnotiques
  – de type benzo-diazépine
  – de type barbiturique
  – de type non benzo-diazépine et non barbiturique
• Antihistaminiques sédatifs
• Anesthésiques généraux
• Produits volatils
• Vasodilatateurs périphériques
• Gamma-hydroxybuty-rate (GHB)
• Opiacés
	• Stimulants majeurs
	  – Cocaïne
	  – Amphétamines
	• Stimulants apparentés aux amphétamines
	  – Médicaments utilisés pour les troubles de l'attention
	  – Anorexigènes
	  – Cathinone
	• Décongestionnants nasaux
	• Stimulants mineurs récréatifs
	  – Méthylxanthines
	  – Nicotine
		• Cannabis et ses dérivés
		• Hallucinogènes
		  – de type LSD
		  – de type anesthé-sique dissociatif
		  – de type stimulant
		  – de type anticholi-nergique
			• Antipsychotiques
			• Antidépresseurs
			• Stabilisateurs de l'humeur
				• Androgènes
				• Stéroïdes anabolisants

Les indications thérapeutiques

Il s'agit des usages thérapeutiques reconnus d'une substance aux fins de traitement. L'indice thérapeutique, lorsqu'il en est question, représente le rapport entre la dose toxique et la dose efficace; plus cet indice est élevé, plus la substance est sécuritaire.

Les effets aigus

Les effets aigus sont les effets qui résultent de l'action ponctuelle d'un médicament.

Les effets centraux et les effets périphériques

Quelle que soit la durée d'utilisation d'un psychotrope (effets aigus ou effets chroniques), ses effets peuvent se manifester à différents niveaux. On distingue, notamment:

— les effets centraux, qui s'exercent sur les fonctions cérébrales et se traduisent notamment par des modifications des perceptions, des émotions, de la réflexion, de la mémoire, de l'humeur, de l'attention et du jugement;

— les effets périphériques, qui s'exercent sur le système nerveux autonome (régulation des fonctions neurovégétatives: respiration, circulation, digestion, reproduction, fonction hormonale, température corporelle, métabolisme, etc.) et sur le système nerveux somatique (fonctionnement des muscles squelettiques).

Intoxication aiguë et surdosage

En latin, le mot *toxicum* signifie «poison». L'intoxication est donc l'action nocive qu'exerce une substance toxique sur l'organisme et l'ensemble des troubles qui en résultent. Au sens strict, il n'y a intoxication que lorsque la substance ingérée atteint dans l'organisme une concentration qui s'approche de la dose mortelle (dite «dose létale»). Cet aspect fait appel à la notion de surdosage, anglicisme (*overdose*) qu'on utilise pour décrire l'intoxication potentiellement mortelle.

Dans le langage courant, l'intoxication signifie tout effet qui perturbe une ou plusieurs fonctions organiques, indépendamment du niveau d'intoxication. Aux fins pratiques, il existe quatre niveaux d'intoxication: légère, modérée, grave et mortelle.

L'intoxication aiguë résulte de l'ingestion ponctuelle d'une substance toxique alors que l'intoxication chronique, qui se développe avec le temps, est la conséquence de l'ingestion régulière d'un produit toxique.

Les effets chroniques

Il s'agit des effets qui se développent avec le temps, à la suite de la prise ou de l'administration régulière d'une substance.

Tolérance, pharmacodépendance et sevrage

La tolérance est un état d'hyposensibilité de l'organisme se traduisant par une diminution de la réponse au psychotrope et par la capacité de supporter, sans manifester de symptômes d'intoxication significatifs, des doses élevées. Elle se traduit donc par une diminution de l'efficacité ou de la toxicité du psychotrope. Elle peut être innée (déjà présente avant même la première consommation du psychotrope) ou acquise (résultant de la prise répétée du psychotrope).

La pharmacodépendance fait référence au besoin d'un utilisateur de consommer un psychotrope. Elle se caractérise par des modifications du comportement et par des réactions d'ordre psychologique ou physique. Elle peut s'accompagner ou non d'une tolérance acquise.

La dépendance psychologique implique que la réduction de la prise d'un psychotrope produit des effets psychologiques caractérisés par un désir obsédant et persistant (*craving*) de reprendre la drogue.

La dépendance physique est un état résultant de l'adaptation de l'organisme à la présence plus ou moins continue du psychotrope.

La réduction de la consommation du produit se traduit par un dysfonctionnement du système nerveux entraînant un ensemble de signes et de symptômes qu'on appelle le syndrome de sevrage (ou syndrome d'abstinence, de privation ou de retrait). La nature, la gravité, le début et la durée du sevrage peuvent varier significativement selon le type de psychotrope, les doses consommées, la fréquence et la durée d'administration, ainsi qu'en fonction de facteurs biologiques et socioculturels propres à l'individu. De façon générale, les symptômes du sevrage sont opposés aux effets originaux produits par le psychotrope avant le développement de la dépendance. Les psychotropes à action longue tendent à produire un sevrage moins intense mais plus durable.

La désintoxication est le processus physiologique par lequel un individu qui est chimiquement dépendant retrouve un fonctionnement physique et mental «normal» grâce à un arrêt soudain ou graduel de la consommation de la drogue. Ce processus se fait à l'aide ou non d'un médicament de substitution.

Les dépresseurs

Les dépresseurs, que l'on désigne aussi sous le nom de psycholeptiques, ont la propriété de déprimer les fonctions psychiques et, éventuellement, les fonctions physiques.

L'alcool

Il existe différents alcools. Celui qu'on trouve dans les boissons alcoolisées est l'alcool éthylique, ou éthanol, que nous traitons exclusivement dans ce chapitre sous le terme d'alcool. Les autres alcools (méthylique, isopropylique, etc.) ne sont pas considérés en raison de leur toxicité importante et de l'intérêt limité qu'ils présentent pour le toxicomane.

Les indications thérapeutiques

L'alcool est essentiellement consommé à des fins récréatives. Au point de vue thérapeutique, on l'utilise principalement comme antiseptique externe et comme solvant pour certains médicaments, bains de bouche et gargarismes.

Les effets aigus

Les effets centraux

Selon la dose, les principales réactions observées sont, en ordre croissant, les suivantes : anxiolyse, euphorie, désinhibition, altération de l'attention et du jugement, diminution des perceptions sensorielles, troubles de la mémoire, sommeil, anesthésie, inconscience, coma et mort.

Les effets périphériques

Les effets périphériques peuvent se traduire notamment par des troubles psychomoteurs, une vasodilatation des vaisseaux sanguins de la peau (rougissement du visage, sensation de chaleur), de l'hypothermie (diminution de la température corporelle), une dépression respiratoire, des troubles digestifs et hépatiques, un effet diurétique, de l'hypoglycémie (diminution du sucre sanguin, surtout lorsqu'on est à jeun) et des désordres sexuels (stimulation du désir mais diminution de la performance).

Le surdosage

La toxicité de l'alcool varie grandement d'une personne à l'autre. Elle est principalement liée à la dose consommée, à la santé de l'utilisateur et à ses habitudes de consommation. Les malaises associés à une intoxication par l'alcool peuvent être observés avec une alcoolémie de l'ordre de 100 mg%[1] ou moins. Avec une alcoolémie de l'ordre de 200 mg% ou plus, l'intoxication est souvent accompagnée de malaises importants et peut être dangereuse pour la santé du consommateur. Une alcoolémie dépassant 300 mg% peut entraîner le coma et, autour de 400 mg%, il

---

1. L'alcoolémie est exprimée en milligrammes d'alcool par 100 ml de sang (mg%).

y a un danger de décès par dépression cardiorespiratoire. Le traitement d'urgence repose essentiellement sur des mesures de soutien.

Les effets chroniques

L'usage chronique de l'alcool peut conduire à des troubles nerveux, cardiovasculaires, digestifs, hépatiques, hématologiques, endocriniens et à des cancers.

Tolérance, pharmacodépendance et sevrage

La tolérance à l'alcool se développe rapidement. La dépendance physique et la dépendance psychologique peuvent être graves, mais elles s'installent lentement. Le syndrome de sevrage à l'alcool est caractéristique de celui de l'ensemble des dépresseurs. Le delirium tremens se manifeste dans les cas les plus graves et peut même être fatal. Dans le traitement de l'alcoolisme, selon l'état du patient, on peut avoir recours aux tranquillisants mineurs (benzodiazépines et phénobarbital), aux antipsychotiques, aux antidépresseurs ainsi qu'à certaines vitamines (B_1, B_2, B_6 et B_{12}), à la naltrexone (ReVia®) et à des agents de dissuasion (Antabuse® et Temposil®). Ces derniers provoquent une réaction très désagréable — nausées, vomissements, etc. — si le patient consomme de l'alcool (consulter, sur ce sujet, le chapitre 6).

Les sédatifs-hypnotiques de type benzodiazépine

Les indications thérapeutiques

Sédatifs-hypnotiques les plus prescrits, les benzodiazépines sont utilisées comme anxiolytiques (baisse de l'anxiété) ou comme hypnotiques (induction du sommeil). Toutefois, cette distinction est plutôt arbitraire. On se sert également des benzodiazépines comme relaxants musculaires, comme anticonvulsivants et lors de la préanesthésie. On en emploie aussi plusieurs pour réduire les symptômes associés au sevrage à divers psychotropes (alcool, tranquillisants, opiacés, nicotine, cocaïne, amphétamines) et dans les cas de surdosage où interviennent des stimulants ou des perturbateurs.

Les effets aigus

Les effets centraux

À doses croissantes, on observe un effet anxiolytique et myorelaxant, une désinhibition, un effet sédatif (calmant), une atteinte de la mémoire et, enfin, un effet hypnotique. À fortes doses, les benzodiazépines peuvent induire l'euphorie. Cependant, à doses thérapeutiques, la sensation de bien-être qu'elles procurent est principalement associée au soulagement de l'anxiété.

Les effets périphériques

À doses thérapeutiques, les benzodiazépines ne produisent généralement pas d'effets significatifs, mis à part des problèmes de motricité. À doses élevées, elles induisent un état d'intoxication semblable à celui qu'entraîne l'alcool.

Le surdosage

Les benzodiazépines sont fréquemment associées aux cas de surdosage. Les symptômes d'intoxication ressemblent à ceux que provoquent des doses élevées d'alcool ou de barbituriques (somnolence, confusion, vertiges, agitation, incoordination des mouvements, léthargie, troubles psychomoteurs, troubles de la mémoire). Cependant, elles sont beaucoup plus sécuritaires que ces produits et provoquent rarement une dépression respiratoire grave.

Dans les cas de surdosage, en plus des mesures générales et du traitement de soutien, il est possible de recourir à un antidote spécifique des benzodiazépines, le flumazénil (Anexate®).

Les effets chroniques

L'usage chronique des benzodiazépines peut amener un état d'apathie, de l'instabilité émotionnelle, de l'insomnie, une désorientation, des troubles de la mémoire, des difficultés d'élocution et de vision, des troubles psychomoteurs, des vertiges, des problèmes digestifs et des dysfonctions sexuelles.

Tolérance, pharmacodépendance et sevrage

À doses thérapeutiques, la tolérance aux benzodiazépines est faible. Par contre, à des doses plus élevées, la tolérance aux effets sédatifs est présente sans toutefois être accompagnée d'une tolérance aux effets anxiolytiques équivalente.

La dépendance physique et psychologique aux benzodiazépines peut se développer chez des sujets qui consomment des doses élevées pendant longtemps. Cependant, à doses thérapeutiques, la notion de dépendance psychologique est remise en question, car il est difficile de la distinguer du retour du syndrome anxieux, lequel conditionne le sujet à reprendre le médicament.

Dans un contexte thérapeutique, le syndrome de sevrage aux benzodiazépines est habituellement modéré et peut même être absent. À doses élevées, les principaux symptômes de retrait ressemblent à un état de stress (anxiété, irritabilité, insomnie, tremblements, transpiration, troubles digestifs, crampes et problèmes cardiovasculaires). Dans les cas les plus graves, des convulsions peuvent se manifester. Afin de réduire l'inconfort observé lors du sevrage, l'interruption brusque d'un traitement prolongé aux benzodiazépines doit être évitée. Il est recommandé de diminuer progressivement la dose sur une période de deux à trois semaines. Lorsqu'il s'agit de la désintoxication d'un sujet consommant de très fortes doses, l'approche est celle que l'on recommande pour les dépresseurs en général, soit le remplacement par un produit peu euphorisant et ayant une longue durée d'action (comme le chlordiazépoxide), suivie d'une réduction graduelle de la dose (voir le tableau 5.2, p. 130).

Les sédatifs-hypnotiques de type barbiturique

Du fait de leur sélectivité réduite et de leur faible indice thérapeutique, les barbituriques sont aujourd'hui très peu utilisés comme sédatifs et hypnotiques. Ils ont été remplacés par les benzodiazépines, lesquelles sont beaucoup plus sélectives, sécuritaires et moins euphorisantes.

Selon leur durée d'action, les barbituriques se divisent en quatre classes (effets ultracourts, courts, intermédiaires et longs). Les consommateurs ont une préférence pour les substances à action courte.

Les indications thérapeutiques

Les barbituriques peuvent être utilisés en tant que sédatifs, hypnotiques, lors de la préanesthésie ainsi que pour l'induction ou le maintien de l'anesthésie générale, comme anticonvulsivants et pour le traitement de certaines toxicomanies. Aujourd'hui cependant, on y recourt principalement pour traiter les migraines (Fiorinal®), l'épilepsie (phénobarbital) et le sevrage aux dépresseurs (phénobarbital).

Les effets aigus

Les effets centraux

Le profil d'intoxication aiguë ressemble à celui de l'état d'ébriété entraîné par l'alcool : anxiolyse, désinhibition, sédation, hypnose, inconscience, anesthésie générale, coma et mort.

Les effets périphériques

Les effets dépresseurs des barbituriques sur la respiration et sur la fonction cardiovasculaire ne sont pas significatifs à doses thérapeutiques. Toutefois, à des doses plus élevées, ils peuvent entraîner la mort.

Le surdosage

Il se caractérise par des difficultés respiratoires pouvant être accompagnées de complications pulmonaires, d'un effondrement de la tension artérielle, d'une défaillance cardiaque, d'une déshydratation et d'une insuffisance rénale. Dans les cas graves, le coma et la mort peuvent survenir.

TABLEAU 5.2   Particularités des principales benzodiazépines

Dénomination commune (et commerciale)[a]	Début d'action[b]	Durée d'action[c]	Remarques
Alprazolam (Xanax®)	Intermédiaire	Intermédiaire	—
Bromazépam (Lectopam®)	Intermédiaire	Intermédiaire	—
Chlordiazépoxide (Librium®)	Intermédiaire	Longue	Le Librium® est maintenant retiré du marché canadien. Des produits génériques sont encore en vente. Il est également utilisé pour réduire les symptômes qui accompagnent le sevrage alcoolique ou celui des tranquillisants ayant une durée d'action courte.
Clonazépam (Rivotril®)	Intermédiaire	Longue	Bien qu'il ne soit approuvé que comme anticonvulsivant, il est aussi utilisé comme anxiolytique, sédatif et hypnotique.
Clorazépate (Tranxène®)	Rapide	Longue	Est également utilisé pour réduire les symptômes qui accompagnent le sevrage alcoolique.
Diazépam (Valium®)	Rapide	Longue	A aussi des propriétés myorelaxantes et anticonvulsivantes. Est également utilisé pour réduire les symptômes qui accompagnent le sevrage alcoolique ou celui des tranquillisants ayant une courte durée d'action. Est aussi prescrit comme hypnotique.
Flunitrazépam (Rohypnol®)	Rapide	Intermédiaire	N'est pas en vente au Canada. Possède un pouvoir amnestique très marqué.
Flurazépam (Dalmane®)	Rapide	Longue	—

→

TABLEAU 5.2   Particularités des principales benzodiazépines (*suite*)

Dénomination commune (et commerciale)[a]	Début d'action[b]	Durée d'action[c]	Remarques
Lorazépam (Ativan®)	Intermédiaire	Intermédiaire	A aussi des propriétés anticonvulsivantes. Il est fréquemment prescrit comme hypnotique. Pouvoir amnestique marqué.
Midazolam (Versed®)	Rapide	Courte	Possède un pouvoir amnestique très marqué.
Nitrazépam (Mogadon®)	Intermédiaire	Longue	—
Oxazépam (Serax®)	Lent	Courte-intermédiaire	Est aussi prescrit comme hypnotique.
Témazépam (Restoril®)	Lent	Intermédiaire	Provoque moins d'insomnie de rebond.
Triazolam (Halcion®)	Rapide	Courte	Ne doit pas être utilisé pendant plus de 15 jours consécutifs. Pouvoir amnestique très marqué.

[a]   La dénomination commune désigne le principe actif du médicament, alors que le nom commercial est attribué au médicament par la compagnie qui le fabrique.

[b]   Début d'action rapide : moins de 30 minutes ; intermédiaire : de 30 à 120 minutes ; lent : plus de 120 minutes.

[c]   Durée d'action courte : demi-vie inférieure à 6 heures ; intermédiaire : demi-vie comprise entre 6 et 24 heures ; longue : demi-vie supérieure à 24 heures.

Le traitement du surdosage repose essentiellement sur des mesures générales de soutien. Il n'existe pas d'antidote spécifique des barbituriques. Par contre, on peut avoir recours à l'hémodialyse et à l'alcalinisation de l'urine.

Les effets chroniques

Les effets chroniques sont semblables à ceux que causent les benzodiazépines, mais ils sont plus graves.

Tolérance, pharmacodépendance et sevrage

L'efficacité des barbituriques diminue après une à deux semaines d'utilisation, car la tolérance se développe rapidement pour plusieurs de leurs effets.

À doses thérapeutiques, la dépendance physique se développe après quelques mois. Elle peut même apparaître après quelques jours d'un usage abusif. Lorsque les doses sont voisines de 500 mg par jour, les symptômes sont bénins. À des doses plus élevées, soit plus d'un gramme par jour, des manifestations importantes (ou graves) peuvent être observées, notamment une insomnie importante, des cauchemars, une confusion marquée, du délire, des hallucinations, des tremblements généralisés, des convulsions et une hyperthermie.

Les barbituriques, particulièrement ceux dont le début d'action est rapide, s'avèrent beaucoup plus toxicomanogènes que les benzodiazépines.

Le sevrage aux barbituriques chez le sujet dont la dépendance physique est grave est très dangereux. Il peut causer des convulsions graves de même qu'une défaillance cardiaque susceptible d'être mortelle.

TABLEAU 5.3   Particularités des barbituriques en vente au Canada

Dénomination commune (et commerciale)	Durée d'action[a]	Remarques
Amobarbital (Amytal®)	Intermédiaire	Indiqué comme sédatif, hypnotique, pré-anesthésique et anticonvulsivant.
Butabarbital (Butisol®)	Intermédiaire	Indiqué comme sédatif et hypnotique.
Butalbital (dans Fiorinal®)	Intermédiaire	Le Fiorinal® est une association de butalbital, de caféine et d'aspirine utilisée contre les migraines. C'est le barbiturique le plus utilisé lors des traitements de désintoxication. Le Fiorinal-C® contient aussi de la codéine.
Méthohexital (Brietal®)	Ultracourte	Indiqué pour l'induction ou le maintien de l'anesthésie générale.
Pentobarbital (Nembutal®)	Courte	Indiqué comme sédatif, hypnotique, pré-anesthésique et anticonvulsivant.
Phénobarbital (Barbilixir®)	Longue	Anticonvulsivant. Peu euphorisant. Agent de sevrage pour les dépresseurs du système nerveux central.
Sécobarbital (Seconal®)	Courte	Indiqué comme sédatif, hypnotique et pré-anesthésique.
Thiopental (Pentothal®)	Ultracourte	Indiqué pour l'induction ou le maintien de l'anesthésie générale.

[a] Ultracourte : entre 5 et 15 minutes ; courte : moins de 6 heures ; intermédiaire : entre 6 et 9 heures ; longue : plus de 9 heures.

Note : L'association amobarbital-sécobarbital (Tuinal®) est un hypnotique présentant un potentiel d'abus chez les toxicomanes.

Le traitement du sevrage aux barbituriques peut se faire en milieu externe ou à l'hôpital, selon la situation. En général, il consiste en une substitution au moyen d'un barbiturique peu euphorisant, à longue durée d'action, tel que le phénobarbital. La dose est graduellement diminuée par la suite, jusqu'à un maximum de 10 % par jour (voir le tableau 5.3).

Les anxiolytiques et les sédatifs-hypnotiques de type non benzodiazépine et non barbiturique

Ces produits sont quelquefois utilisés en thérapeutique et par les toxicomanes[2]. Ils ont des propriétés pharmacologiques ressemblant à celles des benzodiazépines ou des barbituriques, et, à l'exception de la buspirone (Buspar®), un anxiolytique pur, ils sont tous susceptibles d'entraîner une pharmacodépendance et un syndrome de sevrage. Les principales substances sont l'hydrate de chloral (PMS-Chloral Hydrate®), le méprobamate (Equanil®), le zopiclone (Imovane®) et le zolpidem (Ambien®).

Les antihistaminiques sédatifs

Les propriétés pharmacologiques des antihistaminiques peuvent varier d'une substance à une autre et incluent des effets sédatifs, hypnotiques, antiémétiques, antitussifs, anticholinergiques, antiparkinsoniens et anesthésiques locaux. Les antihistaminiques de première génération sont moins sélectifs et plus sédatifs que ceux de deuxième génération, lesquels ne sont pas toxicomanogènes.

Aux doses voisines du seuil toxique, certains antihistaminiques de première génération peuvent induire de l'euphorie et des hallucinations. Il y a donc un risque d'abus. Ce phénomène est particulièrement observé avec le dimenhydrinate (Gravol®).

La tolérance aux effets sédatifs-hypnotiques apparaît après un usage continu de quelques jours, ce qui limite leur utilité pour le traitement de l'insomnie.

Les anesthésiques généraux

Les anesthésiques généraux comprennent l'éther, le chloroforme, l'oxyde nitreux, le desflurane (Suprane®), l'enflurane (Ethrane®), l'halothane (Fluothane®), l'isoflurane (Forane®), le propofol (Diprivan®) et le sevoflurane (Sevorane®). Bien qu'il existe d'importantes différences entre ces produits du point de vue de leur efficacité et de leur indice thérapeutique, leur profil quant aux abus et les risques liés à leur usage sont qualitativement semblables.

---

2. Il s'agit, dans ce dernier cas, de la méthaqualone, un sédatif-hypnotique retiré du marché canadien mais encore produit par des laboratoires clandestins. Ses effets euphorisants sont comparables ou supérieurs à ceux des barbituriques.

Les indications thérapeutiques

Ces substances sont ou ont déjà été utilisées principalement pour induire et maintenir un état d'anesthésie générale chez les patients soumis à une chirurgie majeure.

Les effets aigus

Les effets centraux

Le début d'action est très rapide. Les anesthésiques généraux produisent de l'euphorie, un engourdissement, un état d'ébriété et, dans le cas de l'oxyde nitreux, un rire indépendant de la volonté. Bien qu'ils n'entraînent pas d'hallucinations réelles, ils perturbent la perception et donnent une impression de flottement. Ces effets disparaissent en général quelques minutes après l'interruption de l'inhalation. Certains utilisateurs ressentent de l'anxiété ou sont en proie à la panique.

Les effets périphériques

Ils peuvent entraîner une dépression cardiorespiratoire et, dans certains cas, des troubles de la fonction cardiaque.

Le surdosage

À fortes doses, ces produits entraînent une perte de connaissance et une dépression cardiorespiratoire. Le traitement consiste à ventiler adéquatement le patient et à appliquer les mesures de soutien appropriées.

Les effets chroniques

Bien que rare, l'usage chronique peut entraîner des neuropathies périphériques (sensations anormales aux extrémités).

Tolérance, pharmacodépendance et sevrage

Il existe relativement peu d'informations concernant l'utilisation à long terme des gaz anesthésiques. Toutefois, l'abus de l'éther et du chloroforme est relativement bien documenté. Ces substances provoquent des effets, une pharmacodépendance et un sevrage qualitativement semblables à ceux de l'alcool.

Les produits volatils

Les produits volatils comprennent principalement les quatre types suivants:

— les hydrocarbures aromatiques et aliphatiques (alcanes, benzène, gazoline, hexanes, naphte, toluène, xylènes, etc.);

— les hydrocarbures halogénés (fréons, perchloroéthylène, trichloroéthylène, etc.);

— les cétones (acétone, méthyléthylcétone, méthylisobutylcétone, etc.);

— les esters (acétate d'amyle, acétate d'éthyle, etc.).

Comme les anesthésiques généraux, les vapeurs de ces produits entraînent un état d'ébriété intense, immédiat et de courte durée. Ils sont cependant plus toxiques. À fortes doses, certains peuvent provoquer des hallucinations et la perte de connaissance. Leur toxicité systémique aiguë peut se traduire par une dépression cardiorespiratoire potentiellement mortelle. Leur usage chronique peut causer des problèmes intellectuels, psychiatriques et psychomoteurs ainsi que des troubles hépatiques, rénaux et hématologiques. Consommés sur une base régulière, ils peuvent entraîner la tolérance ainsi que la dépendance physique et psychologique. Leur sevrage est caractéristique de la classe des dépresseurs du système nerveux central.

Les vasodilatateurs périphériques

Ce sont principalement les nitrites d'amyle et de butyle (*poppers*). Ces substances produisent une vasodilatation qui se traduit par une accumulation de sang dans les membres et une privation relative de l'apport sanguin au cerveau. Cette réduction de l'apport sanguin induit un état d'hypoxie (insuffisance de l'oxygène) transitoire du système nerveux qui prend la forme d'un état d'ivresse instantané et de courte durée. L'état d'hypoxie et la vasodilatation provoquent un accroissement des sensations sexuelles chez certains sujets.

Leur durée d'action est courte. Les principales réactions indésirables sont les maux de tête, les nausées, les vomissements et la perte de connaissance. Les effets résultant de leur usage chronique sont relativement peu documentés.

Le gamma-hydroxybutyrate (GHB)

Les consommateurs de GHB recherchent soit ses effets euphorisants (sensation de bien-être), soit la relaxation qu'il procure, soit ses effets anabolisants. On l'administre également à l'insu d'une victime pour provoquer une soumission chimique accompagnée d'amnésie, dans le but de la voler ou de l'agresser.

Les indications thérapeutiques

En Europe, le GHB est en vente sur ordonnance pour les usages anxiolytique, sédatif, hypnotique, pour la narcolepsie, comme adjuvant de l'anesthésie générale, pour les états d'anoxie et le sevrage à l'alcool ou aux opiacés. Au Canada et aux États-Unis, il est actuellement retiré du marché. La possession n'est cependant pas illégale.

Les effets aigus

Les effets centraux

À l'instar des autres dépresseurs, l'augmentation progressive de la dose de GHB se traduit, dans l'ordre croissant, par les réactions suivantes: anxiolyse, relaxation musculaire, désinhibition, euphorie, sédation, somnolence, incoordination des mouvements, hypnose et anesthésie générale.

Ce produit peut entraîner une amnésie, particulièrement lorsqu'il est mélangé à l'alcool. Sa durée d'action varie de 45 minutes à 8 heures (typiquement de 1 à 3 heures).

Le surdosage

À fortes doses, le GHB peut causer des vomissements, une dépression respiratoire, des convulsions, une réduction de la fréquence cardiaque et de la tension artérielle, et le coma. Les cas d'intoxication mortelle sont essentiellement reliés à l'usage concomitant d'autres psychotropes. Il n'y a pas d'antidote spécifique du GHB et le traitement se limite principalement aux mesures de soutien. L'intoxication aiguë ne laisse généralement pas de séquelles.

Les effets chroniques

Bien que le GHB soit relativement sécuritaire, sa consommation abusive répétée peut entraîner un tableau d'intoxication chronique semblable à celui des autres dépresseurs.

Tolérance, pharmacodépendance et sevrage

En raison des effets agréables qu'il procure, le GHB est sujet d'abus. La prise quotidienne prolongée entraîne une certaine tolérance. L'interruption subite de la prise régulière de fortes doses de GHB entraîne normalement un syndrome de sevrage léger, dont les principaux symptômes sont l'anxiété, l'insomnie et les tremblements.

Les opiacés

Le terme «opiacés» est celui que l'on utilise le plus fréquemment pour décrire toute substance dérivée de l'opium ou exerçant une action comparable à celle de l'opium. Les termes « opioïde », « narcotique », « narcotique analgésique » et « stupéfiant » sont également employés pour désigner ces produits.

Les indications thérapeutiques

Les principaux usages des agonistes[3] opiacés sont l'analgésie, la suppression de la toux et le traitement de la diarrhée. Certains agonistes à longue durée d'action, comme la méthadone et le L-alpha-acétylméthadol (LAAM), servent principalement à soulager la dépendance aux opiacés (voir le chapitre 6). Les agonistes partiels et les agonistes-antagonistes sont surtout utilisés comme analgésiques. La buprénorphine (Buprenex®), un agoniste-antagoniste à longue durée d'action, est employée pour le traitement des opiomanes sevrés (voir le chapitre 6).

Les effets aigus

Les effets centraux

L'injection de certains opiacés (héroïne, hydromorphone) peut entraîner une sensation orgasmique ressentie dans l'abdomen, appelée le *rush*. Cet effet de très courte durée est suivi d'une période de somnolence marquée d'une heure. Elle s'accompagne d'une sensation de bien-être, de flottement, de rêves éveillés et d'un détachement de l'environnement physique et social. L'anxiété et la douleur, autant physique qu'émotionnelle, sont supprimées. L'individu est apathique et a de la difficulté à se concentrer. Les effets agréables résiduels persistent quelques heures.

L'administration d'opiacés par d'autres voies produit des effets moindres. Bien qu'en général les opiacés produisent l'euphorie, certains utilisateurs peuvent ressentir de la dysphorie (état de malaise), surtout les novices.

Les effets périphériques

Les opiacés entraînent un myosis (rétrécissement de la pupille). Ils causent également une réduction de l'appétit, une diminution du réflexe de la toux et de la constipation. Ils provoquent une légère hypothermie, la diaphorèse (sudation), une dépression respiratoire, une hypotension orthostatique (chute de tension au lever) et une rétention urinaire.

---

3. Substance mimant l'effet d'un médiateur chimique en stimulant ses récepteurs. À l'inverse, un antagoniste bloque l'effet d'un médiateur chimique en occupant ses récepteurs.

Le surdosage

Ces produits amènent un sommeil profond qui évolue vers un état de stupeur et le coma. Ils provoquent une dépression cardiorespiratoire potentiellement mortelle. Les convulsions peuvent être présentes. L'administration de naloxone (Narcan®), un antagoniste spécifique à courte durée d'action, permet de renverser la dépression respiratoire. Le support cardiorespiratoire est cependant requis avant que l'antidote n'agisse.

Les effets chroniques

Dans un cadre médical, les principaux problèmes observés en relation avec l'usage d'opiacés sont les troubles de l'accommodation visuelle, la constipation, la transpiration et des dysfonctions sexuelles.

Lors d'un usage illicite, la plupart des problèmes de santé physique observés sont reliés aux conditions de vie et aux risques auxquels s'exposent les consommateurs.

Tolérance, pharmacodépendance et sevrage

La tolérance, qui s'installe et se perd rapidement, peut être très importante, la dose initiale requise pouvant être augmentée de 100 fois. Une consommation excessive d'opiacés peut entraîner une dépendance physique et psychologique très marquée. Chez l'héroïnomane ou le morphinomane physiquement dépendant, le sevrage débute quelques heures après l'administration de la dernière dose. Les symptômes initiaux ressemblent à ceux d'une grippe (malaises, fièvre, frissons, courbatures, larmoiement et écoulement nasal), accompagnés d'anxiété, de bâillements et d'un désir obsédant de consommer. Le paroxysme du sevrage est atteint en 36 à 72 heures. À ce moment, le sujet éprouve d'importants malaises gastro-intestinaux en plus de souffrir physiquement et moralement. Ses pupilles sont dilatées (mydriase) et il a la chair de poule (*cold turkey*). La majeure partie de ces symptômes se résorbe en 7 à 10 jours. Un syndrome d'abstinence prolongée persiste cependant au-delà de cette période, caractérisé par un désir obsédant de consommer, l'anxiété, l'agitation, l'insomnie et des variations de poids.

On fait appel à diverses approches pour sevrer le patient opiomane. Le sevrage, bien que très inconfortable, peut généralement être réalisé à froid. Toutefois, l'ajout d'une médication symptomatique (sédatif-hypnotique, antispasmodique et adrénolytique) ou la substitution au moyen d'un agoniste à longue durée d'action (méthadone) facilitent la désintoxication (voir le tableau 5.4).

TABLEAU 5.4   **Particularités des principaux opiacés et de leurs antagonistes**

Dénomination commune (et commerciale)	Durée d'action (heures)	Remarques
Alfentanil (Alfenta®)	0,1	Agoniste. Sevrage intense mais de courte durée.
Aniléridine (Leritine®)	2-3	Agoniste. Sevrage intense mais de courte durée.
Buprénorphine (Buprenex®)[a]	4-10	Agoniste partiel et antagoniste. Peut provoquer un sevrage chez le patient dépendant. Utile à la réadaptation de l'héroïnomane.
Butorphanol (Stadol NS®)	2-6	Agoniste-antagoniste. Peut entraîner la dépendance. Peut provoquer un sevrage chez le patient dépendant.
Codéine (nombreux)	4-6	Agoniste faible. Sevrage généralement peu intense. Antitussif souvent associé à d'autres médicaments. En vente libre, à faible concentration et en association.
Diphénoxylate (Lomotil®)	3-4	Antidiarrhéique ne produisant pas d'effets psychotropes à doses thérapeutiques. Effets centraux à la dose de 50 mg ou plus.
Fentanyl (Duragesic®)	Inj. :[b] 0,5–2 s.l.t. :[c] 72	Agoniste puissant à courte durée d'action. La longue durée d'action est reliée à la forme pharmaceutique. Sevrage intense mais de courte durée. Certains dérivés illicites en circulation.
Héroïne ou diamorphine	3-5	Agoniste. Réservé au milieu hospitalier. Sevrage semblable à celui de la morphine.
Hydrocodone (Hycodan®)	4-6	Agoniste. Sevrage plus intense que celui de la codéine et moins intense que celui de la morphine.
Hydromorphone (Dilaudid®)	2-5	Agoniste. Sevrage semblable à celui de la morphine.
L-alpha-acétyl-méthadol ou LAAM[a]	48-72	Agoniste dont les métabolites ont de longues durées d'action, permettant une administration tous les 2 ou 3 jours. Sevrage moins intense mais plus long que celui de la morphine. Utilisé pour le sevrage et la réadaptation de l'héroïnomane.
Mépéridine ou péthidine (Demerol®)	2-4	Agoniste à courte durée d'action. Très utilisé en milieu hospitalier. Sevrage intense mais de courte durée. Certains dérivés illicites peuvent être neurotoxiques.

→

TABLEAU 5.4 **Particularités des principaux opiacés et de leurs antagonistes (*suite*)**

Dénomination commune (et commerciale)	Durée d'action (heures)	Remarques
Méthadone	4-6	Agoniste. La prise répétée entraîne une accumulation qui permet l'administration d'une seule dose par jour. Sevrage moins intense mais plus long que celui de la morphine. Utilisé pour le sevrage et la réadaptation de l'héroïnomane.
Morphine (nombreux)	4-5	Agoniste.
Nalbuphine (Nubain®)	3-6	Agoniste-antagoniste. Peut entraîner le sevrage chez le patient dépendant.
Naloxone (Narcan®)	2-3	Antagoniste à courte durée d'action. Antidote spécifique des opiacés. Aussi utilisé pour d'autres intoxications.
Naltrexone (ReVia®)	24-72	Antagoniste à longue durée d'action. Utilisé pour éviter les rechutes du patient sevré.
Opium	3-5	Contient morphine et codéine. Retrouvé dans plusieurs produits contre la diarrhée. La teinture peut être utilisée pour traiter le sevrage du nouveau-né.
Oxycodone (Supeudol®)	3-4	Agoniste. Sevrage plus intense que celui de la codéine et moins intense que celui de la morphine.
Oxymorphone (Numorphan®)	3-6	Agoniste. Sevrage semblable à celui de la morphine.
Pentazocine (Talwin®)	2-7	Agoniste partiel et antagoniste faible. Peut entraîner le sevrage chez le patient très dépendant.
Propoxyphène (Darvon-N®)	4-6	Agoniste faible. Sevrage moins intense que celui de la codéine.
Rémifentanil (Ultiva®)	0,1	Agoniste très puissant. Sevrage plus intense mais de plus courte durée que celui de la morphine.
Sufentanil (Sufenta®)	0,1	Agoniste très puissant. Sevrage plus intense mais de plus courte durée que celui de la morphine.

[a] N'est pas en vente au Canada.
[b] Inj. : injectable.
[c] s.l.t. : système de libération transdermique.

Les stimulants

Ces produits, aussi appelés «psychoanaleptiques», ont la propriété de stimuler les fonctions psychiques et physiques.

Les stimulants majeurs : cocaïne et amphétamines

Les indications thérapeutiques

Bien qu'elles ne soient pratiquement plus utilisées en clinique, les amphétamines sont indiquées pour le traitement de la narcolepsie et du syndrome parkinsonien. La cocaïne peut encore être employée occasionnellement comme anesthésique local.

Les effets aigus

Les effets centraux

Ces substances entraînent une euphorie fébrile allant d'un effet agréable à une sensation orgasmique (*flash*). Ils suppriment la sensation de fatigue et le besoin de sommeil, stimulent la vigilance, augmentent la mémoire et les perceptions sensorielles. Ils ont également un effet anorexigène (suppression de l'appétit) et peuvent générer de l'anxiété. Qualitativement, les effets de ces substances sont similaires. Par contre, la puissance et la durée d'action des amphétamines sont supérieures à celles de la cocaïne.

Les effets périphériques

Les stimulants provoquent l'hyperthermie (augmentation de la température corporelle), l'hypertension et la mydriase (dilatation de la pupille). La motricité est accrue et des mouvements répétitifs peuvent apparaître. Les amphétamines stimulent la respiration et induisent la bronchodilatation. La cocaïne peut également ment causer ces effets respiratoires, mais de plus, à fortes doses, elle peut déprimer la respiration.

Le surdosage

Les stimulants majeurs peuvent provoquer des convulsions, une hyperthermie potentiellement fatale et une hémorragie cérébrale. Notons cependant que la plupart des cas de mortalité associés à l'usage de ces substances résultent de leur action sur le comportement du consommateur.

Il n'existe pas d'antidote spécifique de ces substances et le traitement du surdosage est essentiellement symptomatique, au moyen d'anxiolytiques, par exemple.

Les effets chroniques

Lors d'un usage prolongé, les sensations agréables sont graduellement remplacées par l'agitation, l'hyperexcitabilité, des troubles du sommeil et la méfiance. En cours de consommation, l'utilisateur peut devenir agressif, paranoïaque, délirant et avoir des accès psychotiques. On observe aussi une perte de poids, des troubles digestifs et des problèmes de libido.

La toxicité chronique des stimulants majeurs est également associée au mode d'administration. Ainsi, le fumeur pourra présenter des troubles respiratoires, le priseur, des problèmes aux parois nasales et l'injecteur, l'ensemble des complications liées à l'administration non stérile d'un produit impur (infections, caillots sanguins et allergies).

Tolérance, pharmacodépendance et sevrage

L'usage régulier de ces produits conduit au développement d'une tolérance à différents effets, plus particulièrement à l'euphorie.

La cocaïne et les amphétamines présentent un potentiel très élevé de dépendance psychologique. Cette situation s'accompagne de malaises physiques d'intensité variable. Le sevrage ne menace aucunement la santé physique du consommateur. Les principaux symptômes sont un désir obsédant (*craving*) de prendre le psychotrope, l'anxiété, la dysphorie, la fatigue, l'hypersomnie, des troubles gastro-intestinaux, l'agitation, l'anhédonie (incapacité de ressentir le plaisir) et la dépression. Il n'existe pas de traitement médicamenteux propre à la désintoxication des consommateurs de ces stimulants. Parmi les médicaments utiles au maintien de la sobriété, l'administration d'antidépresseurs donne certains résultats (voir le chapitre 6).

Les stimulants apparentés aux amphétamines

Plusieurs produits dont la structure ou les propriétés pharmacologiques ressemblent à celles des amphétamines sont actuellement utilisés en clinique pour traiter les problèmes suivants :

— les troubles de l'attention : méthylphénidate (Ritalin®) et pémoline (Cylert®) ;
— l'obésité (effet anorexigène) : diéthylpropion (Tenuate®), mazindol (Sanorex®) et phentermine (Fastin®).

Ces médicaments ont des propriétés stimulantes et euphorisantes moindres que celles des amphétamines. Ils sont néanmoins pris par les consommateurs de stimulants lorsque leur produit préféré n'est pas offert ou accessible.

La cathinone est un autre produit dont la structure est apparentée à celle des amphétamines. Cette « amphétamine naturelle » est extraite des feuilles du khat, un arbuste du Yémen et de l'Éthiopie. Ses propriétés stimulantes sont cependant inférieures à celles des amphétamines. Son analogue semi-synthétique, la méthcathinone, est plus puissant et son action est plus durable.

Les décongestionnants nasaux

Plusieurs décongestionnants nasaux — l'éphédrine (Ma-huang®), la pseudoéphédrine (Sudafed®) et la phénylpropanolamine (présente dans Contac-C®) — ont de légères propriétés stimulantes et anorexigènes lorsqu'ils sont administrés par voie orale. Ils sont parfois utilisés, principalement par de jeunes consommateurs, afin d'augmenter la performance athlétique ou de perdre du poids.

Les stimulants mineurs récréatifs : les méthylxanthines

Ces substances, également appelées «xanthines», comprennent la caféine, la théophylline et la théobromine. La caféine est présente dans le café, le thé, le chocolat, certaines boissons gazeuses (colas) et quelques médicaments. La théophylline se trouve dans le thé et plusieurs médicaments contre l'asthme. La théobromine est présente dans le cacao.

Les effets aigus de ces produits sont l'augmentation de l'activité cérébrale, la stimulation des fonctions cardiovasculaires et respiratoires, et la diurèse. Leur toxicité se manifeste principalement par l'agitation et l'insomnie.

Les stimulants mineurs récréatifs : la nicotine

Ce stimulant mineur se trouve dans le tabac et dans les produits utilisés comme adjuvants au sevrage du fumeur. Il n'a pas d'autre indication thérapeutique.

La consommation chronique du tabac entraîne de nombreux problèmes respiratoires (fumeurs), digestifs (chiqueurs et fumeurs), cardiovasculaires et neurologiques. La grande toxicité des produits du tabac n'est pas attribuable seulement à la nicotine. Les goudrons et le monoxyde de carbone sont les principaux agents responsables des complications pulmonaires, des problèmes cardiaques et des risques accrus de cancer. La nicotine contribue à la dysfonction cardiaque, car elle stimule le cœur, augmentant ainsi ses besoins en oxygène.

La durée d'action de la nicotine est très brève, ce qui conditionne le fumeur dépendant à une consommation fréquente. Bien que la dépendance à la nicotine s'installe lentement, la dépendance physique et particulièrement la dépendance psychologique aux produits du tabac peuvent être très marquées (voir le tableau 5.5, p. 144).

TABLEAU 5.5   Particularités des stimulants retrouvés au Canada (commercialement ou de façon illicite)

Dénomination commune (et commerciale)	Remarques
Caféine (Wake up®)	Stimulant mineur. Se trouve dans le café, le thé, le chocolat et les colas.
Cathinone (dans le khat)	Stimulant apparenté aux amphétamines, mais moins puissant et dont l'action est plus courte. Les feuilles doivent être consommées fraîches.
Cocaïne	Stimulant majeur. Durée d'action très courte.
Dexamphétamine (Dexedrine®)	Stimulant majeur. Durée d'action beaucoup plus longue que la cocaïne.
Diéthylpropion (Tenuate®)	Stimulant anorexigène. Normalement administré trois fois par jour.
Éphédrine (Ephedrine®, Ma-huang® et Omni-Tuss®)	Décongestionnant nasal.
Mazindol (Sanorex®)	Stimulant anorexigène. Normalement administré trois fois par jour.
Méthamphétamine	Stimulant majeur. Durée d'action beaucoup plus longue que celle de la cocaïne.
Methcathinone	Analogue synthétique de la cathinone, plus puissant et dont l'effet est plus long.
Méthylphénidate (Ritalin®)	Stimulant utilisé contre les troubles de l'attention. Normalement administré trois fois par jour.
Nicotine (produits du tabac, Habitrol®, Nicoderm®, Nicorette®, Nicorette Plus®, Nicotrol® et Prostep®)	Stimulant mineur. Très courte durée d'action. Se trouve dans le tabac. Accessible sous forme de gomme à mâcher ou de système de libération transdermique, comme aide au sevrage du fumeur.
Pémoline (Cylert®)	Stimulant utilisé contre les troubles de l'attention. Normalement administré une fois par jour.
Phentermine (Fastin® et Ionamin®)	Stimulant anorexigène. Normalement administré une fois par jour.
Phénylpropanolamine (dans Contac-C®)	Décongestionnant nasal. Au Canada, commercialisé seulement en association avec d'autres produits.
Pseudoéphédrine (Sudafed®)	Décongestionnant nasal.
Théobromine	Stimulant mineur se trouvant dans le cacao.
Théophylline	Stimulant mineur se trouvant dans le thé.

Les perturbateurs

Ces drogues, également appelées «hallucinogènes», «psychodysleptiques» ou «psychotomimétiques», modifient les émotions et les perceptions. La modification des perceptions peut se traduire par des hallucinations ou des pseudo-hallucinations (hallucinations que le sujet reconnaît comme n'étant pas réelles). Il s'agit d'une classe très hétérogène de produits. Certains de ces agents sont stimulants, d'autres sont dépresseurs et d'autres encore ont des effets qui varient en cours d'intoxication.

Le cannabis et ses dérivés

Il existe plusieurs dérivés du cannabis, ou chanvre indien. Les principaux sont la marijuana (feuilles et fleurs séchées) et le haschisch (extrait résineux de la plante). Leurs huiles sont des extraits généralement plus concentrés. La nabilone (Cesamet®) est un analogue synthétique, commercialisé comme antiémétique.

Les indications thérapeutiques

Le cannabis peut être utilisé pour le traitement des nausées et des vomissements liés à la chimiothérapie anticancéreuse. Il présenterait également d'autres usages thérapeutiques (pour l'épilepsie, le glaucome, l'asthme, l'anorexie et la sclérose en plaques). Il y a actuellement un débat portant sur ses bienfaits comme calmant dans diverses pathologies.

Les effets aigus

Les effets centraux

Ils sont caractérisés par l'euphorie, la loquacité et une gaieté allant jusqu'à l'hilarité. Cette sensation de bien-être s'accompagne généralement d'une distorsion de la perception du temps, de l'espace et de l'image de soi, ainsi que d'une accentuation des perceptions sensorielles. La mémoire à court terme, l'attention et la concentration sont réduites. Il peut aussi y avoir une augmentation de l'appétit, particulièrement pour les aliments sucrés. Plus rarement, l'anxiété et des vertiges sont observés.

Les effets périphériques

Le cannabis et ses dérivés produisent une hypotension orthostatique, une augmentation de la fréquence cardiaque, la bronchodilatation, la rougeur des yeux et la sécheresse de la bouche. La coordination des mouvements peut être affectée.

Le surdosage

La prise de doses excessives de dérivés du cannabis se traduit par la somnolence, la désorientation, la confusion, des hallucinations et la paranoïa. Bien que cela soit rare, ils peuvent provoquer une psychose toxique, surtout chez les sujets prédisposés. Ces problèmes ne menacent pas la vie du consommateur. Il n'y a pas de traitement médical spécifique et l'approche usuelle consiste à rassurer le patient et à dédramatiser la situation. Au besoin, une sédation modérée au moyen de benzodiazépines peut être utile.

Les effets chroniques

Les principales complications liées à l'usage chronique de doses élevées sont les problèmes pulmonaires (liés au mode d'administration) et le syndrome dit « amotivationnel », caractérisé par des troubles de l'attention, de la mémoire et de la concentration ainsi que par de l'apathie et une désorganisation de la pensée. Des troubles de l'humeur et la réminiscence des hallucinations peuvent également être observés.

Tolérance, pharmacodépendance et sevrage

Les effets maximaux recherchés sont généralement atteints après quelques expositions au produit. Ce phénomène de sensibilisation résulterait du fait que le THC (tétrahydrocannabinol) est transformé par le foie en un produit encore plus actif, le 11-hydroxy-THC. La tolérance n'est très importante que si les doses et la fréquence d'administration sont élevées.

La dépendance physique est peu prononcée, mais la dépendance psychologique peut être importante. Le sevrage au cannabis s'observe chez le consommateur régulier de fortes doses. Il se traduit par l'anxiété, l'irritabilité, l'insomnie, une augmentation des réflexes, des maux de tête, de la sudation, des nausées et la perte d'appétit.

Les hallucinogènes de type LSD

Le diéthylamide de l'acide lysergique (LSD) est un hallucinogène très puissant. Plusieurs autres produits ont des effets semblables. Ces substances sont décrites au tableau 5.6, p.149.

Les indications thérapeutiques

Ces hallucinogènes n'ont aucune indication thérapeutique reconnue.

Les effets aigus

Les effets centraux

Ils produisent en général l'euphorie, un accroissement de l'acuité sensorielle, une altération de la mémoire à court terme, des troubles de la pensée et de la concentration ainsi que des hallucinations. Ces effets s'accompagnent d'une altération de la perception de soi, des formes, des couleurs, du temps et de l'espace. Ils peuvent causer des vertiges.

Les effets périphériques

La plupart de ces produits altèrent la vision et causent une dilatation de la pupille. Ils augmentent la fréquence cardiaque, la tension artérielle et la température corporelle. Ils peuvent entraîner des problèmes de coordination.

Le surdosage

L'intoxication aiguë peut entraîner l'anxiété, une dépersonnalisation, une sensation de perte de la maîtrise de soi et de son environnement, et un état de panique. Cette réaction, connue sous le nom de mauvais voyage (*bad trip*), s'accompagne de conduites susceptibles d'être dangereuses. Ces hallucinogènes peuvent provoquer des convulsions.

Le traitement du surdosage varie en fonction du produit en cause. À l'instar du traitement non spécifique de l'intoxication par le cannabis, il convient de placer le patient dans un endroit calme avec un éclairage doux, de le rassurer et de dédramatiser la situation. En général, aucune médication n'est nécessaire ou recommandée. Au besoin, une benzodiazépine peut être administrée. Les tranquillisants majeurs sont de moins en moins utilisés, car ils ont tendance à faciliter l'apparition de crises convulsives. En présence de convulsions, le diazépam (Valium®) intraveineux peut être administré.

Les effets chroniques

Les réactions les plus fréquemment observées sont le syndrome amotivationnel, des troubles de l'humeur et des réminiscences d'hallucinations.

Tolérance, pharmacodépendance et sevrage

La tolérance aux effets hallucinogènes s'installe après quelques jours de consommation et disparaît aussi rapidement. Bien que la dépendance physique soit absente, une dépendance psychologique d'intensité variable peut être observée.

Les hallucinogènes de type anesthésique dissociatif

Ces substances, dont le prototype est la phencyclidine (PCP), produisent des effets comparables au LSD tout en suscitant moins d'hallucinations. Ils produisent également une anesthésie générale, réduisant ainsi la perception de la douleur et de l'environnement. Ils sont plus fréquemment associés à des troubles de la mémoire, à des comportements étranges ou violents et à une psychose toxique. Outre les problèmes de comportement, le surdosage peut causer des troubles du métabolisme musculaire (rhabdomyolyse) susceptibles de provoquer un blocage rénal dû à l'accumulation de déchets métaboliques. L'intoxication chronique entraîne des problèmes intellectuels, psychologiques et psychiatriques.

Consommés régulièrement, ces hallucinogènes entraînent une tolérance très importante ainsi qu'une dépendance physique et psychologique.

Les hallucinogènes de type stimulant

Les effets de ces produits, dont le plus recherché est le MDMA (*ecstasy*), sont décrits comme étant à la fois stimulants, hallucinogènes et entactogènes. Ce dernier terme permet de décrire la propriété de modifier l'état de conscience, d'entraîner une désinhibition émotionnelle, de favoriser l'introspection et d'abolir les barrières interpersonnelles. Les entactogènes ne modifient pas aussi intensément la perception de la réalité extérieure que les hallucinogènes plus puissants, comme le LSD. L'effet stimulant est celui qui prédomine largement.

Le MDMA n'est pas hallucinogène à faibles doses et ne désorganise pas le processus de la pensée. Il augmente la perception des diverses sensations, la capacité d'empathie et l'aptitude à la sérénité. L'effet comporte trois phases : une phase de sensations étranges (*weird period*), parfois accompagnée de nausées et de vomissements, une phase agréable (*rush*) et une phase de descente (*down* ou *crash*), caractérisée par une stimulation résiduelle. La durée totale de l'intoxication varie normalement de cinq à huit heures.

Contrairement à la plupart des hallucinogènes et des stimulants majeurs, les troubles du comportement et la psychose toxique sont rares. Toutefois, des déficits cognitifs (mémoire, attention) peuvent être présents. Sur le plan psychologique, l'anxiété et l'insomnie peuvent se manifester et durer plusieurs jours.

La tolérance s'installe rapidement. La dépendance physique est peu documentée, ce qui laisse croire que ce phénomène n'est pas significatif. La dépendance psychologique peut être présente.

Les hallucinogènes de type anticholinergique

Certaines plantes contiennent des anticholinergiques (antagonistes des récepteurs de l'acétylcholine), tels que l'atropine ou la scopolamine, lesquelles sont hallucinogènes à de très fortes doses. Il existe également certains médicaments dont l'ingrédient actif peut entraîner des effets anticholinergiques (par exemple, la procyclidine).

Une dose suffisamment élevée d'un anticholinergique produit divers effets incluant l'euphorie, la confusion, des pertes de mémoire, l'agitation, des hallucinations et le délire. Ces effets s'accompagnent généralement de troubles de l'élocution et de la coordination, d'une dilatation des pupilles et parfois de convulsions. La fièvre, des maux de tête, des nausées et des vomissements, un rythme cardiaque rapide et irrégulier ainsi qu'une élévation de la tension artérielle peuvent aussi être observés. Dans les cas de surdosage, la stimulation est suivie d'une dépression cardiorespiratoire pouvant être fatale. En raison de leurs nombreux effets secondaires et de leur toxicité importante, le potentiel d'abus des anticholinergiques est relativement faible (voir le tableau 5.6).

TABLEAU 5.6   Particularités des principaux hallucinogènes

Dénomination commune, commerciale et familière	Sous-catégorie	Remarques
Acide iboténique et muscazone (*Amanita muscaria*)	Indéfini	Outre cette espèce de champignon, il existe plusieurs variétés d'amanites hallucinogènes, lesquelles sont généralement plus toxiques.
Amide de l'acide lysergique et iso-lysergique (gloire du matin ou ololiuqui)	LSD et analogues	La prise d'une centaine de graines procure des effets de type LSD. Nausées, vomissements et diarrhée plus fréquents.
Atropine et scopolamine (belladone, *Datura stramonium*, jusquiame et divers médicaments)	Anticholinergiques	Effets hallucinogènes à très fortes doses. Toxicité importante.
Benztropine (Cogentin® et autres)	Anticholinergique	Hallucinogène à fortes doses.
Bipéridène (Akineton®)	Anticholinergique	Hallucinogène à fortes doses.
Bromodiméthoxyamphétamine (DOB)	LSD et analogues	Effets ressemblant à ceux de la mescaline et du MDMA. Très puissante et toxique.

$\longrightarrow$

TABLEAU 5.6   **Particularités des principaux hallucinogènes (*suite*)**

Dénomination commune, commerciale et familière	Sous-catégorie	Remarques
Bromodiméthoxyphénéthylamine (« Nexus » et « 2-CB »)	Hallucinogène stimulant	Effets ressemblant à ceux du MDMA mais plus marqués.
Bufoténine (hydroxydiméthyltryptamine)	LSD et analogues	Présente dans certaines espèces animales et végétales. Effets ressemblant à ceux de la mescaline.
Cyclohexamine (PCE)	Anesthésique dissociatif	Effets de type PCP mais plus puissants. Décès rapportés.
Dextrométhorphane (Balminil DM®)	Indéfini	En vente libre comme antitussif. À très fortes doses, cause de l'euphorie et des hallucinations. Sevrage possible.
Diéthylamide de l'acide lysergique (LSD et « acide »)	LSD et analogues	Prototype des hallucinogènes. Longue durée d'action.
Diéthyltryptamine	LSD et analogues	Effets ressemblant à ceux du DMT, mais ayant une plus longue durée.
Diméthoxyméthamphétamine (DOM et STP)	Hallucinogène stimulant	Effets hallucinogènes de type LSD. Effets périphériques importants.
Diméthyltryptamine (DMT et *Piptadina peregrina*)	LSD et analogues	Effets hallucinogènes de très courte durée.
Harmaline et harmine (*Peganum harmala* et autres)	Hallucinogène stimulant	Effets des IMAO. Réactions indésirables importantes.
Herbe à chat (*Nepeta cataria*)	Indéfini	Lorsqu'elle est fumée, produit l'euphorie et des pseudo-hallucinations.
Ibogaïne (*Tabernanthe iboga*)	Hallucinogène stimulant	Effets ressemblant à ceux de l'harmaline.

→

TABLEAU 5.6   **Particularités des principaux hallucinogènes (*suite*)**

Dénomination commune, commerciale et familière	Sous-catégorie	Remarques
Kétamine (Ketalar® et «Spécial K»)	Anesthésique dissociatif	Utilisé en médecine chez l'homme et l'animal. Effets semblables à ceux du PCP, mais moins intenses et de plus courte durée. L'administration intraveineuse peut causer une perte de connaissance de courte durée.
Méthylènedioxyamphétamine (MDA et *love drug*)	Hallucinogène stimulant	Effets comparables à ceux du MDMA mais de plus longue durée et moins agréables.
Méthylènedioxyéthamphétamine (MDEA et «Ève»)	Hallucinogène stimulant	Effets semblables à ceux du MDMA. Cas de décès rapportés.
Méthylènedioxyméthamphétamine (MDMA, *ecstasy* et «Adam»)	Hallucinogène stimulant	Très peu hallucinogène.
Myristicine (muscade)	LSD et analogues	Une dose de 5 g à 10 g produit des effets de type LSD, de faible intensité. Nombreux effets secondaires et résiduels.
Paraméthoxyamphétamine (PMA)	Hallucinogène stimulant	Effets se situant entre ceux du MDA et ceux de la mescaline. Toxicité cardiaque importante.
Phencyclidine (PCP, *mess*, *angel dust* et *peace pill*)	Anesthésique dissociatif	Faible indice thérapeutique. Souvent vendu sous de faux noms.
Phénylcyclohexylpyrrolidine (PHP)	Anesthésique dissociatif	Effets de type PCP.
Procyclidine (Kemadrin®)	Anticholinergique	Hallucinogène à fortes doses.

→

TABLEAU 5.6   Particularités des principaux hallucinogènes (*suite*)

Dénomination commune, commerciale et familière	Sous-catégorie	Remarques
Psilocybine (champignons magiques)	LSD et analogues	Extrait de plusieurs champignons dont le psilocybe. Effets moins intenses que le LSD mais plus agréables.
Trihexyphénidyle (Artane®)	Anticholinergique	Hallucinogène à fortes doses.
Triméthoxyamphétamine (TMA)	Hallucinogène stimulant	Effets se situant entre ceux du MDA et ceux de la mescaline. Effet hallucinogène précédé d'un effet stimulant appréciable. Toxicité importante.
Triméthoxyphénéthylamine (mescaline, aussi trouvée dans le peyotl, un cactus mexicain)	LSD et analogues	Par rapport au LSD : effets centraux moindres et effets périphériques plus marqués. La « mescaline » trouvée sur le marché est, en général, du PCP.

Les médicaments psychiatriques

Les antipsychotiques

Les antipsychotiques (ou neuroleptiques ou tranquillisants majeurs) sont des médicaments capables de régulariser la pensée et d'améliorer l'humeur des patients atteints de psychose, un désordre grave de la personnalité qui modifie la perception et la compréhension de la réalité, et qui désorganise le comportement affectif et social de l'individu.

Il existe neuf classes chimiques d'antipsychotiques. Les produits en vente au Canada sont la chlorpromazine, la clozapine, le dropéridol, le flupenthixol, la fluphénazine, l'halopéridol, la loxapine, la mésoridazine, la méthotriméprazine, l'olanzapine, la péricyazine, la perphénazine, le pimozide, la pipotiazine, la prochlorpérazine, la prométhazine, la quétiapine, la rispéridone, la thiopropérazine, la thioridazine, le thiothixène, la trifluopérazine et le zuclopenthixol.

Les indications thérapeutiques

Outre leur utilité antipsychotique, ces médicaments possèdent certaines propriétés thérapeutiques, notamment dans le sevrage aux stéroïdes (androgènes et stéroïdes anabolisants).

Les effets aigus

Les effets centraux

Ils se traduisent par une normalisation de la pensée, une diminution de l'agressivité, et une action antiémétique et sédative.

Les effets périphériques

Les antipsychotiques peuvent entraîner des effets extrapyramidaux (syndrome parkinsonien et réactions dystoniques). Ils peuvent également causer l'hypotension, la bradycardie (ralentissement cardiaque), la sécheresse de la bouche, la constipation, la rétention urinaire et la cycloplégie (trouble de l'accommodation visuelle).

Le surdosage

Les antipsychotiques présentent un indice thérapeutique élevé. La mortalité due à une intoxication aiguë est rare.

Les effets chroniques

Outre la somnolence, l'indifférence psychique et le ralentissement psychomoteur, les antipsychotiques peuvent provoquer des effets chroniques se manifestant par une exacerbation des symptômes centraux et périphériques décrits précédemment. De plus, il peut y avoir une manifestation de troubles hépatiques, endocriniens, hématologiques et dermatologiques. Les dyskinésies (mouvements anormaux et involontaires) tardives représentent le problème neurologique le plus sérieux: elles ne sont pas corrigées par les antiparkinsoniens et peuvent parfois être graves et irréversibles.

Tolérance, pharmacodépendance et sevrage

À doses thérapeutiques, la tolérance aux effets antipsychotiques est généralement peu marquée, même après plusieurs années de traitement. Par contre, elle se développe au bout de quelques jours à quelques semaines dans le cas des effets sédatifs et périphériques.

Comme les antipsychotiques bloquent les mécanismes de perception du plaisir, ils n'ont pas d'effets renforçateurs et n'entraînent donc pas de dépendance psychologique, pas plus qu'ils ne sont recherchés par les usagers illicites. Signalons toutefois qu'une faible dépendance physique peut se manifester lors de l'utilisation à long terme de ces médicaments. Le syndrome de sevrage se caractérise alors par l'inconfort musculaire, des troubles du sommeil et un retour de la psychose.

Les antidépresseurs

La classification des antidépresseurs repose sur leur mécanisme d'action. On distingue :

— les antidépresseurs de première génération ou inhibiteurs du recaptage des monoamines, comprenant les antidépresseurs tricycliques, tétracycliques et hétérocycliques : l'amitriptyline, l'amoxapine, la clomipramine, la désipramine, la doxépine, l'imipramine, la maprotiline, la nortriptyline, la protriptyline et la trimipramine ;

— les antidépresseurs de seconde génération, comprenant les inhibiteurs sélectifs du recaptage de la sérotonine (ISRS) : la fluoxétine, la fluvoxamine, la paroxétine, la sertraline et la venlafaxine ; et les antidépresseurs atypiques : le bupropion, la néfazodone et la trazodone ;

— les inhibiteurs de la monoamine oxydase, comprenant les irréversibles (généralement appelés IMAO) : la phénelzine et la tranylcypromine ; et les réversibles de la monoamine oxydase de type A (RIMA) : le moclobémide.

Les indications thérapeutiques

Les antidépresseurs peuvent être utilisés dans les situations suivantes : prophylaxie et traitement des dépressions, trouble panique, trouble obsessionnel-compulsif, douleurs chroniques graves, incontinence urinaire, alcoolisme, boulimie, abus d'amphétamines et sevrage aux amphétamines, sevrage à la nicotine et aux sédatifs-hypnotiques. Les antidépresseurs sont dépourvus d'effets euphorisants ou renforçateurs à court terme.

Les effets aigus et les effets chroniques

Les principaux effets des antidépresseurs se traduisent par une amélioration de l'humeur après quelques semaines de traitement, l'anxiolyse, la sédation, des troubles du sommeil, des effets anticholinergiques (sécheresse de la bouche, vision brouillée, constipation et rétention urinaire) et des effets cardiovasculaires (baisse de la tension au lever et troubles du rythme cardiaque).

Le surdosage

Les réactions indésirables résultant d'un empoisonnement aigu dû aux antidépresseurs varient selon les classes de médicaments en cause. Le surdosage est particulièrement dangereux avec les antidépresseurs de première génération et les

IMAO irréversibles. Ces médicaments peuvent provoquer le délire, des hallucinations, des convulsions et la mort par collapsus cardiovasculaire. Les antidépresseurs de deuxième génération (ISRS et antidépresseurs atypiques) ainsi que les inhibiteurs réversibles de la MAO (RIMA) sont moins toxiques et présentent un risque moindre d'intoxication mortelle.

Tolérance, pharmacodépendance et sevrage

Lors d'un usage prolongé, la tolérance peut se développer aux effets sédatifs et anticholinergiques, mais il arrive peu souvent qu'elle se développe aux effets antidépresseurs. La dépendance physique et psychologique est faible ou absente.

Les stabilisateurs de l'humeur

Le prototype de cette classe est le lithium (Lithane® et autres). La carbamazépine (Tegretol® et autres), l'acide valproïque et son sel sodique (Depakene®, Epival® et autres) sont des antiépileptiques utilisés comme solutions de rechange au lithium. Tous ces stabilisateurs de l'humeur sont dépourvus d'effets euphorisants et présentent donc un faible potentiel d'abus. La revue suivante ne porte que sur le lithium.

Les indications thérapeutiques

Le lithium est indiqué pour le traitement des manies et du syndrome bipolaire, anciennement appelé « psychose maniaco-dépressive ». Il possède un effet régulateur de l'humeur.

Les effets aigus et les effets chroniques

La propriété la plus intéressante du lithium est son action antimaniaque. Cependant, il peut entraîner des troubles digestifs, des vertiges, la somnolence, la léthargie, la fatigue et une faiblesse musculaire. L'utilisation prolongée du lithium peut altérer la fonction rénale.

Intoxication et surdosage

La toxicité du lithium, qui est très importante, nécessite une surveillance étroite de ses concentrations sanguines. Il n'existe pas d'antidote spécifique et le traitement de son intoxication est symptomatique.

Tolérance, pharmacodépendance et sevrage

La tolérance au lithium s'accentue pendant la phase maniaque et s'atténue lors de l'apaisement des symptômes. D'autre part, la tolérance aux effets secondaires apparaît rapidement. Il n'existe pas de dépendance psychologique, mais une dépendance physique peut se manifester.

Les stéroïdes

Le terme « stéroïde » désigne à la fois les androgènes et les stéroïdes anabolisants. Les produits en vente au Canada pour usage thérapeutique sont les suivants :

— les androgènes : cypionate de testostérone, énanthate de testostérone, propionate de testostérone, undécanoate de testostérone et méthyltestostérone ;
— les stéroïdes anabolisants : décanoate de nandrolone, danazol et fluoxymestérone.

Les indications thérapeutiques

Les stéroïdes peuvent être utilisés contre l'hypogonadisme mâle (déficiences testiculaires), le retard de croissance, l'ostéoporose, les états cataboliques, les anémies, l'œdème angioneurotique héréditaire (œdèmes variés) et le cancer du sein. Les effets recherchés par les athlètes sont l'augmentation de la masse et de la force musculaires, du poids, de la motivation, de l'énergie, de la combativité et de l'endurance ainsi qu'une récupération plus rapide à la suite d'un effort.

Les effets chroniques

Les effets résultant de l'administration des stéroïdes apparaissent lentement. L'usage à long terme des androgènes et des stéroïdes anabolisants entraîne de nombreux effets secondaires, dont l'acné, des troubles hépatiques, des troubles cardiovasculaires et des troubles nerveux incluant l'anxiété, l'insomnie, les cauchemars, la confusion mentale, les troubles affectifs, les psychoses, la schizophrénie, la paranoïa, les hallucinations, l'agressivité, les psychoses, la dépression et les pensées suicidaires. Par ailleurs, chez la femme, la virilisation se manifeste par l'hirsutisme (développement excessif des poils), la masculinisation de la voix et du corps, l'alopécie (chute des cheveux), l'atrophie des seins et de l'utérus, l'hypertrophie du clitoris et certains troubles sexuels. Chez l'homme, la féminisation, qui est fréquente, se caractérise par la gynécomastie (développement des seins), l'atrophie testiculaire, la diminution de la libido et même l'impuissance.

Tolérance, pharmacodépendance et sevrage

L'usage abusif des stéroïdes peut conduire à la tolérance et à la pharmacodépendance, physique et psychologique.

Le sevrage peut se manifester par la fatigue, la dépression, l'agitation, l'anorexie, l'insomnie, des maux de tête, une diminution de la libido et des idées suicidaires. L'individu en sevrage peut avoir recours à divers médicaments ou drogues illicites pour soulager ses symptômes.

Synthèse

Nous présentons, en terminant, un tableau qui consiste en un index de l'ensemble des produits psychotropes. Le tableau 5.7 permet un repérage rapide de toute substance par sa dénomination commune, commerciale ou familière et renvoie à la catégorie (ou sous-catégorie) de référence dans le texte ainsi qu'aux précédents tableaux descriptifs, le cas échéant. Les seules exclusions concernent les noms commerciaux constitués d'un préfixe permettant d'identifier le fabricant (Alti, Apo, Gen, Novo, Nu, PMS, Rho) et du nom chimique, littéral ou apparenté, du principe actif qu'ils contiennent, par exemple Novo-Alprazolam® et Alti-Alpraz®, deux produits contenant de l'alprazolam.

TABLEAU 5.7   **Index des produits psychotropes**

Dénomination commune, commerciale ou familière	Ingrédients actifs	Catégorie ou sous-catégorie et tableau de référence
A.C.& C.	Codéine	Opiacé, t. 5.4
Acet-2 et -3®	Codéine	Opiacé, t. 5.4
Acétate d'amyle	—	Produit volatil
Acétate d'éthyle	—	Produit volatil
Acétone	—	Produit volatil
Acide valproïque	—	Stabilisateur de l'humeur
« Acide »	Diéthylamide de l'acide lysergique	Hallucinogène de type LSD, t. 5.6
« Adam »	Méthylènedioxy-méthamphétamine	Hallucinogène stimulant, t. 5.6
Akineton®	Bipéridène	Anticholinergique, t. 5.6
Alcane	—	Produit volatil
Alcool à friction	Éthanol ou isopropanol	Alcool
Alcool de bois	Ou alcool méthylique ou méthanol	Alcool
Alcool éthylique	Ou éthanol	Alcool
Alcool isopropylique	Ou isopropanol	Alcool
Alcool méthylique	Ou méthanol	Alcool
Alfenta®	Alfentanil	Opiacé, t. 5.4
Alfentanil	—	Opiacé, t. 5.4
Alprazolam	—	Benzodiazépine, t. 5.2
Amanita muscaria	Acide iboténique et muscazone	Hallucinogènes, t. 5.6

→

TABLEAU 5.7   Index des produits psychotropes (*suite*)

Dénomination commune, commerciale ou familière	Ingrédients actifs	Catégorie ou sous-catégorie et tableau de référence
Ambien®	Zolpidem	Sédatif-hypnotique
Amide de l'acide lysergique et isolysergique	—	Hallucinogène de type LSD, t. 5.6
Amitriptyline	—	Antidépresseur
Amobarbital	—	Barbiturique, t. 5.2
Amoxapine	—	Antidépresseur
Amphétamine	—	Stimulant majeur, t. 5.5
Amytal®	Amobarbital	Barbiturique, t. 5.2
Anafranil®	Clomipramine	Antidépresseur
Andriol®	Undécanoate de testostérone	Androgène
Anexate®	Flumazénil	Antidote des benzodiazépines
Angel dust	Phencyclidine	Anesthésique dissociatif, t. 5.6
Aniléridine	—	Opiacé, t. 5.4
Antabuse®	Disulfirame	Antialcoolique
Aparkane®	Trihexyphénidyle	Anticholinergique, t. 5.6
Artane®	Trihexyphénidyle	Anticholinergique, t. 5.6
Asendin®	Amoxapine	Antidépresseur
Atasol -8, -15 et -30®	Codéine	Opiacé, t. 5.4
Ativan®	Lorazépam	Benzodiazépine, t. 5.2
Atropine	—	Anticholinergique, t. 5.6
Aventyl®	Nortriptyline	Antidépresseur
Balminil DM®	Dextrométhorphane	Perturbateur, t. 5.6
Barbilixir®	Phénobarbital	Barbiturique, t. 5.3
Belladone	Atropine et scopolamine	Anticholinergiques, t. 5.6
Benadryl®	Diphénhydramine	Antihistaminique sédatif
Benylin DM®	Dextrométhorphane	Perturbateur, t. 5.6
Benzène	—	Produit volatil
Benztropine	—	Anticholinergique, t. 5.6
Bipéridène	—	Anticholinergique, t. 5.6
Brietal®	Méthohexital	Barbiturique, t. 5.3
Bromazépam	—	Benzodiazépine, t. 5.2

→

TABLEAU 5.7   Index des produits psychotropes (*suite*)

Dénomination commune, commerciale ou familière	Ingrédients actifs	Catégorie ou sous-catégorie et tableau de référence
Bromodiméthoxyamphéta-mine	Ou DOB	Hallucinogène de type LSD, t. 5.6
Bromodiméthoxyphénéthyl-amine	—	Hallucinogène stimulant, t. 5.6
Bufoténine	Ou hydroxydimé-thyltryptamine	Hallucinogène de type LSD, t. 5.6
Buprenex®	Buprénorphine	Agoniste-antagoniste opiacé, t. 5.4
Buprénorphine	—	Agoniste-antagoniste opiacé, t. 5.4
Bupropion	—	Antidépresseur
Buspar®	Buspirone	Anxiolytique
Buspirex®	Buspirone	Anxiolytique
Buspirone		Anxiolytique
Bustab®	Buspirone	Anxiolytique
Butabarbital		Barbiturique, t. 5.3
Butalbital		Barbiturique, t. 5.3
Butisol®	Butabarbital	Barbiturique, t. 5.3
Butorphanol	—	Agoniste-antagoniste opiacé, t. 5.4
Cacao	Caféine et théobro-mine	Stimulant mineur, t. 5.5
Café	Caféine	Stimulant mineur, t. 5.5
Caféine	—	Stimulant mineur, t. 5.5
Cannabis	Ou chanvre indien	Perturbateur
Carbamazépine	—	Stabilisateur de l'humeur
Carbimide de calcium	—	Antialcoolique
Carbolith®	Lithium	Stabilisateur de l'humeur
Cathinone	—	Stimulant, t. 5.5
« 2-CB »	Bromodiméthoxyphé-néthylamine	Hallucinogène stimulant, t. 5.6
Cesamet®	Nabilone	Dérivé du cannabis
Champignon magique	Psilocybine	Hallucinogène de type LSD, t. 5.6
Chanvre indien	Ou cannabis	Perturbateur
Chlordiazépoxide	—	Benzodiazépine, t. 5.2

——→

TABLEAU 5.7 Index des produits psychotropes (*suite*)

Dénomination commune, commerciale ou familière	Ingrédients actifs	Catégorie ou sous-catégorie et tableau de référence
Chloroforme	—	Anesthésique général
Chlorpromanyl®	Chlorpromazine	Antipsychotique
Chlorpromazine	—	Antipsychotique
Chocolat	Caféine et théobromine	Stimulant mineur, t. 5.5
Clomipramine	—	Antidépresseur
Clonazépam	—	Benzodiazépine, t. 5.2
Clopixol®	Zuclopenthixol	Antipsychotique
Clorazépate	—	Benzodiazépine, t. 5.2
Clozapine	—	Antidépresseur
Clozaril®	Clozapine	Antidépresseur
Cocaïne	—	Stimulant majeur, t. 5.5
Codamin No. 2 et No. 3®	Codéine	Opiacé, t. 5.4
Codéine	—	Opiacé, t. 5.4
Cogentin®	Benztropine	Anticholinergique, t. 5.6
Colas	Caféine	Stimulant mineur, t. 5.5
Colles plastiques	Hydrocarbures aromatiques	Produit volatil
Combustibles pour véhicules automobiles	Hydrocarbures aliphatiques	Produit volatil
Contac-C®	Phénylpropanolamine	Décongestionnant nasal, t. 5.5
Crack	Cocaïne fumable	Stimulant majeur, t. 5.5
Cyclohexamine	Ou PCE	Anesthésique dissociatif, t. 5.6
Cyclomen®	Danazol	Stéroïde anabolisant
Cylert®	Pémoline	Stimulant, troubles de l'attention, t. 5.5
Cypionate de testostérone	—	Androgène
Dalmane®	Flurazépam	Benzodiazépine, t. 5.2
Danazol		Stéroïde anabolisant
Darvon-N®	Propoxyphène	Opiacé, t. 5.4
Date rape drugs	Flunitrazépam et autres benzodiazépines, GHB	Benzodiazépines, t. 5.2 ; GHB : dépresseur

→

TABLEAU 5.7   Index des produits psychotropes (*suite*)

Dénomination commune, commerciale ou familière	Ingrédients actifs	Catégorie ou sous-catégorie et tableau de référence
Datura stramonium	Atropine et scopolamine	Anticholinergique, t. 5.6
Deca-Durabolin®	Décanoate de nandrolone	Stéroïde anabolisant
Décanoate de nandrolone		Stéroïde anabolisant
Delatestryl®	Énanthate de testostérone	Androgène
Demerol®	Mépéridine ou péthidine	Opiacé, t. 5.4
Depakene®	Acide valproïque	Stabilisateur de l'humeur
Depo-Testosterone®	Cypionate de testostérone	Androgène
Deproic®	Acide valproïque	Stabilisateur de l'humeur
Desflurane	—	Anesthésique général
Désipramine	—	Antidépresseur
Desyrel®	Trazodone	Antidépresseur
Dexamphétamine	—	Stimulant majeur, t. 5.5
Dexedrine®	Dexamphétamine	Stimulant majeur, t. 5.5
Dextrométhorphane	Ou DM	Perturbateur, t. 5.6
Diacétylmorphine	Ou héroïne	Opiacé, t. 5.4
Diamorphine®	Héroïne	Opiacé, t. 5.4
Diazemuls®	Diazépam	Benzodiazépine, t. 5.2
Diazépam	—	Benzodiazépine, t. 5.2
Diban®	Opium	Opiacé, t. 5.4
Diéthylamide de l'acide lysergique	Ou LSD ou LSD 25	Hallucinogène de type LSD, t. 5.6
Diéthylpropion	—	Stimulant anorexigène, t. 5.5
Diéthyltryptamine	Ou DET	Hallucinogène de type LSD, t. 5.6
Dilaudid®	Hydromorphone	Opiacé, t. 5.4
Diluants à vernis, laque et colle	Divers produits	Produit volatil
Diméthoxyméthamphé-tamine	Ou DOM ou STP	Hallucinogène stimulant, t. 5.6
Dimenhydrinate	—	Antihistaminique sédatif

→

TABLEAU 5.7   Index des produits psychotropes (*suite*)

Dénomination commune, commerciale ou familière	Ingrédients actifs	Catégorie ou sous-catégorie et tableau de référence
Diméthyltryptamine	Ou DMT	Hallucinogène de type LSD, t. 5.6
Diphénhydramine	—	Antihistaminique sédatif
Diphénoxylate	—	Opiacé, t. 5.4
Diprivan®	Propofol	Anesthésique général
Disulfirame	—	Antialcoolique
Divalproex sodique	—	Stabilisateur de l'humeur
DMT	Diméthyltryptamine	Hallucinogène de type LSD, t. 5.6
DOB	Bromodiméthoxyamphétamine	Hallucinogène de type LSD, t. 5.6
DOM	Diméthoxyméthylamphétamine	Hallucinogène stimulant, t. 5.6
Donnagel-PG®	Opium	Opiacé, t. 5.4
Downers	Tout tranquillisant	Sédatif-hypnotique
Doxépine	—	Antidépresseur
«Drogues de viol et de vol»	Flunitrazépam et autres benzodiazépines, GHB	Benzodiazépines, t. 5.2 ; GHB : dépresseur
Dronabinol	Tétrahydrocannabinol	Cannabis
Dropéridol	—	Antipsychotique
Droperidol®	Dropéridol	Antipsychotique
Duragesic®	Fentanyl	Opiacé, t. 5.4
Duralith®	Lithium	Stabilisateur de l'humeur
Ecstasy	Méthylènedioxyméthamphétamine	Hallucinogène stimulant, t. 5.6
Ecstasy liquide	Gamma-hydroxybutyrate	Dépresseur
Effexor®	Venlafaxine	Antidépresseur
Elavil®	Amitriptyline	Antidépresseur
Empracet-30 et -60®	Codéine	Opiacé, t. 5.4
Énanthate de testostérone	—	Androgène
Enflurane	—	Anesthésique général
Éphédrine	—	Décongestionnant nasal, t. 5.5
Epival®	Divalproex sodique	Stabilisateur de l'humeur

⟶

TABLEAU 5.7   Index des produits psychotropes (*suite*)

Dénomination commune, commerciale ou familière	Ingrédients actifs	Catégorie ou sous-catégorie et tableau de référence
Equanil®	Méprobamate	Sédatif-hypnotique, t. 5.3
Essence	Hydrocarbures aliphatiques	Produit volatil
Essence à briquet	Hydrocarbures aliphatiques	Produit volatil
Esters	Acétate d'éthyle et autres	Produit volatil
Éthanol	—	Alcool
Éther	—	Anesthésique général
Ethrane®	Enflurane	Anesthésique général
«Eve»	Méthylènedioxyéthamphétamine	Hallucinogène stimulant, t. 5.6
Exdol-8, -15 et -30®	Codéine	Opiacé, t. 5.4
Fastin®	Phentermine	Stimulant anorexigène, t. 5.5
Fentanyl	—	Opiacé, t. 5.4
Fiorinal®	Butalbital et caféine (et AAS)	Barbiturique, t. 5.3 ; stimulant mineur, t. 5.5
Fiorinal-C®	Butalbital, codéine et caféine (et AAS)	Barbiturique, t. 5.3 ; opiacé, t. 5.4 ; stimulant mineur, t. 5.5
Fluanxol®	Flupenthixol	Antipsychotique
Flumazénil	—	Antidote des benzodiazépines
Flunitrazépam	—	Benzodiazépine, t. 5.2
Fluothane®	Halothane	Anesthésique général
Fluoxétine	—	Antidépresseur
Fluoxymestérone	—	Stéroïde anabolisant
Flupenthixol	—	Antipsychotique
Fluphénazine	—	Antipsychotique
Flurazépam	—	Benzodiazépine, t. 5.2
Fluvoxamine	—	Antidépresseur
Forane®	Isoflurane	Anesthésique général
Free base	Cocaïne fumable	Stimulant majeur, t. 5.5

⟶

TABLEAU 5.7   Index des produits psychotropes (*suite*)

Dénomination commune, commerciale ou familière	Ingrédients actifs	Catégorie ou sous-catégorie et tableau de référence
Fréons	Hydrocarbures halogénés	Produit volatil
Frosst 222, 282 et 292®	Codéine	Opiacé, t. 5.4
Frosst 692®	Propoxyphène	Opiacé, t. 5.4
Gamma-hydroxybutyrate	Ou GHB	Dépresseur
Gaz réfrigérants	Hydrocarbures halogénés	Produit volatil
Gazoline	Hydrocarbures aliphatiques	Produit volatil
GHB	Ou gamma-hydroxybutyrate	Dépresseur
Gloire du matin	Amide de l'acide lysergique et isolysergique	Hallucinogène de type LSD, t. 5.6
Grass	Tétrahydrocannabinol	Cannabis
Gravol®	Dimenhydrinate	Antihistaminique sédatif
Habitrol®	Nicotine	Stimulant mineur, t. 5.5
Halcion®	Triazolam	Benzodiazépine, t. 5.2
Haldol®	Halopéridol	Antipsychotique
Halopéridol	—	Antipsychotique
Halotestin®	Fluoxymestérone	Stéroïde anabolisant
Halothane	—	Anesthésique général
Harmaline et harmine	—	Hallucinogène stimulant, t. 5.6
«Hasch» ou haschisch	Tétrahydrocannabinol	Cannabis
Herbe à chat	Indéfini	Perturbateur, t. 5.6
Héroïne	Ou diamorphine ou diacétylmorphine	Opiacé, t. 5.4
Hexane	—	Produit volatil
«Huile»	Tétrahydrocannabinol	Cannabis
Hycodan®	Hydrocodone	Opiacé, t. 5.4
Hydrate de chloral	—	Sédatif-hypnotique, t. 5.2
Hydrocarbures aliphatiques	—	Produit volatil
Hydrocarbures aromatiques	—	Produit volatil
Hydrocarbures halogénés	—	Produit volatil
Hydrocodone	—	Opiacé, t. 5.4
Hydromorph Contin®	Hydromorphone	Opiacé, t. 5.4

TABLEAU 5.7   Index des produits psychotropes (*suite*)

Dénomination commune, commerciale ou familière	Ingrédients actifs	Catégorie ou sous-catégorie et tableau de référence
Hydromorphone	—	Opiacé, t. 5.4
Hydroxydiméthyltryptamine	Ou bufoténine	Hallucinogène de type LSD, t. 5.6
Ibogaïne	—	Hallucinogène stimulant, t. 5.6
Imipramine	—	Antidépresseur
Imovane®	Zopiclone	Sédatif-hypnotique
Inapsine®	Dropéridol	Antipsychotique
Ionamin®	Phentermine	Stimulant anorexigène, t. 5.5
Isoflurane	—	Anesthésique général
Isopropanol	—	Alcool
«Joint»	Tétrahydrocannabinol	Cannabis
Jusquiame	Atropine et scopolamine	Anticholinergique, t. 5.6
Kemadrin®	Procyclidine	Anticholinergique, t. 5.6
Ketalar®	Kétamine	Anesthésique dissociatif, t. 5.6
Kétamine	—	Anesthésique dissociatif, t. 5.6
Khat	Cathinone	Stimulant, t. 5.5
LAAM	L-alpha-acétylméthadol	Opiacé, t. 5.4
L-alpha-acétylméthadol	—	Opiacé, t. 5.4
Largactil®	Chlorpromazine	Antipsychotique
Lectopam®	Bromazépam	Benzodiazépine, t. 5.2
Lenoltec nos 1, 2 et 3®	Codéine	Opiacé, t. 5.4
Leritine®	Aniléridine	Opiacé, t. 5.4
Liquides nettoyants ou diluants	Hydrocarbures aromatiques ou aliphatiques	Produit volatil
Liquid X	Gamma-hydroxybutyrate	Dépresseur
Lithane®	Lithium	Stabilisateur de l'humeur
Lithium		Stabilisateur de l'humeur
Lithizine®	Lithium	Stabilisateur de l'humeur
Lomotil®	Diphénoxylate	Opiacé, t. 5.4
Lorazépam		Benzodiazépine, t. 5.2

⟶

TABLEAU 5.7 **Index des produits psychotropes (*suite*)**

Dénomination commune, commerciale ou familière	Ingrédients actifs	Catégorie ou sous-catégorie et tableau de référence
Love drug	Méthylènedioxyamphétamine	Hallucinogène stimulant, t. 5.6
Loxapac®	Loxapine	Antipsychotique
Loxapine		Antipsychotique
LSD	Diéthylamide de l'acide lysergique	Hallucinogène de type LSD, t. 5.6
Ludiomil®	Maprotiline	Antidépresseur
Luvox®	Fluvoxamine	Antidépresseur
Ma-huang®	Éphédrine	Décongestionnant nasal, t. 5.5
Majeptil®	Thiopropérazine	Antipsychotique
Manerix®	Moclobémide	Antidépresseur
Maprotiline		Antidépresseur
«Mari» ou marijuana	Tétrahydrocannabinol	Cannabis
Marinol	Ou tétrahydrocannabinol	Cannabis
Mazindol	—	Stimulant anorexigène, t. 5.5
MDA	Méthylènedioxyamphétamine	Hallucinogène stimulant, t. 5.6
MDEA	Méthylènedioxyéthamphétamine	Hallucinogène stimulant, t. 5.6
MDMA	Méthylènedioxyméthamphétamine	Hallucinogène stimulant, t. 5.6
Mellaril®	Thioridazine	Antipsychotique
Mépéridine	Ou péthidine	Opiacé, t. 5.4
Méprobamate	—	Sédatif-hypnotique
Mercodol avec Decapryn®	Hydrocodone	Opiacé, t. 5.4
Mescaline	Ou triméthoxyphénéthylamine	Hallucinogène de type LSD, t. 5.6
Mésoridazine	—	Antipsychotique
Mess	Phencyclidine	Anesthésique dissociatif, t. 5.6
Metandren®	Méthyltestostérone	Androgène
Méthadone	—	Opiacé, t. 5.4
Méthamphétamine	—	Stimulant majeur, t. 5.5

→

TABLEAU 5.7   **Index des produits psychotropes (*suite*)**

Dénomination commune, commerciale ou familière	Ingrédients actifs	Catégorie ou sous-catégorie et tableau de référence
Méthanol	Alcool méthylique ou alcool de bois	Alcool
Méthaqualone	—	Sédatif-hypnotique
Methcathinone	—	Stimulant, t. 5.5
Méthohexital	—	Barbiturique, t. 5.3
Méthotriméprazine	—	Antipsychotique
Méthylènedioxyamphé-tamine	Ou MDA	Hallucinogène stimulant, t. 5.6
Méthylènedioxyéthamphé-tamine	Ou MDEA	Hallucinogène stimulant, t. 5.6
Méthylènedioxyméthamphé-tamine	Ou MDMA	Hallucinogène stimulant, t. 5.6
Méthyléthylcétone	—	Produit volatil
Méthylisobutylcétone	—	Produit volatil
Méthylphénidate	—	Stimulant, troubles de l'attention, t. 5.5
Méthyltestostérone	—	Androgène
Midazolam	—	Benzodiazépine, t. 5.2
Moclobémide	—	Antidépresseur
Modecate®	Fluphénazine	Antipsychotique
Moditen®	Fluphénazine	Antipsychotique
Mogadon®	Nitrazépam	Benzodiazépine, t. 5.2
Morphine	—	Opiacé, t. 5.4
Muscade	Myristicine	Hallucinogène de type LSD, t. 5.6
Mush ou *mushroom*	Psilocybine	Hallucinogène de type LSD, t. 5.6
Myristicine	—	Hallucinogène de type LSD, t. 5.6
Nabilone		Dérivé du cannabis
Nalbuphine		Agoniste-antagoniste opiacé, t. 5.4
Naloxone		Antagoniste opiacé, t. 5.4
Naltrexone		Antagoniste opiacé, t. 5.4
Naphte		Produit volatil

⟶

TABLEAU 5.7 **Index des produits psychotropes (*suite*)**

Dénomination commune, commerciale ou familière	Ingrédients actifs	Catégorie ou sous-catégorie et tableau de référence
Narcan®	Naloxone	Antagoniste opiacé, t. 5.4
Nardil®	Phénelzine	Antidépresseur
Navane®	Thiothixène	Antipsychotique
Néfazodone		Antidépresseur
Nembutal®	Pentobarbital	Barbiturique, t. 5.3
Neuleptil®	Péricyazine	Antipsychotique
Nexus	Bromodiméthoxyphé-néthylamine	Hallucinogène stimulant, t. 5.6
Nicoderm®	Nicotine	Stimulant mineur, t. 5.5
Nicorette®	Nicotine	Stimulant mineur, t. 5.5
Nicorette Plus®	Nicotine	Stimulant mineur, t. 5.5
Nicotine		Stimulant mineur, t. 5.5
Nicotrol®	Nicotine	Stimulant mineur, t. 5.5
Nitrazadon®	Nitrazépam	Benzodiazépine, t. 5.2
Nitrazépam		Benzodiazépine, t. 5.2
Nitrite d'amyle		Vasodilatateur périphérique
Nitrite de butyle		Vasodilatateur périphérique
Norpramin®	Désipramine	Antidépresseur
Nortriptyline		Antidépresseur
Norventyl®	Nortriptyline	Antidépresseur
Nova Rectal®	Pentobarbital	Barbiturique, t. 5.3
Nozinan®	Méthotriméprazine	Antipsychotique
Nubain®	Nalbuphine	Agoniste-antagoniste opiacé, t. 5.4
Olanzapine		Antidépresseur
Ololiuqui	Amide de l'acide lysergique et isolysergique	Hallucinogène de type LSD, t. 5.6
Omni-Tuss®	Codéine et éphédrine	Opiacé, t. 5.4 ; décongestionnant nasal, t. 5.5
Opium		Opiacé, t. 5.4
Orap®	Pimozide	Antipsychotique
Oxazépam		Benzodiazépine, t. 5.2
Oxycodone		Opiacé, t. 5.4 ⟶

TABLEAU 5.7   Index des produits psychotropes (*suite*)

Dénomination commune, commerciale ou familière	Ingrédients actifs	Catégorie ou sous-catégorie et tableau de référence
Oxycontin®	Oxycodone	Opiacé, t. 5.4
Oxyde nitreux		Anesthésique général
Oxymorphone		Opiacé, t. 5.4
Paraméthoxyamphétamine	Ou PMA	Hallucinogène stimulant, t. 5.6
Paregorique®	Opium	Opiacé, t. 5.4
Parnate®	Tranylcypromine	Antidépresseur
Paroxétine	—	Antidépresseur
Paxil®	Paroxétine	Antidépresseur
PCE	Cyclohexamine	Anesthésique dissociatif, t. 5.6
PCP	Phencyclidine	Anesthésique dissociatif, t. 5.6
Peace pills	Phencyclidine	Anesthésique dissociatif, t. 5.6
Peanuts	Toute benzodiazépine	Benzodiazépine, t. 5.2
Peganum harmala	Harmaline et harmine	Hallucinogène stimulant, t. 5.6
Pémoline	—	Stimulant, troubles de l'attention, t. 5.5
Pentazocine	—	Agoniste-antagoniste opiacé, t. 5.4
Pentobarbital	—	Barbiturique, t. 5.3
Pentothal®	Thiopental	Barbiturique, t. 5.3
Perchloroéthylène	—	Produit volatil
Péricyazine	—	Antipsychotique
Peridol®	Halopéridol	Antipsychotique
Perphénazine	—	Antipsychotique
Péthidine	Ou mépéridine	Opiacé, t. 5.4
Peyotl	Mescaline	Hallucinogène de type LSD, t. 5.6
Phenaphen avec Codéine No. 2, No. 3 et No. 4®	Phénobarbital et codéine	Barbiturique, t. 5.3 ; opiacé, t. 5.4
Phencyclidine	Ou PCP	Anesthésique dissociatif, t. 5.6
Phénelzine	—	Antidépresseur

TABLEAU 5.7   Index des produits psychotropes (*suite*)

Dénomination commune, commerciale ou familière	Ingrédients actifs	Catégorie ou sous-catégorie et tableau de référence
Phénergan®	Prométhazine	Antipsychotique
Phénobarbital	—	Barbiturique, t. 5.3
Phentermine	—	Stimulant anorexigène, t. 5.5
Phénylcyclohexylpyrrolidine	Ou PHP	Anesthésique dissociatif, t. 5.6
Phénylpropanolamine	Ou PPA	Décongestionnant nasal, t. 5.5
PHP	Phénylcyclohexylpyrrolidine	Anesthésique dissociatif, t. 5.6
Pimozide	—	Antipsychotique
Piportil L4®	Pipotiazine	Antipsychotique
Pipotiazine	—	Antipsychotique
Piptadina peregrina	Diméthyltryptamine	Hallucinogène de type LSD, t. 5.6
PMA	Ou paraméthoxyamphétamine	Hallucinogène stimulant, t. 5.6
Poppers	Nitrites d'amyle et de butyle	Vasodilatateurs périphériques
«Pot»	Tétrahydrocannabinol	Cannabis
«Poudre»	Cocaïne	Stimulant majeur, t. 5.5
Prochlorpérazine	—	Antipsychotique
Procyclidine	—	Anticholinergique, t. 5.6
Procyclid®	Procyclidine	Anticholinergique, t. 5.6
Prométhazine	—	Antipsychotique
Propionate de testostérone	—	Androgène
Propofol	—	Anesthésique général
Propoxyphène	—	Opiacé, t. 5.4
Prostep®	Nicotine	Stimulant mineur, t. 5.5
Protriptyline	—	Antidépresseur
Prozac®	Fluoxétine	Antidépresseur
Pseudoéphédrine	—	Décongestionnant nasal, t. 5.5
Psilocybine	—	Hallucinogène de type LSD, t. 5.6
Quétiapine	—	Antidépresseur

⟶

TABLEAU 5.7   Index des produits psychotropes (*suite*)

Dénomination commune, commerciale ou familière	Ingrédients actifs	Catégorie ou sous-catégorie et tableau de référence
Rémifentanil	—	Opiacé, t. 5.4
Restoril®	Témazépam	Benzodiazépine, t. 5.2
ReVia®	Naltrexone	Antagoniste opiacé, t. 5.4
Rhotrimine®	Trimipramine	Antidépresseur
Rhovane®	Zopiclone	Sédatif-hypnotique
Riphenidate®	Méthylphénidate	Stimulant, troubles de l'attention, t. 5.5
Risperdal®	Rispéridone	Antipsychotique
Rispéridone	—	Antipsychotique
Ritalin®	Méthylphénidate	Stimulant, troubles de l'attention, t. 5.5
Rivotril®	Clonazépam	Benzodiazépine, t. 5.2
Robaxisal-C®	Codéine	Opiacé, t. 5.4
Robidone®	Hydrocodone	Opiacé, t. 5.4
«Roche»	Diazépam ou amas de poudre durci retrouvé dans la cocaïne	Benzodiazépine, t. 5.2 ; stimulant majeur, t. 5.5
Rohypnol®	Flunitrazépam	Benzodiazépine, t. 5.2
Roofies	Flunitrazépam	Benzodiazépine, t. 5.2
Sanorex®	Mazindol	Stimulant anorexigène, t. 5.5
Scopolamine	—	Anticholinergique, t. 5.6
Sécobarbital	—	Barbiturique, t. 5.3
Seconal®	Sécobarbital	Barbiturique, t. 5.3
Serax®	Oxazépam	Benzodiazépine, t. 5.3
Serentil®	Mésoridazine	Antipsychotique
Seroquel®	Quétiapine	Antidépresseur
Sertraline	—	Antidépresseur
«Sérum de vérité»	Thiopental	Barbiturique, t. 5.3
Serzone®	Néfazodone	Antidépresseur
Sevoflurane	—	Anesthésique général
Sevorane®	Sevoflurane	Anesthésique général
Sinequan®	Doxépine	Antidépresseur
Smack	Héroïne	Opiacé, t. 5.4

TABLEAU 5.7   Index des produits psychotropes (*suite*)

Dénomination commune, commerciale ou familière	Ingrédients actifs	Catégorie ou sous-catégorie et tableau de référence
Somnol®	Flurazépam	Benzodiazépine, t. 5.2
«Special K»	Kétamine	Anesthésique dissociatif, t. 5.6
Stadol NS®	Butorphanol	Agoniste-antagoniste opiacé, t. 5.4
Stelazine®	Trifluopérazine	Antipsychotique
Stémétil®	Prochlorpérazine	Antipsychotique
STP	Diméthoxyméthylam-phétamine	Hallucinogène stimulant, t. 5.6
Sudafed®	Pseudoéphédrine	Décongestionnant nasal, t. 5.5
Sufenta®	Sufentanil	Opiacé, t. 5.4
Sufentanil	—	Opiacé, t. 5.4
Supeudol®	Oxycodone	Opiacé, t. 5.4
Suprane®	Desflurane	Anesthésique général
Surmontil®	Trimipramine	Antidépresseur
Tabac	Nicotine, goudrons, monoxyde de carbone	Stimulant mineur, t. 5.5
Tabernanthe iboga	Ibogaïne	Hallucinogène stimulant, t. 5.6
Talwin®	Pentazocine	Agoniste-antagoniste opiacé, t. 5.4
Tegretol®	Carbamazépine	Stabilisateur de l'humeur
Témazépam	—	Benzodiazépine, t. 5.2
Temposil®	Carbimide de calcium	Antialcoolique
Tenuate®	Diéthylpropion	Stimulant anorexigène, t. 5.5
Testosterone Enanthate®	Énanthate de testos-térone	Androgène
Testosterone Propionate®	Propionate de testos-térone	Androgène
Tétrahydrocannabinol	Ou THC	Cannabis
TH	Phencyclidine	Anesthésique dissociatif, t. 5.6
THC	Tétrahydrocannabinol	Cannabis
Thé	Caféine, théophylline	Stimulant mineur, t. 5.5
Théobromine	Caféine, théophylline	Stimulant mineur, t. 5.5

→

TABLEAU 5.7   Index des produits psychotropes (*suite*)

Dénomination commune, commerciale ou familière	Ingrédients actifs	Catégorie ou sous-catégorie et tableau de référence
Théophylline		Stimulant mineur, t. 5.5
Thiopental	Ou «sérum de vérité»	Barbiturique, t. 5.3
Thiopropérazine	—	Antipsychotique
Thioridazine	—	Antipsychotique
Thiothixène	—	Antipsychotique
TMA	Triméthoxyamphéta-mine	Hallucinogène stimulant, t. 5.6
Tofranil®	Imipramine	Antidépresseur
Toluène	—	Produit volatil
Tranxene®	Clorazépate	Benzodiazépine, t. 5.2
Tranylcypromine	—	Antidépresseur
Travel Tabs®	Dimenhydrinate	Antihistaminique sédatif
Trazodone	—	Antidépresseur
Trazorel®	Olanzapine	Antidépresseur
Triactec-8, -8 fort et -30®	Codéine	Opiacé, t. 5.4
Triazolam	—	Benzodiazépine, t. 5.2
Trichloroéthylène	—	Produit volatil
Trifluopérazine	—	Antipsychotique
Trihexyphénidyle	—	Anticholinergique, t. 5.6
Trilafon®	Perphénazine	Antipsychotique
Triméthoxyamphétamine	—	Hallucinogène stimulant, t. 5.6
Triméthoxyphénéthylamine	Ou mescaline	Hallucinogène de type LSD, t. 5.6
Trimipramine	—	Antidépresseur
Triptil®	Protriptyline	Antidépresseur
Tuinal®	Amobarbital, sécobarbital	Barbiturique, t. 5.3
Tylenol No. 1, No. 2 et No. 3®	Codéine	Opiacé, t. 5.4
Ultiva®	Rémifentanil	Opiacé, t. 5.4
Undécanoate de testosté-rone	—	Androgène
Valium®	Diazépam	Benzodiazépine, t. 5.2
Venlafaxine	—	Antidépresseur
Versed®	Midazolam	Benzodiazépine, t. 5.2

→

TABLEAU 5.7 Index des produits psychotropes *(suite)*

Dénomination commune, commerciale ou familière	Ingrédients actifs	Catégorie ou sous-catégorie et tableau de référence
«Vitamine K»	Kétamine	Anesthésique dissociatif, t. 5.6
Vivol®	Diazépam	Benzodiazépine, t. 5.2
Wake up®	Caféine	Stimulant mineur, t. 5.5
Wellbutrin®	Bupropion	Antidépresseur
Xanax®	Alprazolam	Benzodiazépine, t. 5.2
Xylène		Produit volatil
Zoloft®	Sertraline	Antidépresseur
Zolpidem		Sédatif-hypnotique
Zonalon®	Doxépine	Antidépresseur
Zopiclone		Sédatif-hypnotique, t. 5.2
Zuclopenthixol		Antipsychotique
Zyban®	Bupropion	Antidépresseur
Zyprexa®	Olanzapine	Antipsychotique

Références

ASSOCIATION PHARMACEUTIQUE CANADIENNE (2000). *Compendium des produits et spécialités pharmaceutiques*, Ottawa, Association pharmaceutique canadienne.

BOUDREAU, A. (1972). *Connaissance de la drogue*, Montréal, Éditions du Jour.

BRANDS, B., SPROULE, B. et MARSHMAN, J. (1998). *Drugs and Drug Abuse. A Reference Text*, 3ᵉ éd., Toronto, Addiction Research Foundation.

DENIKER, J. (1969). *La psycho-pharmacologie*, Paris, Presses Universitaires de France.

HARDMAN, J.G., LIMBERD, L.E., MOLINOFF, P.B., RUDDON, R.W. et GOODMAN GILMAN, A. (1996). *Goodman and Gilman's. The Pharmacological Basis of Therapeutics*, 9ᵉ éd., New York, McGraw-Hill.

KAPLAN, H.I. et SADOCK, B.J. (1991). Psychoactive Substance-Induced Organic Mental Disorders and Psychoactive Substance Use Disorders, dans *Synopsis of Psychiatry: Behavioral Sciences, Clinical Psychiatry*, 6ᵉ éd., (chap. 12), Baltimore, Williams and Wilkins.

LOWINSON, J.H., RUIZ, P., MILLMAN, R.B. et LANGROD, J.G. (1997). *Substance Abuse: A Comprehensive Textbook*, 3ᵉ éd., Baltimore, Williams and Wilkins.

MCKIM, W. (1991). *Drugs and Behavior: An Introduction to Behavioral Pharmacology*, 2ᵉ éd., N.J., Prentice-Hall.

UNITED STATES PHARMACOPEIAL CONVENTION (1997). *USPDI 1997*. Vol. 1: *Drug Information for the Health Care Professional*, Rockville (Md.), United States Pharmacopeial Convention (USPC).

6

Les mécanismes biopsychologiques intervenant dans la dépendance et ses traitements pharmacologiques

David Barbeau ◆ *Michel Brabant* ◆ *Pierre Lauzon*

Les auteurs présentent d'abord les bases biopsychologiques de la dépendance aux produits psychotropes à partir d'une compréhension des mécanismes neurobiologiques qui interviennent et des aspects psychologiques qui y sont directement liés. Dans un second temps, ils brossent un tableau des mécanismes en jeu dans la dépendance à la cocaïne, à l'alcool et à l'héroïne, et décrivent les principales pharmacothérapies en vigueur ou à l'étude dans chacun des cas. En conclusion, ils discutent de la pertinence et des limites de telles interventions en ce qui a trait à une problématique aussi complexe que la toxicomanie.

La dépendance aux drogues[1] est un phénomène biopsychosocial complexe résultant d'une série de rencontres, dans des contextes donnés et échelonnés dans le temps, entre un individu et une substance psychotrope. Bien que l'aspect biologique de la dépendance soit au cœur de notre propos, nous ne voudrions pas donner l'impression de minimiser les facteurs familiaux, culturels et sociaux intervenant dans la consommation de drogues. Comme dans le cas des facteurs génétiques, leur influence est prépondérante quant à l'apparition de prédispositions individuelles à utiliser des drogues, au départ, puis à développer ou non une dépendance, par la suite.

Les caractéristiques de la dépendance

Généralités

La dépendance aux drogues se caractérise par une certaine perte de contrôle sur la consommation. Cela se manifeste, selon les critères du DSM-IV (American Psychiatric Association, 1996), par la recherche et l'utilisation de drogue de façon répétée, chronique et pratiquement irrépressible malgré un impact négatif significatif sur la santé et sur la situation familiale, sociale et professionnelle. Dans les cas graves, les activités reliées à la recherche et à l'utilisation de drogue passent avant toute chose, y compris avant les besoins fondamentaux comme dormir, manger et se protéger. Chez une personne dépendante, l'arrêt de la consommation s'accompagne de malaises psychologiques et somatiques divers, variant selon les substances en cause et les individus qui en souffrent. Un besoin intense de drogue est souvent ressenti pendant cette période de sevrage.

Les théories biopsychologiques[2] de la dépendance s'appuient sur des observations cliniques et des recherches expérimentales réalisées auprès de patients toxicomanes ou d'animaux de laboratoire. Il est maintenant démontré que l'utilisation chronique de drogue entraîne des perturbations physiologiques et structurelles persistantes au cerveau. Ces perturbations constituent, en quelque sorte, le substrat biologique de la dépendance et des phénomènes qui y sont associés, comme la tolérance, les symptômes de sevrage et les rechutes. Elles favorisent et perpétuent les états psychologiques et les comportements liés à la recherche et à l'utilisation de drogue tels qu'observés chez les toxicomanes (Koob et LeMoal, 1997). La dépendance peut ainsi être considérée comme une maladie du cerveau, induite par l'utilisation répétée de drogue chez un individu prédisposé. Il s'agit d'une maladie chronique dont le cours habituel est constitué de périodes de

---

1. Dans ce texte, le terme «drogues» est employé comme synonyme de «psychotropes» ou «substances psychoactives», en ce sens qu'il inclut aussi bien l'alcool, le tabac, les médicaments que les drogues de rue.

2. Les théories intègrent des données de la neurobiologie fondamentale (génétique, neurophysiologique, neuroanatomique, etc.) et des données d'études sur les aspects psychologiques (comportements, cognitions, émotions, etc.). Voir, à ce propos, Robinson et Berridge (1993).

consommation plus ou moins contrôlées, de périodes d'abstinence et de nombreuses rechutes.

Les drogues altèrent le fonctionnement du cerveau — probablement le principal déterminant de notre individualité —, lequel fonctionnement est tributaire à la fois de notre bagage génétique et de nos multiples expériences de vie. Pour une même drogue, différents individus expérimenteront des effets psychotropes d'intensité variée. De plus, chaque drogue entraîne des effets psychopharmacologiques spécifiques. Leur capacité d'induire une dépendance est soumise à de nombreux facteurs autres que pharmacologiques, et la nature et l'intensité des symptômes de sevrage provoqués par l'arrêt de leur consommation sont variables.

Notions neurobiologiques de base

Drogues, systèmes neuraux et neurotransmetteurs

Chez l'animal et chez l'humain, presque toutes les drogues agissent comme des agents de renforcement positif, c'est-à-dire qu'elles augmentent la probabilité qu'un comportement associé à leur administration soit répété (White, 1996). Des substances telles que l'alcool, les opiacés, la cocaïne, la nicotine, les cannabinoïdes (marijuana, haschisch) ou la phencyclidine (PCP) possèdent des structures chimiques différentes et provoquent des effets pharmacologiques et psychologiques variés. Cependant, toutes possèdent un effet de renforcement positif susceptible d'induire une dépendance.

Le cerveau, fruit d'une longue évolution biologique, est constitué d'une multitude de systèmes neuraux qui remplissent un vaste spectre de fonctions biopsychologiques. L'intégration des activités de ces systèmes permet à l'individu de ressentir, de réagir, d'agir, de réfléchir et d'apprendre. Les informations, en provenance tant de l'extérieur que de notre monde intérieur, «voyagent» dans le cerveau grâce à l'influx nerveux. Ce signal passe d'une cellule nerveuse à l'autre grâce à des substances que nous appelons les neurotransmetteurs. Ces petites molécules solubles sont libérées par une cellule nerveuse et vont agir sur la suivante en se liant à des sites précis, les récepteurs[3], situés à la surface neuronale. Ce processus biochimique de transmission de l'influx nerveux se produit dans la synapse, espace infinitésimal existant entre les neurones.

Les drogues agissent soit en stimulant, soit en bloquant l'effet de certains neurotransmetteurs. Elles perturbent ainsi le fonctionnement du cerveau en altérant l'activité de base et en modifiant la capacité de réponse (réactivité) de plusieurs systèmes neuraux différents. Il existe de nombreux types de neurotransmetteurs et la diversité de leurs récepteurs respectifs est encore plus grande. La

---

3. Les récepteurs sont en fait des protéines dont une partie est à l'extérieur, et l'autre à l'intérieur de la cellule.

FIGURE 6.1   Cellule nerveuse et synapse

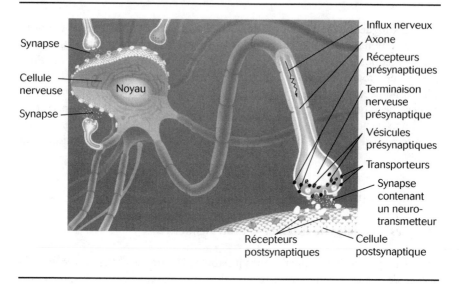

Influx nerveux
Axone
Récepteurs présynaptiques
Terminaison nerveuse présynaptique
Vésicules présynaptiques
Transporteurs
Synapse contenant un neuro-transmetteur
Cellule postsynaptique
Récepteurs postsynaptiques
Synapse
Cellule nerveuse
Synapse
Noyau

FIGURE 6.2   Voies neurales dopaminergiques et régions cérébrales intervenant dans la dépendance

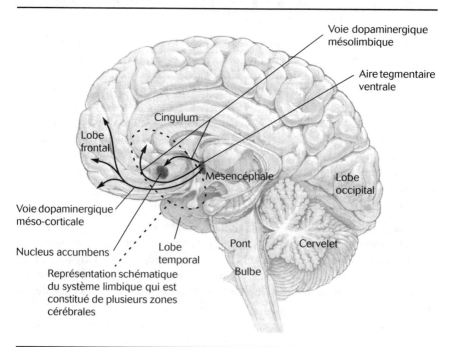

Voie dopaminergique mésolimbique
Aire tegmentaire ventrale
Cingulum
Lobe frontal
Mésencéphale
Lobe occipital
Voie dopaminergique méso-corticale
Nucleus accumbens
Lobe temporal
Pont
Cervelet
Bulbe
Représentation schématique du système limbique qui est constitué de plusieurs zones cérébrales

dopamine, la sérotonine, les acides aminés excitateurs tels que le glutamate, le GABA et les opioïdes endogènes tels que la dynorphine sont des exemples de molécules chimiques endogènes qui sont l'objet d'une modulation dans la dépendance aux drogues.

La figure 6.1 permet de visualiser les mécanismes en œuvre lors de la transmission synaptique. Les neurotransmetteurs sont stockés dans des vésicules au niveau des boutons terminaux (l'extrémité distale des neurones). La libération des neurotransmetteurs dans la fente synaptique suit l'arrivée d'un signal électrique — l'influx nerveux — au bouton terminal. Les neurotransmetteurs se fixent alors à des récepteurs situés sur la membrane d'un neurone adjacent (ou postsynaptique). Cette liaison neurotransmetteur-récepteur entraîne une série d'événements intracellulaires menant à divers effets, immédiats ou à long terme. La quantité de neurotransmetteurs présents dans la fente synaptique est en partie contrôlée par des «transporteurs» qui assurent le recaptage des molécules libérées à l'intérieur du neurone de départ (ou présynaptique).

Drogues et dopamine

Bien que leurs sites d'action initiaux respectifs soient différents, toutes les drogues susceptibles d'entraîner une dépendance, y compris l'alcool, ont la propriété de stimuler la libération d'un neurotransmetteur spécifique, la dopamine, dans une zone neurale bien précise : le noyau *accumbens* (DiChiara et Imperato, 1988). Cette petite zone cérébrale sert d'interface physiologique entre le système limbique, siège des émotions, et les noyaux gris centraux qui interviennent dans la planification, la coordination et la mémorisation de séquences motrices et cognitives. La figure 6.2 illustre les voies neurales dopaminergiques. Le corps cellulaire (ou axone) des cellules dopaminergiques se trouve dans le mésencéphale, situé à la base du cerveau. La dopamine est libérée par les boutons terminaux se trouvant dans les noyaux gris centraux, le système limbique ou le cortex frontal. Le système dopaminergique mésolimbique est constitué des neurones qui, de façon autonome ou en réponse à des stimulations, libèrent leur dopamine dans différentes parties du système limbique.

Le système dopaminergique est essentiel à la survie de l'individu et de l'espèce. Il est d'ailleurs apparu très tôt au cours de l'évolution (Nesse et Berridge, 1997). La dopamine participe à diverses fonctions neuropsychologiques comme la motricité, l'attention, la motivation, l'apprentissage et la mémorisation. Élément clé dans les théories sur la dépendance, la dopamine intervient dans le repérage et la recherche d'eau, de nourriture ou d'autres récompenses naturelles, c'est-à-dire des stimuli ayant la propriété de provoquer des comportements d'approche et de recherche chez un individu qui n'y a pas été exposé auparavant. La dopamine participe aussi à la mémorisation (inconsciente) des indices associés à ces récompenses (White, 1996). Chez l'humain, il a été possible d'observer une libération de dopamine dans le noyau *accumbens* lors de performances effectuées par des sujets aux commandes d'un jeu vidéo, une activité mobilisant des ressources cognitives et motrices en vue de la réalisation de buts et de récompenses virtuelles (Koepp et coll., 1998). De nombreuses preuves expérimentales montrent qu'une stimulation répétée et intense du système dopaminergique mésolimbique peut entraîner une dépendance (pour une revue de la question, voir Robinson et Berridge, 1993).

Il existe cinq types de récepteurs de la dopamine dans le cerveau humain, identifiés D1 à D5. Ces récepteurs ne participent pas tous de façon égale au phénomène de dépendance. Des études pharmacologiques, neuropathologiques et génétiques convergentes ont associé le récepteur D3 à la dépendance (Caine et Koob, 1993; Pilla et coll., 1999). Plus récemment, des chercheurs ont associé l'activation du récepteur D1 de la dopamine aux effets euphorisants de la cocaïne et au désir de s'en procurer (Romach et coll., 1999).

Les phénomènes de neuroadaptation: les substrats biologiques de la dépendance

Les scientifiques ont longtemps cru que le cerveau humain était immuable, mais nous savons maintenant qu'il est capable de se modifier plastiquement. Ces modifications plastiques[4] peuvent être engendrées autant par l'action de diverses substances qui atteignent le tissu cérébral que par des expériences vécues dans l'environnement. Ces phénomènes de neuroadaptation se traduisent par des changements dans les émotions, les pensées, la compréhension, la mémoire, les capacités d'apprentissage et les comportements. Des stimulations intenses et répétées comme celles qu'induisent les drogues entraînent toute une série d'adaptations cellulaires visant à rétablir un état d'équilibre. Ces phénomènes s'effectuent par une modification de l'expression de certains gènes, entraînant, en retour, des altérations prolongées des mécanismes intracellulaires et donc de la physiologie neuronale. Le fonctionnement de base du cerveau et ses réactions dans différents contextes s'en trouvent ainsi modifiés. Les symptômes somatiques et/ou psychologiques qui se manifestent lors de l'arrêt de la consommation de drogue sont les conséquences de cette dysfonction cérébrale (Nestler et Aghajanian, 1997).

Les aspects psychologiques

Les individus consomment de la drogue pour diverses raisons: pour soulager une souffrance, une détresse, un ennui; pour faciliter la socialisation ou l'intimité; pour éprouver un sentiment d'appartenance; pour poursuivre un but ludique ou

---

4. La neuroadaptation plastique ou plasticité neuronale est la capacité qu'ont les neurones de réorganiser leurs mécanismes intracellulaires et même leur structure en réponse à divers stimuli. Une modification du nombre et de la forme des synapses dans certaines régions du cerveau peut ainsi apparaître à la suite d'un apprentissage ou de la consommation chronique de certaines drogues.

la connaissance de soi. Autant d'individus, autant d'expériences. Cependant, quel que soit le contexte de la consommation, le système dopaminergique de repérage et de recherche de récompenses est activé, entraînant une série de modifications biopsychologiques pouvant aller jusqu'à la dépendance.

Une fois la dépendance établie, une combinaison de facteurs psychologiques, accessibles ou non à la conscience, entraînent et maintiennent le toxicomane dans une spirale de consommation dévastatrice dont il devient extrêmement difficile pour lui de sortir (Koob et LeMoal, 1997). Les phénomènes biopsychologiques que nous décrirons plus loin ont été évoqués pour expliquer les comportements liés à la dépendance. Ils sont souvent présents simultanément, mais ont une importance variable en fonction de l'individu, du contexte dans lequel il se trouve et du type de drogue utilisé. Il est clair qu'aucun de ces facteurs pris isolément ne peut rendre compte de la complexité de la dépendance.

La souffrance

Quelle que soit la substance en cause, le sevrage s'accompagne d'une certaine souffrance psychologique et somatique qu'il est possible de soulager par la prise de drogue. Pour plusieurs personnes dépendantes, la recherche compulsive du produit vise donc, en partie, à éviter la souffrance liée à l'arrêt de la consommation. Lorsque des substances comme l'héroïne ou l'alcool sont en cause, le sevrage s'accompagne souvent de malaises somatiques intenses, excessivement désagréables. Dans ces cas, c'est souvent l'anticipation de ces symptômes qui motive en premier lieu la recherche et l'utilisation de drogue. Cependant, l'usage de la drogue pour éviter le sevrage ne peut seul expliquer la dépendance, car des personnes rechutent longtemps après la disparition des symptômes du sevrage.

Le craving

Le *craving* est un élément central dans toute dépendance. Il s'agit d'un désir intense, envahissant, difficilement répressible de consommer une drogue en particulier. Ce sentiment subjectif peut s'accompagner des sensations somatiques viscérales éprouvées lors de la consommation. Le *craving* est un état psychologique qui s'apparente aux sensations de faim et de soif.

Il ne faut pas confondre le *craving* avec la recherche du plaisir. Il est vrai que la majorité des substances dont l'être humain abuse et devient dépendant provoquent des sensations subjectives plaisantes. Il est clair également que la consommation de substances peut être déclenchée et entretenue, jusqu'à un certain point, par la recherche du plaisir. Cependant, les conséquences liées à un usage compulsif et chronique sont dramatiques, et il semble peu probable que le seul plaisir subjectif soit un moteur assez puissant pour justifier les comportements souvent extrêmes du toxicomane ou de l'alcoolique (Robinson et Berridge, 1993). Il est en fait assez fréquent d'entendre des patients nier tout plaisir associé à la consommation de la substance dont ils sont dépendants; ces mêmes patients n'en déclarent pas moins ressentir un besoin irrépressible de poursuivre leur quête et leur consommation.

Robinson et Berridge (1993) ont suggéré l'idée qu'un état d'hyperexcitabilité (*sensitization*) du système dopaminergique mésolimbique serait à l'origine de la sensation de *craving*. Dans leur théorie, ce système remplit une fonction psychologique fondamentale: attribuer une valeur (*salience*) à des stimuli associés à l'activation du système, les rendant ainsi attirants, désirables (*incentive*).

L'apprentissage

Les comportements motivés par la recherche de drogue font appel à plusieurs types d'apprentissage et de mémoire. Plusieurs processus mnésiques entretenant la dépendance s'effectuent inconsciemment. Par exemple, des chercheurs ont pu démontrer qu'une petite dose de morphine, administrée à d'ex-héroïnomanes devenus abstinents, était plus efficace qu'un placebo lorsqu'il s'agissait de provoquer une réponse (presser un levier) menant à l'administration subséquente de drogue. Or, dans cette expérience, quatre des cinq sujets étaient incapables de discriminer l'effet subjectif de l'injection de morphine et de l'ingestion du placebo. En dépit du fait que la nature de la substance reçue était ignorée, ces sujets ont travaillé plus fort pour obtenir de la morphine que pour obtenir le placebo (Lamb et coll., 1991).

Le système dopaminergique mésolimbique intervient dans les apprentissages primordiaux nécessaires à la survie (par exemple, reconnaître la nourriture et les indices qui y conduisent). Par un phénomène d'apprentissage conditionné s'effectuant inconsciemment, des stimuli endogènes et environnementaux s'associent à l'objet convoité et acquièrent ainsi le pouvoir d'activer seuls le système de repérage et de recherche de récompenses (Nesse et Berridge, 1997; White, 1996). En général, les drogues provoquent un effet psychologique tel qu'elles sont perçues par l'organisme comme des objets désirables. À force de répétition, les stimuli associés à la consommation de drogue acquièrent le pouvoir de provoquer un état d'anticipation et des comportements de recherche. Cette réponse conditionnée participe ainsi à l'adoption et à la perpétuation des comportements caractéristiques de la dépendance.

Les automatismes sont des séquences motrices et/ou cognitives longuement apprises par la répétition et dont l'exécution, une fois commencée, peut s'effectuer hors du contrôle conscient. Ils pourraient en partie expliquer certains comportements associés à la dépendance. L'acquisition d'automatismes s'effectue au moyen de l'établissement de connexions interneurales plus efficaces, un phénomène qui se produit par la répétition d'une séquence neurophysiologique précise. Les noyaux gris centraux sont particulièrement importants dans ce type d'apprentissage (Saint-Cyr, Taylor et Nicholson, 1995). Ainsi, conduire une automobile, jongler, s'allumer machinalement une cigarette après un bon repas ou prendre le téléphone, sans hésitation ni réflexion, pour appeler son vendeur de drogues après une dispute conjugale impliquent certainement des mécanismes neuropsychologiques communs.

Les rechutes

Même après de longues années d'abstinence, une personne qui était dépendante demeure susceptible de faire une rechute. Généralement, le *craving* amorce le processus en motivant la quête de la substance. On suppose que des modifications neurophysiologiques persistantes, comme celles qui ont été décrites précédemment, expliquent la facilité à ressentir le *craving*. Plusieurs facteurs, de nature variée, peuvent précipiter une rechute. Par exemple, la consommation d'une petite quantité de drogue peut provoquer une rechute brutale chez certains individus. Il est d'ailleurs fréquent que le *craving* persiste et même s'amplifie à la suite de la consommation d'alcool, d'héroïne ou de cocaïne chez une personne sevrée.

Le stress est un autre facteur important de la rechute. Le cortisol, une hormone libérée lorsqu'un individu est placé en situation de stress, semble favoriser l'excitabilité du système dopaminergique mésolimbique et il pourrait contribuer à augmenter l'intensité du *craving* et précipiter les rechutes (Koob et LeMoal, 1997).

Finalement, il est bien connu que des stimuli environnementaux (seringues, visite de lieux de consommation, etc.) ou même des émotions subjectives associées à la prise de drogue ou d'alcool produisent une sensation de *craving* chez des toxicomanes ou des alcooliques devenus abstinents. Le cerveau du toxicomane, même abstinent, ne réagit pas de la même façon qu'un cerveau n'ayant jamais été exposé aux drogues. Childress et ses collaborateurs (1999) ont comparé les réactions d'anciens cocaïnomanes avec celles de sujets n'ayant jamais consommé de cocaïne. Chez les ex-consommateurs, la présentation d'une vidéo contenant des scènes de recherche et de consommation de cocaïne ont provoqué des symptômes subjectifs de manque associés à une activation de leur système limbique. Or, les mêmes images n'ont eu aucun impact significatif sur les individus du groupe témoin.

Spécificité de la dépendance
et interventions pharmacologiques

Les interventions tant pharmacologiques que psychosociales peuvent avoir plusieurs objectifs : faciliter la période de sevrage ; diminuer, contrôler, voire éliminer la consommation de drogue ; prévenir les rechutes ; améliorer la qualité de vie du patient et de ses proches. Pour que ces objectifs puissent se réaliser, l'adhésion au traitement est une condition *sine qua non*. Le fait que le traitement soit acceptable aux yeux du patient est donc un facteur majeur de réussite qu'il faudra toujours conserver à l'esprit.

Dans cette partie du chapitre, nous décrirons des interventions pharmacologiques utilisées pour le traitement de la dépendance à l'alcool, à la cocaïne et à l'héroïne. Nous discuterons des aspects spécifiques de chacune de ces formes de dépendance afin de mieux comprendre la base neurophysiologique des approches thérapeutiques. Le tableau 6.1 présente une synthèse des éléments biopsychologiques et des interventions pharmacologiques préconisées dans le cas de ces différentes substances.

La cocaïne

Mécanismes d'action et dépendance

La cocaïne purifiée se consomme par voie intranasale, par injection intraveineuse ou encore se fume sous forme de base (*free-base* ou *crack*). Une fois ingérée, la cocaïne pénètre dans le cerveau et se lie aux transporteurs de la dopamine, de la noradrénaline et de la sérotonine. Ces transporteurs assurent le recaptage des neurotransmetteurs libérés dans la fente synaptique permettant de diminuer leur concentration active et de tempérer ainsi leur action physiologique. En inhibant l'action des transporteurs, la cocaïne augmente la concentration de neurotransmetteurs, ce qui potentialise leurs effets. La majorité des effets physiologiques de la cocaïne semble découler de l'augmentation de la concentration de dopamine dans le cerveau (Woolverton et Johnson, 1992).

La cocaïne est une drogue pouvant facilement induire une dépendance. Les risques augmentent beaucoup si l'utilisateur privilégie la voie intraveineuse ou l'inhalation sous forme de base. Les épisodes de consommation incontrôlée sont fréquents chez les utilisateurs chroniques. Le sevrage à la cocaïne s'accompagne de malaises psychologiques persistant de quelques jours à quelques semaines. Certains symptômes somatiques peuvent être présents, mais ont une intensité moindre que dans les cas de dépendance à l'héroïne ou à l'alcool.

Les interventions pharmacologiques

Les antidépresseurs

On utilise parfois les antidépresseurs au moment de l'arrêt de la consommation dans l'espoir d'atténuer les symptômes dysphoriques associés au sevrage à la cocaïne. Le médicament le plus étudié jusqu'à maintenant est la désipramine, un antidépresseur de la classe des tricycliques, qui augmente la concentration synaptique de dopamine, de sérotonine et de noradrénaline. Les résultats obtenus avec ce médicament demeurent modestes. Plusieurs études ont démontré que son utilisation ne permet pas de retenir plus de patients en traitement. Cependant, parmi les patients retenus, ceux qui reçoivent un antidépresseur auraient, en moyenne, une plus longue période d'abstinence que ceux qui reçoivent un placebo (Warner, Kosten et O'Connor, 1997).

TABLEAU 6.1   **Bases biopsychologiques de la dépendance à l'alcool, à la cocaïne et à l'héroïne, et interventions pharmacologiques préconisées**

	Alcool	Cocaïne	Opiacés
Principaux systèmes de neurotransmission touchés dans la dépendance	– Glutamatergique – Dopaminergique – Gabaergique – Opioïdergique – Sérotoninergique – Autres	– Dopaminergique – Autres	– Opioïdergique – Dopaminergique – Autres
Symptômes somatiques lors du sevrage	– De très légers à très graves – Du tremblement fin aux convulsions – Delirium tremens pouvant être mortel	– Intensité moindre – Fatigue et malaise diffus	– Intenses ; douleurs abdominales et musculo-squelettiques, sudation, diarrhée
Symptômes psychologiques lors du sevrage	– Souffrance psychologique, anxiété, dépression	– Souffrance psychologique, anxiété, dépression	– Souffrance psychologique, anxiété, dépression
Quelques interventions pharmacologiques utilisées ou à l'étude pour le traitement de la dépendance	– Disulfirame – Antagonistes des récepteurs opioïdes : naltrexone, nalmefène – Antidépresseurs – Acamprosate – Autres	– Antidépresseurs – Molécules agissant sur les récepteurs dopaminergiques – Agents pro-gabaergiques – Ibogaïne – Immunisation – Autres	– Substitutive : méthadone, buprénorphine, LAAM, héroïne, méthoclocinan-namox – Antagonistes des récepteurs opioïdes : naltrexone – Antagonistes des récepteurs glutamatergiques NMDA – Étorphine – Dynorphine – Inhibiteurs des enképhalinases – Autres

Le bupropion s'est avéré plus efficace qu'un placebo pour réduire la consommation de cocaïne chez des patients traités avec la méthadone (Margolin et coll., 1995). Il s'agit d'un nouveau type d'antidépresseur agissant sur plusieurs systèmes neurochimiques différents — nicotinique, dopaminergique, noradrénergique, etc. Cette molécule a récemment été approuvée au Canada pour le traitement de la dépendance à la nicotine (Zyban®).

Les molécules agissant sur le système dopaminergique

Le sevrage à la cocaïne s'accompagne d'une baisse des niveaux de dopamine dans le cerveau. Des molécules mimant l'effet de la dopamine, telle la bromocriptine, ou d'autres favorisant sa libération synaptique, tels l'amantadine ou le méthylphénidate, ont donc été utilisées avec des patients commençant un sevrage à la cocaïne. Jusqu'à maintenant, aucun des essais cliniques publiés n'a pu démontrer la supériorité de ces molécules sur un placebo (Warner, Kosten et O'Connor, 1997).

Le récepteur D3 de la dopamine semble jouer un rôle important dans les effets de renforcement de la cocaïne. Récemment, l'élaboration d'une molécule (baptisée BP 937) se liant spécifiquement à ce type de récepteur a été rapportée. L'administration de ce composé chez des rats rendus dépendants à la cocaïne inhibe les comportements de recherche de drogue provoqués par la présentation de stimuli conditionnés. Ce composé ne possède par ailleurs aucun effet de renforcement intrinsèque (possibilité de créer une dépendance) et il pourrait, éventuellement, permettre de diminuer les rechutes s'il était pris régulièrement par les patients (Pilla et coll., 1999). Par ailleurs, l'ecopicam, un antagoniste des récepteurs D1 et D5, atténue les effets euphorisants et le *craving* associé à l'injection de cocaïne (Romach et coll., 1999).

Les molécules agissant sur d'autres systèmes

Quelques molécules agissant sur des systèmes autres que le système dopaminergique ont été étudiées. Le GABA est le neurotransmetteur inhibiteur le plus largement distribué dans le cerveau. L'activation des systèmes gabaergiques diminue la concentration de dopamine dans les synapses. Une molécule, le gamma vinyl GABA, ayant la propriété d'élever de façon prolongée les niveaux de GABA, permet de réduire les comportements de recherche de drogue chez le rat dépendant tout en étant dénuée d'effet de renforcement (Dewey et coll., 1998). Aucune étude sur l'être humain n'a encore été publiée.

L'ibogaïne, un composé naturel ayant des propriétés hallucinogènes, semble diminuer de façon prolongée la consommation de plusieurs drogues (alcool, héroïne, nicotine et cocaïne) chez l'animal. Le même phénomène a été rapporté chez l'humain de façon anecdotique (Sheppard, 1994). Il s'agit d'une substance agissant sur plusieurs systèmes de neurotransmission et dont le mécanisme d'action n'est pas encore bien compris (Mash et coll., 1998).

Les « vaccins »

Il est possible de vacciner des animaux afin que leur système immunitaire développe des anticorps ayant la capacité de reconnaître les molécules de cocaïne et de s'y lier. Cette immunisation est en mesure de diminuer l'entrée de la cocaïne dans le cerveau et de réduire ainsi son effet euphorisant. De plus, il serait possible d'ajouter à cet anticorps un enzyme qui permettrait de dégrader la cocaïne (Morris, 1998).

Même si plusieurs des médicaments décrits précédemment paraissent prometteurs, de nombreuses étapes restent à franchir avant que ces outils ne soient accessibles cliniquement. Dans tous les cas, il est nécessaire de mener des études cliniques plus poussées pour évaluer l'innocuité et l'efficacité des différentes approches.

L'alcool

Mécanismes d'action et dépendance

L'alcool touche pratiquement tous les organes du corps. En agissant sur le système nerveux central (SNC), il provoque l'euphorie et la sédation, ce qui motive sa consommation ; de fortes concentrations entraînent la confusion, l'incoordination, le coma et peuvent entraîner la mort.

L'action de l'alcool s'exerce sur plusieurs plans et influence le fonctionnement d'une grande partie du cerveau, sinon de sa totalité. Le mécanisme d'action de l'alcool est non spécifique en ce sens qu'il implique des modifications à la fois dans l'organisation de la membrane du neurone, dans la fonction des enzymes de la membrane, dans les enzymes et les protéines qui produisent la transduction du signal nerveux, dans les canaux ioniques et les récepteurs associés, dans les protéines qui jouent le rôle de transporteur et dans l'expression génique dans le noyau du neurone. Par contre, son action peut être considérée comme spécifique en ce sens qu'elle s'exerce sur des protéines particulières de la cellule nerveuse. La recherche en génétique moléculaire a ainsi permis de repérer des sites d'action précis sur les récepteurs des neurotransmetteurs suivants : l'acétylcholine, la sérotonine, le GABA et le récepteur N-méthyl-D-aspartate (NMDA). L'alcool modifie l'action des neurotransmetteurs sur leurs récepteurs et son effet sédatif serait attribuable à une réduction de l'efficacité de la glycine et du glutamate sur le récepteur NMDA, ces deux molécules produisant un effet de stimulation du SNC. Ces effets de l'alcool sur le tissu cérébral sont réversibles.

D'un point de vue strictement neurobiologique, il est généralement admis que le développement de la dépendance à l'alcool et le syndrome de sevrage qui y est associé exigent une exposition continue à de grandes quantités d'alcool. Le dysfonctionnement cérébral qui en résulte provient de modifications plastiques en réponse à cette exposition chronique. Il peut être plus ou moins durable, réversible ou, au contraire, permanent : c'est un phénomène de neuroadaptation, ainsi que nous le décrivions précédemment. Il peut également être relié à des lésions dégénératives dont la cause comprend de nombreux facteurs comme dans le syndrome de Wernicke ou la psychose de Korsakoff.

La dépendance à l'alcool a été étudiée chez l'animal, bien que les animaux ne consomment pas naturellement cette substance. Les protocoles expérimentaux doivent donc recourir à divers moyens de façon à obtenir des concentrations sanguines d'alcool suffisantes et soutenues chez leurs sujets pour qu'ils développent une dépendance physique et la maintiennent par leur seule consommation orale. L'administration forcée de doses toxiques d'alcool entraîne chez les animaux de laboratoire une neuroadaptation dans la plupart des systèmes de neurotransmetteurs. Les systèmes de neurotransmission associés au GABA et au glutamate sont utilisés par plus de 80 % des neurones du cerveau et sont respectivement les systèmes d'inhibition et d'excitation du SNC les plus importants. Les changements adaptatifs dans ces systèmes jouent un rôle primordial dans les effets neurochimiques et comportementaux associés à la dépendance à l'alcool.

La consommation chronique d'alcool cause une augmentation des récepteurs du glutamate NMDA, réponse adaptative du cerveau pour contrer l'inhibition chronique de ces récepteurs par l'alcool. C'est cette réponse adaptative qui est responsable de l'état d'excitation caractéristique du syndrome de sevrage, et, d'un point de vue neurochimique, l'alcoolisme peut être considéré comme une maladie neuropsychiatrique reliée à une hyperactivité de la transmission glutamatergique.

Les changements dans la transmission gabaergique, quant à eux, sont considérés comme une réponse pour compenser l'hyperactivité glutamatergique. L'alcoolisation chronique induit donc des processus de neuroadaptation dont la caractéristique la plus importante est un déséquilibre entre la neurotransmission qui inhibe l'activité cérébrale et celle qui l'excite. Le syndrome de sevrage en est la manifestation et serait un facteur de premier plan dans le développement de lésions dégénératives cérébrales. Lorsque ces lésions touchent des régions cérébrales intervenant dans les processus cognitifs et le contrôle du comportement, elles pourraient jouer un rôle majeur dans le développement et le maintien de la dépendance à l'alcool.

Pour ce qui est des mécanismes par lesquels se développe la tolérance cérébrale relativement aux effets de l'alcool, ils demeurent inconnus mais semblent davantage liés à des facteurs d'apprentissage qu'à des phénomènes d'adaptation cérébrale (Fadda et Rossetti, 1998).

Les interventions pharmacologiques

Le traitement du syndrome de sevrage

Les manifestations cliniques du syndrome de sevrage peuvent être de légères à modérées ou, au contraire, présenter des risques importants pour la santé du patient lorsqu'il y a présence de crises convulsives et développement d'un delirium agité. Dans les cas les plus graves, le traitement est impérieux si l'on veut éviter les complications. Plusieurs molécules ont été étudiées, mais aucune n'a démontré de supériorité sur les benzodiazépines, en particulier dans les cas de sevrage compliqué (Holbrook et coll., 1999). Ces médicaments agiraient en potentialisant la transmission gabaergique, ce qui aurait pour effet de réduire l'excitation cérébrale. Ils peuvent prévenir ou traiter les convulsions ainsi que le développement du delirium tremens; pour ce qui est des delirium déjà installés, de fortes doses s'avèrent nécessaires et la médication n'est pas toujours efficace. Le traitement du syndrome de sevrage est particulièrement important si l'on se place dans l'hypothèse selon laquelle les mécanismes du développement de ce syndrome seraient les mêmes que ceux qui entraînent les lésions cérébrales.

Nous décrirons maintenant les molécules utilisées comme adjuvants pharmacologiques à l'abstinence: le disulfirame, les agents sérotoninergiques et le lithium, l'acamprosate et les antagonistes des opiacés.

Le disulfirame

Le disulfirame (Antabuse®) est une molécule qui interfère avec l'enzyme acétaldéhyde déshydrogénase pour empêcher la dégradation de l'acétaldéhyde produit par la métabolisation de l'alcool. L'accumulation d'acétaldéhyde dans le sang du buveur entraîne alors l'apparition de symptômes tels que les bouffées de chaleur, les nausées, les vertiges, les vomissements, la tachycardie et l'hypotension. La prise de cette médication décourage la consommation d'alcool vu la crainte de l'apparition de ces symptômes.

La littérature rapporte cinq études cliniques contrôlées avec le disulfirame par voie orale. Les résultats décrits sont variables et montrent une faible diminution de la fréquence de la consommation et n'indiquent pas d'effets significatifs sur les taux d'abstinence. Cependant, dans le contexte d'une administration contrôlée du médicament, à laquelle a été soumis un groupe, le disulfirame avait un impact positif sur la fréquence de la consommation et sur les quantités consommées.

Le disulfirame est utilisé au États-Unis depuis près de 50 ans, et plusieurs médecins jugent cette pharmacothérapie très efficace, ce qui ne concorde pas avec les données de la littérature.

Les agents sérotoninergiques et le lithium

La sérotonine intervient dans le contrôle de la satiété. Son effet sur la consommation d'alcool demeure incompris; d'une part, une diminution de la transmission sérotoninergique serait associée à une prise compulsive d'alcool; d'autre part, des antagonistes de certains récepteurs de la sérotonine entraîneraient une augmentation de la consommation. Par ailleurs, certains diagnostics psychiatriques sont souvent associés à la dépendance à l'alcool: la dépression, la maladie bipolaire, les troubles anxieux. Ces diagnostics peuvent être exacerbés par la dépendance alcoolique, mais l'abstinence d'alcool ne les améliorent pas toujours.

Trois classes de produits agissant sur la sérotonine ont été étudiées : les antidépresseurs inhibiteurs sélectifs du recaptage de la sérotonine (ISRS), comme la fluoxétine (Prozac®), la buspirone (Buspar®), un anxiolytique, et l'odansétron (Zofran®), un antiémétique.

Jusqu'à ce jour, les données de la littérature concernant ces médications sont insuffisantes pour que l'on puisse juger de leur efficacité. Il reste à consolider la méthodologie de la recherche en tenant compte de la comorbidité. Une seule étude sur la fluoxétine a eu des résultats positifs chez des patients qui souffraient d'alcoolisme et de dépression. La sertraline (Zoloft®), un autre antidépresseur de type ISRS, fera bientôt l'objet d'une étude qui devrait pouvoir améliorer nos connaissances sur la place de ces molécules dans le traitement des patients.

En ce qui a trait au lithium, on a longtemps pensé que cette médication pouvait traiter efficacement la dépendance à l'alcool. En fait, c'est probablement en traitant la maladie bipolaire, souvent associée à l'alcoolisme, que le lithium influence la consommation d'alcool.

L'acamprosate

L'acamprosate est un médicament de synthèse dérivé de la taurine, un acide aminé neurotransmetteur présent dans le système limbique. Son mécanisme d'action demeure inconnu, mais il pourrait interférer avec la transmission glutamatergique ou gabaergique. L'effet du produit serait de diminuer l'appétence d'alcool. L'acamprosate a fait l'objet d'une trentaine d'études en Europe où il est approuvé pour le traitement de l'alcoolisme. Aux États-Unis, ce produit est accepté à des fins de recherche, et des résultats sur plus de 400 sujets devraient être publiés sous peu.

Les nombreuses études portant sur l'acamprosate ont montré que ce médicament pouvait nettement mieux que le placebo diminuer la fréquence de la consommation d'alcool et augmenter le nombre de jours d'abstinence. Une étude a indiqué un plus haut taux d'abstinence six mois après le traitement chez les patients qui avaient reçu le médicament par rapport à ceux qui avaient été traités avec le placebo (Poldrugo, 1997).

Les effets secondaires que l'on rencontre le plus souvent avec l'acamprosate sont la diarrhée, les étourdissements, le prurit et l'augmentation de la libido, malaises en raison desquels moins de 1 % des sujets ont toutefois cessé le traitement.

Les antagonistes des opiacés

L'hypothèse à la base de l'utilisation de ces médicaments dans le traitement de la dépendance à l'alcool est celle d'une interaction des opiacés endogènes avec l'alcool : l'alcool augmenterait le niveau des opiacés endogènes, ce qui permettrait, par conséquent, la libération de dopamine dans le noyau *accumbens* avec l'effet de renforcement que l'on connaît. Une étude faite à Montréal (Gianoulakis et coll., 1989) a montré qu'un groupe d'alcooliques avaient des taux de base d'endorphine moins grands que la population témoin et que la consommation d'alcool avait le pouvoir de rétablir ce déficit.

Deux produits ont fait l'objet de recherches : la naltrexone et le nalmefène. Le premier, commercialisé en Amérique sous le nom de ReVia®, est un antagoniste pur des récepteurs opiacés. Ce médicament a fait l'objet de trois études qui montrent la supériorité du produit sur le placebo pour le nombre des jours d'abstinence et la diminution du nombre de rechutes. Une étude a comparé les effets de la naltrexone et d'un placebo avec, d'une part, une thérapie de soutien et, d'autre part, une thérapie cognitivo-comportementale (O'Malley et coll., 1992). La naltrexone a eu un effet positif lorsqu'elle était combinée avec la thérapie de soutien. Une étude a indiqué une diminution du *craving* pour l'alcool ; dans un suivi de six mois après l'étude, les patients qui avaient été traités avec la naltrexone et qui avaient repris la consommation buvaient moins que les patients traités avec le placebo. Enfin, les patients qui avaient tenté de boire alors qu'ils étaient sous naltrexone ont rapporté qu'ils avaient ressenti moins d'euphorie. Les effets secondaires les plus fréquents sont les nausées et les céphalées, qui conduisent jusqu'à 15 % des sujets étudiés à un abandon du traitement. Le produit est contre-indiqué dans le cas de la femme enceinte ou de la femme qui allaite et dans le cas des patients qui ont une atteinte hépatique.

Il semble que l'effet principal de la naltrexone soit de modifier la réponse subjective à la suite de la consommation d'alcool. Cette action, si elle se confirme, pourrait permettre aux sujets traités et qui consomment de réduire progressivement leur prise compulsive d'alcool.

Le nalmefène est un nouvel antagoniste des récepteurs opiacés qui posséderait des avantages cliniques par rapport à la naltrexone : une absence de lien entre la dose utilisée et la toxicité hépatique, même chez les patients qui présentent des maladies du foie, une biodisponibilité plus grande, une plus longue demi-vie et un effet antagoniste plus durable. Cette nouvelle molécule agirait mieux sur certains récepteurs et diminuerait de façon plus efficace l'effet de renforcement de la consommation. Une étude a montré que le produit était plus efficace que le placebo quant à la réduction du taux de rechutes pendant les 12 semaines de l'étude. Les nausées se sont avérées l'effet secondaire le plus fréquent, aucun patient n'ayant toutefois abandonné le traitement pour cette raison (Mason et coll., 1999).

Bien que les données de la littérature sur les antagonistes des opiacés (comme sur l'acamprosate, que nous avons vu précédemment) témoignent de leur efficacité lors des essais cliniques, plusieurs questions demeurent sans réponse. Quelles interventions sur le plan psychosocial sont les plus efficaces lorsqu'on les combine avec la pharmacothérapie ? Des médications utilisées conjointement seraient-elles plus efficaces ? Combien de temps devrait se poursuivre un traitement? Et, en pratique, ces formes de traitement seront-elles suffisamment acceptables pour les patients? Les réponses à ces questions permettront d'améliorer nos interventions. Cela dit, quelle que soit l'utilité de ces médicaments quant au maintien de l'abstinence ou au contrôle de la consommation, on devrait idéalement les accompagner d'une intervention psychosociale pour soulager la détresse des patients.

L'héroïne et les autres opioïdes

Mécanismes d'action et dépendance

L'héroïne partage, avec les autres substances créant la dépendance, la capacité d'activer le système cérébral de récompense et d'induire une autoadministration répétée. Les mécanismes de développement de la tolérance face à cette substance sont cependant distincts de ceux qui concernent l'alcool et la cocaïne.

Les neurones ont des récepteurs propres aux opioïdes. Ces récepteurs sont de trois types: mu, delta et kappa. Il y a également trois types de molécules se liant de façon spécifique à ces récepteurs (d'où leur désignation comme ligands naturels): les endorphines, les enképhalines et la dynorphine[5]. Ces molécules jouent trois rôles majeurs: la modulation de la réponse comportementale aux stimuli douloureux et aux agents stresseurs, la régulation des fonctions vitales comme la faim, la soif ou la température corporelle, et la récompense. Ils interviendraient aussi dans la réponse immunitaire, le contrôle de l'humeur, la régulation des fonctions gastro-intestinales, cardiovasculaires, neuroendocriniennes et cognitives. Ces substances ont peu d'effets lorsqu'elles sont administrées de manière systémique, leur étude nécessitant une administration directe dans différentes zones du système nerveux.

L'administration d'un opioïde exogène comme l'héroïne induit dès la première exposition une série de réactions entraînant une diminution des effets lors d'administrations subséquentes. Ces processus de neuroadaptation, que l'on commence tout juste à éclaircir, comportent des modifications de plusieurs systèmes, dont certaines sont encore incomprises.

Les différents opioïdes n'ont pas tous la même propension à provoquer le développement de la tolérance et de la dépendance. Ainsi, un ligand naturel comme l'enképhaline a une faible propension, alors que la morphine en a une forte. L'enképhaline a la capacité d'induire l'endocytose[6] du récepteur opioïde dans la cellule nerveuse et, conséquemment, de réduire le nombre de récepteurs disponibles à la surface de la cellule et la sensibilité de cette dernière aux opioïdes. Ces récepteurs sont ensuite recyclés à la surface, et la cellule retrouve

---

5. Dans le texte, on désignera ces molécules sous le nom d'opioïdes endogènes.
6. Terme désignant les divers modes de capture et de pénétration dans une cellule des substances du milieu ambiant.

alors sa sensibilité. Le RAVE (*receptor activity versus endocytosis*) est un indice qui permet de mesurer le rapport entre la capacité d'un ligand d'activer un récepteur et celle de provoquer son endocytose. On obtient les valeurs de RAVE suivantes pour différents ligands: enképhaline, 1; méthadone, 0,86; et morphine, 3,88. La morphine réussit donc quatre fois mieux à activer le récepteur qu'à provoquer son endocytose, ce qui force une adaptation d'autres systèmes — dont l'activation des récepteurs NMDA — pour compenser cette stimulation prolongée (Whistler et coll., 1999).

D'autres systèmes, qui mettent en jeu les récepteurs NMDA, la dynorphine et certains mécanismes intracellulaires, interviennent dans le phénomène de neuroadaptation à la présence d'opioïdes exogènes.

Les interventions pharmacologiques

La méthadone

Parmi les médicaments déjà en usage, la méthadone se présente comme un agoniste pur qui agit principalement sur les récepteurs mu. Ce médicament, lorsqu'il est administré à dose adéquate, permet de maintenir la personne en état d'équilibre en compensant la présence du phénomène de neuroadaptation. Cliniquement, la méthadone prévient l'apparition du syndrome de sevrage. Sa longue durée d'action permet une seule prise par jour, au contraire de l'héroïne qui est typiquement consommé de deux à quatre fois au cours de la même période. Également, la méthadone est bien absorbée par voie orale, ce qui n'est pas le cas pour l'héroïne. L'administration du médicament doit souvent être associée à d'autres mesures de soutien, comme des soins de santé ou une aide psychologique.

L'efficacité de ce traitement de la narcodépendance a été bien démontrée au cours des 35 dernières années, notamment aux chapitres de la diminution de la morbidité et de la mortalité, de la criminalité et de l'amélioration de la qualité de vie et de la participation au marché du travail. Pour être efficace, l'intervention doit être poursuivie pendant plusieurs années (et souvent toute la vie) si la dépendance a été de longue durée. La poursuite du traitement est donc garante de son succès. Celle-ci varie de 40 % à 80 % et elle est optimale dans les centres qui prescrivent des doses adéquates, offrent une meilleure qualité de services et font preuve de souplesse afin d'individualiser le traitement selon les besoins de chacun. Par-delà la question du dosage, ce sont donc des facteurs non pharmacologiques qui influencent la poursuite de l'intervention et, secondairement, son succès (Ball et Ross, 1991).

La buprénorphine

En Europe, ce médicament est en usage depuis une vingtaine d'années pour le traitement de la douleur et les premières expériences avec les héroïnomanes datent de la fin des années 1980. Il s'agit d'un agoniste mu partiel en ce sens que la courbe dose-effet n'est pas linéaire : dans un premier temps, l'effet analgésique augmente proportionnellement à la dose ; par la suite, toute augmentation accroît très peu l'effet. En raison de cet effet plafond, le risque d'intoxication mortelle par la buprénorphine est très bas, contrairement à la méthadone dont l'administration doit être surveillée de près, surtout en début de traitement. La buprénorphine a également beaucoup plus d'affinités que la morphine avec le récepteur mu ; elle occupera donc le récepteur de façon préférentielle et l'effet de l'héroïne en sera atténué. Les études cliniques dont nous disposons montrent que ce médicament a une efficacité équivalant à celle de la méthadone lorsqu'il est employé à moyen terme, cependant que le syndrome de sevrage est beaucoup moins marqué à l'arrêt que ce que l'on observe avec la méthadone (Blaine et coll., 1992).

Le LAAM (L-alpha-acétyl-méthadol)

Ce médicament a sensiblement les mêmes effets que la méthadone, mais sa durée d'action est beaucoup plus longue, soit environ 48 heures. Il peut donc être pris trois fois par semaine, ce qui permet une diminution du nombre de visites à la clinique pour recevoir la médication sous supervision. Le produit n'est pas encore offert au Canada (Miller et coll., 1991).

La naltrexone

Ce médicament est un antagoniste pur des trois types de récepteurs opioïdes. Lorsqu'il est administré à une personne dépendante, il provoque instantanément le syndrome de sevrage ; il doit donc être administré une fois le sevrage complété. La molécule occupe préférentiellement les récepteurs opioïdes et empêche l'héroïne de s'y lier pour produire ses effets. Cliniquement, la naltrexone bloque complètement l'effet de l'héroïne et des autres opioïdes. Quoique très efficace pour interrompre l'autoadministration de narcotiques, cette approche est peu attirante pour les héroïnomanes, et peu d'entre eux acceptent de s'y soumettre de leur plein gré. Dès lors, il faut souvent employer des mesures de contrainte pour s'assurer de la prise régulière du médicament. Il n'est donc pas étonnant qu'il ait surtout été utilisé par des personnes sous mandat judiciaire (probation, liberté conditionnelle).

L'héroïne

L'héroïne a été prescrite par les médecins britanniques depuis le début du xxe siècle tant pour le traitement de la douleur que pour celui de la dépendance. Au début des années 1990, la Suisse a révisé ses politiques de traitement de la toxicomanie dans le contexte d'une progression inquiétante de l'infection par le VIH chez les usagers de drogues par voie intraveineuse. Les autorités constataient également les limites des approches traditionnelles avec la méthadone : moins de la moitié des toxicomanes actifs étaient en effet rejoints et l'on comptait un certain nombre d'échecs et d'abandons chez les personnes traitées. La prescription médicale d'opioïdes injectables (héroïne, morphine, méthadone) a été étudiée dans le cadre d'un protocole de recherche à l'intention des héroïnomanes ayant échoué avec la méthadone. L'usage de la morphine et de la méthadone a été rapidement abandonné en raison des effets secondaires inacceptables que l'on observe quand ces substances sont administrées par voie intraveineuse. L'expérience avec l'héroïne a été poursuivie pendant trois ans et l'impact sur les sujets a été analysé. Une diminution de la morbidité et de la mortalité ainsi que du recours aux drogues illicites a été constatée. Cette approche a aussi permis de maintenir en traitement des personnes sélectionnées pour leur incapacité d'être retenues dans des interventions conventionnelles. Bref, cette étude a démontré la faisabilité de la prescription médicale d'héroïne en plus de mieux définir la population susceptible d'en bénéficier et les résultats que l'on peut en escompter. Actuellement, un autre essai qui s'effectue aux Pays-Bas comprend un volet où l'héroïne est administrée par inhalation. Des essais sont projetés dans plusieurs autres pays comme l'Australie, l'Espagne, les États-Unis et le Canada (Fischer et Rehm, 1997 ; Pernegger et coll., 1998).

Dans les meilleures conditions, ces traitements, déjà en usage, ne réussissent à attirer qu'un héroïnomane sur deux. Dans certaines villes, ce taux s'avère encore plus bas, n'étant parfois que de 10 %. Les facteurs explicatifs, qui ne sont pas pharmacologiques, tiennent largement à l'organisation des services et à la façon dont ils sont perçus par les usagers de drogues ; considérés comme rigides, punitifs ou peu sensibles aux besoins individuels, ces services sont évités plutôt que recherchés.

Les médicaments expérimentaux

Plusieurs substances sont aujourd'hui expérimentées au regard d'une utilisation clinique éventuelle : le méthoclocinnamox, l'ACEA-1011, l'étorphine et la dihydroétorphine, les inhibiteurs des enképhalinases et la dynorphine.

Le méthoclocinnamox ressemble pharmacologiquement à la buprénorphine et, dans la première heure suivant son administration, il a un effet antidouleur qui peut être bloqué par la naloxone. Par la suite, il possède un effet antagoniste sur les récepteurs mu et kappa et, partiellement, sur les récepteurs delta. Cet effet dure quatre jours après une seule dose. Il n'a pas d'effet dépresseur sur le système respiratoire et il diminue l'autoadministration d'opioïdes chez l'animal rendu dépendant. Il supprime également le syndrome de sevrage à la morphine.

L'ACEA-1011, un antagoniste du récepteur NMDA, parvient avec une grande efficacité à empêcher l'apparition de l'hyperalgésie secondaire à l'administration de morphine ou à l'exposition à la douleur. Ce médicament présente un intérêt pour le traitement des personnes dépendantes ayant des douleurs chroniques (Lutfy, Keana et Weber, 1995).

L'étorphine, de son côté, est connue depuis le début des années 1960. Elle est mille fois plus puissante que la morphine pour ce qui est de l'analgésie et de la suppression du sevrage. L'étorphine a des effets très spécifiques sur le récepteur mu et sur la capacité de provoquer l'endocytose de ce récepteur (Zhang et coll., 1998). Des études cliniques effectuées en Chine auprès de 3 000 patients démontrent que de petites doses de dihydroétorphine bloquent rapidement le syndrome de sevrage et que son administration pendant une semaine élimine le sevrage provoqué par la naloxone après l'arrêt de la dihydroétorphine. Ce traitement bref serait plus efficace chez les personnes qui présentent des douleurs chroniques que chez les héroïnomanes. Au lieu, simplement, de maintenir un état stable en occupant les récepteurs opioïdes, comme le fait la méthadone, cette nouvelle classe de médicaments s'attaque à ce qui semble un des mécanismes importants de la neuroadaptation à l'usage prolongé de l'héroïne. Cet effet permet de rétablir un état qui se rapproche de celui qui précède l'exposition aux narcotiques. La durée de traitement pourrait aussi être beaucoup plus brève que celle des traitements de substitution au moyen de la méthadone (Crain et Shen, 1995).

Un quatrième groupe de médicaments expérimentaux consiste dans les inhibiteurs des enképhalinases, enzymes qui dégradent naturellement l'enképhaline. Lorsqu'on bloque l'effet de cet enzyme, il est possible d'augmenter la concentration de l'enképhaline sécrétée naturellement et le niveau d'occupation des récepteurs. Le kélatorphan est un inhibiteur de l'enképhalinase qui peut traverser la barrière hémoencéphalique et donc être administré de façon systémique. Ce médicament a un effet antidouleur pouvant être bloqué par la naloxone. L'administration d'une dose qui inhibe complètement l'enképhalinase produit cependant un effet en deçà de l'effet maximal de la morphine, la concentration de l'enképhaline demeurant trop basse pour saturer les récepteurs opioïdes. Le kélatorphan a peu d'impact sur la fréquence respiratoire, et l'administration prolongée induit une tolérance moins marquée que les agonistes mu, ainsi qu'une absence de signes de sevrage à la naloxone. Ces effets s'expliqueraient par une stimulation moindre mais plus spécifique des récepteurs opioïdes par les enképhalines libérées naturellement, contrairement à la stimulation massive des récepteurs produite par la morphine. Ce nouveau groupe de médicaments pourrait présenter un intérêt pour le traitement des symptômes dépressifs accompagnant un syndrome de sevrage prolongé (perte de l'intérêt et de la motivation, humeur instable, anxiété, insomnie, etc.), lesquels peuvent dans bien des cas persister plusieurs mois. La présence de ces symptômes est souvent associée à la rechute (Roques et Noble, 1995).

Finalement, la dynorphine, opioïde naturel de l'organisme, possède une certaine sélectivité par rapport aux récepteurs kappa. Elle ne peut induire d'analgésie ou de dépendance lorsqu'elle est administrée seule. Lorsqu'elle est administrée à des personnes tolérantes face à la morphine, elle supprime les symptômes de sevrage et rétablit la sensibilité à la morphine de même que l'état d'équilibre préexistant à l'administration d'opioïdes exogènes. Elle pourrait donc constituer une véritable cure en ce qui concerne la dépendance, en ce sens qu'une administration prolongée ne serait pas nécessaire, au contraire du traitement à l'aide de la méthadone. La dynorphine serait également utile pour rétablir la sensibilité à la morphine chez des personnes traitées à long terme pour des douleurs chroniques. Des études cliniques sont en cours chez l'humain. Ce produit n'est pas toxique aux doses nécessaires pour produire ses effets modulateurs (Lee, 1995).

Conclusion : perspectives et limites des interventions pharmacologiques

La recherche effectuée durant les dernières décennies sur le fonctionnement du cerveau a permis de mieux comprendre les mécanismes physiologiques de la tolérance et de la dépendance. Le National Institute on Drug Abuse (NIDA), aux États-Unis, a d'ailleurs lancé tout un programme de recherche sur le sujet. Selon le discours officiel tenu par cet institut, la toxicomanie est une maladie cérébrale qui pourra éventuellement être traitée par différentes approches pharmacologiques. Ce cadre de référence est progressiste par rapport à d'autres qui font du toxicomane un délinquant qu'il faut punir ; il est souhaitable qu'il ait une influence positive sur la perception de la toxicomanie par le public en général. En outre, le développement d'un plus grand nombre de médicaments capables de soulager efficacement la souffrance et la détresse des toxicomanes permettra de leur offrir des choix de traitements plus spécifiques, et donc plus facilement acceptables.

Cela dit, le fait de définir le problème en des termes uniquement neurobiologiques risque de minimiser les autres dimensions de la toxicomanie et la contribution de disciplines telles que la psychologie et les sciences sociales. De plus, les usagers de substances ne se reconnaissent pas nécessairement dans ce modèle explicatif et ne se perçoivent pas tous comme des patients en puissance.

Au-delà de l'efficacité d'un médicament en laboratoire ou dans les études cliniques, le fait que le traitement soit acceptable pour le toxicomane doit être plus soigneusement étudié de même que la façon d'organiser le mieux possible les services dispensateurs. Par exemple, en ce qui concerne la méthadone, le principal obstacle à son utilisation ne tient pas tant à la pharmacologie du produit qu'au fait que les patients perçoivent le système de soins comme étant rigide, directif et oppressif. L'exclusion sociale est également un facteur qui diminue notre capacité de rejoindre les toxicomanes, d'obtenir leur confiance et, éventuellement, de leur offrir une pharmacothérapie. Dans un domaine apparenté, rappelons que l'efficacité avec laquelle les médicaments psychiatriques peuvent soulager les symptômes de la psychose n'a pas empêché les grandes villes des pays développés d'être aux prises avec des personnes psychotiques qui sont socialement désaffiliées et qui ne sont pas rejointes par le système de soins.

Dans un monde où il existerait des traitements efficaces pour la dépendance, comment seraient perçues les personnes qui, au moins pour un temps, refuseraient de s'y soumettre ? Ce choix pourrait-il être considéré comme légitime ou constituerait-il au contraire un motif additionnel d'exclusion ? En ce sens, nul médicament ne pourra jamais agir sur les facteurs contextuels, sociaux et culturels qui sont intimement liés à la définition de la normalité et de la pathologie.

Plus les traitements seront efficaces et les changements rapides dans la vie du patient et de son entourage, plus des problèmes d'adaptation risqueront de se poser. Les mesures d'accompagnement psychosociales demeurent donc indispensables, car les besoins dépassent le simple traitement de la dépendance. L'approche pharmacologique ne saurait être acceptable que dans un climat de respect, de tolérance et de compassion de la part des soignants, mais aussi de l'ensemble de la société, de façon que la personne dépendante se sente un membre à part entière de sa communauté.

Références

AMERICAN PSYCHIATRIC ASSOCIATION (1996). *DSM-IV–Manuel diagnostique et statistique des troubles mentaux*, 4e éd., Paris, Masson.

BALL, J.C. et ROSS, A. (1991). *The Effectiveness of Methadone Maintenance Treatment*, New York, Springer Verlag.

BLAINE, J.D. et coll. (1992). « Buprenorphine : An Alternative Treatment for Opioid Dependence ». National Institute on Drug Abuse, *Research monograph*, n° 21, 148 p.

CAINE, S.B. et KOOB, G.F. (1993). « Modulation of Cocaine Self-Administration in the Rat Through D-3 Dopamine Receptors », *Science,* vol. 260, p. 1814-1816.

CHILDRESS, A.R., MOSLEY, P.D., McELGIN, W., FITZGERALD, J., REIVICH, M. et O'BRIEN, C.P. (1999). « Limbic Activation During Eve-Induced Cocaine Craving », *American Journal of Psychiatry*, vol. 156, p. 11-18.

CRAIN, S.M. et SHEN, K. (1995). « Etorphine Elicits Unique Inhibitory-Agonist and Excitatory-Antagonist Actions at Opioid Receptors on Sensory Neurons : New Rationale for Improved Clinical Analgesia and Treatment of Opiate Addiction ». National Institute on Drug Abuse, *Research monograph*, n° 147, p. 234-268.

DEWEY, S.L., MORGAN, A.E., ASHBY, C.R. JR., HORAN, B., KUSHNER, S.A., LOGAN, J., VOLKOW, N.D., FOWLER, J.S., GARDNER, E.L. et BRODIE, J.D. (1998).

« A Novel Strategy for the Treatment of Cocaine Addiction », *Synapse*, vol. 30, p. 119-129.

DICHIARA, G. et IMPERATO, A. (1988). « Drug Abused by Human Preferentially Increase Synaptic Dopamine Concentration in the Mesolimbic System of Freely Moving Rats », *Proceedings of the National. Academy of Sciences of the United States of America*, p. 5274-5278.

FADDA, A. et ROSSETTI, Z.L. (1998). « Chronic Ethanol Consumption : From Neuroadaptation to Neurodegeneration », *Progress in Neurobiology*, vol. 56, n° 4, p. 385-431.

FISCHER, B. et REHM, J. (1997). « The Case for a Heroin Substitution Treatment in Canada », *Canadian Journal of Public Health*, vol. 88, n° 6, p. 367-370.

GIANOULAKIS, C., BÉLIVEAU, D., ANGELO-GIANNI, P. et coll. (1989). « Different Pituitary ß Endorphin and Adrenal Cortisol Response to Ethanol in Individuals with High and Low Risk for Future Development of Alcoholism », *Life Sciences*, vol. 45, p. 1097-1109.

HENRY, C., GUEGANT, G., CADOR, M., ARNAUD, E., ARSAUT, J., LEMOAL, M. et DEMOTE-MAINARD, J. (1995). « Prenatal Stress in Rat Facilitates Amphetamine-Induced Sensitization and Induces Long-lasting Changes in Dopamine Receptors in the Nucleus Accumbens », *Brain Research*, vol. 685, p. 179-186.

HOLBROOK, A.M., CROWTHER, R. et coll. (1999). « Meta-Analysis of Benzodiazepine Use in the Treatment of Acute Alcohol Withdrawal », *Canadian Medical Association Journal*, vol. 160, n° 5, p. 649-655.

KOEPP, M.J., GUNN, R.N., LAWRENCE, A.D., CUNNINGHAM, V.J., DAGHER, A., JONES, T., BROOKS, D.J., BENCH, C.J. et GRASBY, P.M. (1998). « Evidence for Striatal Dopamine Release During a Video Game », *Nature*, vol. 393, p. 266-268.

KOOB, G et LEMOAL, M. (1997). « Drug Abuse : Hedonic Homeostatic Dysregulation », *Science*, vol. 278, p. 52-58.

LAMB, R.J., PRESTON, K.L., SCHINDLER, C., MEISCH, R.A., DAVIS, F., KATZ, J.L., HENNINGFIELD, J.E. et GOLDBERG, S.R. (1991). « The Reinforcing and Subjective Effect of Morphine in Post Addicts : A Dose Response Study », *Journal of Pharmacology and Experimental Therapeutics*, vol. 259, p. 1165-1173.

LEE, N.M. (1995). « Dynorphin A : A Rectifying Peptide », National Institute on Drug Abuse, *Research monograph*, n° 147, p. 161-169.

LUTFY, K., KEANA, J.F.W. et WEBER, E. (1995). « Acea-1011. A Novel NMDA Receptor/Glycine Site Antagonist, Produces Antinociception but not Tolerance in the Formalin Test in Mice. National Institute on Drug Abuse, *Research monograph*, n° 147, p. 220-233.

MARGOLIN, A., KOSTEN, T.R., AVANTS, S.K., WILKINS, J., BECKSON, M., ARNDT, I.O., CORNISH, J., ASCHER, J.A., LI, S.H. et coll. (1995). « A Multicenter Trial of Bupropion for Cocaine Dependence in Methadone-Maintained Patients », *Drug and Alcohol Dependence*, vol. 40, p. 125-131.

MASH, D.C., KOVERA, C.A., BUCK, B.E., NORENBERG, M.D., SHAPSHAK, P., LEE HEARN, W. et SANCHEZ-RAMOS, J. (1998). « Medication Development of Ibogaine as a Pharmacotherapy for Drug Dependence », *Annals of the New York Academy of Sciences*, vol. 844, p. 274-292.

MASON, B.J., SALVATO, F.R., WILLIAMS, L.D. et coll. (1999). « A Double-Blind, Placebo-Controlled Study of Oral Nalmefene for Alcohol Dependence », *Archives of General Psychiatry*, vol. 56, n° 8, p. 719-724.

MILLER, N.S. et coll. (1991). « Testing the Efficacy of Maintenance Drugs Other than Methadone : LAAM », dans *Comprehensive Handbook of Drug and Alcohol Addiction*, New York, Marcel Dekker.

MORRIS, B. (1998). « Seeking Ways to Crack Cocaine Addiction », *The Lancet*, vol. 352, p. 1290.

NESSE, R.M. et BERRIDGE, K.C. (1997). « Psychoactive Drugs Use in Evolutionary Perspective », *Science*, vol. 278, p. 63-66.

NESTLER, E.J. et AGHAJANIAN, G.K. (1997). « Molecular and Cellular Basis of Addiction », *Science*, vol. 278, p. 58-63.

O'MALLEY, S.S., JAFFE, A., CHANG, C. et coll. (1992). « Naltrexone and Coping Skills Therapy for Alcohol Dependence : A Controlled Study », *Archives of General Psychiatry*, vol. 49, p. 881-887.

PERNEGGER, T.V., GINER, F., DEL RIO, M., et MINO, A. (1998). « Randomized Trial of Heroin Maintenance Program for Addicts Who Fail in Conventional Drug Treatments », *British Medical Journal*, vol. 317, p. 13-18.

PILLA, M., PERACHON, S., SAUTEL, F., GARRIDO, F., MANN, A., WERMUTH, C.G., SCHWARTZ, J.-C., EVERITT, J.B. et SOKOLOFF, P. (1999). « Selective Inhibition of Cocaine-Seeking Behaviour by a Partial Dopamine D3 Receptor Agonist », *Nature*, vol. 400, p. 371-375.

POLDRUGO, F. (1997). « Acamprosate Treatment in a Long Term Community-Based Alcohol Rehabilitation Program », *Addiction*, vol. 92, p. 537-546.

ROBINSON, T.E. et BERRIDGE, K.C. (1993). « The Neural Basis of Drug Craving : An Incentive-Sensitization Theory of Addiction », *Brain Research Review*, vol. 18, p. 247-291.

ROMACH, M.K., GLUE, P., KAMPMAN, K., KAPLAN, H.L., SOMER, G.R., POOLE, S., CLARKE, L., COFFIN, V., CORNISH, J., O'BRIEN, C.P. et SELLERS, E.M. (1999). « Attenuation of the Euphoric Effects of Cocaine by the Dopamine D1/D5 Antagonist Ecopicam (SCH 39166) », *Archives of General Psychiatry*, vol. 56, p. 1101-1106.

ROQUES, B.P. et NOBLE, F. (1995). « Dual Inhibitors of Enkephalin-Degrading Enzymes as Potential New Medications in the Management of Pain and Opioid Addiction », National Institute on Drug Abuse, *Research monograph*, n° 147, p. 104-143.

SAINT-CYR, J.A., TAYLOR, A.E. et NICHOLSON, K. (1995). « Behavior and the Basal Ganglia », dans W.J. Weiner et A.E. Land (sous la dir. de), *Behavioral Neurology of Movement Disorders*, New York, Raven Press, p. 1-30.

SHEPPARD, S.G. (1994). « A Preliminary Investigation of Ibogaine : Case Report and Recommendation for Further Study », *Journal of Substance Abuse Treatment*, vol. 11, p. 379-385.

WARNER, E.A., KOSTEN, T.R. et O'CONNOR, P.G. (1997). « Pharmacotherapy for Opioid and Cocaine Abuse », *Medical Clinic of North America*, vol. 81, p. 909-925.

WHISTLER, J.L., HUAII-HU C., CHU, P., JAN, L.Y. et VON ZASTROW, M. (1999). « Functional Dissociation of Mu Opioid Receptor Signaling and Endocytosis : Implications for the Biology of Opiate Tolerance and Addiction », *Neuron*, vol. 23, p. 737-746.

WHITE, N.M. (1996). « Addictive Drugs as Reinforcers : Multiple Partial Actions on Memory Systems », *Addiction*, vol. 91, p. 922-949.

WOOLVERTON, W.L. et JOHNSON, K.M. (1992). « Neurobiology of Cocaine Abuse », *TIPS*, vol. 13, p. 193-200.

YAKSH, T.L., CHAPLAN, S.R. et MALMBERG, A.B. (1995). « Future Directions in the Pharmacological Management of Hyperalgesic and Allodynic Pain States : The NMDA Receptor », National Institute on Drug Abuse, *Research monograph*, n° 147, p. 84-103.

ZHANG, J., FERGUSON, S.S.G., BARAK, L.S., BODDULURI, S.R et coll. (1998). « Role for G Protein-Coupled Receptor Kinase in Agonist-Specific Regulation of Mu Opioid Receptor Responsiveness », *Proceedings of the National Academy Sciences of the United States of America*, 95.

CHAPITRE

7

Jeu pathologique et toxicomanie

John Topp ◆ *Guy Charpentier*

Les auteurs analysent le jeu pathologique dans le contexte de sa coexistence avec la problématique de la toxicomanie. Après avoir défini la notion de jeu pathologique et divers profils de joueurs, ils présentent un portrait de la prévalence du phénomène au Canada et au Québec, en comparaison d'autres pays. Les similitudes entre jeu pathologique et toxicomanie et leur comorbidité font l'objet d'une partie du chapitre de même que la question du traitement où sont exposées les principales écoles de pensée et approches correspondantes auprès de joueurs compulsifs. En conclusion, les auteurs rappellent les défis et les devoirs auxquels les chercheurs autant que les autorités devront faire face en ce domaine.

Introduction

Au cours des dernières années, les jeux de hasard ont connu un essor considérable au Canada et ailleurs dans le monde. Les amendements apportés au Code criminel du Canada, en 1969, ont légalisé les jeux de hasard et permis aux provinces l'exploitation de loteries et de casinos. Les gouvernements ayant rapidement compris l'énorme potentiel de revenus générés par le jeu, de plus en plus de provinces et de territoires en ont revendiqué le contrôle afin d'enrichir le Trésor public. Les gouvernements exploitent actuellement une vaste gamme de jeux de hasard, incluant les casinos, les loteries de toutes sortes, les appareils de loterie vidéo et les machines à sous. La participation de l'État a légitimé toutes ces formes de jeux, ce qui a entraîné leur prolifération sur tout le territoire canadien. À titre d'exemple, pour l'exercice financier 1998-1999, Loto-Québec établissait un nouveau record en déclarant un chiffre d'affaires consolidé de plus de trois milliards de dollars. Ce résultat a permis à la société d'État de réaliser un bénéfice net de 1,2 milliard de dollars.

En Amérique du Nord, l'exploitation des jeux de hasard a aussi permis aux populations autochtones d'accéder à une autonomie financière et contribué au financement de nombreux groupes et activités communautaires.

Les jeux de hasard ont toujours exercé un puissant attrait, et de tout temps l'on trouve des activités de jeu. Bien que la majorité des personnes s'adonnent à la pratique des jeux de hasard et y prennent du plaisir sans jamais accéder à un niveau de jeu problématique, d'autres jouent de façon abusive et développent une réelle dépendance. Celle-ci s'apparente à la dépendance aux substances psychotropes et, en raison de ces similitudes, les principales approches en matière de prévention et de traitement du jeu pathologique relèvent du milieu de la toxicomanie. De plus, on observe souvent une coexistence des problèmes de jeu et de toxicomanie, d'où l'intérêt pour les intervenants de ce champ de mieux connaître et comprendre la problématique du jeu compulsif.

Définition du jeu pathologique et des profils de joueurs

Le jeu compulsif et le jeu pathologique sont des expressions interchangeables que l'on emploie pour décrire un trouble défini selon les paramètres suivants: désordre progressif caractérisé par une perte de maîtrise continue ou périodique face au jeu; préoccupation constante liée au jeu et à l'obtention d'argent à cette fin; jugement irrationnel; poursuite de ces activités en dépit de conséquences graves (Rosenthal, 1992). Le jeu pathologique a été formellement reconnu en 1980 dans la troisième édition du *Diagnostic and Statistical Manual of Mental Disorders* de l'American Psychiatric Association (1980). Le jeu pathologique fait alors partie de la catégorie des désordres d'impulsions non classifiés. Dans la révision de 1987 de la classification psychiatrique (DSM-III-R) [American Psychiatric Association, 1987], les critères du jeu pathologique sont directement associés aux critères de la toxicomanie, à l'exception du cinquième critère, lequel décrit le comportement typique du joueur qui tente de «se refaire». Cette nouvelle classification n'a cependant pas fait l'objet d'un consensus chez plusieurs intervenants, qui préféraient certains critères anciens et notaient de la confusion dans le libellé des nouveaux critères. Afin d'évaluer l'ampleur de cette insatisfaction, Rosenthal a procédé à une enquête auprès de professionnels de la santé et construit un questionnaire contenant l'ensemble des critères et de nouveaux éléments. Ce questionnaire a été administré à un échantillon de joueurs pathologiques et à un groupe témoin. Les résultats ont été soumis à une analyse et une nouvelle classification a été proposée pour la quatrième édition du manuel de diagnostic, le DSM-IV (American Psychiatric Association, 1994). Dans cette nouvelle édition, le jeu pathologique est classé dans l'axe I des désordres cliniques, présentant des troubles du contrôle des impulsions. Ce désordre comprend 10 critères. Nous parlons d'une pratique inadaptée, persistante et répétée du jeu, comme en témoignent au moins cinq des manifestations suivantes (pour correspondre au diagnostic de joueur impulsif):

1) le sujet est préoccupé par le jeu (par exemple, préoccupation par la remémoration d'expériences de jeu passées ou par la prévision de tentatives prochaines ou par les moyens de se procurer de l'argent pour jouer);

2) il a besoin de miser des sommes d'argent croissantes pour atteindre l'état d'excitation désiré;

3) il fait des efforts répétés mais infructueux pour contrôler, réduire ou arrêter la pratique du jeu;

4) il est agité ou irritable durant les tentatives de réduction ou d'arrêt de la pratique du jeu;

5) il joue pour échapper aux difficultés ou pour soulager une humeur dysphorique (par exemple, des sentiments d'impuissance, de culpabilité, d'anxiété, de dépression);

6) après avoir perdu de l'argent au jeu, il retourne souvent jouer un autre jour pour recouvrer ses pertes (pour «se refaire»);

7) il ment à sa famille, à son thérapeute ou à d'autres pour dissimuler l'ampleur réelle de ses habitudes de jeu;

8) il commet des actes illégaux, tels que falsifications, fraudes, vols ou détournements d'argent, pour financer sa pratique du jeu;

9) il met en péril ou perd une relation affective importante, un emploi ou des possibilités d'études ou de carrière à cause du jeu;

10) il compte sur les autres pour obtenir de l'argent et se sortir de situations financières désespérées dues au jeu (American Psychiatric Association, 1996).

La trajectoire du joueur

Toutes les personnes qui jouent ne deviennent pas des joueurs compulsifs. Valeur et Bucher (1997), citant diverses sources, classent l'ensemble de personnes qui s'adonnent au jeu selon trois grandes catégories :

1. *Les joueurs sociaux.* Ils constituent la majorité de la population. Ces gens jouent de façon occasionnelle ou régulière, mais le jeu demeure toujours un loisir. Certains jouent uniquement en vacances, d'autres uniquement au casino. D'autres, enfin, s'adonnent régulièrement aux loteries et à d'autres tirages.

2. *Les joueurs professionnels.* Certains individus jouent continuellement et en tirent leurs revenus. Ce sont des professionnels qui peuvent exceller dans leur métier. Les auteurs notent qu'il faut en ce cas autre chose que des jeux de hasard pur, soit des jeux qui laissent une place au savoir-faire (comme les pronostics sportifs et le poker).

3. *Les joueurs compulsifs.* Ils se caractérisent par la « perte de contrôle » et l'incapacité de cesser de jouer, mais aussi par une démesure dans l'activité, qui occupe une place centrale dans leur vie, au détriment d'autres investissements affectifs et sociaux.

On ne devient pas un joueur compulsif du jour au lendemain. Il s'agit plutôt d'une situation qui évolue vers la pathologie. Le psychiatre américain Robert Custer (cité par Lesieur et Rosenthal, 1991 ; Rosenthal, 1992) a décrit les trois phases de l'évolution de la carrière du joueur, d'une durée variable selon l'individu :

1. *La phase du gain.* Le jeu est une activité agréable. La personne joue régulièrement et elle ne vit pas de problème particulier. Les mises sont raisonnables et le joueur gagne régulièrement. Il devient de plus en plus confiant dans ses habiletés de joueur et croit qu'il peut influencer le déroulement du jeu. De plus, il aime l'ambiance du jeu et est attiré par le niveau élevé de stimulation qu'il retrouve dans ces situations. Le succès lui procure un sentiment de pouvoir et une reconnaissance sociale. Les joueurs rapportent souvent un gros gain durant cette période.

2. *La phase des pertes.* Avec l'augmentation de la fréquence du jeu survient éventuellement une série de pertes. Celles-ci, qui sont une attaque contre l'estime de soi, deviennent intolérables pour le joueur, qui retourne jouer pour « se refaire ». Cette personne étant convaincue qu'elle pourra de nouveau gagner, elle augmente ses mises pour récupérer l'argent perdu. Elle emprunte de l'argent et peut même commettre des actes illégaux pour s'en procurer afin de jouer. Les dettes s'accumulent et le joueur doit consacrer de plus en plus de temps au jeu pour régler sa situation financière, ce qui le conduit à s'isoler, à négliger sa famille et à s'absenter du travail.

3. *La phase du désespoir.* Le joueur croit encore qu'un gros gain pourra résoudre ses problèmes. Il tente le tout pour le tout et s'enfonce de plus en plus dans

des problèmes de toutes sortes. Il rationalise ses comportements illégaux en invoquant son besoin d'argent à court terme, qu'il remboursera dès qu'il aura touché le gros gain. Le jeu devient une obsession et envahit sa vie. Il devient irritable, impatient et ses habitudes sont perturbées; ne sachant comment s'en sortir, il exprime parfois des idées suicidaires. C'est habituellement au cours de cette phase que le joueur comprend qu'il a un problème et qu'il demande de l'aide.

La prévalence du jeu pathologique

Au cours des dernières années, de nombreuses études sur la prévalence du jeu pathologique ont été réalisées dans différents pays, dont l'Australie, la Nouvelle-Zélande, les États-Unis, l'Allemagne, les Pays-Bas, l'Espagne et le Canada. La plupart de ces études ont été exécutées à partir du South Oaks Gambling Screen, que nous décrirons maintenant, ou selon les critères d'évaluation de l'American Psychiatric Association cités précédemment.

Le South Oaks Gambling Screen

Avec la reconnaissance du jeu pathologique dans la nosologie psychiatrique dans les années 1980, il devenait nécessaire d'avoir un instrument permettant le dépistage des joueurs pathologiques. Les cliniciens pouvaient toujours utiliser les critères diagnostiques du DSM-III, mais ceux-ci étaient surtout concentrés sur les signes et les symptômes caractéristiques de la phase du désespoir dans la carrière du joueur; quant aux 20 questions proposées par les Gamblers anonymes, elles produisaient un nombre trop important de faux négatifs, soit des personnes présentant suffisamment de symptômes cliniques sans être dépistées. Le South Oaks Gambling Screen (SOGS) a donc été mis au point par Lesieur et Blume (1987) comme outil de dépistage clinique. Élaboré à partir des critères du DSM-III mais recoupant également ceux du DSM-III-R, il a été validé auprès d'un échantillon de patients toxicomanes et/ou de joueurs pathologiques admis à l'hôpital South Oaks. C'est aujourd'hui l'outil de dépistage le plus répandu dans le monde, tant pour l'évaluation clinique que pour les études épidémiologiques. Robert Ladouceur, de l'Université Laval, a traduit en français les versions pour adultes et adolescents (voir l'annexe à la fin du chapitre). Le SOGS permet de décrire le jeu compulsif sur un continuum de gravité. Ainsi, un score de 3 ou 4 sur 20 correspond à un *joueur problématique* tandis qu'un score de 5 ou plus désigne un *joueur pathologique* probable. Un diagnostic final ne peut évidemment être posé sans une évaluation plus poussée. Il reste que toutes les études épidémiologiques utlisent ces deux catégories pour décrire la prévalence de la problématique du jeu compulsif dans la population générale.

Depuis quelques années, des réserves ont été émises au regard de l'utilisation d'un instrument clinique pour effectuer des études de prévalence dans la population générale. Lesieur (1994) et Volberg (1994a) ont publié des revues de la littérature sur le sujet et formulé des recommandations. Puisque la majorité des sondages sont effectués par téléphone, une sous-évaluation des joueurs pathologiques est toujours possible. L'absence de groupes particuliers, comme les gens institutionnalisés ou d'autres populations qui n'ont pas été jointes, pourrait aussi conduire à une sous-estimation du nombre réel de joueurs pathologiques. Malgré ces réserves, le SOGS demeure l'outil de référence mondial pour mesurer la prévalence du jeu pathologique. En outre, les nombreuses études réalisées dans plusieurs pays constituent une base de données fort intéressante sur la problématique qui nous permet de comparer le Québec à d'autres provinces canadiennes, à plusieurs États américains et à plusieurs pays du monde.

La prévalence au Canada et dans le monde

La plupart des provinces canadiennes ont réalisé des études épidémiologiques dans le cadre de l'implantation des casinos et des loteries vidéo. Les méthodologies sont dans l'ensemble semblables et retiennent le SOGS comme outil de mesure. Les taux obtenus peuvent servir de taux de base et ils seront fort utiles dans les années qui viennent pour évaluer la progression du jeu pathologique dans le contexte d'une offre grandissante des occasions de jouer. Certaines provinces en sont déjà rendues à réaliser de nouvelles études. Le tableau 7.1 présente les données qu'on trouve actuellement pour certaines provinces canadiennes. Les résultats proviennent de deux synthèses publiées au cours des dernières années (Conseil national du bien-être social, 1996; Ladouceur, 1996).

Les taux de prévalence du jeu compulsif sont sensiblement les mêmes d'une province à l'autre et sont comparables aux statistiques qu'on trouve pour la plupart des pays. Il n'est pas spécifié si ces taux s'appliquent à la prévalence à vie ou à la prévalence actuelle, car notre but, dans ce chapitre, est de dégager des tendances, et non de présenter une analyse exhaustive. Nous observons ainsi que les

TABLEAU 7.1   Taux de prévalence du jeu pathologique dans diverses provinces canadiennes

Province	Joueurs problématiques	Joueurs pathologiques	Total
Alberta (1993)	4,0 %	1,4 %	5,4 %
Colombie-Britannique (1993)	2,4 %	1,1 %	3,5 %
Saskatchewan (1993)	1,9 %	0,8 %	2,7 %
Manitoba (1995)	2,4 %	1,9 %	4,3 %
Nouvelle-Écosse (1996)	2,8 %	1,1 %	3,9 %

taux de prévalence composés du jeu problématique et du jeu pathologique présentent une moyenne de 3 % à 5 %.

Ces données correspondent aux résultats obtenus dans des études similaires aux États-Unis (Volberg, 1996) et dans d'autres pays. Les taux de prévalence apparaissent donc comme plutôt constants dans les pays occidentaux où l'accès au jeu est libéralisé. Il est intéressant de souligner que Volberg (1994b) a noté des taux de prévalence allant du simple au double entre les États où le jeu était légalisé depuis plusieurs années et les États qui n'avaient que récemment libéralisé le jeu. L'auteure postule qu'une plus grande offre de jeu entraîne un accroissement du taux de problèmes liés au jeu. Nous verrons plus loin une tendance semblable observée au Québec. L'accroissement de la prévalence en relation avec l'offre de nouvelles formes de jeux de hasard constitue un problème de santé publique. Alors que les gouvernements ont été les grands bénéficiaires de la progression rapide des jeux de toutes sortes depuis le début des années 1990 — ces activités rapportant des revenus considérables —, les efforts accomplis pour le traitement des joueurs compulsifs restent toujours limités.

La situation au Québec

Au Québec, quatre études réalisées par Ladouceur dressent un portrait de la prévalence du jeu pathologique pour différentes tranches d'âge. Ces études utilisent une méthodologie similaire, soit l'adaptation française du SOGS. La première (Ladouceur et Mireault, 1988) décrit un échantillon d'adolescents d'écoles secondaires de la région de Québec. L'étude montre que 76 % des jeunes avaient joué au cours de leur vie, que 65 % avaient joué au cours de la dernière année et que 24 % jouaient au moins une fois par semaine. Parmi les joueurs, 5,6 % voulaient arrêter mais en étaient incapables et 1,7 % pouvaient être considérés comme des joueurs pathologiques.

Une deuxième étude (Ladouceur, 1991) menée auprès d'un échantillon de 1 002 adultes représentatifs de la population québécoise établit à 2,6 % le taux de joueurs problématiques et à 1,2 % le taux de joueurs pathologiques. Notons que l'étude rapporte un nombre significativement plus élevé d'hommes que de femmes parmi les joueurs problématiques.

Une troisième étude (Ladouceur, Dubé et Bujold, 1994) porte sur la prévalence du jeu pathologique et des problèmes associés pour un échantillon de 1 471 élèves de trois cégeps de l'agglomération québécoise. Environ 90 % des élèves disaient s'être adonnés au jeu et 21,7 % le faisaient une fois par semaine ou plus. La prévalence du jeu pathologique se chiffrait dans ce cas à 2,8 %.

Enfin, dans une nouvelle étude (Ladouceur et coll., 1999) portant sur la population adulte, les taux de prévalence du jeu problématique et du jeu pathologique s'établissaient respectivement à 2,4 % et à 2,1 % pour un total de 4,5 %. On observe donc un accroissement de la prévalence du jeu pathologique de 1,2 %, en 1991, à 2,1 %, en 1999, pour une augmentation de 75 % (voir le tableau 7.2).

TABLEAU 7.2   Pourcentage de joueurs pathologiques au Québec
dans quatre études de Ladouceur

Population cible	Pourcentage de joueurs pathologiques
Élèves du secondaire (1988)	1,7%
Élèves du cégep (1994)	2,8%
Adultes (1991)	1,2%
Adultes (1999)	2,1%

Les taux de prévalence observés chez les jeunes sont généralement plus élevés que chez les adultes. Ce fait est important car la majorité des joueurs pathologiques disent avoir commencé à jouer au cours de leur adolescence. L'orientation des stratégies de prévention vers les jeunes permettrait d'intervenir auprès d'un groupe risquant d'adopter des comportements susceptibles de devenir problématiques avec le temps. Ce taux élevé de jeu pathologique chez les adolescents serait également relié à la consommation abusive de psychotropes et à une double problématique (Ladouceur, Vitaro et Arsenault, 1998).

Les coûts sociaux du jeu pathologique

Le jeu pathologique a des conséquences pour l'individu, la famille et la société. Les dépenses incontrôlées, les dettes qui en résultent et les stratégies employées pour trouver de l'argent afin de continuer à jouer sont des sources importantes de coûts sociaux attribuables au jeu pathologique. Ladouceur et ses collaborateurs (1994) ont réalisé une étude auprès de membres de Gamblers anonymes dans différentes villes du Québec. Il s'agissait essentiellement d'hommes dans la quarantaine. Les résultats ont démontré que le tiers de l'échantillon avait dépensé de 1 000 $ à 2 000 $ par mois pour jouer, tandis que le quart avait dépensé mensuellement de 2 000 $ à 5 000 $ aux mêmes fins. Ces joueurs dépensaient leurs salaires, les économies de la famille et empruntaient pour jouer. En conséquence, 28 % des participants à l'étude avaient déclaré faillite tandis que 30 % avaient contracté des dettes de 75 000 $ à 150 000 $. L'étude a aussi révélé que l'absentéisme et les retards sont des comportements fréquents chez les deux tiers des joueurs. Les auteurs estiment que les joueurs accumulent en moyenne cinq heures de retard par mois. Si l'on prend 50 % des joueurs pathologiques à un taux moyen de 15 $ l'heure, on obtient une projection de 45 millions de dollars par année en perte de revenus pour les employeurs du Québec. Les joueurs étant préoccupés par leurs pertes ou par la découverte de nouvelles possibilités de jeu, cela nuit aussi au rendement au travail. Enfin, la moitié des joueurs déclaraient avoir déjà volé leur employeur plus d'une fois pour des sommes allant de 2 000 $ à 5 000 $. Un tiers ont déclaré avoir finalement perdu leur emploi.

L'accomplissement d'autres activités illégales est aussi courant. Ainsi, les joueurs recourent à la fraude, à la falsification de documents et aux chèques sans provision pour se procurer de l'argent. Dans cette étude comme dans plusieurs autres, la majorité des crimes commis par les joueurs pathologiques ne sont pas violents.

Le jeu pathologique a des conséquences importantes pour les familles des joueurs. L'isolement du joueur, ses absences fréquentes, son constant besoin d'argent et les dettes qui en résultent ont un impact sur le joueur lui-même et sur les membres de son entourage. Les sommes perdues appauvrissent la famille et créent des tensions. Des études citées par Lesieur et Rosenthal (1991) démontrent que les conjoints des joueurs compulsifs souffrent davantage de migraine, de troubles gastro-intestinaux, de dépression, et qu'ils sont plus portés à faire des tentatives de suicide. Un récent rapport du coroner a d'ailleurs documenté un nombre élevé de suicides liés aux problèmes de jeu au Québec.

Similitudes et coexistence entre jeu pathologique et toxicomanie

Plusieurs chercheurs (Spunt et coll., 1998) notent des similitudes entre le jeu pathologique et la toxicomanie. Les joueurs pathologiques recherchent un état d'excitation et de stimulation autant que les gains pécuniaires lorsqu'ils jouent. Ils vont tout faire pour maintenir cet état, qu'ils comparent à la stimulation sexuelle ou encore à l'euphorie produite par la drogue. Les joueurs deviennent de plus en plus préoccupés par la recherche des situations de jeu, jouent plus longtemps et misent plus d'argent que prévu. Un phénomène de «tolérance» est également observé. Le joueur doit miser des sommes de plus en plus importantes pour obtenir le même degré de stimulation. Des signes de «sevrage» tels que l'irritabilité, l'agitation, la dépression, la perte de concentration et les pensées obsessionnelles apparaissent lorsqu'il cesse de jouer. Les joueurs pathologiques et les toxicomanes vivent aussi des périodes d'abstinence et de rechute qui s'apparentent.

En plus des similitudes entre ces deux problématiques, la coexistence du jeu pathologique et de la toxicomanie est clairement établie, malgré le nombre plutôt restreint d'études portant sur cette comorbidité. Ces dernières révèlent néanmoins un taux élevé de toxicomanie chez les joueurs pathologiques et, inversement, des taux très élevés de joueurs pathologiques au sein des clientèles toxicomanes en traitement.

La toxicomanie chez les joueurs pathologiques

La recherche démontre que les taux d'alcoolisme et de toxicomanie sont plus élevés parmi les joueurs pathologiques en traitement. Dans leur revue des études sur la question, Spunt et ses collaborateurs (1998) rapportent de tels résultats dans des études conduites auprès d'un échantillon de joueurs en traitement dans un hôpital de Cleveland : 39 % répondaient au critère d'abus d'alcool ou de drogues dans l'année précédant leur admission, et 47 % au cours de leur vie. Les auteurs signalent également des études où 29 % d'une clientèle d'hommes admis en centre de traitement pour joueurs présentaient un problème de toxicomanie. Des résultats similaires ont été notés parmi les membres masculins de Gamblers anonymes. Dans une étude portant sur les femmes fréquentant des groupes semblables, l'abus d'alcool et de drogues était de deux à trois fois plus élevé que dans la population féminine en général.

Les résultats précédents proviennent tous d'échantillons cliniques. Il y a peu de recherches sur les taux de toxicomanie chez les joueurs pathologiques dans la population en général. Abbott et Volberg (1996) ont inclus des questions sur la toxicomanie dans leur étude épidémiologique effectuée en Nouvelle-Zélande. Ils ont observé que 60 % de l'échantillon de joueurs pathologiques avaient une consommation problématique d'alcool, par rapport à 19 % dans l'échantillon de joueurs qui n'étaient pas pathologiques.

Le jeu pathologique chez les toxicomanes

Il n'existe pas non plus beaucoup de recherches sur la prévalence du jeu pathologique chez les toxicomanes. Les études recensées dans la littérature scientifique portent essentiellement sur des échantillons de toxicomanes en traitement. En général, le taux de prévalence du jeu pathologique est de 4 à 10 fois plus élevé chez les toxicomanes que dans la population générale (Spunt et coll., 1998).

Dans une étude portant sur des toxicomanes inscrits dans un programme externe de réadaptation (Ciarrocchi, 1993), le taux de joueurs problématiques se situait à 6,2 %, et 4,2 % des sujets se classaient parmi les joueurs pathologiques. Une autre étude concernant des personnes inscrites dans un programme de traitement à la méthadone, à New York (Spunt et coll., 1995), montrait un taux de joueurs problématiques de 15 %, alors que le taux de joueurs pathologiques probables était de 16 %. On a aussi demandé aux joueurs de préciser le lien entre le jeu et leur usage de drogues. Pour certains, le jeu était une façon de gagner de l'argent pour se procurer des drogues, tandis que d'autres associaient l'accroissement du degré d'excitation procuré par le jeu à la consommation de drogues. Enfin, 95 % de l'échantillon des joueurs pathologiques à l'intérieur du programme de traitement à la méthadone affirmaient que leur consommation de drogues l'emportait sur le jeu. Lesieur et Heineman (1988, cités par Spunt et coll., 1998) ont mesuré la présence du jeu pathologique parmi 100 résidents de deux communautés thérapeutiques. À l'aide du SOGS, ils y ont trouvé 14 joueurs pathologiques et autant de joueurs problématiques.

La coexistence de la toxicomanie chez les joueurs pathologiques et du jeu problématique chez les toxicomanes semble donc confirmée. Nous n'avons malheureusement pas de données publiées permettant de vérifier cette coexistence parmi la clientèle des centres de réadaptation du Québec.

Le traitement du jeu pathologique

L'organisation structurée du traitement du jeu pathologique est une entreprise relativement récente, le premier centre professionnel ayant ouvert ses portes en 1972 aux États-Unis. La littérature sur le traitement des joueurs pathologiques ou compulsifs est de plus en plus abondante depuis les années 1970, suivant le rythme de la progression des occasions de jouer et du nombre de joueurs ainsi que du développement de la conscience publique face aux victimes du jeu. Au Québec, la société Loto-Québec contribue à des initiatives de recherche et de prévention depuis plusieurs années. Sans investir directement dans le traitement, la société d'État finance une ligne d'écoute et de référence qui offre un service de soutien aux joueurs et à leur entourage de même que de l'information sur les ressources spécialisées. De plus, la Société des casinos gère un programme d'autoexclusion qui permet aux joueurs qui le demandent de se voir interdire, pour une durée déterminée, l'accès à ces lieux. Nous n'avons pas relevé de données sur la valeur d'une telle approche, si ce n'est que les journaux rapportent à l'occasion des témoignages de joueurs autoexclus ayant réussi à déjouer les mesures de sécurité.

Presque toutes les écoles de pensée ont élaboré une théorie explicative du jeu pathologique qui a donné naissance à des expériences correspondantes en traitement. Certaines expériences parmi les plus pertinentes sont regroupées ici selon le courant qui les a inspirées.

Les traitements psychanalytiques

Le traitement des joueurs pathologiques par la psychanalyse a été l'une des premières approches rapportées dans la littérature ; on y signale un certain nombre de cas traités avec succès par cette approche. Lesieur et Rosenthal (1991) mentionnent six rapports en ce sens, entre 1950 et 1966, à partir d'une compréhension du jeu comme besoin de punition pour des sentiments ambivalents envers le père. Murray (1993) rapporte cinq autres expériences de traitement, entre 1968 et 1987. Toutefois, comme la psychanalyse semble relativement peu populaire de nos jours en Amérique du Nord, les thérapeutes se tournent vers des méthodes de traitement plus rapides ayant souvent une composante biologique (Rosenthal et Rugle, 1994).

Les traitements psychodynamiques

Les traitements psychodynamiques sont basés sur la même prémisse que les traitements psychanalytiques, à savoir que le jeu pathologique est un symptôme de problèmes psychiques auxquels le traitement doit s'attaquer.

Cette supposition est supportée indirectement par un certain nombre de recherches récentes sur la comorbidité, qui montrent que plusieurs joueurs pathologiques ont aussi des problèmes de santé mentale (Bellaire et Caspari, 1992 ; Blaszczynski et Steel, 1998 ; Specker et coll., 1996). Cela dit, la relation causale ne paraît pas toujours évidente (McElroy et coll., 1992, cités par Murray, 1993).

Deux auteurs sont particulièrement explicites sur les cibles du traitement. Rosenthal (1986, cité par Stirpe, 1994) considère que le traitement doit s'attaquer principalement au sentiment de toute-puissance, à l'idéalisation de la destructivité, à la difficulté d'établir les frontières entre soi et les autres et à la malhonnêteté. Rosenthal et Rugle (1994) proposent cinq stratégies importantes pour le traitement psychothérapeutique : percer le déni du problème, confronter le sentiment de toute-puissance, interrompre le cycle des tentatives pour se refaire (*chasing*), découvrir les raisons du jeu pathologique et motiver le joueur à devenir un participant actif au traitement. Miller (1986, cité par Wildman, 1998) fait ressortir le fort attachement du joueur à son activité et le rôle du jeu dans l'estime de soi.

Dans une étude portant sur le transfert et le contre-transfert dans les situations de traitement du jeu pathologique, Rugle et Rosenthal (1994) insistent sur l'importance de la relation thérapeutique. La psychothérapie de groupe souvent utilisée en ce qui concerne les comportements dépendants est aussi une approche de traitement fréquente face au jeu pathologique (Greenberg 1980, cité par Murray, 1993). Enfin, McCormick (1994) montre l'intérêt que présentent les stratégies d'adaptation en vue d'aider les joueurs enclins aux rechutes en raison d'une impulsivité anormale, de hauts niveaux d'affects négatifs et de sentiments importants d'impuissance et de désespoir.

En fait, la littérature rapporte peu de résultats de recherches sur le traitement psychodynamique pris isolément. Cependant, Lesieur et Rosenthal (1991) rapportent une expérience de traitement psychothérapeutique utilisant et le groupe et les rencontres individuelles, où 55 % des sujets étaient abstinents après un an et où l'on considérait que 92 % des sujets avaient fait des progrès en ce sens. La participation aux rencontres des Gamblers anonymes ainsi que le traitement professionnel ont révélé une corrélation élevée avec le succès du traitement.

Par ailleurs, le traitement psychothérapeutique est souvent une composante importante d'une approche multimodale.

Les traitements de la dépendance en tant que maladie

En partie à cause des nombreuses similitudes entre le jeu pathologique et la toxicomanie, en partie parce qu'on retrouve cette double problématique chez un nombre assez important de personnes, plusieurs voient dans le jeu pathologique une dépendance comme une autre (Das, 1990, cité par Wildman, 1998, et

Blume, 1997). Cela implique que le jeu pathologique est, en soi, une maladie ayant ses signes caractéristiques sujets à l'évaluation, au diagnostic, au plan de traitement et au suivi (Blume, 1987).

Certains centres ont adopté le modèle du traitement de la dépendance. Horodecki (1992) rapporte une expérience en Autriche où une équipe professionnelle utilise cette approche. Spunt et ses collaborateurs (1998) mentionnent qu'un des traitements les plus connus, celui de l'hôpital South Oaks, est dispensé dans un centre pour toxicomanes avec la préoccupation de traiter les personnes présentant une double problématique en tenant compte du danger de passage d'une dépendance à l'autre ou de développement d'une deuxième dépendance.

L'aide apportée aux familles des joueurs pourrait également bénéficier des méthodes de traitement utilisées avec les familles des alcooliques ou des patients psychiatriques, les besoins étant semblables (Ahrons, 1990). En revanche, L'Abate, Farrar et Serritella (1992) rappellent qu'en dépit des similitudes, le traitement doit être propre à chaque dépendance et adapté à celle-ci.

L'abstinence est le plus souvent un des objectifs de cette approche (Rosenthal et Rugle, 1994; Schwarz et Lindner, 1992). Le traitement est considéré selon trois phases: l'intervention, l'interruption et la réadaptation (Lesieur et Blume, 1993). Comme dans le cas de la toxicomanie, certains utilisent l'approche dite de prévention de la rechute, dans laquelle on précise les situations à risque afin que la personne traitée puisse les éviter et apprendre à composer avec les émotions et les situations négatives (Levy et Feinberg, 1991).

Bien que des joueurs pathologiques aient été traités avec succès dans des programmes conjoints avec des alcooliques et autres toxicomanes (Murray, 1993), peu de recherches en font état, peut-être parce que le traitement du jeu comme dépendance s'inscrit souvent à l'intérieur d'approches multimodales.

La solution offerte par Gamblers anonymes

Le mouvement d'entraide Gamblers anonymes, calqué sur celui des Alcooliques anonymes, est la ressource la plus répandue et la plus utilisée par les joueurs pathologiques. Cette approche s'inscrit dans le courant de la perception du jeu comme une maladie et propose l'abstinence à ses membres.

Plusieurs recherches ont été faites à partir des sujets rencontrés chez les Gamblers anonymes, mais peu d'études ont porté sur l'efficacité du mouvement pour les joueurs pathologiques. Les études d'efficacité, scientifiquement acceptables, sont particulièrement difficiles à réaliser dans le contexte d'un mouvement d'entraide anonyme (Stewart et Brown, 1988, cités par Wildman, 1998). Les Gamblers anonymes ont un certain succès avec 20% des joueurs qui s'adressent au mouvement, surtout avec les plus touchés qui reconnaissent ne pouvoir s'en sortir par eux-mêmes et qui acceptent l'abstinence (Brown, 1987).

Les membres qui maintiennent l'abstinence jugent que les deux éléments les plus utiles sont les conseils reçus lors des rencontres et les témoignages des difficultés surmontées par ceux qui réussissent (Brown, 1987).

À cela il faut ajouter que le mouvement Gamblers anonymes offre un nouveau réseau social de soutien, élément important dans une réadaptation. C'est sans doute pour cette raison que les Gamblers anonymes font souvent partie intégrante des approches multimodales (Horodecki, 1992 ; Rosenthal et Rugle, 1994).

Les traitements pharmacologiques

L'idée que le jeu pathologique puisse avoir un substrat biologique n'est pas nouvelle. Lesieur et Rosenthal (1991) concluent que les données d'études semblent confirmer l'existence d'un lien entre la recherche de sensations et le jeu pathologique. Les études les plus récentes portent sur une dysfonction sérotoninergique (Decaria et coll., 1996) et les conséquences d'une dysfonction des récepteurs de dopamine pour les comportements dépendants, impulsifs et compulsifs (Blum et coll., 1996 ; Comings et coll., 1996).

La littérature fait état de quelques expériences de traitement pharmacologique. Dans une étude comportant un groupe témoin, Moskowitz (1980, cité par Murray, 1993) a expérimenté le lithium avec trois patients, chez qui une amélioration a été notée. Hollander et ses collaborateurs (1992) ont traité avec succès une joueuse pathologique en utilisant de la clomipramine, un médicament destiné aux patients présentant des troubles obsessionnels-compulsifs.

Haller et Hinterhuber (1994) ont traité une personne avec de la carbamazépine. Elle a cessé de jouer après deux semaines et il y avait toujours abstinence après 30 mois. Cette étude comportait un groupe témoin.

Enfin, Crockford et El-Guebaly (1998) rapportent une expérience intéressante visant à contrôler l'obsession de consommer (*craving*). Le client présentait une double problématique (toxicomanie et jeu pathologique), avait suivi un traitement multimodal et était déjà abstinent depuis un mois. Le traitement s'est fait avec de la naltrexone. On a enregistré la disparition des obsessions après 48 heures et cette personne n'a pas connu de rechute.

Les expériences de traitement pharmacologique sont encore peu nombreuses et souvent réalisées avec un seul patient. Les quelques expérimentations mentionnées précédemment ont eu des résultats positifs. Certaines, comme celle de Crockford et El-Guebaly, ont été conduites dans un cadre multimodal.

Les traitements cognitifs et behavioristes

La littérature la plus abondante porte sur les traitements relevant de la théorie de l'apprentissage cognitif et social qui considère le jeu pathologique comme un phénomène appris et modifiable.

Plusieurs recherches supportent les théories de l'apprentissage social (Stirpe, 1994). Elles ont montré un lien entre les problèmes de jeu et divers facteurs : les biais cognitifs (Coulombe et coll., 1992), le contrôle déficient (Dickerson, 1993), les renforcements provenant des gains matériels intermittents et de l'excitation produite (Sharpe et Tarrier, 1993) et des machines à sous (Griffiths, 1993), le comportement de recherche du risque (Ladouceur, Tourigny et Mayrand, 1986), les déficiences dans les habiletés d'adaptation (Sharpe et Tarrier, 1993) et le besoin de stimulation (Blaszczynski, McConaghy et Frankova, 1990).

Murray (1993) rapporte un certain nombre d'expériences de thérapies d'aversion ayant eu lieu avant 1983. Ces expériences, qui ont connu des succès très inégaux, ne comportaient pas de groupe témoin. En 1991, McConaghy, Blaszczynski et Frankova ont utilisé quatre approches behavioristes avec 120 sujets. La désensibilisation par imagination s'est avérée l'approche la plus utile et l'état de 63 des joueurs s'est amélioré.

Depuis le début des années 1990, les traitements cognitifs prennent davantage de place dans la littérature. Toneato et Sobel (1990) utilisent des paris imaginaires sur des événements de la vie réelle pour démontrer l'incapacité de faire des prédictions. Griffiths (1993) emploie des enregistrements audio pour analyser les biais cognitifs. Sharpe et Tarrier (1992) expérimentent avec un sujet une approche incluant la stabilisation, la maîtrise de soi, la mise en situation en imagination et, *in vivo*, la restructuration cognitive et l'évaluation.

Au Québec, Ladouceur et son équipe ont davantage élaboré l'approche cognitive. Sylvain et Ladouceur (1992) notent, chez quatre sujets, les verbalisations énoncées dans des séances contrôlées de jeu et renforcent les verbalisations adéquates. Bujold et ses collaborateurs (1994) observent des résultats efficaces avec trois sujets en utilisant des interventions cognitives, des techniques de résolution de problèmes et de prévention de la rechute. Des résultats positifs sont aussi signalés avec quatre personnes (Ladouceur, Boisvert et Dumont, 1994) : les éléments du programme comprennent des informations sur le jeu, des interventions cognitives, des techniques de résolution de problèmes, des stratégies de prévention de la rechute et un entraînement aux habiletés sociales. Dans un protocole comportant un groupe témoin, Sylvain, Ladouceur et Boisvert (1997) rapportent des succès avec un traitement à trois facettes : modifications cognitives des perceptions erronées, entraînement à la résolution de problèmes et prévention de la rechute.

Les traitements multimodaux

Une autre tendance en nette progression est le recours aux traitements multimodaux, soit sous forme d'approche englobante (*comprehensive approach*) mettant à profit plusieurs techniques d'une même école de pensée, soit par la combinaison des éléments de diverses écoles de pensée. À cet égard, Griffiths (1996) fait remarquer que le jeu pathologique est une activité complexe et multidimentionnelle : bien que les approches éclectiques de la compréhension de divers comportements humains aient souvent été critiquées, il semble que les explications du jeu excessif soient plus adéquates avec un modèle biopsychosocial intégré, qui fait ressortir l'individualité et la nature idiosyncrasique du développement des problèmes.

Voici quelques autres expériences multimodales. Les deux premières sont rapportées par Wildman (1998). Taber (1981, cité dans Wildman) décrit un programme de 28 jours avec une thérapie de groupe quotidienne où sont utilisées les approches et stratégies suivantes : la théorie de l'apprentissage, l'analyse du comportement, la philosophie des Alcooliques anonymes et des Gamblers anonymes, la gestion du stress, les approches zen et Gestalt, la thérapie rationnelle-émotive et la clarification de valeurs. Politzer et ses collaborateurs (1981, 1985, aussi cités dans Wildman, 1998) décrivent un programme de l'hôpital Johns Hopkins qui met à contribution des techniques pour cibler des objectifs, l'éducation, la thérapie familiale et un suivi dans la communauté par un thérapeute ou par le mouvement des Gamblers anonymes.

Lesieur et Blume (1991), dans un traitement mixte avec des toxicomanes, rapportent un taux d'abstinence de 64 % au 6e et au 14e mois en utilisant le concept de maladie, la thérapie individuelle et de groupe, le *counseling* familial et la mise en place d'un milieu ne favorisant pas la dépendance.

Cummings et Gambino (1992) ont demandé à 75 cliniciens d'établir des priorités parmi les 89 tâches et responsabilités les plus importantes pour le traitement du jeu pathologique. Les cinq ensembles majeurs qui ont été dégagés sont le groupe d'entraide et de soutien social, les interventions de crise, les ressources behavioristes orientées vers le changement, la psychodynamique du traitement et la gravité de la crise.

Steinberg (1993) propose que l'on s'occupe des couples en transigeant avec le phénomène de la dépendance multiple, les aspects financiers, les questions de contrôle et de pouvoir, la colère, la sexualité et l'intimité émotive. Wildman (1998) résume la position de plusieurs auteurs qui utilisent ou recommandent la thérapie familiale ou de couple comme une des composantes importantes du traitement. Il rappelle que Berman et Siegel (1992, cités dans Wildman, 1998), dans un guide publié pour les membres de la famille des joueurs pathologiques, donnent des conseils pour arrêter le renforcement facilitateur (*enabling*) et aider à établir des sentiments indépendants d'identité et de valeur de soi.

Le traitement à l'hôpital South Oaks comprend une psychothérapie individuelle, des soins psychiatriques, l'éducation, la thérapie familiale, le psychodrame, les groupes d'entraide et le programme de suivi (Blume, 1986, cité par Spunt et coll., 1998).

Dans une étude portant sur les joueurs excessifs qui utilisent les machines à sous (*videopokers*), 52 % des sujets ont exprimé leurs besoins en matière de services d'aide. Bien qu'il n'y ait pas eu de consensus, les moyens suivants étaient cités le plus souvent : le *counseling* familial ou marital, suivi d'un soutien prolongé, le *counseling* financier, l'aide au point de vue de l'estime de soi et dans la planification des activités de loisir (Smoliak, 1997).

Par ailleurs, les clients participant à un programme multimodal institutionnel ont jugé que la thérapie de groupe était l'élément le plus aidant (Lesieur et Blume, 1991). Legg et Gotestam (1991, cités par Slavik, 1993, p. 10) ajoutent le commentaire suivant:

> La nature apparemment multicausale du jeu excessif laisse croire que le traitement obtient une certaine efficacité à court terme, peu importe la sphère du fonctionnement d'un individu (cognitions, comportements, émotions ou relations) à laquelle le traitement s'adresse. Sur une plus longue période, les facteurs qui tendent à promouvoir ou à maintenir le comportement mal adapté, ou qui sont simplement congruents au style de vie antérieur et qui n'ont pas fait l'objet d'attention lors du traitement, auront tendance à réinstaller le *pattern* du comportement mal adapté.

Ces auteurs suggèrent un traitement incluant les composantes suivantes: le retrait des stimuli conditionnés du jeu, la mise en place de solutions de rechange aux gains financiers, la réduction des besoins financiers, la recherche d'activités de remplacement, l'étude des autres problèmes de vie, l'aide à l'adaptation aux autres situations difficiles, le choix d'un degré d'abstinence et l'utilisation des services de la communauté.

Conclusion

Même si le jeu compulsif est décrit depuis longtemps dans la littérature populaire, ce désordre n'a été reconnu formellement que depuis quelques années. Avec la libéralisation des différentes formes de jeux dans les sociétés occidentales, on a constaté une progression rapide du nombre de personnes ayant des problèmes de jeu. La majorité des études épidémiologiques ayant été réalisées au cours des 10 dernières années, il s'agit d'un domaine en plein essor. Les données québécoises indiquent un phénomène en progression, comparable à ce qui est observé dans d'autres régions d'Amérique et d'Europe.

Des taux significativement plus élevés de joueurs pathologiques sont signalés parmi les clientèles de toxicomanes en traitement. La coexistence des deux problématiques est aussi clairement établie. Cependant, il y a encore peu de ressources de traitement, tant pour les joueurs pathologiques que pour les personnes présentant les deux problématiques. La recherche sur le traitement est limitée, il existe peu de rapports d'évaluation scientifique des programmes offerts et rares sont les recherches qui comprennent un groupe témoin, malgré certains progrès qui ont été accomplis de ce côté. La plupart des études rapportées comportent un nombre restreint de sujets, souvent moins de quatre. Elles portent surtout sur des sujets masculins, ce qui amène Spunt et ses collaborateurs (1998) à dire que le traitement doit devenir plus accessible aux femmes, aux jeunes et aux groupes minoritaires.

Comme dans le domaine de la toxicomanie, certaines questions n'ont pas trouvé de réponse. Des expériences de traitement profitables ont été réalisées en milieu résidentiel, d'autres de façon externe. Quel est le traitement minimal le plus efficace? À qui s'adresse-t-il? Les résultats peuvent être évalués en fonction d'objectifs d'abstinence, d'amélioration notable ou de jeu contrôlé. Le jeu contrôlé (ou redevenu modéré) est-il un objectif valable de traitement et, si oui, peut-il être poursuivi par tous les joueurs pathologiques ou seulement par certains types de joueurs pathologiques? Enfin, peu d'études ont essayé de déterminer les variables qui prédisent une meilleure réponse au traitement. Les recherches doivent se poursuivre pour nous permettre de mieux comprendre le rôle des troubles de la personnalité dans la gestion du jeu pathologique (Blaszczynski et Steel, 1998). Le traitement du jeu pathologique en est encore à ses débuts, mais il ne semble faire aucun doute que ce problème puisse être traité avec succès.

Face à cette problématique en croissance, il est important de rappeler la place prépondérante des gouvernements et de l'industrie du jeu, et leur rôle dans la prévention et le traitement des problèmes liés au jeu pathologique. En dépénalisant la pratique du jeu et en s'octroyant un monopole sur des activités comme les loteries, les casinos et les loteries vidéo, les gouvernements doivent aussi assumer une part de la responsabilité des conséquences néfastes du jeu pathologique. De plus en plus de groupes, ici et ailleurs, ont formulé des recommandations portant sur la prévention et le traitement du jeu pathologique (voir, pour le Québec, Conseil national du bien-être social, 1996; Ladouceur, Vitaro et Arsenault, 1998; Topp et coll., 1998). Tous s'entendent sur l'importance d'agir et de mettre en place des services pour venir en aide aux personnes, de plus en plus nombreuses, pour qui le jeu n'en est malheureusement plus un.

Références

ABBOTT, M. et VOLBERG, R. (1996). «The New Zealand National Survey of Problem and Pathological Gambling», *Journal of Gambling Studies*, vol. 12, n° 2, p. 143-163.

AHRONS, S.J. (1990). «Comparison of the Family Environments and Psychological Distress of Married Pathological Gamblers, Alcoholics, Psychiatric Patients and Their Spouses with Normal Controls», *Dissertation Abstracts International*, cat. n° 3141-B, vol. 50, n° 7.

AMERICAN PSYCHIATRIC ASSOCIATION (1996). *Mini DSM-IV. Critères diagnostiques*, trad. française par J.-D. Guelfi et coll., Paris, Masson.

AMERICAN PSYCHIATRIC ASSOCIATION (1994). *Diagnostic and Statistical Manual of Mental Disorders*, 4e éd., Washington (D.C.), American Psychiatric Association.

AMERICAN PSYCHIATRIC ASSOCIATION (1987). *Diagnostic and Statistical Manual of Mental Disorders*, 3e éd. rév., Washington (D.C.), American Psychiatric Association.

AMERICAN PSYCHIATRIC ASSOCIATION (1980). *Diagnostic and Statistical Manual of Mental Disorders*, 3e éd., Washington (D.C.), American Psychiatric Association.

BELLAIRE, W. et CASPARI, D. (1992). «Diagnosis and Therapy of Male Gamblers in a University Psychiatric Hospital», *Journal of Gambling Studies*, vol. 8, n° 2, p. 143-150.

BLASZCZYNSKI, A., MCCONAGHY, N. et FRANKOVA, A. (1990). «Boredom Proneness in Pathological Gambling: Current Shortcomings», *Journal of Gambling Behavior*, vol. 5, n° 1, p. 42-52.

BLASZCZYNSKI, A. et STEEL, Z. (1998). «Personality Disorders Among Pathological Gamblers», *Journal of Gambling Studies*, vol. 14, n° 1, p. 51-71.

BLUM, K. et coll. (1996). «D Sub 2 Dopamine Receptor Gene as a Determinant of Reward Deficiency Syndrome», *Journal of the Royal Society of Medicine*, vol. 89, n° 7, p. 396-400.

BLUME, S.B. (1997). «Pathological Gambling», dans N.S. Miller (sous la dir. de), *Principles and Practice of Addictions in Psychiatry*, Philadelphie, W.B. Saunders, p. 422-432.

BLUME, S.B. (1987). «Compulsive Gambling and the Medical Model», *Journal of Gambling Behavior*, vol. 3, n° 4, p. 237-247.

BROWN, R.I. (1987). «Dropouts and Continuers in Gamblers Anonymous IV: Evaluation and Summary», *Journal of Gambling Behavior*, vol. 3, n° 3, p. 202-210.

BUJOLD, A. et coll. (1994). «Treatment of Pathological Gamblers: An Experimental Study», *Journal of Behavior Therapy and Experimental Psychiatry*, vol. 25, n° 4, p. 275-282.

CIARROCCHI, J. (1993). «Rates of Pathological Gambling in Publicly Funded Outpatient Substance Abuse Treatment», *Journal of Gambling Studies*, vol. 9, n° 3, p. 289-293.

COMINGS, D.E. et coll (1996). «Study of the Dopamine D Sub 2 Receptor Gene in Pahological Gambling», *Pharmacogenetics*, vol. 6, n° 3, p. 223-234.

CONSEIL NATIONAL DU BIEN-ÊTRE SOCIAL (1996). *Les jeux de hasard au Canada*, Ottawa.

CORLESS, T. et DICKERSON, M. (1989). «Gamblers' Self-Perceptions of the Determinants of Impaired Control», *British Journal of Addiction*, vol. 84, n° 12, p. 1527-1537.

COULOMBE, A. et coll. (1992). «Erroneous Perceptions and Arousal Among Regular and Occasional Video Poker Players», *Journal of Gambling Studies*, vol. 8, n° 3, p. 235-244.

CROCKFORD, D.N. et EL-GUEBALY, N.E. (1998). «Psychiatric Comorbidity in Pathological Gambling: A Critical Review», *The Canadian Journal of Psychiatry*, vol. 43, n° 1, p. 44-50.

CUMMINGS, T.N. et GAMBINO, B. (1992). «Perceptions by Treatment Staff of Critical Tasks in the Treatment of the Compulsive Gambler», *Journal of Gambling Studies*, vol. 8, n° 2, p. 181-199.

DECARIA, C.M. et coll. (1996). «Diagnosis, Neurobiology, and Treatment of Pathological Gambling», *Journal of Clinical Psychiatry*, vol. 57, n° 8, p. 80-84.

DICKERSON, M. (1993). «Internal and External Determinants of Persistent Gambling: Problems in Generalizing from One Form of Gambling to Another», *Journal of Gambling Studies*, vol. 9, n° 3, p. 225-245.

GRIFFITHS, M. (1996). «Pathological Gambling: A Review of the Literature», *Journal of Psychiatric and Mental Health Nursing*, vol. 3, p. 347-353.

GRIFFITHS, M. (1993). «Fruit Machine Addiction in Adolescence: A Case Study», *Journal of Gambling Studies*, vol. 9, n° 4, p. 387-399.

HALLER, R. et HINTERHUBER, H. (1994). «Treatment of Pathological Gambling with Carbamazepine», *Pharmacopsychiatry*, vol. 27, n° 3, p. 129.

HOLLANDER, E. et coll. (1992). «Treatment of Pathological Gambling with Clomipramine», *American Journal of Psychiatry*, vol. 149, n° 5, p. 710-711.

HORODECKI, I. (1992). «The Treatment Model of the Guidance Center for

Gamblers and Their Relatives in Vienna/Austria», *Journal of Gambling Studies*, vol. 8, n° 2, p. 115-129.

L'ABATE, L., FARRAR, J.E. et SERRITELLA, D.A. (1992). *Handbook of Differential Treatments for Addictions*. Boston, Allyn and Bacon.

LADOUCEUR, R. (1996). «The Prevalence of Pathological Gambling in Canada», *Journal of Gambling Studies*, vol. 12, n° 2, p. 129-142.

LADOUCEUR, R. (1991). «Prevalence Estimates of Pathological Gamblers in Quebec», *Canadian Journal of Psychiatry*, vol. 36, p. 732-734.

LADOUCEUR, R., BOISVERT, J.-M. et DUMONT, J. (1994). «Cognitive-Behavioral Treatment for Adolescent Pathological Gamblers», *Behavior Modification*, vol. 18, n° 2, p. 230-242.

LADOUCEUR, R. et coll. (1999). «Prevalence of Problem Gambling: A Replication Study 7 Years Later», *Canadian Journal of Psychiatry*, vol. 44, n° 8, p. 802-804.

LADOUCEUR, R. et coll. (1994). «Social Costs of Pathological Gambling», *Journal of Gambling Studies*, vol. 10, n° 4, p. 399-409.

LADOUCEUR, R., DUBÉ, D. et BUJOLD, A. (1994). «Prevalence of Pathological Gambling and Related Problems Among College Students in the Quebec Metropolitan Area», *Canadian Journal of Psychiatry*, vol. 39, n° 5, p. 289-293.

LADOUCEUR, R. et MIREAULT, C. (1988). «Gambling Behaviors Among High School Students in the Quebec Area», *The Journal of Gambling Behavior*, vol. 4, n° 1, p. 3-12.

LADOUCEUR, R., TOURIGNY, M. et MAYRAND, M. (1986). «Familiarity, Group Exposure and Risk-Taking Behavior in Gambling», *Journal of Psychology*, vol. 120, n° 1, p. 45-49.

LADOUCEUR, R., VITARO, F. et ARSENAULT, L. (1998). *Consommation de psycho-tropes et jeux de hasard chez les jeunes: prévalence, coexistence et conséquences*, Québec, Comité permanent de lutte à la toxicomanie.

LESIEUR, H.R. (1994). «Epidemiological Surveys of Pathological Gambling: Critique and Suggestions for Modification», *Journal of Gambling Studies*, vol. 10, n° 4, p. 385-398.

LESIEUR, H.R. et BLUME, S.B. (1993). «Revising the South Oaks Gambling Screen in Different Settings», *Journal of Gambling Studies*, vol. 9, no 3, p. 213-233.

LESIEUR, H.R. et BLUME, S.B. (1991). «Evaluation of Patients Treated for Pathological Gambling in a Combined Alcohol, Substance Abuse and Pathological Gambling Treatment Unit Using the Addiction Severity Index», *British Journal of Addiction*, vol. 86, n° 8, p. 1017-1028.

LESIEUR, H.R. et BLUME, S.B. (1987). «The South Oaks Gambling Screen: A New Instrument for the Identification of Pathological Gamblers», *American Journal of Psychiatry*, vol. 144, n° 9, p. 1184-1188.

LESIEUR, H.R. et ROSENTHAL, R.J. (1991). «Pathological Gambling: A Review of the Literature», *Journal of Gambling Studies*, vol. 7, n° 1, p. 5-39.

LEVY, M. et FEINBERG, M. (1991). «Psychopathology and Pathological Gambling Among Males: Theoretical and Clinical Concerns», *Journal of Gambling Studies*, vol. 7, n° 1, p. 41-53.

MCCONAGHY, N., BLASZCZYNSKI, A. et FRANKOVA, A. (1991). «Comparisons of Imaginal Desensitization with Other Behavioural Treatments of Pathological Gambling: A Two to Nine Year Follow-Up», *British Journal of Psychiatry*, n° 159, p. 390-393.

MCCORMICK, R.A. (1994). «The Importance of Coping Skill Enhancement in the Treatment of the Pathological Gambler», *Journal of Gambling Studies*, vol. 10, n° 7, p. 77-86.

MURRAY, J.B. (1993). «Review of Research on Pathological Gambling», *Psychological Reports*, vol. 72, p. 791-810.

ROSENTHAL, R.J. (1992). «Pathological Gambling», *Psychiatric Annals*, vol. 22, nº 2, p. 72-78.

ROSENTHAL, R.J. et RUGLE, L.J. (1994). «A Psychodynamic Approach to the Treatment of Pathological Gambling: I. Achieving Abstinence», *Journal of Gambling Studies*, vol. 10, nº 1, p. 21-42.

RUGLE, L.J. et ROSENTHAL, R.J. (1994). «Transference and Countertransference Reactions in the Psychotherapy of Pathological Gamblers. Special Issue: Pathological gambling: I. Clinical issues», *Journal of Gambling Studies*, vol. 10, nº 1, p. 43-65.

SCHWARZ, J. et LINDNER, A. (1992). «In Patient Treatment of Male Pathological Gamblers in Germany», *Journal of Gambling Studies*, vol. 8, nº 1, p. 93-109.

SHARPE, L. et TARRIER, N. (1993). «Towards a Cognitive-Behavioral Theory of Problem Gambling», *British Journal of Psychiatry*, vol. 162, p. 407-412.

SHARPE, L. et TARRIER, N. (1992). «A Cognitive-Behavioral Treatment Approach for Problem Gambling», *Journal of Cognitive Psychotherapy*, vol. 6, nº 3, p. 193-203.

SLAVIK, W. (1993). *A Proposal for AADAC to Adopt a Position on Problem Gambling. An Internal Planning Document*, Edmonton, Alberta Alcohol and Drug Abuse Commission.

SMOLIAK, A.R. (1997). *Unplugged from the Machine: VLT Problem Gambling Treatment Clients*, Edmonton, Alberta Alcohol and Drug Abuse Commission.

SPECKER, S.M. et coll. (1996). «Psychopathology in Pathological Gamblers Seeking Treatment», *Journal of Gambling Studies*, vol. 12, nº 1, p. 67-81.

SPUNT, B. et coll. (1998). «Pathological Gambling and Substance Misuse: A Review of the Literature», *Substance Use and Misuse*, vol. 33, nº 13, p. 2535-2560.

SPUNT, B. et coll. (1995). «Gambling Among Methadone Patients», *The International Journal of the Addictions*, vol. 30, nº 8, p. 929-962.

STEINBERG, M.A. (1993). «Couples Treatment Issues for Recovering Male Compulsive Gamblers and Their Partners», *Journal of Gambling Studies*, vol. 9, nº 2, p. 153-167.

STIRPE, T. (1994). «Problem and Compulsive Gambling Project», *Review of the Literature on Problem and Compulsive Gambling*, Ontario, Ministry of Health, Addiction Research Foundation.

SYLVAIN, C. et LADOUCEUR, R. (1992). «Correction cognitive et habitudes de jeu chez les joueurs de poker video», *Canadian Journal of Behavioural Science*, vol. 24, nº 4, p. 479-489.

SYLVAIN, C., LADOUCEUR, R. et BOISVERT, J.-M. (1997). «Cognitive and Behavioral Treatment of Pathological Gambling: A Controlled Study», *Journal of Consulting and Clinical Psychology*, vol. 65, nº 5, p. 727-732.

TONEATO, T., SOBEL. L. (1990). Pathological Gambling Treated with Cognitive Behavior Therapy: A Case Report. *Addictive Behaviors*, vol. 15, nº 5, p. 497-501.

TOPP, J., SAWKA, E., ROOM, R., POULIN, C., SINGLE, E. et THOMPSON, H. (1998). *Policy Discussion Paper on Problem Gambling*, CCSA National Working Group on Addictions Policy, Ottawa, Canadian Centre on Substance Abuse, 5 p.

VALEUR, M. et BUCHER, C. (1997). *Le jeu pathologique*, Paris, Presses Universitaires de France.

VOLBERG, R. (1996). «Prevalence Studies of Problem Gambling in the United States», *Journal of Gambling Studies*, vol. 12, nº 2, p. 111-128.

VOLBERG, R. (1994a). «Assessing Problem Gambling in the General Population: A Methodological Review», dans C. Campbell (sous la dir. de), *Gambling in Canada: The Bottom Line,* Vancouver, Simon Fraser University, p. 137-146.

VOLBERG, R. (1994b). «The Prevalence and Demographics of Pathological Gamblers: Implications for Public Health», *American Journal of Public Health,* vol. 84, n° 2, p. 237-241.

WILDMAN, R.W. (1998). *Gambling: An Attempt at an Integration,* Alberta, Wynne Resources.

Annexe

Le South Oaks Gambling Screen
(version française de Robert Ladouceur)

1. Indiquez quel(s) type(s) de jeu vous avez déjà pratiqué(s) *au cours de votre vie* et, pour chaque jeu, spécifiez combien de fois vous avez participé à cette activité *au cours des 12 derniers mois.*

   a) Acheter des billets de loterie

   b) Aller au casino (légal ou illégal)

   c) Jouer au bingo pour de l'argent

   d) Jouer aux cartes pour de l'argent

   e) Parier sur des courses de chevaux, de chiens ou d'autres animaux

   f) Jouer au marché boursier ou sur des marchés à terme

   g) Jouer aux machines à sous, au poker vidéo ou à d'autres types de machines pour de l'argent

   h) Jouer aux quilles, au billard, au golf ou à d'autres jeux d'adresse pour de l'argent

   i) Jouer aux dés pour de l'argent

   j) Parier sur les sports

   k) Jouer à tout autre jeu pour de l'argent

2. Quelle est la plus grosse somme d'argent que vous avez jouée ou pariée en une seule journée ?

3. Est-ce que vos parents ont ou ont eu un problème de jeu ?

   _____ Mes deux parents jouent (ou jouaient) trop

   _____ Mon père joue (ou jouait) trop

   _____ Ma mère joue (ou jouait) trop

   _____ Aucun des deux ne joue (ou jouait) trop

4. Lorsque vous avez joué au cours des 12 derniers mois, combien de fois êtes-vous retourné au jeu un autre jour pour vous refaire, c'est-à-dire pour regagner l'argent perdu auparavant ?

   _____ Jamais

   _____ Quelquefois (moins de la moitié des fois où j'ai perdu)

   _____ La plupart des fois où j'ai perdu

   _____ Chaque fois que j'ai perdu

5. Avez-vous prétendu, au cours des 12 derniers mois, avoir gagné de l'argent alors qu'en réalité vous en aviez perdu ?

   _____ Jamais (ou je n'ai jamais joué)

   _____ Oui, moins de la moitié des fois où j'ai perdu

   _____ Oui, la plupart du temps

6. Pensez-vous avoir eu un problème de jeu au cours des 12 derniers mois?

   _____ Non

   _____ Oui, il y a quelques mois, mais pas actuellement

   _____ Oui

7. Au cours des 12 derniers mois, avez-vous déjà joué ou parié plus que vous n'en aviez l'intention?

   Oui _____   Non _____

8. Est-ce que des personnes ont déjà critiqué vos habitudes de jeu au cours des 12 derniers mois?

   Oui _____   Non _____

9. Au cours des 12 derniers mois, vous êtes-vous déjà senti coupable à cause de la façon dont vous jouez ou à cause de ce qui se produit lorsque vous jouez?

   Oui _____   Non _____

10. Au cours des 12 derniers mois, avez-vous envisagé d'arrêter de jouer tout en pensant que vous en étiez incapable?

    Oui _____   Non _____

11. Au cours des 12 derniers mois, avez-vous caché des billets de loterie, de l'argent de jeu ou d'autres signes de jeu à votre conjoint(e), à vos enfants ou à d'autres personnes importantes dans votre vie?

    Oui _____   Non _____

12. Au cours des 12 derniers mois, vous êtes-vous disputé avec des personnes vivant avec vous à propos de la manière dont vous gérez votre argent?

    Oui _____   Non _____

13. (Si vous avez répondu oui à la question 12.) Est-ce que ces disputes concernaient vos habitudes de jeu?

    Oui _____   Non_____

14. Au cours des 12 derniers mois, avez-vous emprunté de l'argent sans pouvoir rembourser cet emprunt en raison de votre jeu?

    Oui _____   Non _____

15. Au cours des 12 derniers mois, vous êtes-vous absenté de votre travail (ou de l'école) en raison du jeu?

    Oui _____   Non _____

16. Avez-vous emprunté de l'argent au cours des 12 derniers mois pour jouer ou pour payer des dettes de jeu?

    Oui _____   Non _____

    Si oui, d'où provenait cet argent?   Oui Non

    a) De votre budget familial   ____ ____

    b) De votre conjoint(e), ami(e) « de cœur »   ____ ____

c) De membres de votre famille ou de votre belle-famille   ___ ___

d) De banques, sociétés de crédit ou institutions de prêts   ___ ___

e) De cartes de crédit   ___ ___

f) De prêts usuraires (*shylocks*)   ___ ___

g) De la vente d'actions, de bons d'épargne ou d'autres valeurs   ___ ___

h) De la vente de propriétés personnelles ou familiales   ___ ___

i) En faisant des chèques sans provision   ___ ___

j) Vous avez (ou avez eu) une marge de crédit avec
un *bookmaker*   ___ ___

k) Vous avez (ou avez eu) une marge de crédit avec un casino   ___ ___

Source: H.R. Lesieur et S.B. Blume, «The South Oaks Gambling Screen (the SOGS): A New Instrument for the Identification of Pathological Gamblers», *American Journal of Psychiatry*, 1987, vol. 144, nᵒ 9, p. 1184-1188. Reproduit avec l'autorisation de la South Oaks Foundation. Traduction de Robert Ladouceur, Ph. D.

Populations, consommation, interventions

Les Québécois et l'alcool : mesures du phénomène et conséquences pour la prévention

Andrée Demers

L'auteure présente, en premier lieu, les deux grandes sources de données permettant de connaître l'état de la situation et les tendances en matière de consommation d'alcool dans une collectivité, soit les données des ventes d'alcool et les données d'enquêtes épidémiologiques ou populationnelles. Elle rappelle les postulats théoriques sous-jacents à chacune des approches et précise leur apport comme leurs limites en matière de prévention des problèmes associés à l'alcool. Dans un second temps sont présentées et discutées les tendances récentes (1989-1994) dans la consommation d'alcool des Québécois au regard des pistes utiles à la prévention en ce domaine.

Introduction

Les problèmes associés à l'abus d'alcool entraînent des coûts économiques et sociaux importants dans la majorité des sociétés occidentales. Au Québec, ces coûts étaient estimés à 1,7 milliard de dollars, en 1992 (Desjardins, 1996). La consommation abusive et les problèmes sociaux et de santé qui en résultent constituent donc un enjeu de santé publique important, nécessitant l'élaboration d'une stratégie de prévention efficace. Pour ce faire, les responsables de la prévention ont besoin de données probantes afin d'orienter et d'évaluer leur action, d'où l'importance de connaître les grandes tendances en matière de consommation d'alcool (Bryant, West et Windle, 1997). Mais qu'est une donnée probante en cette matière?

Sur le plan populationnel, deux grandes sources de données sont généralement utilisées: les données des ventes, à partir desquelles la consommation *per capita* est estimée et qui procurent, à faible coût, un portrait global de la situation, comparable dans le temps et dans l'espace; les données des grandes enquêtes épidémiologiques ou populationnelles, qui permettent de saisir l'évolution des profils individuels de consommation et de faire un suivi des comportements et des groupes à risque. Le choix de l'une ou l'autre de ces approches, qui n'est pas théoriquement neutre, renvoie à des visions différentes du problème ainsi qu'à des orientations différentes en matière de prévention.

Du portrait collectif
aux profils individuels de consommation

De nombreuses études ont montré le lien entre la consommation *per capita* et la manifestation de problèmes sociaux, de santé et de sécurité publique. Il est généralement admis qu'une augmentation de la consommation *per capita* se traduit directement par une augmentation de ces problèmes associés et, inversement, qu'une diminution de la consommation entraîne une réduction de ces problèmes (pour une synthèse, voir Edwards et coll., 1994). Ce constat répété a conduit plusieurs sociétés, dont le Québec, à placer la réduction de la consommation par habitant au cœur de leur stratégie préventive (Ministère de la Santé et des Services sociaux, 1992; World Health Organization, 1992).

L'approche préventive fondée sur la réduction de la consommation *per capita* s'appuie sur le modèle de la consommation totale (*total consumption model*) [Skog, 1985], qui repose sur deux postulats:

1) l'existence d'une relation entre la consommation *per capita*, la proportion de buveurs dépendants et les problèmes associés à la consommation;

2) la synchronisation, sur le plan collectif, des changements dans les pratiques de consommation.

À partir des travaux de Ledermann (1956), qui établissaient une relation mathématique entre la consommation *per capita* et le taux d'alcoolisme[1], il a été démontré que, malgré certaines variations culturelles quant à la nature et à la force de cette relation, la proportion de buveurs dépendants dans une société donnée évolue parallèlement à la consommation par habitant (Duffy, 1986 ; Duffy et Cohen, 1978 ; Skog, 1980, 1985). Ainsi, une augmentation de la consommation *per capita* entraînerait une augmentation de la prévalence des buveurs dépendants et, par conséquent, des problèmes associés à la consommation (Lemmens, Tan et Knibbe, 1990 ; Skog, 1985), puisque les buveurs dépendants seraient la principale source de ces problèmes et des coûts sociaux en résultant. Cette relation jouerait aussi dans le sens inverse. Théoriquement, la relation s'explique par la synchronisation, sur le plan collectif, des changements dans les pratiques de consommation (Skog, 1980, 1985, 1991) : en effet, à travers les interactions sociales, les individus d'une société s'influenceraient mutuellement, de sorte que l'ensemble d'une population augmenterait ou diminuerait sa consommation plus ou moins de concert. L'ensemble de la distribution de la consommation d'alcool se déplacerait donc à la hausse ou à la baisse lorsque la consommation *per capita* augmente ou diminue, entraînant une augmentation ou une diminution de la proportion des buveurs problématiques.

Cela dit, le modèle de la consommation totale est de plus en plus remis en question, tant empiriquement que théoriquement (Rehm, 1999). De nombreuses données d'enquêtes invalident le postulat de la synchronisation collective et, d'autre part, démontrent que le fardeau social associé à l'alcool est largement attribuable aux buveurs non dépendants.

Ainsi, une étude suédoise comparant l'évolution de la consommation entre 1976 et 1984 a constaté des différences importantes dans l'ampleur de la réduction selon les groupes d'âge et le statut socioéconomique (Romelsjö, 1989 ; Romelsjö et Diderichsen, 1989). La même conclusion se dégage d'une méta-analyse réalisée à partir de 35 enquêtes conduites dans différents pays (Canada, ex-Tchécoslovaquie, Danemark, Allemagne, Finlande, Irlande, Israël, Nouvelle-Zélande, Norvège, Suède, Suisse, Royaume-Uni et États-Unis) [Fillmore et coll., 1991, 1994]. Des données américaines récentes examinant les tendances pour différents sous-groupes ethniques montrent même une stabilité ou une augmentation des problèmes associés à la consommation d'alcool, malgré une réduction de la consommation d'ensemble (Caetano, 1997 ; Caetano et Clark, 1998 ; Caetano et Kaskutas, 1996). Une étude longitudinale (1992-1995) menée auprès d'un sous-échantillon québécois de grands buveurs illustre le caractère aléatoire des changements dans les profils individuels de consommation et l'absence de mouvement collectif synchronisé à cet égard (Demers et Nadeau, 1999). Il semble donc loin d'être acquis qu'une réduction de la consommation *per capita*

---

1. La prévalence des buveurs dépendants (c'est-à-dire consommant quotidiennement plus de 100 mL d'alcool pur, ce qui correspond à environ huit consommations) est proportionnelle à la consommation *per capita* au carré.

touche également toute la population, et notamment les groupes les plus à risque.

Par ailleurs, la mise en évidence du «paradoxe préventif» (Kreitman, 1986) étend les préoccupations en matière de prévention et de réduction des problèmes associés à la consommation d'alcool à la question de l'intoxication chez les buveurs non dépendants (Skog, 1996; Stockwell et coll., 1996). Le paradoxe préventif part du constat que la majorité des problèmes surviennent chez des buveurs non dépendants. Bien qu'individuellement ces derniers aient un risque moins élevé que les buveurs dépendants de connaître des problèmes associés à leur consommation, collectivement, en raison de leur importance numérique, c'est parmi les buveurs non dépendants que surviennent la majorité des problèmes. Le paradoxe préventif résulte du fait que bon nombre de problèmes associés à la consommation d'alcool résultent de l'intoxication plutôt que du volume global de consommation (pour une synthèse, voir Demers et Quesnel Vallée, 1998) et que la majorité des épisodes d'intoxication surviennent chez des buveurs modérés. Au Québec, plus de 70 % des épisodes d'intoxication sont le fait de buveurs dont la consommation hebdomadaire usuelle demeure en deçà de 15 consommations (Demers et Nadeau, 1999). Selon des études récentes, l'intoxication serait un facteur de prédiction des problèmes sociaux associés à la consommation au moins aussi important que le volume global (Room, Bondy et Ferris, 1995).

L'indice de consommation *per capita* ne permet pas de suivre l'évolution de ce «nouveau» risque puisque, comme plusieurs études l'ont démontré, les comportements d'intoxication ne sont pas nécessairement en relation avec les fluctuations de cet indicateur de la consommation (Knibbe et coll., 1985; Lemmens, 1991; Mäkelä, 1978). À titre d'illustration, pour une consommation par habitant équivalente, l'intoxication est trois fois plus fréquente en Norvège qu'au Québec (Rossow et Demers, 1998). En fait, l'indice de consommation *per capita* est une donnée agrégée traduisant indistinctement le taux de buveurs, la fréquence de consommation et la quantité consommée par occasion. Les variations dans la consommation *per capita* peuvent ainsi être attribuables à l'un ou l'autre de ces facteurs, ou à leur effet cumulé; dès lors, il est impossible de connaître, à partir de la consommation *per capita*, l'évolution des différentes dimensions qui composent le profil de consommation — volume, fréquence, quantité consommée par occasion et, surtout, fréquence de grande consommation ou d'intoxication —, et il est donc impossible de saisir la nature particulière des changements qui interviennent (Simpura, 1995).

Un consensus s'est depuis longtemps établi quant à l'importance de suivre, au moyen d'enquêtes populationnelles, l'évolution des profils individuels de consommation pour différents sous-groupes (Parker et Harman, 1978; Rehm, Ashley et Dubois, 1997; Rehm et coll., 1996; Skog, 1996). Ces études ont permis de mieux comprendre la relation complexe entre les profils de consommation, notamment en ce qui concerne la dimension de l'intoxication, et les problèmes sociaux et sanitaires qui peuvent en résulter (Bondy, 1996); cela a également permis d'identifier des profils de consommation «à faible risque» et ainsi de mieux cibler les objectifs de prévention en matière d'alcool.

Au Canada, selon les recommandations du Centre canadien de lutte contre l'alcoolisme et les toxicomanies, reprises par le Collège des médecins de famille du Canada, il ne faut pas dépasser 2 verres par jour, la quantité hebdomadaire étant de 9 verres, pour les femmes, et de 14, pour les hommes (Ashley et coll., 1997). Le suivi de ces recommandations s'impose de plus en plus comme l'objectif à cibler dans le domaine de la prévention. Dans ce nouveau contexte, un indicateur agrégé comme celui de la consommation *per capita*, établi à partir des ventes, ou un indicateur unidimensionnel de la consommation comme le volume de consommation s'avèrent insuffisants pour orienter la prévention et en évaluer les acquis. Il devient essentiel de pouvoir suivre les tendances, pour différents sous-groupes et sur différents aspects des profils de consommation, notamment au regard des comportements d'intoxication.

Apport et limites
des diverses mesures de la consommation

Les grandes enquêtes populationnelles permettent de documenter les différentes dimensions des profils individuels de consommation (proportion de buveurs, fréquence de consommation et d'intoxication, quantité consommée, etc.) pour différents sous-groupes et constituent ainsi un outil pour saisir la nature des changements en cause. Cependant, une des limites importantes de ces enquêtes est qu'elles sous-estiment la consommation, ce qui conduit à s'interroger sur la validité de ces données. Plusieurs études méthodologiques ont été menées en vue de déterminer la meilleure façon de mesurer la consommation (pour une synthèse, voir Alanko, 1984; Midanik, 1989; Rehm, 1998; Room, 1990), mais aucune réponse universelle n'a pu être apportée. Les écrits sur les sondages indiquent deux grandes sources d'erreurs — ou de variation de la mesure — auxquelles la mesure de la consommation d'alcool s'avère particulièrement sensible: l'instrument de mesure (ou ce qui est mesuré) et les méthodes d'enquête (ou auprès de qui se fait la mesure) [Groves, 1989].

La mesure de la consommation d'alcool est extrêmement complexe. Plusieurs types d'instruments de mesure ont été développés et utilisés pour ce faire (Rehm, 1998; Room, 1990). Depuis le début des années 1950, l'instrument le plus utilisé dans les enquêtes populationnelles est celui de la quantité-fréquence (Q-F) [Strauss et Bacon, 1953], qui évalue la quantité usuelle consommée par occasion (quant au nombre de verres) et la fréquence moyenne de consommation, le produit de ces mesures fournissant le volume de consommation. De nombreuses critiques ont été formulées à l'endroit de cette approche qui estime le volume à partir de la quantité et de la fréquence modales, et qui se trouve ainsi à ignorer les intoxications, qui sont, dans la société nord-américaine, des événements plus rares. La Q-F a été améliorée en introduisant une troisième dimension, la variabilité dans la consommation (Q-F-V), laquelle se trouve à graduer la fréquence selon le degré de consommation (un ou deux verres, trois ou quatre verres, cinq verres ou plus) ou encore, dans sa forme réduite, en fonction de la fréquence de grande consommation (en Amérique du Nord, cinq verres ou plus par occasion). Ces mesures peuvent être rendues plus spécifiques en précisant le type de boisson (bière, vin et spiritueux), la période de consommation (un mois, trois mois, un an) et en y ajoutant des catégories de réponses (tous les jours, de quatre à six fois par semaine, deux ou trois fois par semaine, etc.). Plusieurs enquêtes ajoutent une mesure détaillée de la consommation durant une certaine période, habituellement la semaine précédant le sondage. En règle générale, plus la mesure comporte de précisions, meilleure est l'estimation (Russell, Welte et Barnes, 1991; Williams et coll., 1994). Cependant, trop de questions visant à cerner le profil de consommation risquent d'indisposer le participant à l'enquête et de provoquer l'effet contraire à celui recherché (Midanik, 1994). Par ailleurs, plus la période de référence est longue, plus grands sont les biais dus à la mémoire, alors que plus la période est courte (par exemple, une semaine), plus les buveurs occasionnels risquent d'être exclus. En outre, quel que soit l'instrument utilisé, la mesure de la quantité par nombre de verres demeure extrêmement difficile à standardiser.

À ces problèmes de mesure s'ajoutent ceux qui sont liés aux méthodes d'enquête (entrevue face à face, téléphonique ou par questionnaire autoadministré). Plusieurs études ont comparé les diverses méthodes, et il s'avère que, malgré une variation des niveaux de consommation rapportés, la méthode n'influence pas la structure d'ensemble des données, ni la position relative d'un individu dans l'ensemble, bref, la validité des données (Adlaf et Ivis, 1997; Greenfield, Midanik et Rogers, 1997; Lemmens, Tan et Knibbe, 1992; Murray, 1999; Rehm, Ashley et Dubois, 1997).

Une autre limite des enquêtes par sondage est qu'elles ne couvrent jamais l'ensemble de la population. Ainsi, certains sous-groupes sont difficiles à joindre, notamment les sans-abri, ou les personnes en institution; dans le cas de questionnaires autoadministrés, les taux de non-réponse sont généralement plus élevés parmi les personnes faiblement scolarisées et, en ce qui concerne plus spécifiquement la consommation d'alcool, chez les buveurs abusifs. Par conséquent, les données d'enquêtes populationnelles représentent dans les faits moins de 70% de la population adulte (Rehm, 1998).

Pour toutes ces raisons, il n'est pas étonnant que la consommation *per capita* estimée par les enquêtes ne soit que de l'ordre de 40% à 60% du volume des ventes (Lemmens, Tan et Knibbe, 1992; Midanik, 1982). Cependant, les études méthodologiques concluent toutes que la non-concordance entre ventes et données d'enquête n'invalide pas pour autant ces dernières.

Les tendances dans la consommation d'alcool des Québécois (1989-1994)

On ne retrouve pas au Canada, et encore moins au Québec, une longue tradition d'enquêtes populationnelles incluant la mesure de la consommation d'alcool. La première enquête canadienne a été réalisée en 1978 (Enquête Santé Canada) et la première enquête québécoise, en 1987 (Enquête Santé Québec). Bien que toutes les enquêtes québécoises et canadiennes conduites depuis lors mesurent la prévalence (proportion de buveurs), la fréquence annuelle de consommation et le volume de consommation au cours de la semaine précédant l'enquête, ce n'est qu'en 1989, avec la première *Enquête nationale sur la consommation d'alcool et de drogues* (ENCAD), reprise en 1994 sous le nom d'*Enquête canadienne sur la consommation d'alcool et de drogues* (ECCAD), que sont introduites les mesures de quantité consommée par occasion et de fréquence de grande consommation (cinq consommations ou plus). Ces mesures se retrouvent également dans l'*Enquête sociale et de santé* de Santé Québec de 1992 et dans celle plus récente de 1998, mais sont absentes de la première enquête réalisée en 1987. Toutefois, les différences quant aux méthodes de collecte utilisées dans ces enquêtes (les enquêtes nationales étant téléphoniques alors que celles de Santé Québec sont autoadministrées) limitent les possibilités de comparaison entre elles. Actuellement, les seules données comparables accessibles permettant de suivre l'évolution des profils de consommation et de mesurer la grande consommation sont celles des enquêtes nationales sur l'alcool et les drogues de 1989 et 1994. Ces données, même si elles ne concernent qu'une courte période, illustrent bien la complexité du changement dans les profils de consommation, ce que les données des ventes ne permettent pas de saisir.

La méthodologie

Les données proviennent de l'*Enquête nationale sur la consommation d'alcool et de drogues* (ENCAD, 1989) et de l'*Enquête canadienne sur la consommation d'alcool et de drogues* (ECCAD, 1994). Les mêmes méthodes de collecte de données (enquêtes téléphoniques) ainsi que les mêmes outils de mesure ont été utilisés lors de ces deux enquêtes. La population visée se composait de toutes les personnes de 15 ans et plus, excluant les personnes en institution et celles des territoires du Nord. Les échantillons ont été créés à partir de la composition aléatoire de numéros de téléphone, ce qui excluait les ménages sans téléphone. Les taux de réponse étaient de 78,7 %, pour l'ENCAD de 1989 et de 75,6 % pour l'ECCAD de 1994. Les données ont été pondérées pour refléter l'ensemble de la population canadienne. Les échantillons québécois comportaient respectivement 1 808 et 3 059 participants.

Tous les indicateurs de consommation utilisés dans cette étude renvoient à l'année précédant l'enquête. La fréquence de consommation est une variable mesurée en six catégories (chaque jour, de quatre à six fois par semaine, deux ou trois fois par semaine, une fois par semaine, une à trois fois par mois, moins d'une fois par mois), transformée en fonction de la valeur médiane de chaque catégorie pour refléter le nombre de fois moyen par semaine. La quantité usuelle par occasion et la fréquence de consommation de cinq verres ou plus (5+) par occasion sont des variables continues (pouvant varier de 0 à 96). Il est à noter qu'en 1989, pour les femmes, la mesure portait sur la fréquence de quatre verres ou plus par occasion. Le volume hebdomadaire a été estimé en multipliant la quantité usuelle consommée par occasion par la fréquence hebdomadaire de consommation (Q-F). La consommation *per capita* a été établie pour l'ensemble de la population de 15 ans et plus (buveurs et abstinents), sur une base annuelle, en transformant le volume hebdomadaire en litres d'alcool absolu et en le multipliant par 52.

Ces différents indicateurs seront utilisés pour tester l'hypothèse de la synchronisation collective, selon laquelle tous les buveurs évoluent de concert, et pour suivre les tendances sur les différentes dimensions des profils de consommation.

Les résultats

Au Québec, la consommation *per capita*, estimée à partir du volume des ventes, a fortement diminué au cours des 20 dernières années. De 1978 à 1993, elle s'est trouvée réduite de 34 %, passant de 10,3 à 6,8 litres d'alcool absolu[2], pour se stabiliser depuis (voir la figure 8.1) [Centre canadien de lutte contre l'alcoolisme et les toxicomanies, 1997, 1999]. Dans un premier temps, cette diminution s'est traduite par une baisse correspondante du taux d'alcoolisme, puis par une stagnation de ce taux lorsque la consommation est passée en deçà de neuf litres d'alcool absolu par habitant. Durant la période d'étude, de 1989 à 1994, la consommation *per capita* des Québécois est passée de 7,9 à 6,8 litres d'alcool absolu, soit une réduction de 13 %.

Les estimations de la consommation *per capita* à partir des données d'enquêtes correspondent à 43 % du volume de ventes (3,3 litres pour 1989 et 2,9 litres pour 1994), mais indiquent une réduction du même ordre de grandeur (14 %, p < 0,10[3]) [voir le tableau 8.1, p. 238]. Les figures 8.2 et 8.3 (p. 239) présentent la répartition démographique de la population et de la consommation totale pour la population québécoise de 15 ans et plus. Peu importe l'âge, les hommes consomment plus que leur poids démographique : la consommation des hommes représentait 80 % de l'ensemble de la consommation en 1989 et 73 %,

---

2. Un verre est égal à 1,7 cL d'alcool absolu et correspond à une bière (341 mL) à 5 %, à un ballon de vin (150 mL) à 12 % et à une consommation de spiritueux (43 mL) à 40 %.

3. La valeur *p* correspond à la probabilité que la différence observée entre 1989 et 1994 soit due au hasard. Par conséquent, une valeur de p < 0,10 signifie que l'on a 10 % de risque d'erreur en affirmant qu'il y a une différence significative entre la valeur observée pour 1989 et celle observée pour 1994.

FIGURE 8.1   **Ventes des boissons alcoolisées en litres d'alcool absolu par personne (population de 15 ans et plus) et taux d'alcoolisme[a] par 100 000 habitants (population de 20 ans et plus), Québec, 1978-1996**

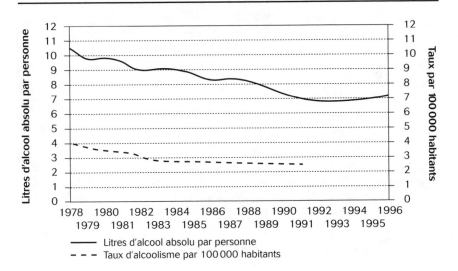

[a]   Estimation fondée sur la formule de Jellinek selon laquelle la proportion de tous les décès par cirrhose du foie imputable à l'alcoolisme est de 0,37 et le taux de décès par cirrhose du foie chez tous les alcooliques, de 16,53 par 10 000.

Source : Centre canadien de lutte contre l'alcoolisme et les toxicomanies, *Profil canadien. L'alcool, le tabac et les autres drogues*, Ottawa, Centre canadien de lutte contre l'alcoolisme et les toxicomanies, 1997 et 1999.

en 1994, alors qu'ils comptaient pour un peu moins de 50 % de la population de 15 ans et plus.

Selon l'hypothèse d'une synchronisation sur le plan collectif du changement dans la consommation, la figure 8.3 devrait être symétrique puisque la structure démographique (figure 8.2) ne s'est pas modifiée de 1989 à 1994. Or, il apparaît clairement que la réduction de la consommation *per capita* ne s'est pas faite dans la même proportion pour les différents sous-groupes. En fait, la réduction de la consommation est un phénomène essentiellement masculin, largement concentré parmi les hommes de 55 ans et plus (tableau 8.1, p. 238). Chez les femmes de cet âge, on peut même noter une tendance (p < 0,10) à l'augmentation.

Le niveau de consommation par habitant est le produit de trois facteurs : la proportion de buveurs dans la population, la fréquence moyenne de consommation et la quantité moyenne consommée par occasion. Tout changement dans l'un ou l'autre de ces facteurs est susceptible de faire varier la consommation *per capita*, tout comme il est possible que les effets de ces changements s'annulent.

TABLEAU 8.1   Consommation *per capita* en litres d'alcool absolu, estimée à partir des données d'enquête, population de 15 ans et plus, Québec, 1989 et 1994

	1989	1994	p (F)
Total	3,3	2,9	†
Hommes	5,5	4,3	*
15-24 ans	4,3	4,4	n.s.
25-54 ans	5,8	4,8	n.s
55 ans et +	5,6	2,8	**
Femmes	1,3	1,5	n.s.
15-24 ans	1,4	1,5	n.s.
25-54 ans	1,6	1,8	n.s.
55 ans et +	0,7	1,0	†

† $p < 0,10$ * $p < 0,05$ ** $p < 0,01$ n.s.: non signicatif

Source: Statistique Canada, *Enquête nationale sur la consommation d'alcool et de drogues* (ENCAD), 1989, et *Enquête canadienne sur la consommation d'alcool et de drogues* (ECCAD), 1994; n° 89M0007XCB au Catalogue.

Les données sur les différentes dimensions des profils de consommation (voir le tableau 8.2, p. 240) aident à mieux cerner la nature des changements durant cette période. La réduction de la consommation *per capita* chez les hommes peut être attribuée à trois phénomènes: une réduction de la proportion de buveurs parmi les hommes de 25-54 ans; une réduction de la quantité usuellement consommée par occasion chez les hommes de 55 ans et plus; une réduction de la fréquence de grande consommation (5+) parmi les hommes de 25 ans et plus. Par ailleurs, le profil de consommation des jeunes hommes (15-24 ans) ne s'est pas modifié; en comparaison de leurs aînés, ils boivent moins souvent mais en plus grande quantité et, lorsqu'ils le font, plus souvent à l'excès.

Durant cette période, la consommation des femmes est demeurée stable même si les femmes de 55 ans et plus buvaient plus souvent en 1994 qu'en 1989, et même si les femmes de 25-54 ans consommaient moins souvent à l'excès. Cette différence est probablement due au fait qu'en 1989, la mesure portait sur quatre verres ou plus par occasion plutôt que sur cinq verres ou plus, en 1994. Enfin, le profil de consommation des jeunes femmes (15-24 ans) ne s'est pas modifié.

FIGURE 8.2   **Répartition de la population, selon l'âge et le sexe, population de 15 ans et plus, Québec, 1989 et 1994**

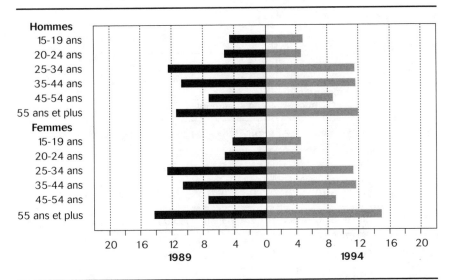

Source : Statistique Canada, *Enquête nationale sur la consommation d'alcool et de drogues (ENCAD)*, 1989, et *Enquête canadienne sur la consommation d'alcool et de drogues (ECCAD)*, 1994 ; n° 89M0007XCB au Catalogue.

FIGURE 8.3   **Répartition de la consommation totale selon l'âge et le sexe, population de 15 ans et plus, Québec, 1989 et 1994**

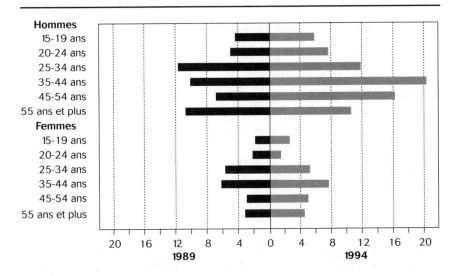

Source : Statistique Canada, *Enquête nationale sur la consommation d'alcool et de drogues (ENCAD)*, 1989, et *Enquête canadienne sur la consommation d'alcool et de drogues (ECCAD)*, 1994 ; n° 89M0007XCB au Catalogue.

TABLEAU 8.2   Profils de consommation selon le sexe et l'âge, population de 15 ans et plus, Québec, 1989 et 1994

	Proportion de buveurs			Parmi les buveurs								
				Fréquence hebdomadaire de consommation			Quantité usuelle consommée par occasion			Fréquence annuelle de 5+ par occasion		
	1989	1994	p (X²)	1989	1994	p (F)	1989	1994	p (F)	1989	1994	p (F)
Total	76,4	74,0	†	1,5	1,5	n.s.	2,6	2,6	n.s.	9,5	5,5	***
Hommes	84,3	80,0	**	2,0	1,9	n.s.	3,1	3,0	n.s.	15,5	8,8	***
15-24 ans	88,8	85,0	n.s.	1,2	1,3	n.s.	3,9	4,1	n.s.	16,5	15,3	n.s.
25-54 ans	89,7	85,6	*	2,1	2,0	n.s.	2,9	2,9	n.s.	16,0	7,9	***
55 ans et +	65,5	61,2	n.s.	2,5	2,3	n.s.	2,6	2,1	*	12,8	5,1	*
Femmes	69,0	68,2	n.s.	1,0	1,1	*	2,0	2,1	ns	2,6	1,9	†
15-24 ans	76,7	74,8	n.s.	0,8	0,7	n.s.	2,4	2,7	†	3,8	3,4	n.s.
25-54 ans	75,9	76,0	n.s.	1,0	1,1	n.s.	2,1	2,1	n.s.	2,9	1,6	*
55 ans et +	48,8	47,9	n.s.	0,9	1,4	*	1,5	1,6	n.s.	0,4	1,4	n.s.

† $p < 0,10$ * $p < 0,05$ ** $p < 0,01$ *** $p < 0,001$ n.s. : non signicatif

Source: Statistique Canada, *Enquête nationale sur la consommation d'alcool et de drogues (ENCAD)*, 1989, et *Enquête canadienne sur la consommation d'alcool et de drogues (ECCAD)*, 1994; n° 89M0007XCB au Catalogue.

Au regard des recommandations canadiennes sur la consommation à faible risque, il est évident que tous les buveurs n'ont pas à réduire leur consommation, la majorité des Québécois ayant une consommation modérée. À titre indicatif, le tableau 8.3 (p. 241) présente la proportion de buveurs dépassant les normes canadiennes en matière de consommation. Il s'agit d'un portrait approximatif puisque le critère de la consommation quotidienne d'un maximum de deux verres par jour est établi à partir de la consommation usuelle par occasion.

La proportion de buveurs dépassant les recommandations canadiennes est demeurée stable, entre 1989 et 1994, dans tous les sous-groupes considérés. Au total, près de 40 % des buveurs dépassent ces recommandations, plus souvent par rapport à la quantité maximale de deux verres par occasion qu'eu égard au volume hebdomadaire recommandé. Le seul changement est que les hommes de 55 ans et plus sont beaucoup moins nombreux à dépasser un volume hebdomadaire de 14 consommations par semaine.

TABLEAU 8.3   **Proportion des buveurs dépassant les recommandations canadiennes[a], population de 15 ans et plus, Québec, 1989 et 1994**

	Pourcentage des buveurs dépassant le volume hebdomadaire recommandé			Pourcentage des buveurs consommant usuellement plus de deux verres par occasion			Pourcentage des buveurs dépassant les recommandations canadiennes		
	1989	1994	p (X^2)	1989	1994	p (X^2)	1989	1994	p (X^2)
Total	8,7	7,3	n.s.	38,2	37,5	n.s.	39,3	38,5	n.s.
Hommes	12,7	9,6	*	49,0	46,7	n.s.	49,8	47,4	n.s.
15-24 ans	10,8	9,0	n.s.	60,5	68,5	n.s.	60,5	68,5	n.s.
25-54 ans	11,7	10,3	n.s.	48,9	44,4	n.s.	49,9	45,3	n.s.
55 ans et +	17,6	7,9	**	36,2	31,6	n.s.	36,5	32,0	n.s.
Femmes	4,2	4,8	n.s.	25,7	27,3	n.s.	27,5	28,6	n.s.
15-24 ans	4,0	4,3	n.s.	42,4	46,5	n.s.	43,2	46,5	n.s.
25-54 ans	5,1	4,9	n.s.	25,0	26,8	n.s.	27,3	27,8	n.s.
55 et +	—	5,1	—	10,1	11,1	n.s.	11,8	14,1	n.s.

† $p < 0,10$ * $p < 0,05$ ** $p < 0,01$ n.s.: non signicatif

[a]   Volume hebdomaire n'excédant pas 9 verres pour les femmes et 14 verres pour les hommes; consommation quotidienne n'excédant pas 2 verres.

Discussion

Les données rapportées précédemment illustrent bien les limites d'une approche préventive visant uniquement la réduction de la consommation *per capita* et, surtout, les limites de données agrégées, comme les données des ventes, pour suivre les tendances en matière de consommation d'alcool. Les données d'enquêtes, malgré leurs limites, permettent de mieux saisir la nature des changements. Dans le modèle de la consommation totale (Skog, 1985), la réduction de la consommation par habitant établie à partir du volume de ventes pourrait être interprétée comme une réduction généralisée, alors que les données désagrégées selon le sexe et l'âge et selon les profils de consommation montrent que cette réduction est un phénomène essentiellement masculin, notamment attribuable aux hommes de 55 ans et plus qui ont réduit leur consommation usuelle par occasion, à une réduction de la fréquence d'intoxication parmi les hommes de 25 ans et plus et à une réduction de la proportion de buveurs parmi les hommes de 25-54 ans. Bref, en 1994, les hommes de 25 ans et plus buvaient mieux qu'en 1989, même s'ils ne buvaient pas nécessairement moins. Malgré tout, toujours parmi les hommes, la proportion de buveurs dépassant les recommandations canadiennes pour une consommation à faible risque n'a pas diminué de 1989 à 1994, et les jeunes hommes n'ont pas réduit leur consommation ni modifié leur profil de consommation. On peut donc conclure que la réduction de la consommation *per capita* a un impact seulement sur certains groupes et sur certains comportements à risque.

Dans une perspective de santé des populations, les constats suivants s'imposent :

1. Les données récentes indiquent qu'un plancher a été atteint en ce qui concerne la consommation *per capita*, depuis 1993.

2. Les trois quarts de la consommation totale sont le fait des hommes.

3. Neuf buveurs sur 10 ont un volume de consommation hebdomadaire modéré.

4. Plus de 60 % des buveurs ont des profils de consommation à faible risque.

5. Même dans un contexte de réduction de la consommation *per capita*, les jeunes demeurent imperméables aux changements collectifs.

6. Il est possible d'agir sur les comportements les plus à risque, telle la grande consommation par occasion, sans nécessairement réduire la consommation *per capita*, stratégie qui ne s'avère pas suffisante pour rejoindre les groupes les plus à risque.

Les jeunes hommes constituent le groupe le plus à risque en raison de leur forte propension à consommer de grandes quantités par occasion ; l'ensemble des hommes ainsi que les jeunes femmes constituent également des groupes qu'il faut cibler pour les amener à réduire leur consommation usuelle par occasion. Dans l'ensemble de la population, les gains futurs en matière de santé se feront davantage grâce à la réduction de la consommation par occasion. C'est d'ailleurs l'approche qu'Éduc'alcool a adoptée il y a 10 ans, et les campagnes médiatiques faisant la promotion de la modération ont certainement contribué à la réduction de la fréquence de consommation excessive chez les hommes de 25 ans et plus.

Conclusion

Les données des ventes et les données d'enquêtes apportent deux éclairages complémentaires sur les tendances en matière de consommation d'alcool : les premières tracent, à grands traits, l'évolution du phénomène sur le plan collectif ; les secondes nous informent quant à la nature particulière de ces changements, sur le « qui » et le « quoi ». Bien que les données d'enquêtes sous-estiment la consommation d'ensemble, elles sont essentielles si l'on veut suivre l'évolution des profils individuels de consommation, déterminer les groupes et les comportements à risque et évaluer les acquis eu égard à l'adoption de profils de consommation à faible risque. Il faut donc poursuivre les efforts canadiens et québécois déjà amorcés pour recueillir de telles données et en améliorer la qualité.

Références

ADLAF, E. et IVIS, F. (1997). *Comparison of Telephone and Personal Interview Surveys for Estimating Alcohol and Other Drug Use*, Toronto, Addiction Research Foundation.

ALANKO, T. (1984). «An Overview of Techniques and Problems in the Measurement of Alcohol Consumption», *Research Advances in Alcohol and Drug Problems*, n° 8, p. 209-226.

ASHLEY, M.J., FERRENCE, R., ROOM, R., BONDY, S. REHM, R. et SINGLE, E. (1997). «Moderate Drinking and Health: Implications of Recent Evidence for Clinical Practice», *Canadian Family Physician*, vol. 43, p. 687-694.

BONDY, S. (1996). «Overview of Studies on Drinking Patterns and Their Reported Consequences», *Addiction*, vol. 91, p. 1663-1674.

BRYANT, K.J., WEST, S.G. et WINDLE, M. (sous la dir. de) (1997). *The Science of Prevention: Methodological Advances from Alcohol and Substance Abuse Research*, Washington, American Psychological Association.

CAETANO, R. (1997). «Prevalence, Incidence and Stability of Drinking Problems Among Whites, Blacks, and Hispanic: 1984-1992», *Journal of Studies on Alcohol*, vol. 58, p. 565-572.

CAETANO, R. et CLARK, C.L. (1998). «Trends in Alcohol-Related Problems Among Whites, Blacks, and Hispanics: 1984-1995», *Alcoholism: Clinical and Experimental Research*, vol. 22, p. 534-538.

CAETANO, R. et KASKUTAS, L.A. (1996). «Changes in Drinking Problems Among Whites, Blacks, and Hispanics: 1984-1992», *Substance Use and Misuse*, vol. 31, p. 1547-1571.

CENTRE CANADIEN DE LUTTE CONTRE L'ALCOOLISME ET LES TOXICOMANIES (1999). *Profil canadien. L'alcool, le tabac et les autres drogues*, Ottawa, Centre canadien de lutte contre l'alcoolisme et les toxicomanies.

CENTRE CANADIEN DE LUTTE CONTRE L'ALCOOLISME ET LES TOXICOMANIES (1997). *Profil canadien. L'alcool, le tabac et les autres drogues*, Ottawa, Centre canadien de lutte contre l'alcoolisme et les toxicomanies.

CLARK, W.R. et HILTON, M.E. (1991). *Alcohol in America: Drinking Practices and Problems*, Albany, State University of New York Press.

DEMERS, A. et NADEAU, L. (1999). «L'intoxication: l'expérience québécoise», *Alcoologie*, vol. 21, p. 143-148.

DEMERS, A. et QUESNEL VALLÉE, A. (1998). *L'intoxication à l'alcool: conséquences et déterminants*, Montréal, Comité permanent de lutte à la toxicomanie.

DESJARDINS, S. (1996). *Les coûts de l'abus de substances au Québec*, Montréal, Comité permanent de lutte à la toxicomanie.

DUFFY, J. (1986). «The Distribution of Alcohol Consumption: 30 Years on», *British Journal of Addiction*, vol. 81, p. 735-742.

DUFFY, J. et COHEN, G. (1978). «Total Consumption and Excessive Drinking», *British Journal of Addiction*, vol. 73, p. 259-264.

EDWARDS, G., ANDERSON, P., BABOR, T.F., CASSWELL, S., FERRENCE, R., GIESBRECHT, N., GODFREY, C., HOLDER, H.D., LEMMENS, P., MÄKELÄ, K., MIDANIK, L.T., NORSTRÖM, T., ÖSTERBERG, E., ROMELSJÖ, A., ROOM, R., SIMPURA, J. et SKOG, O.J. (sous la dir. de) (1994). *Alcohol Policy and the Public Good*, Oxford, World Health Organization Europe.

ELIANY, M., GIESBRECHT, N., NELSON, M., WELLMAN, B. et WORTLEY, S. (1992). *L'usage de l'alcool et des autres drogues par les Canadiens. Rapport technique de l'Enquête nationale sur l'alcool et les autres drogues (1989)*, Ottawa, Santé et Bien-être social Canada.

FILLMORE, K.M., HARTKA, E., JOHNSTONE, B.M., LEINO, E.V., MOTOYOSHI, M. et TEMPLE, M.T. (1991). «A Meta-Analysis of Life Course Variation in Drinking», *British Journal of Addiction*, vol. 86, p. 1221-1267.

FILLMORE, K.M., GOLDING, J.M., LEINO, E.V., AGER, C.R. et FERRER, H.P. (1994). «Societal Level Predictor of Groups' Drinking Patterns: A Research Synthesis from the Collaborative Alcohol-Related Longitudinal Project», *American Journal of Public Health*, vol. 84, p. 247-253.

GREENFIELD, T.K., MIDANIK, T.D. et ROGERS, J.D. (1997). «Levels of Alcohol Consumption and Hazardous Consumption: Does Interview Mode Make a Difference?», communication présentée au International Workshop on Consumption Measures and Models for Use in Policy Development and Evaluation, Bethesda (Md.).

GROVES, R.M. (1989). *Survey Errors and Survey Costs*, New York, John Wiley & Sons.

KNIBBE, R.A., DROP, M.J., VAN REEK, M.J. et SAENGER, G. (1985). «The Development of Alcohol Consumption in the Netherlands: 1958-1981», *British Journal of Addiction*, vol. 80, p. 411-419.

KREITMAN, N. (1986). «Alcohol Consumption and the Preventive Paradox», *British Journal of Addiction*, vol. 81, p. 353-363.

LEDERMANN, S. (1956). *Alcool, alcoolisme, alcoolisation*, tome 1, Paris, Presses Universitaires de France.

LEMMENS, P. (1995). « Individual Risk and Population Distribution of Alcohol Consumption, dans H. Holder et G. Edwards (sous la dir. de), *Alcohol and Public Policy. Evidences and Issues*, Oxford, Oxford University Press.

LEMMENS, P. (1991). «Measurement and the Distribution of Alcohol Consumption», thèse de doctorat, Université de Limbourg.

LEMMENS, P., TAN, E. et KNIBBE, R.A. (1992). «Measuring Quantity and Frequency of Drinking in a General Population. A Comparison of 5 Indices», *Journal of Studies on Alcohol*, vol. 53, p. 476-486.

LEMMENS, P., TAN, E. et KNIBBE, R.A. (1990). «Comparing Distributions of Alcohol Consumption: Empirical Probability Plots», *British Journal of Addiction*, vol. 85, p. 751-758.

MÄKELÄ, K. (1978). «Levels of Consumption and Social Consequences of Drinking», *Research Advances in Alcohol and Drug Problems*, vol. 4, p. 303-349.

MIDANIK, L.T. (1994). «Comparing Usual Quantity/Frequency and Graduated Frequency Scales to Assess Yearly Alcohol Consumption: Results from the 1990 US National Alcohol Survey», *Addiction*, vol. 89, p. 407-412.

MIDANIK, L.T. (1989). «Perspectives on the Validity of Self-Reported Alcohol Use», *British Journal of Addiction*, vol. 84, p. 1419-1423.

MIDANIK, L.T. (1988). «The Validity of Self-Reported Alcohol Consumption and Alcohol Problems: A Literature Review and Assessment», *British*

Journal of Addiction, vol. 83, p. 1019-1029.

MIDANIK, L.T. (1982). «The Validity of Self-Reported Alcohol Consumption and Alcohol Problems: A Literature Review», *British Journal of Addiction*, vol. 77, p. 357-382.

MINISTÈRE DE LA SANTÉ ET DES SERVICES SOCIAUX (1992). *La politique de la santé et du bien-être*, Québec, Gouvernement du Québec.

MURRAY, R.P. (1999). «A Randomized Trial Comparing Face-to-Face Interviews and Self-Administered Surveys in the Measurement of Alcohol Use», communication présentée au 25th Annual Alcohol Epidemiology Symposium, Montréal, du 31 mai au 4 juin.

PARKER, D.A. et HARMAN, M.S. (1978). «The Distribution of Consumption Model of Prevention of Alcohol Problems. A Critical Assessment», *Journal of Studies on Alcohol*, vol. 39, p. 377-399.

REHM, J. (1999). «Draining the Ocean to Prevent Shark Attacks? The Empirical Foundation of Alcohol Policy», *Nordisk Alkohol & Narkotikatidskrift*, vol. 16, p. 47-53.

REHM, J. (1998). «Measuring Quantity, Frequency, and Volume of Drinking», *Alcoholism: Clinical and Experimental Research*, vol. 22, p. 4S-14S.

REHM, J., ASHLEY, M.J. et DUBOIS, G. (1997). «Alcohol and Health: Individual and Population Perspectives», *Addiction*, vol. 92, p. S109-S115.

REHM, J., ASHLEY, M.J., ROOM, R., SINGLE, E., BONDY, S., FERRENCE, R. et GIESBRECHT, N. (1996). «On the Emerging Paradigm of Drinking Patterns and Their Social and Health Consequences», *Addiction*, vol. 91, p. 1615-1621.

ROMELSJÖ, A. (1989). «The Relationship Between Alcohol Consumption and Social Status in Stockholm. Has the Social Pattern of Alcohol Consumption Changed?», *International Journal of Epidemiology*, vol. 18, p. 842-851.

ROMELSJÖ, A. et DIDERICHSEN, F. (1989). «Changes in Alcohol-Related Inpatient Care in Stockholm County in Relation to Socioeconomic Status During a Period of Decline in Alcohol Consumption», *American Journal of Public Health*, vol. 79, p. 52-56.

ROOM, R. (1990). «Measuring Alcohol Consumption in the United States», *Research Advances in Alcohol and Drug Problems*, vol. 10, p. 39-80.

ROOM, R., BONDY, S. et FERRIS, J. (1995). «The Risk of Harm to Oneself from Drinking. Canada 1989», *Addiction*, vol. 90, p. 499-513.

ROSSOW, I. et DEMERS, A. (1998). «Impact of Marriage on Drinking: A Cross-Cultural Comparison», Florence, 24th Annual Alcohol Epidemiology Symposium at the Kettil Bruun Society for Social and Epidemiology Research on Alcohol.

RUSSELL, M., WELTE, J.W. et BARNES, G.M. (1991). «Quantity-Frequency Measures of Alcohol Consumption: Beverage-Specific Versus Global Questions», *British Journal of Addiction*, vol. 86, p. 409-417.

SIMPURA, J. (1995). «Role of Drinking Patterns in Aggregate Alcohol Consumption», dans H.D. Holder et G. Edwards, *Alcohol and the Public Policy. Evidences and Issues*, Oxford, Oxford University Press.

SKOG, O.J. (1996). «Public Health Consequences of the J-Curve Hypothesis of Alcohol Problems», *Addiction*, vol. 91, p. 325-337.

SKOG, O.J. (1991). «Drinking and the Distribution of Alcohol Consumption», dans D.J. Pittman et H.R. White (sous la dir. de), *Society, Culture and Drinking Patterns Reexamined*, New Brunswick (N.J.), Rutgers Center of Alcohol Studies, p. 135-156.

SKOG, O.J. (1985). «The Collectivity of Drinking Cultures: A Theory of the Distribution of Alcohol Consumption», *British Journal of Addiction*, vol. 80, p. 83-99.

SKOG, O.J. (1980). «Social Interaction and the Distribution of Alcohol Consumption», *Journal of Drug Issues*, vol. 10, p. 71-92.

STOCKWELL, T., HAWKS, D., LANG, E. et RYDON, P. (1996). «Unravelling the Preventive Paradox for Acute Alcohol Problems», *Drugs and Alcohol Review*, vol. 15, p. 7-15.

STRAUSS, R. et BACON, S.D. (1953). *Drinking in College*, New Haven, Yale University Press.

WILLIAMS, G.D., PROUDFIT, A.H., QUINN, E.A. et CAMPBELL, K.E. (1994). «Variations in Quantity-Frequency Measures of Alcohol Consumption from a General Population Survey», *Addiction*, vol. 89, p. 413-420.

WORLD HEALTH ORGANIZATION (1992). *European Alcohol Action Plan*, Copenhague, World Health Organization Regional Office for Europe, document EUR/RC42/8.

L'injection de drogues chez les jeunes de la rue

Élise Roy ◆ *Éva Nonn* ◆ *Nancy Haley*

Les auteures présentent d'abord un portrait épidémiologique du phénomène de l'injection de drogues, problématique en émergence chez les jeunes de la rue, puis discutent l'évolution des pratiques de recherche sur cette question de même que les définitions permettant d'en cerner plus efficacement l'objet. En second lieu, les résultats d'une recherche qualitative menée auprès des jeunes de la rue de Montréal sont présentés, qui mettent en lumière les trajectoires de vie et de consommation de ces jeunes ainsi que les significations qu'ils leur attribuent. En conclusion, les auteures plaident pour la mise en œuvre de devis de recherches mixtes — combinant les méthodes quantitatives avec les méthodes qualitatives — afin d'approcher ce problème et de concevoir des interventions dans une perspective plus globale.

Les chiffres et les lettres :
statistiques et discours sur l'injection

C'est en réponse aux problèmes sociaux et sanitaires que posent les nouveaux *patterns* de consommation de drogues dans le monde que, en 1990, l'Organisation mondiale de la santé (World Health Organization [WHO], 1990) mettait sur pied un programme spécial, le *Programme on Substance Abuse* (PSA). Le mandat du PSA est de mieux cibler et de rendre plus efficaces les stratégies de santé publique visant à faire face aux effets néfastes de la consommation de drogues. Parmi les priorités de l'Organisation mondiale de la santé (OMS) se trouve la promotion de mesures efficaces de lutte aux problèmes liés à la toxicomanie, notamment l'infection par le virus de l'immunodéficience humaine (VIH), la prostitution, la violence, la malnutrition, le chômage, le décrochage scolaire et les difficultés d'accès aux services de santé. Les populations les plus vulnérables doivent êtres ciblées, les jeunes en difficulté, en particulier les jeunes de la rue, faisant partie de ces populations prioritaires (WHO, 1996a).

Soulignant ainsi l'urgence d'agir, l'OMS signale l'accroissement continuel de la production de substances psychoactives dans le monde ainsi que la baisse de l'âge de l'initiation à la consommation. L'OMS s'inquiète également de certains autres changements survenus dans les *patterns* de consommation. Parmi ceux-ci, notons une proportion plus élevée de personnes qui consomment de multiples substances et qui passent d'une drogue à l'autre ainsi qu'une augmentation continue du nombre de personnes ayant recours à l'injection. Quoiqu'il soit difficile de mesurer de façon précise l'importance de cette pratique hautement criminalisée, on estime à cinq millions le nombre de personnes qui s'injectent couramment des drogues dans le monde (WHO, 1996b).

Ces changements dans les *patterns* de consommation entraînent de nombreux problèmes de santé chez les consommateurs, dont un degré de plus en plus élevé d'intoxication et un nombre important de surdoses. L'injection de drogues serait à elle seule responsable de 100 000 à 200 000 décès par année dans le monde (WHO, 1996b). De plus, depuis une vingtaine d'années, l'injection de drogues a provoqué d'importantes épidémies de VIH dans presque tous les pays du monde (WHO, 1997b) et elle est maintenant la principale cause de l'hépatite C dans les pays développés (WHO, 1997a).

Le Canada ne fait pas exception à cette situation, étant l'un des pays où persiste une importante épidémie d'infection par le VIH chez les usagers de drogues injectables. En 1996, la moitié des 3 000 à 5 000 nouveaux cas de VIH survenus au Canada était reliée à ce mode d'administration de la drogue (Santé Canada, 1998). Par ailleurs, l'injection de drogues serait responsable de 70 % des cas actuels d'hépatite C au pays (Santé Canada, 1999), et des taux de prévalence extrêmement élevés de cette infection ont été observés chez les usagers de drogues injectables à Montréal (70 %) [Lamothe et coll., 1997] et à Vancouver (85 %) [Patrick et coll., 1998].

Préoccupés par l'impact éventuel des pratiques d'injection à risque sur les populations vulnérables, nous poursuivons depuis quelques années une série de recherches auprès des jeunes de la rue, une population très marginalisée. À l'instar d'autres études menées au Canada, nos recherches épidémiologiques ont montré une fréquence élevée d'injection de drogues chez les jeunes de la rue de Montréal. La proportion des jeunes qui s'injectent des drogues serait même parmi les plus élevées qu'on ait jamais rapportées. En effet, dans une étude de prévalence de l'infection par le VIH que nous avons effectuée auprès de ces jeunes en 1995 (Roy et coll., 2000), 36 % des participants disaient s'être déjà injecté des drogues, comparativement à 12 % dans une étude « multicentrique » canadienne (Radford, King et Warren, 1989), à 17 % à Halifax (Anderson, 1993) et à 28 % à Toronto (Smart, Adlaf et Zdanowick, 1992). Nous reviendrons plus loin sur la difficile question de la définition de cette population, mais soulignons que, selon la Société canadienne de pédiatrie, il y aurait entre 45 000 et 150 000 jeunes de la rue au pays (Canadian Pediatric Society, 1998).

Ces statistiques sur l'importance de l'injection de drogues chez les jeunes de la rue indiquent qu'ils sont particulièrement vulnérables aux effets néfastes de ce mode de consommation, qu'il s'agisse du VIH-sida ou des surdoses — les deux principales causes de décès chez les usagers de drogues par injection (WHO, 1996b) —, ou d'autres maladies graves comme les hépatites virales. D'ailleurs, nos données montrent que, en comparaison de la population générale, l'infection par le VIH de même que les hépatites B et C sont plus fréquentes chez les jeunes de la rue qui se sont déjà injecté des drogues. Selon les données de notre étude de 1995, 4 % des jeunes qui s'étaient piqués dans leur vie étaient atteints du VIH (Roy et coll., 2000), ce qui représente 20 fois le taux estimé (0,18 %) pour la population montréalaise de 15 ans et plus (Remis, Vandal et Leclerc, 1996). Dans une autre étude que nous avons menée sur la prévalence des marqueurs d'hépatite B et C en 1996 chez les jeunes de la rue, les taux de prévalence étaient respectivement de 16 % et 27 % parmi ceux qui s'étaient déjà injecté des drogues, ce qui, encore une fois, s'avère nettement plus élevé que les taux estimés pour la population générale (Roy, Haley, Leclerc et coll., 1999 ; Roy et coll., 2000). En effet, bien qu'on ne dispose pas de données précises sur le sujet, on estime que, dans la population générale âgée de 15 ans et plus, la prévalence des marqueurs d'hépatite B ne dépasse pas 5 %, et celle de l'hépatite C, 1 % (Duval, 1994 ; Santé Canada, 1999). En dehors des infections transmissibles, d'autres problèmes communs aux usagers de drogues par injection sont fréquents chez les jeunes de la rue qui s'injectent des drogues. Selon les données de notre étude de cohorte prospective chez les jeunes de la rue, amorcée en 1995, 63 % de ces jeunes rapportent qu'ils ont déjà connu au moins un épisode de surdose et 43 % ont déjà tenté de se suicider.

À la lumière des statistiques sur la fréquence du phénomène de l'injection de drogues chez les jeunes de la rue et sur ses effets néfastes sur leur santé, il est surprenant de constater une absence relative d'écrits sur cette pratique. L'évolution historique du discours sur l'injection de drogues suggère quelques explications.

En effet, bien que la pratique existe depuis le XVIIe siècle (Zule, Vogtsberger et Desmond, 1997), il faut admettre que, jusqu'à tout récemment, le milieu de la recherche n'y a pas accordé beaucoup d'intérêt. L'attention des chercheurs a surtout été dirigée sur les dimensions psychosociales de la toxicomanie, considérée tantôt comme une maladie mentale, tantôt comme une forme de délinquance. Aussi l'accent était-il mis sur le caractère illicite ou déviant du phénomène de la toxicomanie et sur ses conséquences sociales plutôt que sur ses conséquences sanitaires. Les différents modes de consommation — dont l'injection — et leurs effets spécifiques sur la santé des usagers ne faisaient pas l'objet de recherches.

C'est avec l'avènement de l'épidémie d'infection par le VIH, au début des années 1980, que commence l'ère des recherches sur l'injection de drogues. La question du risque d'infection est alors au centre des préoccupations, ce qui explique la prolifération des études épidémiologiques portant sur les facteurs associés à cette épidémie. Ces études ont rapidement été suivies par des recherches psychosociales visant à expliquer les comportements d'injection (et les comportements sexuels) susceptibles de provoquer l'infection par le VIH et, plus rarement, par des études ethnographiques permettant de mieux comprendre les contextes socioculturels de ces pratiques, toujours dans la perspective du risque. Très peu de travaux ont porté sur les processus et les conditions qui caractérisent l'injection de drogues ainsi que sur la signification de ce mode de consommation pour les individus.

On ne saurait donc parler d'une longue tradition de recherche sur l'injection de drogues et encore moins sur cette pratique chez les jeunes. Une explication est sans doute que l'infection par le VIH était rare chez les jeunes des pays développés au moment où l'épidémie de VIH chez les usagers de drogues injectables a été documentée (Des Jarlais et Friedman, 1987). Ce n'est que lorsqu'on a découvert que l'injection de drogues était courante dans certaines populations de jeunes que des chercheurs s'y sont intéressés. Le problème consistant à définir et à bien cerner ces populations s'est alors posé, notamment en ce qui concerne les jeunes de la rue. Il s'agit, en effet, d'une population plus ou moins saisissable et fluide, difficile à circonscrire, comme en fait foi l'écart important dans l'estimation démographique proposée par la Société canadienne de pédiatrie (soit entre 45 000 et 150 000). La réalité « jeunes de la rue » est donc difficile à définir pour un chercheur (Beauchemin, 1996), d'autant plus que les problèmes qu'elle englobe sont multiples, comme le montrent les critères très larges utilisés par l'OMS pour la circonscrire. Il s'agit :

— de jeunes qui vivent effectivement dans la rue et qui manifestent donc des besoins immédiats reliés à la survie et au logement ;

— de jeunes qui ont quitté leur famille et qui vivent temporairement dans des bâtiments abandonnés, des refuges pour les jeunes ou chez leurs amis ;

— de jeunes qui, bien que demeurant en contact avec leur milieu familial, passent le plus clair de leur temps dans la rue (en raison de la pauvreté de leur famille, de problèmes scolaires, d'abus physiques ou sexuels subis à la maison ou encore à cause de l'influence de leurs amis) ;

— de jeunes qui ont été placés en institution mais qui ont déjà eu des expériences de «sans-abri» et qui risquent d'en avoir d'autres (WHO, 1996a).

Bref, on constate que, jusqu'à maintenant, la compréhension du phénomène de l'injection de drogues a soulevé un intérêt relatif dans les milieux de recherche en toxicomanie, cela étant particulièrement vrai en ce qui a trait aux populations marginales comme les jeunes de la rue. Cependant, malgré que la plupart des recherches aient eu pour point de départ le risque d'infection par le VIH, elles ont eu le mérite de mettre en lumière d'autres problèmes de santé liés à l'injection dans les populations touchées. Elles ont aussi permis de faire ressortir l'importance de dimensions autres que celle du risque d'infection et de sa gestion individuelle. À ce chapitre, selon le PSA, parmi les caractéristiques communes à la population des jeunes de la rue se trouvent leurs conditions de vie précaires, leur marginalisation, leur discrimination et leur exclusion des services (WHO, 1996a). Ces conditions de précarité sociales, sanitaires et affectives formeraient le dénominateur commun de la réalité de ces jeunes. C'est dans ce contexte, souligne le PSA, que l'augmentation de la consommation de drogues doit être comprise, et il est permis de croire que les conditions de précarité extrêmes que vivent les jeunes et qui structurent leur univers ont un impact important sur leurs *patterns* de consommation, voire sur leur gestion des risques. Ainsi, Pierre Lascoumes (1994) mentionne que, pour les personnes qui vivent dans une situation de grande précarité, la conservation d'une bonne santé à long terme est souvent moins prioritaire que la satisfaction immédiate des besoins vitaux.

Les propos des jeunes de la rue semblent converger en ce sens. En effet, selon les témoignages que nous avons recueillis en 1996 auprès de jeunes qui consommaient par injection (Roy et coll., 1998), la plupart d'entre eux ne perçoivent pas leur passage à l'injection comme un événement marquant ni d'ailleurs comme un problème, du moins au début. Bien d'autres choses les préoccupent, notamment leur survie, leurs liens précaires avec la famille, l'école ou le marché du travail, leur santé et leurs problèmes d'accès aux services, leurs rapports difficiles avec la police et les commerçants de même que la violence contre laquelle, vivant eux-mêmes dans l'illégalité, ils n'ont souvent aucun recours.

L'injection de drogues : trajectoires de vie et de consommation

L'introduction des conditions de vie dans l'étude de l'injection de drogues exige la considération simultanée des dimensions sociale, culturelle et individuelle qui, d'une façon ou d'une autre, peuvent être liées à l'évolution de la consommation des individus. Certaines de ces dimensions sont de nature macrosociale, par exemple la régularisation juridique des drogues (Koester, 1994), les différentes habitudes culturelles (Bibeau et Perreault, 1995) et le marché de la drogue, notamment l'accessibilité de certaines substances et leur prix (Strang et coll., 1992). D'autres dimensions sont plutôt d'ordre psychologique et microsocial, incluant les projets de vie et les rapports avec la famille, l'école et les pairs. Enfin, on ne saurait nier l'importance des facteurs d'ordre biologique liés aux effets des substances sur l'organisme. L'impact de ces dimensions sur l'utilisation de drogues peut différer d'un individu à l'autre, en plus de se trouver modulé par la signification que donnent les consommateurs à leur consommation.

C'est pour considérer simultanément ces dimensions et tenir compte du point de vue des jeunes de la rue que, à l'instar de nombreux ouvrages sociologiques se situant dans la perspective de l'interactionnisme symbolique, nous avons choisi le concept de trajectoire pour la conduite de nos travaux qualitatifs. L'intérêt particulier de ce concept réside dans le fait qu'il permet d'étudier la nature séquentielle du phénomène de la consommation de drogues. En fait, il permet d'analyser l'interaction complexe des différentes dimensions (événements, acteurs, décisions, contextes, conséquences, etc.) qui peuvent tracer les étapes du cheminement que suivent les consommateurs de drogues, et tenir compte des ruptures comme des continuités dans ce processus.

C'est à l'aide de la notion de trajectoire que Robert Castel (1998, p. 70) présente les dimensions sociale et individuelle qui caractérisent les «sorties de la toxicomanie». Castel rapporte que, selon les consommateurs, l'injection constitue un mode plus intensif de prise de drogues. À partir du moment où l'injection devient une pratique régulière, vu l'intensité de la consommation qu'elle provoque, elle risque de devenir pour l'individu un «mode de vie exclusif» ou, tout au moins, une «ligne biographique dominante», ce qui met en évidence le lien inextricable entre trajectoire de vie et trajectoire de consommation. Cependant, comme on le verra plus loin, ce lien existe déjà dès le début de l'injection, mais dans un rapport où l'importance de l'intensité de la consommation et de l'effet de la substance est beaucoup moins grande.

À la suite d'une longue série d'études portant sur les facteurs qui peuvent conduire au VIH chez les usagers de drogues par injection, Alan Neaigus et ses collaborateurs (1998), dans leur dernier ouvrage ethnographique, poussent plus loin l'hypothèse du lien entre les conditions sociales ou familiales des consommateurs et l'injection. Ces auteurs postulent que ces conditions peuvent influencer la décision de passer (ou non) à l'injection, et ce, malgré l'existence d'autres facteurs favorables à cette pratique, tels la grande accessibilité et le prix abordable des substances injectables sur le marché. Comme Castel, Neaigus et ses collaborateurs rapportent que les consommateurs qui ne s'injectent pas de drogues considèrent l'injection comme un mode de consommation plus intensif. Selon leur témoignage, ceux qui ont un emploi satisfaisant et des responsabilités sociales et/ou financières qu'ils ne veulent pas perdre et ceux qui ont des liens affectifs ou des biens matériels à conserver auraient peur de passer à l'injection, craignant que ce mode de consommation plus intensif ne leur fasse perdre leurs acquis. De plus, l'injection, en raison de sa plus grande visibilité, rendrait la consommation plus transparente et mettrait en péril l'équilibre des rapports sociaux et familiaux. Il est donc important pour les consommateurs qui ne recourent pas à l'injection de préserver cet équilibre, c'est-à-dire de bien gérer leur consommation et d'en limiter les effets négatifs en évitant, entre autres, le passage à l'injection. Ceux qui ont davantage à perdre sur les plans social et affectif hésiteraient également à s'injecter des drogues à cause d'une peur plus grande d'attraper le VIH. Finalement, l'image sociale négative qui accompagne les individus qui s'injectent des drogues les dissuaderait aussi de passer à l'injection (Neaigus et coll., 1998). L'importance d'étudier les différences dans les trajectoires de consommation de drogues inspire d'autres auteurs. Ainsi, Maria Caiata (1996) a documenté les stratégies de gestion des personnes qui arrivent, malgré leur consommation, à fonctionner dans leur vie professionnelle, sociale ou familiale.

L'injection de drogues chez les jeunes de la rue de Montréal

Les travaux que nous avons réalisés jusqu'ici n'avaient pas pour objectif principal l'étude des trajectoires de vie et de consommation des jeunes de la rue. De plus, étant donné que notre étude qualitative visait à décrire et à comprendre les pratiques de partage du matériel d'injection, notre échantillon (n = 24) n'incluait que des jeunes qui s'injectaient déjà des drogues au moment où nous les avons rencontrés. Cependant, pour mieux comprendre les contextes précédant et entourant ces pratiques, lors des entrevues en profondeur avec les jeunes, nous avons abordé leurs conditions de vie depuis leur enfance. Une attention particulière a été accordée aux personnes et aux événements significatifs qui ont pu marquer leur passage d'une substance à une autre ainsi qu'au mode de consommation par injection. Cela nous a permis de brosser un portrait global des conditions de vie et de consommation des jeunes rencontrés.

D'une façon générale, nos données qualitatives montrent que la plupart des individus interviewés ont une histoire familiale, sociale et affective très perturbée. Conformément à l'hypothèse de Neaigus et ses collaborateurs, ils ne font pas partie de ceux qui ont beaucoup à perdre, qu'il s'agisse d'une structure de vie familiale encadrante, de résultats scolaires rassurants, d'un travail rémunéré ou de projets d'avenir réalisables. Leurs témoignages laissent croire que, dans certains cas, parler de « réintégration » ou de « resocialisation » est plutôt un euphémisme, car certains, de fait, n'ont jamais été « intégrés ».

Si tous ne rejoignent pas la rue en quittant une famille désorganisée ou un centre d'accueil, et si tous ne vivent pas nécessairement des problèmes d'ordre psychologique ou psychiatrique graves, une précarité économique et affective assez générale caractérise le passé comme le présent de beaucoup d'entre eux. Rejet, abus, alcoolisme ou consommation de drogues dans la famille, échecs et abandon des études, anorexie, tentatives de suicide ou autres problèmes de santé physique et mentale traversent souvent l'histoire de leur vie.

> [...] mes parents se sont séparés. Pis là, le bordel a commencé, déménager toutes les fins de semaine, pis demeurer en centre d'accueil. (Fille, 20 ans)

[…] mon père était alcoolique, toxicomane. C'est pour ça qu'il n'était jamais là. J'avais 12 ans. Je rentrais à l'heure que je voulais. […] Ça me tentait pas d'aller à l'école, j'y allais pas. Pis j'étais super malade, j'étais anorexique. (Fille, 20 ans)

Bien avant que les jeunes arrivent dans la rue, la plupart consomment déjà, depuis longtemps, des substances psychotropes variées (tabac, alcool, haschisch, mescaline, LSD, champignon, cocaïne, héroïne, etc.). Une escalade rapide de la consommation est d'ailleurs très fréquente. La majorité de nos participants s'initient à la drogue vers l'âge de 12 ou 13 ans et passent à l'injection en 4 ou 5 ans.

[…] t'sé, quand j'ai commencé à faire de l'acide, j'me suis dit que j'en ferais pas plus que 10 de ça dans ma vie. Pis j'ai dépassé ça, j'en ai faite au moins 50, 60. […] la coke, c'était la même affaire. Au début, c'était : « Ah j'en fais juste deux pour essayer. » Pis après, c'était juste un autre, pis juste un autre, pis j'étais rendue que j'arrêtais jamais, t'sé. Pis, à un moment donné, ça devient un manque terrible. (Fille, 18 ans)

Pis, à un moment donné, j'ai commencé à me tenir en ville. Là je faisais de la mess, je sniffais du buvard, de l'acide des fois. Pis là, ça va vite, ça monte vite pas mal. (Fille, 16 ans)

Certains jeunes décrivent eux-mêmes une sorte de trajectoire dans leur consommation, trajectoire qui, dans leur cas, aboutit à l'injection.

Je les ai toutes franchies les estis d'barrières. Je m'étais dit que j'aurais jamais faite de poudre. Je m'étais dit que j'aurais jamais faite d'acide. Je m'étais dit que j'aurais jamais faite de smack. J'avais dit que jamais j'mettrais un… une aiguille dans mon bras. J'avais… y'a plein d'affaires que j'ai… que j'ai comme pilé dessus, là. (Garçon, 19 ans)

Pour beaucoup de jeunes que nous avons interviewés, le rapport avec la rue et avec une consommation plus intensive évolue parallèlement et graduellement. Au début, ils ne viennent au centre-ville qu'en été, quand c'est « le fun », car c'est agréable de se retrouver entre amis et de passer les soirées à faire du *squeegee*, à quêter et à « triper » ensemble. Si la plupart consomment déjà des drogues, souvent ils commencent l'injection au moment où ils se mettent à fréquenter le centre-ville où cette pratique est, selon eux, très courante. En se tenant avec les autres et en les voyant se piquer, beaucoup passent, par hasard ou par curiosité, à ce mode de consommation. Les jeunes n'accordent pas une importance particulière à ces premiers essais, considérés, par la plupart, comme une façon d'obtenir un meilleur « buzz ». Ils essaient l'injection comme ils essaient plusieurs sortes de substances, pour expérimenter les différents effets. Si certains usagers qui se piquent déjà essaient de les en dissuader, ils n'y font pas très attention, la curiosité et le plaisir anticipé l'emportant sur les craintes. Par ailleurs, ils pensent souvent qu'ils seront capables d'arrêter facilement.

J'étais curieux, t'sé. […] Pis là, à un moment donné, la première fois que j'me suis piqué, c'est à cause d'un gars… j'ai parti avec. J'me suis acheté deux quarts. Y'a crissé de l'eau dans un quart. Puis j'y ai dit : « C'est quoi tu fais-là ? Moé je sniffe. » Pis là, y'a dit : « Essaye ça, essaye ça. » Là, j'avais pas le choix.

Je junzais, j'en avais faite avant, pis j'en voulais d'autre. Là j'ai dit : « Envoye, fais-le, esti... fais-le ton fix, pis fais-le vite, esti. » (Garçon, 19 ans)

La drogue, y'en a partout dans le centre-ville. Au début, ça nous disait rien. [...] Ça nous intéressait pas. Pis à un moment donné, à force d'en voir, on trouvait ça quasiment normal. On s'est dit : « Ouais, on essaye-tu ? ça a l'air le fun. » (Fille, 17 ans)

[...] ché pas, moé, mais c'est parce que j'étais curieuse dans le fond. Pis j'aime... j'aime ça la drogue. J'aime ça triper, t'sé. J'peux pas dire que c'est parce que j'ai eu un manque de quelque chose. J'penserais pas. [...] c'est pas évident, si c'est ça, j'pense que c'est plus pour avoir du fun. (Fille, 16 ans)

C'était normal [...]. Tout le monde avait des trous dans le bras. (Garçon, 19 ans)

Y'a jamais personne qui nous a encouragées. Y nous disaient, par exemple, c'est pas bon. C'est d'la marde, ça. (Fille, 17 ans)

Quand j'étais jeune, je lisais des livres... J'voyais ça, des seringues. J'aimais ça. Sauf que j'aurais pas commencé si j'avais pas vu du monde qui en faisait autour de moi, si ça avait pas été dans mon entourage. J'pense pas que j'aurais commencé. (Fille, 17 ans)

Après la première injection, la plupart des jeunes interviewés continuent à consommer la drogue en se l'injectant. Contrairement à ce qu'ils ont espéré, très peu sont capables d'arrêter ou de limiter leur consommation. Toutefois, les expériences sont différentes et certains réussissent mieux que d'autres à contrôler leur consommation. Il semble que ceux qui disposent encore d'un cadre familial où ils peuvent se retirer après quelques jours de consommation, ceux qui poursuivent encore leurs études ou qui travaillent, et qui espèrent encore réaliser un projet de vie réussissent à mieux gérer les risques liés à l'injection et à mieux contrôler leur consommation de drogues. C'est le cas de deux jeunes participantes, Caroline et Marie, qui viennent passer l'été au centre-ville chaque année. Marie habite chez sa mère, excelle dans ses études et se prépare à une profession bien rémunérée et socialement reconnue. Durant l'entrevue, elle raconte à quel point il lui est important de bien gérer sa consommation. Pour y arriver, quand elle ressent les premiers symptômes de sevrage après quelques jours d'injection, elle se retire chez son père sans consommer, sans retourner au centre-ville. Pendant l'année scolaire, elle limite ses visites à Montréal aux fins de semaine. Durant les vacances, elle vient passer l'été en ville, mais, contrairement à beaucoup d'autres jeunes qui passent leurs nuits dans la rue, elle habite chez des amis qui ont un appartement près du centre-ville. Pour acheter sa drogue, elle fait du *squeegee* et quête comme ses amis. Cependant, en cas de problème, le retour chez son père est toujours possible. Si elle consomme par injection, son engagement dans ce mode de consommation est contrôlé, bien que ce ne soit pas toujours facile...

Ben, je les ai pas franchies, mes barrières. T'sé, je les ai franchies une couple de fois, mais j'veux dire, comme le smack, j'me suis tout le temps dit : « T'sé, j'en ferai pas deux-trois jours de suite... j'vas en faire une fois par semaine, pas plus que ça. » Y'a eu des difficultés, des fois y'a eu des deux-trois jours de suite, mais y'en a pas eu gros. En gros, ç'a été... mettons que j'fasse une moyenne, c'est une fois par semaine. Ou deux fois par semaine, pas plus. Je suis tout le temps restée dans mes barrières. (Fille, 16 ans)

La plupart des jeunes participants ne suivent pas ces trajectoires de vie et de consommation et, après un été «tripant», ils ont à faire face à l'hiver, sans savoir où aller, chez qui passer la nuit.

C'est sûr [...] que ma première préoccupation, quand j'me lève le matin, c'est où est-ce que j'vais dormir à soir, t'sé. (Fille, 20 ans)

Si on est l'été, ça me dérange pas de dormir dans les parcs, mais là les froids sont super humides, t'sé. Y fait super froid dans les squats, y fait plus froid en dedans que dehors. (Fille, 20 ans)

Je suis écœurée, moé, d'être dehors. Je suis écœurée d'être dans la rue. (Fille, 20 ans)

Après les premières injections, bien des jeunes s'habituent à une prise de drogues intensive. Ayant grandi dans un milieu où il y avait «pas mal de drogue», Sophie est placée dans un centre d'accueil à l'âge de 11 ans. Elle souffre d'anorexie et consomme déjà différentes substances; elle tente plusieurs fois de se suicider. Durant ses fugues des centres d'accueil, elle vient à Montréal. Mineure, elle ne peut obtenir de l'aide sociale ni louer un appartement. Elle passe alors ses jours et ses nuits au centre-ville où elle commence à se piquer, à l'âge de 15 ans. Les événements se bousculent: elle devient de plus en plus dépendante de la cocaïne et, rapidement, comme elle le dit, ne vit que pour la drogue.

Parce que quand tu fais de la coke, là, t'es... tu veux juste faire ça. Pis moé, j'étais accro, fait que j'étais tout l'temps sur la go. J'dormais pas. J'mangeais pas. Mon seul but, c'était de trouver de l'argent pour faire d'la coke. Trouver de l'argent, t'sé. J'allais pas en cour parce que j'avais peur qu'ils m'enferment. Fait que j'avais peur qu'ils me mettent en centre d'accueil pis qu'ça m'empêche de triper. (Fille, 18 ans)

Une autre participante à l'étude, Nathalie, consomme aussi différentes drogues dès son enfance. Avant d'arriver à Montréal, elle habite sa ville natale où, selon ses dires, l'injection n'est pas une pratique courante; elle contrôle relativement bien sa consommation sans que cela menace sa vie professionnelle ou sa vie sociale. Elle travaille et vit en appartement. En arrivant à Montréal, elle se lie d'amitié avec des jeunes qui s'injectent des drogues et commence à le faire avec eux. Très vite, elle perd le contrôle de sa consommation, quitte son emploi, perd son appartement. Dans son cas, le rapport d'influence entre trajectoire de vie et trajectoire de consommation semble inversé: c'est la consommation par injection qui détériore ses conditions de vie, et non ses conditions de vie qui l'entraînent dans une consommation plus intensive. Si la prise de cocaïne lui avait déjà occasionné de graves problèmes d'argent, c'est la prise par injection qui pousse Nathalie dans la rue.

[...] j'avais ma paye, là, pis mes affaires étaient payées parce que j'étais en appartement. Quand mes affaires étaient payées, s'il me restait 100 $, c'était

100 $ de poudre. Après ça, c'était rendu que j'payais mes affaires, mettons la bouffe, pis le reste de l'argent allait pour la poudre. Pis en dernier, j'payais plus rien... plus de téléphone, plus d'Hydro, plus rien. [...] Fait que là c'était vraiment, c'était juste ça qui dirigeait. Pis j'vas te dire ben franchement, j'en ai perdu des estis de grands bouttes de l'été. Y'a du monde que j'ai rencontré, je m'en souviens même pas. (Fille, 20 ans)

Une pratique d'injection de plus en plus intensive conduit Nathalie à prendre des risques importants pour sa santé. En consommant principalement de la cocaïne et sous l'effet du *craving* intense de cette substance, elle partage souvent des seringues. C'est au moment où elle se retrouve à l'hôpital avec l'hépatite C qu'elle se rend compte qu'elle ne peut plus continuer à se piquer.

Observer les pratiques d'injection des jeunes de la rue, en suivant les différentes étapes de leurs trajectoires de vie et de consommation, permet également de constater que les raisons qui motivent les injections subséquentes ne sont pas les mêmes que celles qui ont motivé la première injection.

Pour les jeunes chez qui les effets néfastes ne sont pas encore apparus, l'injection est souvent un «trip» qui n'a rien de comparable. Ceux-là ne sont pas encore rendus à l'étape où disparaît l'effet euphorique pour laisser la place au manque. Convaincre ces jeunes d'abandonner l'injection serait, d'après leurs témoignages, un travail difficile. Il leur faudrait trouver des solutions de rechange qui donnent autant de plaisir que la drogue.

Quand j'ai eu mon high, là, ayoye! C'est comme... parce que de la poudre, là, c'est la meilleure affaire que tu peux pas avoir, t'sé. Quand tu te shootes, ton high au début... c'est meilleur que toute, c'est meilleur que... que baiser. C'est comme un nouveau sens que t'as jamais vu, pis c'est trop bon, t'sé. [...] c'est trop bon, pis c'est pour ça que tu veux tout le temps en refaire après parce que c'est tellement bon. C'est tellement quelque chose. Ayoye! (Fille, 18 ans)

Au fur et à mesure que les effets négatifs de l'injection commencent à apparaître, les jeunes reconstruisent la signification de cette pratique. Nos participants comparent souvent leurs deux façons de voir l'injection: *avant* la première injection et *après* une longue pratique, lourde de conséquences.

Rétrospectivement, à la lumière des effets néfastes qu'ils ont subis, certains interprètent différemment le sens du passage à l'injection. Si, encore aujourd'hui, quelques-uns sont ambivalents et estiment qu'il fallait malgré tout l'essayer, d'autres croient que la première injection fut un tournant dans leur vie, tournant qui les a définitivement éloignés d'une trajectoire plus traditionnelle qu'ils avaient plus ou moins suivie avant d'adopter la seringue.

Comment ça s'est passé? Ben, au début, c'était super cool. T'sé, j'pensais que c'était vraiment ça que je voulais, me geler, triper, c'est toute. Sauf qu'à un moment donné, j'ai commencé à prendre des drogues dures, pis ç'a viré que j'ai pogné une maladie parce que j'faisais pas attention. Là, j'ai toute perdu, t'sé. [...] J'ai vendu mes affaires. J'ai pogné l'hépatite C parce que j'faisais des échanges. Je faisais pas attention parce que quand t'es gelée sur la dope, tu penses à rien. Toute ce que tu veux, c'est ton hit. Pis, [...] t'es pu là, t'sé. T'es tellement gelée que t'as pas conscience des erreurs que tu fais, pis après... c'est une autre affaire qu'il va falloir que je paye tout le temps parce que peut-être qu'à un moment donné j'vas être malade... pis ça va me faire chier, peut-être pour ça que je pourrai pas avoir d'enfant. Peut-être que j'vas mourir à cause de ça. (Fille, 18 ans)

(*Question: Dirais-tu que ç'a été un événement important dans ta vie?*) Ben... sur le coup, non. Mais, t'sé, quand j'y pense asteur, j'dis que oui. Dans le fond, ça fait à peu près deux ans. [...] Oui, sur le coup, c'était juste que je voulais essayer. Je voulais voir c'était quoi, mais là, je pensais pas vraiment que j'allais passer autant de temps à en faire aussi souvent, à en prendre pis gaspiller autant d'argent, que ça aurait eu des conséquences sur ma vie. Asteur, je l'vois, t'sé, dans le fond, si j'en aurais jamais faite, j'serais sûrement pas icitte, là, pis y'aurait eu ben des changements dans ma vie. Elle aurait pas été pareille. (Fille, 17 ans)

(*Question: Est-ce que ç'a été un tournant de te piquer?*) Un tournant. Ah, ouais... Parce que ça a toute changé. Ça a toute chambardé. On dirait que je marchais droite, t'sé, je m'en allais, je m'enlignais avec la société. Y'avait la société, j'étais à côté, mais je marchais dans la même direction. Pis là, c'est arrivé, pouf... je marchais plus à terre. Je marchais de reculons, on dirait. J'voyais le monde continuer à avancer. [...] Pis moé j'étais là, wow! wow! t'sé. J'en ai manqué un boutte. J'ai manqué le bateau. Le bateau est parti. Moé, chus encore là. (Fille, 20 ans)

Comme nous l'avons avancé au début de notre réflexion, en vue d'améliorer l'intervention auprès des jeunes de la rue, il serait primordial de mieux comprendre la signification qu'eux-mêmes donnent à ces expériences, en partant de leur propre réalité. Et que signifie l'injection par rapport à leur identité? C'est le dernier élément que nous aimerions ici aborder.

Certains auteurs (Lucchini, 1998; Parazelli, 1996) soulignent l'importance que revêt l'occupation des espaces publics pour les jeunes de la rue, qui tenteraient de s'y construire une identité, et ce, en dépit des autorités — police, municipalité — qui les contraignent par des règles à limiter leur mouvement dans les parcs et autres lieux publics. Nous dénonçons avec ces auteurs la répression et l'intolérance qui aggravent un problème social déjà trop lourd. À partir des témoignages des jeunes, nous nous interrogeons sur l'importance réelle qu'ils attachent à une identité forgée par et pour la rue ou dans les espaces publics. La question identitaire étant liée au système de valeurs et au sentiment d'appartenance, les récits des jeunes interviewés sur ces dimensions nous laissent plutôt perplexes. En effet, les jeunes ne rompent pas nécessairement avec les valeurs traditionnelles. Comme la majorité non marginalisée, beaucoup d'entre eux rêvent d'un travail bien rémunéré, d'un *chum* ou d'une blonde, d'une famille, d'une maison «avec un jardin» et loin de la ville pour éviter que leurs enfants ne «tournent mal» ou ne soient tentés de consommer de la drogue.

Ben moé, c'est plus… des projets… d'être avec mon chum, en amour, t'sé. L'amour au moins c'est… une autre valeur. Pis, je l'ai… faire des enfants plus tard, avec mon chum. Pis mes enfants, essayer de leur faire comprendre que… ché pas, moé, j'veux pas qu'y s'piquent, mes enfants, parce que je l'sais qu'y vont s'détruire, pis qu'ils vont avoir mal. Ils vont souffrir en dedans. Fait que j'vas essayer de leur expliquer qu'ils ont autre chose à faire que ça, t'sé. (Fille, 18 ans)

[…] j'vas devenir un plombier pis j'vas me faire grossir. […] c'est ça que j'veux, j'veux juste avoir une p'tite job, là, ben relaxe. […] peut-être que j'en ai pas d'projet, mais j'ai une vision de ce que j'aimerais. Mais je sais pas si ça va arriver. J'aimerais ça avoir genre une petite maison, pas à Montréal. Je veux rien savoir de Montréal. Ça pue, Montréal. C'est pas bon. Pis quand t'as des enfants, c'est la meilleure place pour qu'y tournent… bizarres, fuckés. J'veux aller quelque part tranquille, relaxe, t'sé. Acheter un petit boutte de terre, six pieds par huit pieds, construire une petite maison dessus, ben p'tite, là. Vivre là-dedans. Plombier […]. J'te dis ça de même. Une petite maison, là. (Garçon, 19 ans)

S'ils revendiquent une identité collective quelconque, les jeunes de la rue le font par la négative : « Nous sommes les rejetés de la société, nous sommes des marginaux. » La plupart d'entre eux refusent de se définir par leur mode de vie dans la rue ou encore par leurs habitudes de consommation. Ils ne se reconnaissent pas dans ces « identités souillées », pour reprendre l'expression d'Erving Goffman (1975), que sont « les jeunes de la rue » ou les *junkies* et ils demandent à être considérés avant tout comme des « êtres humains ».

Pas plus que d'être dans la rue, le fait de s'injecter des drogues ne semble créer aucun lien d'appartenance avec les autres personnes qui se piquent. Certains récits de nos participants semblent confirmer l'hypothèse de Castel (1998), qui soutient que l'injection n'a plus aujourd'hui la signification symbolique qu'elle avait dans les années 1960-1970, à l'époque de la contre-culture. Elle ne représente plus un lien d'appartenance à un groupe de jeunes révoltés contre la société. Elle est plutôt une façon de s'évader d'une vie sans intérêt, sans avenir.

[…] la dope aujourd'hui, c'est juste rendu pour triper. Dans le temps, […] ça avait une signification. Dans le temps, j'te parle y'a longtemps, là […] ça avait une signification. Le monde la prenait pour une raison. Asteur, c'est juste pour triper pis oublier. Le monde, y'aiment ça oublier. Ils veulent partir. Y'ont pas d'argent pour aller en vacances. Mais tu peux partir en vacances avec 20 $ pour 45 secondes. T'sé, mais… mais tu veux y retourner. Pis […] c'est ça qui est le problème. Vous pouvez rien faire à propos de ça. Y'a personne qui peut rien faire. (Garçon, 19 ans)

Si l'expérience de l'injection ne semble pas construire un sentiment collectif d'appartenance chez les jeunes de la rue, cela ne signifie toutefois pas qu'ils se piquent seuls. En effet, ils peuvent « coter » ensemble, c'est-à-dire acheter et consommer ensemble la drogue pour l'avoir moins cher, et aussi consommer ensemble pour éviter les conséquences éventuelles d'une surdose. Cette activité commune semble toutefois dépourvue des significations nécessaires pour qu'on puisse parler d'identité et d'appartenance. La solidarité et l'intimité importent peu, parfois la nature même de la relation n'a aucune importance, le seul but de «coter» ensemble étant de réduire les coûts ou d'augmenter la sécurité.

> Ça l'a adonné que c'est elle que j'ai croisée. Ça aurait été un autre de mes chums, j'aurais dit: «viens-t'en pareil», t'sé. [...] n'importe qui... le premier que je rencontre. Ça me dérangeait pas. (Fille, 20 ans)

> [...] si j'avais 10 $, pis que ça quêtait vraiment mal, je m'organisais pour trouver quelqu'un qui avait un autre 10 $, pis on cotait. Fait que ça allait ben... [...] D'habitude, les trois quarts du temps, je restais avec quelqu'un d'autre. Mais souvent aussi, j'étais toute seule. (Fille, 20 ans)

Même parmi les jeunes qui pratiquent l'injection (notre échantillon ne comprend que ces jeunes), la signification de celle-ci est très négative. L'ultime étiquette de cette pratique est celle de *junkie,* qui, même dans le milieu des jeunes de la rue, est très péjorative. Elle fait référence non seulement à une personne qui se pique, mais également à certaines conséquences d'une pratique devenue trop intensive. Leurs propos laissent voir une certaine similitude avec ceux des consommateurs qui n'utilisent pas de drogues par injection dans l'étude de Neaigus et ses collaborateurs (1998). Un *junkie,* c'est quelqu'un qui ne contrôle plus ses actes, pour qui la vie entière tourne autour de l'injection, qui ne pense qu'à se piquer. Surtout, c'est quelqu'un qui n'est pas loyal envers ses amis. En effet, «crosser» ses amis, commettre de petites fraudes, obtenir de l'argent en se prostituant sont des actes qui entraînent l'étiquette de *junkie.*

> [...] junkie, pour moé, c'est quand tu crosses tes chums. C'est quand tu crosses tes proches, t'sé. Là, j'pense que t'es rendu junkie, parce que t'es vraiment pus conscient de tes actes, là, pis tu vis juste juste pour la drogue. Sauf que moé, je me considérais pas vraiment comme ça, parce que moé, je crossais pas mes chums. Pis moé, je vivais pas vraiment pour la drogue. Je vivais pour S., t'sé. (Fille, 18 ans)

> [...] je suis junkie. Mais j'veux dire, j'me pique, sauf que, t'sé, je crosse pas mes chums. Je ferai pas de la prostitution, je suis encore consciente de mes actes. Junkie, c'est quand tu te câlisses vraiment de tout le monde puis de toé, là. (Fille, 18 ans)

> *(Question: Est-ce que tu considères que tu es une junkie?)* Non. *(Pourquoi?)* Ben, junkie, je sais pas... moé, c'est comme quelqu'un qui en fait à tous les jours, qu'y est rendu qui pense rien qu'à ça. Y'est quasiment rendu à vendre toutes ses affaires pis y'a quasiment capoté, là. Ou ben pour moé, c'est quelqu'un qui est plus ben ben dans la réalité. Y pense rien qu'à ça. Pis ché pas, y se fout pas mal du reste, là. (Fille, 17 ans)

Si maintenir de bonnes relations avec des «chums de trip» est important pour les jeunes qui se piquent — car cela assure le bon fonctionnement de la vie quotidienne dans les conditions de la rue et de la consommation —, cela ne signifie pas qu'ils s'identifient à ces *chums.* Presque tous les jeunes que nous avons interviewés ont souligné, au cours des entrevues, qu'ils n'avaient pas confiance en ces amis. Pour beaucoup, les vrais amis sont ailleurs et souvent ils ne s'injectent pas de drogues, voire n'en consomment pas.

Malgré les nombreuses difficultés qu'ils ont pu vivre dans leurs relations familiales, beaucoup jugent important de garder un contact avec les membres de leur famille, qui vivent souvent loin de Montréal. Ces personnes significatives, tout comme les amis qui ne s'injectent pas de drogues, représentent pour plusieurs un retour possible à une vie hors de la rue et de la drogue. Les jeunes soulignent tous que l'amitié qu'ils peuvent éprouver pour des « chums de trip » n'est pas sans limite. Le besoin de consommer prime souvent l'amitié.

> Non, tu peux pas faire confiance à un junkie. Jamais, jamais. Même moi, j'me connais, pis non, fais-moi pas confiance. Parce qu'on sait jamais la journée que ça va tellement me tenter que j'vas faire n'importe quoi, j'vas trahir n'importe qui. [...] c'est ça que j'disais tantôt, junkie un jour, junkie toujours. Il faut jamais faire confiance à un junkie. Si moé, là, je suis icitte, ça me tente, j'en parle. Pis là, tu vas aux toilettes, moé j'fouille dans ta sacoche, j'pogne le walkman, j'prends l'argent. J'vas vendre le walkman, je pars sur un trip. [...] on dirait que c'est en dedans d'moé, on dirait que c'est comme un volcan qui dort. (Fille, 20 ans)

Conclusion

Nous sommes conscients que le tableau que nous avons dressé du phénomène de l'injection chez les jeunes de la rue n'est pas complet. La description exhaustive de cette pratique, diversifiée sur le plan des expériences comme sur celui des significations, aurait été un objectif trop ambitieux. Nous avons choisi de faire ressortir l'importance des conditions de vie parmi les dimensions entourant l'injection de drogues au sein de cette population. À l'instar des priorités de l'Organisation mondiale de la santé et à partir des propositions théoriques d'ouvrages sociologiques concernant le phénomène de la toxicomanie, nous soutenons que l'injection de drogues doit être comprise comme un phénomène qui s'inscrit simultanément dans la trajectoire de vie et dans la trajectoire de consommation des individus.

De plus, l'étude de cette double trajectoire permet de comprendre l'injection dans une perspective historique et de prendre en considération les changements et les variations dans les rapports complexes liant les pratiques de consommation aux conditions de vie ainsi qu'aux autres dimensions (histoire personnelle, histoire familiale, effet de la substance, etc.). Par exemple, chez la plupart de nos participants, les dimensions individuelles et sociales paraissent très importantes au début de l'injection, alors que l'effet de la substance semble prendre le dessus par la suite. Les conditions de vie continuent tout de même d'avoir un impact sous ce rapport ; ainsi ceux qui ont des liens et des projets mettront plus d'efforts à contrôler les effets de la substance.

L'observation de ces deux trajectoires permet aussi de constater que leur évolution n'est pas linéaire et que le rapport de causalité entre elles est de nature circulaire. Nos travaux montrent, en effet, que si les conditions de vie sociale et familiale précaires et le peu d'espoir semblent contribuer à l'adhésion de la part des jeunes à un mode de consommation de drogues de plus en plus intensif, la perte de contrôle sur cette consommation et la prise massive de drogues par injection contribuent en retour à la détérioration des conditions de vie des jeunes.

Par ailleurs, nous considérons les jeunes de la rue comme des *acteurs sociaux créatifs* de leur monde, chez qui l'injection de drogues revêt un sens particulier. Qui plus est, comme les témoignages de nos participants permettent de l'illustrer, ce sens évolue en fonction des expériences et des conséquences de l'injection pour leur santé ou leur vie sociale. Ce mode de consommation, qui, au début, représente pour beaucoup une pratique *hot* qui vaut la peine d'être essayée, peut en venir, avec le temps, à être considéré comme une barrière qu'il n'aurait pas fallu franchir.

Nous ne connaissons pas encore toutes les significations que peut avoir cette pratique de consommation pour les jeunes de la rue ni comment elle s'inscrit dans leur réalité changeante. Ainsi, pour reproduire leur perspective d'acteur social, nous estimons qu'il est important de faire appel au regard sociologique aussi bien qu'à l'analyse épidémiologique et d'utiliser en association les méthodes qualitatives et les méthodes quantitatives. Cette approche favorisera des mises en relation intéressantes entre les données et rendra plus riche leur interprétation.

Sur le plan de l'intervention, nous estimons qu'une telle approche multidisciplinaire permettra de réconcilier les préoccupations des autorités sanitaires, qui s'inquiètent de l'injection de drogues chez les jeunes à cause des problèmes de santé associés, et les préoccupations des jeunes de la rue, qui — tout au moins lors de leur passage à l'injection — s'en inquiètent peu ou ne s'en inquiètent pas du tout. C'est par ailleurs cette direction qu'empruntent les autorités de l'Organisation mondiale de la santé, en proposant également une approche globale de la question. Sans aucun doute, l'amélioration des conditions de vie des jeunes de la rue devrait faire partie de nos priorités. Cette perspective d'une stratégie globale de recherche et d'intervention nécessitera de toute évidence une meilleure coopération et une plus grande cohérence entre divers champs de pratique appartenant tant à la sphère politique qu'aux sphères juridique, sanitaire ou éducative.

Références

ANDERSON, J. (1993). *Étude sur les jeunes marginaux à Halifax*, Nouvelle-Écosse, Ottawa, Ministère des Approvisionnements et Services.

BEAUCHEMIN, S. (1996). « Nommer et comprendre l'itinérance des jeunes : une recension des écrits », *Cahiers de recherche sociologique*, vol. 27, p. 99-125.

BIBEAU, G. et PERREAULT, M. (1995). *Dérives montréalaises. À travers des itinéraires de toxicomanies dans le quartier Hochelaga-Maisonneuve*, Montréal, Boréal.

CAIATA, M. (1996). « La consommation contrôlée des drogues dures. Une toxicodépendance d'intégration paradoxale », *Psychotropes. Revue internatio-*

nale des toxicomanies, vol. 2, n° 2, p. 7-24.

CANADIAN PAEDIATRIC SOCIETY (1998). «Bringing Street Youth Out of the Shadows», *CPS News*, mai-juin, p. 5-6.

CASTEL, R. (1998). *Les sorties de la toxicomanie*, Fribourg (Suisse), Éditions Universitaires.

DES JARLAIS, D.C. et FRIEDMAN, S.R. (1987). «HIV Infection Among Intravenous Drug Users: Epidemiology and Risk Reduction», *AIDS*, vol. 1, n° 2, juillet, p. 67-76.

DUVAL, B. (1994). «Recommandations au Groupe de travail provincial d'immunisation. L'épidémiologie appliquée», *Colloque sur les maladies transmissibles*, octobre.

GOFFMAN, E. (1975). *Stigmate. Les usages sociaux des handicaps,* Paris, Éditions de Minuit.

KOESTER, S.K. (1994). «Coping, Running, and Paraphernalia Laws: Contextual Variables and Needle Risk Behavior Among Injection Drug Users in Denver», *Human Organization*, vol. 53, n° 3, p. 287-295.

LAMOTHE, F., VINCELETTE, J., BRUNO, J., TREPPER, M., GULLY, P.R., LACHANCE, N. et FRANCO, E. (1997). «Prevalence, Seroconversion Rates and Risk Factors for Hepatitis B Core, Hepatitis C and HIV Antibodies Among Intravenous Drug Users (IDU) of the Saint-Luc Cohort», *Canadian Journal of Infection Disease*, vol. 8, mars-avril, (suppl. A), p. 28.

LASCOUMES, P. (1994). «VIH, exclusions et luttes contre les discriminations. Une épidémie révélatrice d'orientations nouvelles dans la construction et la gestion des risques», *Cahiers de recherche sociologique*, vol. 22, p. 61-75.

LUCCHINI, R. (1998). «L'enfant de la rue: réalité complexe et discours réducteurs», *Déviance et Société*, vol. 22, n° 4, p. 367-387.

NEAIGUS, A., ATILLASOY, A., FRIEDMAN, S.R., ANDRADE, X., MILLER, M., ILDEFONSO, G.I. et DES JARLAIS, D.C. (1998). «Trends in the Non-Injected Use of Heroin and Factors Associated with the Transition to Injecting», dans James Inciardi et Lana D. Harrison (sous la dir. de), *Heroin in the Age of Crack Cocaine*, Thousand Oaks (Calif.), Sage, p. 131-159.

PARAZELLI, M. (1996). «Les pratiques de socialisation marginalisée des jeunes de la rue dans l'espace urbain montréalais», *Cahiers de recherche sociologique*, vol. 27, p. 47-61.

PATRICK, D.M., CORNELISSE, P.G., SHERLOCK, C.H., REKART, M.L., MONTANER J.S.G., STRATHDEE, S.A., SCHECHTER, M.T. et O'SHAUGNESSY M.V. (1998). «Hepatitis C Prevalence and Incidence in Vancouver IDUs», *Canadian Journal of Infection Disease*, vol. 9, suppl. A, mars-avril, p. 38.

RADFORD, L., KING, A.J.C. et WARREN, W.K. (1989). *Les jeunes de la rue face au sida*, Ottawa, Santé et Bien-être Canada.

REMIS, R.S., VANDAL, A.C. et LECLERC, P. (1996). *La situation du sida et l'infection au VIH au Québec, 1994*, Montréal, Centre québécois de coordination sur le sida.

ROY, É., HALEY, N., LECLERC, P., BOIVIN, J.F. et VINCELETTE, J. (1999). «Hepatitis C Among Street Youth in Montreal», texte inédit.

ROY, É., HALEY, N., LECLERC, P., LEMIRE, N., BOIVIN, J.-F., FRAPPIER, J. et CLAESSENS, C. (2000). «Prevalence of HIV Infection and Risk Behaviours Among Montreal Street Youth», *Journal of STD & AIDS*, vol. 11, n° 4, avril, p. 241-247..

ROY, É., HALEY, N., LEMIRE, N., LECLERC, P. et VINCELETTE, J. (1999). «Hepatitis B Virus Infection Among Street Youth in Montreal», *Canadian Medical Journal Association,* vol. 161, n° 6, septembre, p. 689-693.

ROY, É., LEMIRE, N., MORISSETTE, C. et HALEY, N. (1998). «L'initiation à l'injection chez les jeunes de la rue de Montréal», *Canadian Journal of Infection Disease,* vol. 9, suppl. A, p. 48.

SANTÉ CANADA (1999). *Relevé des maladies transmissibles au Canada,* supplément: *Prévention de l'hépatite C: un consensus en santé publique,* n° 25, suppl. 2, juin.

SANTÉ CANADA (1998). «Actualités en épidémiologie sur le VIH/sida. Le VIH et le sida chez les utilisateurs de drogues injectables au Canada», *Actualités du Bureau du VIH/sida, des MTS et de la tuberculose,* 4 mai.

SMART, R.G., ADLAF, E.M. et ZDANOWICK, Y.M. (1992). *Drifting and Doing: Changes in Drug Use Among Toronto Street Youth, 1990-92,* Toronto, Addiction Research Foundation.

STRANG, J., GRIFFITHS, P., POWIS, B. et coll. (1992). «First Use of Heroin: Changes in Route of Administration Over Time», *British Medical Journal,* vol. 304, p. 1222-1223.

WORLD HEALTH ORGANIZATION (1997a). «Hepatitis C», *Weekly Epidemiologic Record,* vol. 72, n° 10, p. 65-72.

WORLD HEALTH ORGANIZATION (1997b). «HIV/AIDS: The Global Epidemic», *Weekly Epidemiologic Record,* vol. 72, n° 4, p. 17-24.

WORLD HEALTH ORGANIZATION (1996a). *A Two-Way Street? Report on Phase II of the PSA Street Children Project,* Division Mental Health and Prevention of Substance Abuse, World Health Organization, Genève.

WORLD HEALTH ORGANIZATION (1996b). «Trends in Substance Use and Associated Health Problems», *Fact Sheet,* 127, Genève, août.

WORLD HEALTH ORGANIZATION (1990). *The Programme on Substance Abuse (PSA),* Genève.

ZULE, W.A., VOGTSBERGER, K.N. et DESMOND, D.P. (1997). «The Intravenous Injection of Illicit Drugs and Needle Sharing: An Historical Perspective», *Journal of Psychoactive Drugs,* vol. 29, n° 2, avril-juin, p. 199-204.

La violence conjugale et familiale dans le contexte de la toxicomanie

Amnon J. Suissa

L'auteur introduit d'abord la problématique de la violence selon des points de vue historique et sociologique. Ensuite, il fait le lien entre violence et toxicomanie en mettant en relief la vision physiologique dominante, soit la théorie dite de la désinhibition, qu'il complète par la présentation des perspectives psychosociale et systémique sur la question. La concomitance de la violence conjugale et familiale, d'une part, et de la toxicomanie, d'autre part, est finalement abordée à partir de certaines données épidémiologiques et cliniques et de leurs effets potentiels sur les dynamiques conjugale et familiale. Dans la dernière partie, l'auteur discute les aspects relatifs au traitement de la double problématique ainsi que certaines pistes d'intervention sociale auprès des familles.

Introduction

Dans ce chapitre, la référence plus fréquente à l'alcool s'explique par l'existence de recherches et d'une littérature plus abondantes sur le sujet. La prévalence des taux de violence conjugale et familiale et d'abus d'alcool étant plus significative chez les hommes que chez les femmes, nous nous sommes limité à la manifestation masculine du phénomène. Pour des raisons pratiques, l'usage du terme « violence conjugale et familiale » dans le texte englobe les situations de couple avec ou sans enfant.

La concomitance des phénomènes de la violence conjugale et familiale et de la toxicomanie est une réalité sociale complexe. Une revue de la littérature scientifique à ce sujet révèle que l'usage abusif d'alcool chez les hommes, en particulier l'alcoolisme, est un facteur de prédiction important de cette double problématique (Hotaling et Sugarman, 1986; Livingston, 1986; Paglia et Room, 1998; Roizon, 1997). Ainsi il est possible de constater que 70 % des conjoints ayant gravement battu leurs femmes ont rapporté qu'ils avaient été ivres au moins une fois au cours de l'année précédente, qu'une consommation plus élevée d'alcool différencie significativement les hommes violents dans un contexte familial de ceux dont le crime violent n'impliquait pas la conjointe, que 59 % des hommes abuseurs ont rapporté qu'ils avaient bu uniquement de l'alcool, comparativement à 18 % qui avaient pris d'autres drogues (Comité permanent de lutte à la toxicomanie, 1999). Bien qu'il y ait des chevauchements entre ces deux problématiques, nous relèverons certaines caractéristiques propres à la violence conjugale et familiale, d'une part, et à la toxicomanie, d'autre part, avant d'aborder les relations existant entre elles.

La violence conjugale et familiale :
repères historiques et sociaux

Une des sources de difficulté lorsqu'il s'agit de cerner plus spécifiquement la violence conjugale et familiale tient à une confusion des termes « négligence », « abus » et « violence » (Laughrea, Bélanger et Wright, 1996). Dans le présent chapitre, la violence conjugale et familiale sera définie comme l'usage intentionné de la force physique, psychologique ou sexuelle par un conjoint ou un membre de la famille dans le but de blesser un autre membre de la famille ou de lui faire mal.

D'un *point de vue historique*, avant les années 1930, l'expression « violence conjugale ou familiale » n'existait tout simplement pas dans la littérature (Bahr, 1991; Busby, 1991). Même si les intervenants de l'époque connaissaient et traitaient la violence au sein des couples et des familles — y compris Freud avec ses travaux sur les effets de la violence sur les enfants en tant que facteur potentiel de perversion sexuelle (Freud, 1919) —, aucune recherche sur ce phénomène n'a été entreprise sur une base empirique. Il a fallu attendre le début des années 1960 avec l'étude de Kemp sur la violence des parents à l'endroit des enfants pour assister à la création d'un nouveau concept : le syndrome de l'enfant battu (Kemp et coll., 1962). Cette recherche a révélé que plusieurs dizaines d'enfants étaient décédés à la suite d'abus physiques de la part de leurs parents et que plus d'une centaine d'autres avaient subi des dommages cérébraux permanents. Ce n'est qu'en 1964 qu'une étude de Young menée auprès de 300 familles issues des registres des services d'assistance sociale concluait que 55 % de ces familles mal-traitaient leurs enfants et que 60 % présentaient des problèmes d'alcoolisme (Young, 1964).

Si la violence conjugale et familiale a autrefois été considérée comme rele-vant de la sphère privée, elle est aujourd'hui de plus en plus comprise comme un problème social grave. Certains chercheurs (De Becker, 1999 ; Gilligan, 1997) n'hésitent pas à parler à son propos d'épidémie et de fléau, non seulement pour le monde des adultes et des femmes, mais particulièrement pour les enfants, qui seraient de plus en plus nombreux à subir des abus et de la négligence. À ce titre, ils suggèrent de ne plus envisager le phénomène de la violence comme un pro-blème légal et moral, mais plutôt comme un problème de santé publique afin d'en réduire l'incidence. Au Québec, 40 % des femmes ont rapporté un vécu de violence physique ou sexuelle au cours de leur vie, alors que le taux estimé de violence conjugale et familiale se situe entre 10 % et 15 % (Santé et Bien-être social Canada, 1993).

D'un *point de vue sociologique*, les théories privilégiées pour saisir le phéno-mène de la violence conjugale et familiale sont liées au stress socioéconomique, à l'apprentissage social de la violence (transmission intergénérationnelle) et à la socialisation des rapports sociaux de sexe (Rinfret-Raynor et Cantin, 1994). Si nous considérons le facteur économique, même si le revenu n'est pas un indice direct de bien-être, nous remarquons que les conditions économiques consti-tuent un facteur d'importance, non seulement dans la nature et la fréquence des problèmes sociaux et familiaux de violence et de toxicomanie, mais également dans les modalités de résolution de ces conflits. Nous constatons également que plus les revenus des familles augmentent, moins il y a de manifestations de vio-lence conjugale et familiale, de problèmes de comportement et de placements d'enfants (Bouchard, 1999 ; Ryan et Adams, 1998).

Selon Jervis (1998), les familles contemporaines expérimentent des change-ments sans précédent et doivent s'adapter à une variété de problèmes anciens et nouveaux. Partant d'une perspective systémique, ce chercheur démontre que les relations sociales ont un impact significatif sur les systèmes familiaux. Dans la même veine, Chossudovsky (1998) fait observer que les effets de la postmoder-nité et les bouleversements rapides sous-jacents ont entraîné une certaine dislo-cation du social et un appauvrissement généralisé des familles. Par dislocation du social, il faut comprendre une remise en question des valeurs traditionnelles considérées jusque-là comme sacrées au profit de l'individualisme et au détriment de structures et de réseaux fondés sur le soutien et la solidarité.

Dans la mesure où les familles ne vivent pas isolément mais font partie d'un contexte social plus large, la relation entre les niveaux de l'individu, du couple et de la famille et ceux des réseaux sociaux et de l'environnement représente une source importante de stress qui menace l'équilibre des systèmes familiaux. La gestion de ce stress dépendra en retour des habiletés d'adaptation de chaque famille, de son statut social et économique, de son réseau primaire et de la force de ses liens sociaux qui permettent la résolution des conflits et des problèmes inhérents à la vie en société.

Sous cet angle, il y a des corrélations entre les conditions sociales et économiques des familles contemporaines et une possibilité plus élevée de recours à la violence conjugale et familiale, à des abus de psychotropes (alcool, héroïne, cocaïne, etc.) et à la médicalisation des enfants et des femmes (Ritalin®, benzodiazépines, etc.) [Breggin, 1999]. Devant des conditions jugées difficiles (par exemple, une plus grande pauvreté), l'individu peut adopter des comportements violents, s'abandonner à la toxicomanie, ou les deux, comme stratégie d'adaptation pour faire face à sa propre souffrance et à un environnement familial et social plus contraignant.

La toxicomanie : repères biopsychosociaux

D'un *point de vue épidémiologique*, les données semblent plus précises en ce qui concerne la toxicomanie que pour ce qui est de la violence conjugale et familiale. Selon le Comité permanent de lutte à la toxicomanie (1999), les définitions, les concepts et les critères utilisés pour établir un diagnostic sur l'abus d'alcool permettraient une meilleure validation des données nécessaires à l'analyse des modes de consommation dans la population. Les travaux les plus récents de Guyon et ses collaborateurs (1998) sur l'indice de gravité d'une toxicomanie dans le processus d'évaluation des clientèles alcooliques et toxicomanes confirment d'ailleurs cette hypothèse. Aux États-Unis, les données recueillies sur la prévalence de l'abus d'alcool dans la population révèlent qu'entre 4,7 % et 11 % des hommes répondent aux critères du DSM-IV (Grant et coll., 1994); en chiffres absolus, cela voudrait dire qu'entre 13 et 27 millions d'Américains souffriraient d'abus d'alcool. Au Québec, l'enquête de Santé Québec (1995) semble confirmer cette tendance, révélant que près de 38 % des hommes ont déclaré qu'ils avaient consommé cinq verres ou plus à au moins cinq reprises au cours de la dernière année; de plus, 19 % des participants masculins présentaient un risque élevé de conséquences négatives dues à leur surconsommation d'alcool (Comité permanent de lutte à la toxicomanie, 1999).

Par ailleurs, si 2,5 % des hommes sont considérés comme de « gros buveurs » (29 consommations ou plus par semaine), ce ne sont pas ces types de consommateurs qui sont principalement responsables de la majorité des problèmes engendrés par l'alcool. Selon Skog (1996), Single et ses collaborateurs (1996) et Kreitman (1986), la majorité des problèmes sociaux liés à l'abus d'alcool surviennent chez les buveurs modérés qui, à l'occasion, consomment excessivement, ce que les chercheurs nomment le « paradoxe préventif ». Cette réalité devrait d'ailleurs interpeller les décideurs politiques en matière d'alcool.

D'un *point de vue physiologique,* plusieurs auteurs (Abram et Teflin, 1990 ; Bennett, 1995 ; Brown et coll., 1999 ; Friedman, 1998 ; Goldstein, 1987 ; Lorch, 1990 ; Miller et Potter-Efron, 1989 ; Simond et Kashani, 1980) estiment que certaines substances favorisent davantage l'expression de l'agressivité, voire d'une certaine hostilité. Selon cette perspective, la violence pourrait résulter d'une conjonction de facteurs tels que la quantité de substance ingérée, la phase de la courbe des effets, l'inhibition de l'*ego* et la perturbation du jugement qui peuvent induire de l'irritabilité, de l'impulsivité, des états paranoïaques ou libérer l'expression de la colère. Aucun travail de recherche ne démontre par ailleurs qu'une substance chimique puisse être criminogène ou porteuse de violence en soi. Dans le cas de l'alcool, substance la plus présente dans les cas d'abus physique entre conjoints (Cohen, 1985 ; Livingston, 1986), il est difficile de distinguer si l'association plus fréquente à la violence est attribuable au taux d'usage élevé de ce psychotrope dans la population ou aux effets proprement pharmacologiques de la substance.

Selon la théorie de la désinhibition, la relation entre la toxicomanie et la violence conjugale et familiale s'explique par l'usage aigu d'une substance qui désinhibe les comportements violents (Pernanen, 1991). L'alcool, dépresseur du système nerveux central, provoque une désinhibition qui se manifeste par certains comportements donnés chez la personne qui boit (Bonnardeaux, 1983 ; Holloway, 1991). Si le consommateur a des sentiments intenses de colère qui ont été refoulés, cette colère pourra être libérée sous l'effet de la boisson. Cela dit, la colère envers les autres (ou envers soi) est présente *avant* la consommation, cette dernière catalysant des manifestations de violence plus qu'elle ne les fait naître. Il en va de même pour les personnes de nature timide qui boivent pour atténuer leur difficulté à s'exprimer, ce qui motive souvent l'acquisition d'habitudes régulières de consommation. En plus des explications physiologiques, nous devons souligner les attentes culturelles et la socialisation dans la compréhension des effets de l'alcool sur des comportements sociaux comme la violence. Ainsi, le taux d'alcoolisme est élevé en Finlande alors que celui d'abus conjugaux et familiaux est faible, et sept fois plus élevé chez les Irlandais américains que chez les Italo-Américains de la région de Boston (Vaillant, 1983).

Du côté des substances illicites, celles qui sont le plus souvent associées aux délits criminels et aux actes de violence (voies de fait, homicides) sont la cocaïne, les amphétamines, la phencyclidine (PCP) et les barbituriques (Brochu, 1993 ; Simond et Kashani, 1980). Les statistiques « officielles » qu'on trouve à ce sujet établissent souvent que les substances psychoactives sont directement respon-sables du passage à l'acte agressif (Centre canadien de la statistique juridique, 1987); cela renforce le discours social dominant portant sur un lien de causalité entre toxicomanie et violence, alors que la réalité est plus nuancée. Selon plu-sieurs recherches (Abram et Teflin, 1990; Bennett, 1995; Brown et coll., 1999; Friedman, 1998; Goldstein, 1987; Lorch, 1990), les facteurs de prédiction de la violence dans le contexte de la toxicomanie qui reviennent fréquemment sont la pauvreté, le faible niveau des capacités intellectuelles et de la scolarité, la nature des liens sociaux et du réseau primaire (famille, amis, relations significatives).

Plusieurs études sur la toxicomanie associée à la violence ont démontré que c'est dans la construction sociale du mode d'usage et dans la relation entretenue avec la substance qu'on peut le mieux saisir les facteurs explicatifs de ce phéno-mène (Blackwell et Erickson, 1988; Latham et Napier, 1992; Peele, 1991; Volpi-celli, 1991). Le modèle du «cycle de la dépendance» pourrait davantage faire comprendre les motivations des individus à privilégier un répertoire de compor-tements violents alors que les discours dominants attribuent encore aux sub-stances psychotropes un potentiel de violence et de criminalité intrinsèque, dans un cadre médicolégal relevant de l'approche pathologique des comportements (Brody, 1990; Room, 1995).

D'un *point de vue psychosocial*, la violence associée à la toxicomanie est le résultat d'une interaction de la personnalité de l'usager avec sa situation relation-nelle et les substances utilisées (Collins, 1988; Peele, 1991, 1989; Roizon, 1997; Room, 1995; Weil, 1983). Les ressorts des comportements menant à la violence s'inscrivent dans un contexte plus large que prend en considération le cycle de la dépendance (Suissa, 1994). Ce n'est pas la substance en soi qui détermine le niveau de risque de violence, mais bien la nature de la relation établie avec le pro-duit. Sur le plan physiologique, l'ingestion d'une quantité donnée peut provo-quer des manifestations de violence si l'on est en présence de certains traits de personnalité et de certaines conditions d'intoxication. Parmi ces conditions, men-tionnons la dose consommée, la perception et la connaissance du produit, les motifs sous-jacents à l'abus et l'effet recherché (Lemoine, 1996); le contexte d'uti-lisation, le milieu familial ainsi que le système sociolégal en place constituent éga-lement des conditions importantes. Il a été démontré que, dans les cas de surcon-sommation d'héroïne (*overdose*), les décès étaient plus fréquents quand cela s'effectuait dans un environnement étranger que dans un environnement connu (Seigel et coll., 1988). Dans ces cas, l'environnement semble jouer un rôle impor-tant dans la production de comportements à risque dont la violence fait partie. En fait, la majorité des épisodes de colère et de violence en rapport avec l'abus de substances peuvent être largement mesurés par les traits psychosociaux de la per-sonne en question (Peele, 1991). Son état mental tel que reflété dans ses tenta-tives pour préserver un équilibre biopsychosocial face au stress et aux contraintes de l'environnement (crises, frustrations, etc.) fournira probablement plus d'in-dices explicatifs que la seule donnée de l'altération du système nerveux central par un psychotrope.

Alcoolisme et violence dans le cadre des dynamiques conjugale et familiale

Selon les rapports d'enquête de Santé Québec (1988, 1995), le taux de divorce associé à la toxicomanie dans le couple serait de cinq à huit fois plus élevé que chez les couples sans dépendance (Tate et Wilson, 1989). Les observations cliniques et les recherches effectuées auprès de couples vivant des problèmes de toxicomanie démontrent que 9 femmes sur 10 supportent leur mari alcoolique, alors que 9 hommes sur 10 quittent leur femme alcoolique (Association des intervenants en toxicomanie du Québec, 1988; Domrémy, 1988; Room 1995).

Sur le plan de la dynamique familiale, l'alcoolisme est souvent présenté comme le problème individuel d'une personne souffrante (Figiel, 1988; Steinglass, 1987; Suissa, 1994). Or, il y a lieu de tenir compte du système familial dans la mesure où il permet, jusqu'à un certain point, de nourrir l'apparition du symptôme et l'installation de cette dépendance (Ausloos, 1982, 1995; Elkaïm, 1999). Cette réalité est parfois ignorée par certains intervenants en raison de divers facteurs tels les mandats institutionnels, la lourdeur de la charge de travail ou une conception plus individualiste que collectiviste des problèmes sociaux. Considérons le facteur de l'isolement: l'adoption de comportements de retrait social par les personnes violentes ou toxicomanes est principalement due aux effets de l'étiquetage de l'alcoolisme comme comportement indésirable (Conrad et Schneider, 1992). Cette réalité de l'isolement contribuera, en retour, à renforcer le cycle de la dépendance au sein des familles dans la mesure où le repli sur soi constitue une stratégie de protection sur les plans affectif et matériel.

Dans les cas de violence conjugale où intervient l'alcoolisme, l'homme en «perte de contrôle» aura tendance à reporter sa frustration sur sa partenaire pour tenter, paradoxalement, de gérer son équilibre. Dans la majorité des cas, le conjoint violent accusera l'alcool, objet extérieur à lui, d'être la source ou la cause de ses problèmes (Room, 1995). Comme le champ de la toxicomanie en Amérique du Nord est encore dominé par le concept de l'alcoolisme en tant que maladie afin de faciliter la demande d'aide et de réduire le sentiment de culpabilité des buveurs (Comité permanent de lutte à la toxicomanie, 1999; Suissa, 1998), l'homme alcoolique se percevra d'emblée comme la victime d'un processus qu'il ne peut contrôler, ce qui ne manque pas d'alimenter son statut de malade. Cette réalité est socialement soutenue par les institutions publiques et juridiques, l'ordre médical et l'idéologie des mouvements anonymes qui exercent une influence considérable sur le plan de l'étiquetage d'un nombre croissant de comportements comme étant des maladies.

Sur le plan thérapeutique et conjugal, l'acceptation sociale du comportement alcoolique comme une maladie permet l'installation d'une dyade où la responsabilité de l'homme est généralement évacuée à l'extérieur de la dynamique du couple, maladie oblige. La réalité du «je suis malade, ce n'est pas ma faute» favorise chez la conjointe de l'alcoolique un rôle où elle doit généralement camoufler les problèmes vécus par son conjoint. Cette adaptation secondaire de la codépendante engendre une relation où la symétrie (relation de type égalitaire) est bannie du champ de la réalité alors qu'elle est la pierre angulaire de la confrontation et du changement individuel et social (Suissa, 1994). On entre alors dans une relation de type plutôt complémentaire et inégal, ce qui explique la durabilité impressionnante des systèmes alcooliques sur une période de 10, 20 ou 30 ans. Les gestes faits par la codépendante en vue d'aider son conjoint, perçu comme malade et vulnérable, protègent non pas l'alcoolique mais paradoxalement l'alcoolisme (Van Caloen et coll., 1989).

D'un *point de vue systémique*, plusieurs auteurs (Stanton et Todd, 1982 ; Steinglass, 1987) confirment cette explication en démontrant que l'abus d'alcool peut avoir des effets adaptatifs sur le système familial et son homéostasie, soit en maintenir les fonctions d'équilibre. Ainsi, face aux excès de boisson, chacun des membres peut prévoir le déroulement des événements, le comportement connu de l'alcoolique (horaires de consommation, humeurs, règlements intégrés à la dynamique familiale, etc.), ce qui réduit, jusqu'à un certain point, les incertitudes de tout le monde (Ausloos, 1982).

Une autre observation importante en ce qui concerne la dynamique du couple est celle du paradoxe fondé sur «je perds, tu gagnes ou tu gagnes, je perds» (Ausloos, 1982). D'après Bateson (1977), l'un des pionniers dans l'étude de l'alcoolisme comme système, il s'avère que, chaque fois que l'alcoolique boit, il perd, puisqu'il devient inférieur à l'autre qui ne boit pas, mais il l'emporte aussi simultanément, car l'autre ne réussit pas à le guérir. Dit autrement, la codépendante qui demande à son partenaire de mettre fin à sa consommation ne réussit pas à briser le cycle de l'alcoolisme. Dans ce contexte de prévisibilité des comportements, l'abstinence à tout prix peut, au contraire, s'accompagner d'une plus grande difficulté d'adaptation psychologique et sociale (Cormier, 1985). Liepman et ses collaborateurs (1989) enrichissent le point de vue de Cormier en soulignant que, sans la thérapie familiale, la plupart des familles souffriraient de sérieux effets secondaires si le patient alcoolique arrêtait de boire sur une base permanente.

Le traitement des problèmes concomitants de violence conjugale et familiale et de toxicomanie

L'absence d'un modèle cohérent dans le traitement concomitant de la violence conjugale ou familiale et de la toxicomanie joue un rôle important dans les difficultés qu'éprouvent les intervenants quand ils doivent agir dans des situations qui présentent cette double problématique (Roizon, 1997). Bien que, pour certains, la toxicomanie n'entre que pour 20 % dans la prédiction de la violence conjugale (Kantor et Strauss, 1989), le manque de traitement de la dépendance semble compromettre toute intervention tangible en matière de violence conjugale (Bennett, 1995). Selon ces chercheurs, on a tout intérêt à résoudre les problèmes de dépendance *avant* de traiter la violence conjugale, car cette dernière diminuerait avec le traitement de la toxicomanie.

Au Québec, le pourcentage moyen d'hommes en traitement et aux prises avec les deux problèmes a été établi à 30 % selon une recherche récente du Comité permanent de lutte à la toxicomanie (1999). Cette enquête a également permis de déterminer certains paramètres actuels du traitement de la double problématique.

D'abord, il y a une absence de procédure de dépistage systématique des problèmes concomitants bien que, lorsqu'ils interviennent, l'orientation et la prise en charge suivent généralement. Cependant, certains enjeux de nature éthique, légale et clinique persistent. Ainsi, les protocoles légaux dans la déclaration des abus peuvent être mal interprétés et des risques de représailles ou d'éclatement des familles, entre autres, viennent façonner ces réalités.

En ce qui a trait aux milieux de traitement eux-mêmes, les divergences d'opinions sont importantes quant à l'imputabilité de la responsabilité de la violence. Quant aux distinctions entre hommes et femmes pour ce qui est des interventions, les femmes violentées en traitement pour toxicomanie sont plus facilement reconnues et orientées vers des services d'aide que leurs vis-à-vis masculins ; il semble, à cet égard, que les thérapeutes de sexe féminin soient plus sensibles aux problèmes des femmes.

Enfin, en ce qui concerne la possibilité d'un traitement intégré de la double problématique au moyen de programmes multidisciplinaires, la disparité des conceptions et des idéologies sous-jacentes aux diverses approches thérapeutiques fait toujours obstacle. Le ministère de la Santé et des Services sociaux du Québec peut bien réaffirmer que sa mission est de fournir les services selon un plan individualisé et les besoins particuliers des clients, il apparaît qu'une meilleure coordination entre les différents secteurs et services en cause en est la condition préalable.

Une possibilité à considérer est l'action dans le milieu, directement auprès des familles touchées par la double problématique, où l'on axerait l'intervention sur le développement et l'affirmation de compétences pour contrer une conception des systèmes conjugaux et familiaux fondée uniquement sur les déficits (Ausloos, 1995). Aborder les personnes touchées non seulement par le biais de leurs faiblesses, mais aussi par celui de leurs forces permet de donner une information pertinente en matière d'intervention conjugale et familiale, qui représente un atout précieux pour l'établissement d'un contexte de réappropriation du pouvoir (*empowerment*). La création de conditions propices à un partenariat entre les intervenants et les familles est un préalable incontournable à l'adoption d'une telle démarche. D'ailleurs, la recherche la plus récente de Rondeau et ses collaborateurs (1999) sur les conjoints violents nous apprend que la donnée la plus importante sur le plan du maintien des hommes violents inscrits dans un processus thérapeutique était le degré d'entente et de confiance entre le client et le thérapeute. En cas de défaut à cet égard, 6 personnes sur 10 abandonnent avant la fin du traitement. Comme le dit Goulding (1978), le pouvoir réel appartient au patient et le défi de l'intervention réside dans notre capacité de le faire « ressortir » chez la personne en évitant le piège de l'étiquetage.

Synthèse

La violence conjugale et familiale dans le contexte de la toxicomanie est un phénomène qui ne se mesure pas facilement. Même si l'abus d'alcool ou de drogues est reconnu comme pouvant avoir un impact sur la violence conjugale, l'existence d'un paradigme clair quant à l'origine de l'interaction de ces deux problèmes n'est pas encore établie. Si plusieurs personnes violentes ont également un problème d'alcool ou de toxicomanie, il n'en demeure pas moins qu'une partie non négligeable de la population passe à l'acte violent dans la sobriété (Santé et Bien-être social Canada, 1993). Les effets pharmacologiques des psychotropes ne semblent pas en eux-mêmes pouvoir constituer un facteur de prédiction de la violence. Il faut rester prudent devant l'attribution trop rapide d'une relation de cause à effet entre toxicomanie et comportement violent dans le cadre des relations conjugales ou familiales. Si l'homme alcoolique et violent perd souvent le contrôle à la maison, il faut mettre cela en rapport avec les conditions psychologiques et sociales qui sont les siennes, de même qu'avec les instances de contrôle social — police, institutions, contexte de travail — qui jouent un rôle important dans l'établissement de la trajectoire et de l'espace où se produit la violence.

Ainsi, dans les cas de violence conjugale associée à un réseau de distribution ou de trafic de psychotropes, la violence s'actualise davantage dans les endroits qui sont socialement désorganisés, dénués de formes de contrôle formel ou informel, présentant un haut taux de violence interpersonnelle et sociale et dans un espace où cohabitent des personnes démunies sur les plans économique, psychologique et social (Collins et Katherine, 1991; Goldstein, 1985, 1987). Si la combinaison de la violence conjugale et familiale avec la toxicomanie est généralement comprise comme une déviance individuelle et pathologique, il ne faut surtout pas perdre de vue le fait que tout individu agit en fonction de son environnement et des normes sociales qui régissent et filtrent ce qui est acceptable et ce qui l'est moins. Désigner certains comportements uniquement à travers des lunettes individuelles en faisant abstraction du lien social conforte une idéologie de la performance et du contrôle où la médicalisation des comportements devient une solution privilégiée au détriment d'une plus grande responsabilisation du citoyen en crise.

Références

ABRAM, M. et TEFLIN, A. (1990). «Drug Disorder, Mental Illness and Violence», dans *Drugs and Violence: Causes, Correlates and Consequences*, Rockville (Md.), National Institute on Drug Abuse, p. 222-238.

ASSOCIATION DES INTERVENANTS EN TOXICOMANIE DU QUÉBEC (1988). «Femmes et toxicomanie», *Actes du XVᵉ colloque de l'Association des intervenants en toxicomanie du Québec.*

AUSLOOS, G. (1995). *La compétence des familles*, Ramonville (France), Érès.

AUSLOOS, G. (1982). «La thérapie familiale dans l'alcoolisme et les autres toxicomanies: brève revue de la littérature américaine», *Thérapie familiale*, vol. 3, p. 235-256.

BAHR, S. (1991). *Family Research: A Sixty-Year Review*, Moscow (Idaho), Lexington Books.

BATESON, G. (1977). «La cybernétique du soi: une théorie de l'alcoolisme», *Vers une écologie de l'esprit*, Paris, Seuil, p. 58-71.

BENNETT, L. (1995). «Substance Abuse and the Domestic Assault of Women», *Social Work*, vol. 40, nº 6, p. 760-771.

BLACKWELL, C. et ERICKSON, G. (1988). *Illicit Drugs in Canada: A Risky Business*, Scarborough (Ont.), ITP, Nelson Canada.

BONNARDEAUX, J. (1983). *Drogues et dépendances*, Montréal, Les Presses de l'Université de Montréal.

BOUCHARD, C. (1999). «Les politiques sociales et les enjeux pour le service social», conférence prononcée au Congrès des écoles de service social, Sherbrooke, Université de Sherbrooke, juin.

BREGGIN, P. (1999). «Psychostimulants in the Treatment of Children Diagnosed with ADHD. Part 1: Acute Risks and Psychological Effects», *Ethical Human Sciences and Services*, vol. 1, nº 1, p. 13-34.

BROCHU, S. (1993). «Les drogues et les questions criminelles: bilan de la recherche», *Santé mentale au Québec*, vol. XXII, nº 2, p. 303-314.

BRODY, S. (1990). *Violence Associated with Acute Cocaïne Use in Patients Admitted to a Medical Emergency Department*, Rockville (Md.), National Institute On Drug Abuse, vol. 103, p. 44-59.

BROWN, T.G., WERK, A., CAPLAN, T. et SERAGANIAN, P. (1999). «Violent Substance Abusers in Domestic Violence Treatment», *Violence and Victims*, vol. 14, nº 2, p. 1-10.

BUSBY, M. (1991). «Violence in the Family», dans S. Bahr (sous la dir. de), *Family Research: A Sixty-Year Review*, Moscow (Idaho), Lexington Books.

CENTRE CANADIEN DE LA STATISTIQUE JURIDIQUE (1987). «L'homicide au Canada», dans S. Brochu (1993), *Drogues illicites et questions criminelles*, rapport présenté au Conseil québécois de la recherche sociale (CQRS).

CHOSSUDOVSKY, M. (1998). *La mondialisation de la pauvreté*, Montréal, Écosociété.

COHEN, S. (1985). *Aggression: The Role of Drugs in the Substance Abuse Problem*, New York, Haworth Press.

COLLINS, J. (1988). «Suggested Explanatory Framework to Clarify the Alcohol Use/Violence Relationship», *Contemporary Drug Problems*, vol. 15, p. 107-121.

COLLINS, P. et KATHERINE, D. (1991). «Summary Thoughts About Drugs and Violence», dans *Drugs and Violence: Causes, Correlates and Consequences*, Rockville (Md.), National Institute on Drug Abuse, p. 265-275.

COMITÉ PERMANENT DE LUTTE À LA TOXICOMANIE (1999). *Toxicomanie et violence conjugale: recension des écrits et état de la situation au Québec*, Québec, Comité permanent de lutte à la toxicomanie, Gouvernement du Québec.

CONRAD, P. et SCHNEIDER, J. (1992). *Deviance and Medicalization: From Badness to Sickness*, 3ᵉ édition, Philadelphie, Temple University Press.

CORMIER, D. (1985). «L'intervention psychosociale dans le traitement de l'alcoolisme», *Psychologie*, vol. 2, nᵒ 4, p. 6-9.

DE BECKER, G. (1999). *Protecting the Gift*, New York, Dial Press.

DOMRÉMY (1988). *Collectif des femmes*, Secteur Est, Montréal.

ELKAÏM, M. (1999). *La thérapie familiale en changement*, LePlessis-Robinson, Institut Synthélabo, coll. «Les Empêcheurs de penser en rond».

FIGIEL, C. (1988). «Toxicomanie et environnement non familial», *Psychotropes*, vol. 4, nᵒ 3, p. 47-50.

FREUD, S. (1919). «A Child Is Being Beaten. A Contribution to the Study of the Origin of Sexual Perversions, dans *Collected Papers*, vol. 2, Londres, Nogarth Press, p. 172-202.

FRIEDMAN, A.S. (1998). «Substance Use/Abuse as a Predictor to Illegal and Violent Behavior: A review of the Relevant Literature», *Aggression and violent behavior*, vol. 3, nᵒ 4, p. 339-355.

GILLIGAN, J. (1997). *Violence: Reflections on a National Epidemic*, Boston, Vintage.

GOLDSTEIN, P. (1987). «Impact of Drug-Related Violence», *Public Health Report*, vol. 102, p. 625-627.

GOLDSTEIN, P. (1985). «The Drug/Violence Nexus: A Tripartite Conceptual Framework», *Journal of Drug Issues*, vol. 15, nᵒ 4, p. 493-506.

GOULDING, R. (1978). *The Power Is in the Patient*, San Francisco, T.A. Press.

GRANT, B.F., HARTFORD, T.C., DAWSON, D.A. et CHOU, P. (1994). «Prevalence of DSM-IV Alcohol Abuse and Dependence: United States 1992», *Alcohol Health and Research World*, vol. 18, nᵒ 3, p. 243-248.

GUYON, L. et coll. (sous la dir. de) (1998). *L'évaluation des clientèles alcooliques et toxicomanes: l'indice de gravité d'une toxicomanie (ASI/IGT)*, Québec, Les Presses de l'Université Laval.

HOLDER, H. et EDWARDS, G. (1995). *Alcohol and Public Policy. Evidence Issues*, Oxford, Oxford University Press.

HOLLOWAY, M. (1991). «Les drogues et le système nerveux», *Scientific American*, Édition française, mai, p. 36-45.

HOTALING, G. et SUGARMAN, D. (1986). «An Analysis of Risk Makers in Husband to Wife Violence: The Current State of Knowledge», *Violence and Victims*, vol. 1, p. 101-124.

JERVIS, R. (1998). *Systems Effects*, Princeton (N.J.), Princeton University Press.

KANTOR, G. et STRAUSS, M. (1989). «Substance Abuse as a Precipitant of Wife Abuse Victimizations», *American Journal of Drug and Alcohol Abuse*, vol. 15, nᵒ 2, p. 101-105.

KEMP, C., SILVERMAN, F.N., STEELE, B.F., DROEGEMUELLER, W. et SILVER, H.K. (1962). «The Battered-Child Syndrome», *Journal of the American Medical Association*, vol. 181, p. 17-24.

KREITMAN, N. (1986). «Alcohol Consumption and the Preventive Paradox», *British Journal of Addictions*, vol. 81, p. 353-363.

LAMARRE, S. (1998). *Aider sans nuire*, Montréal, Lescop.

LATHAM, P. et NAPIER, T. (1992). «Psychosocial Consequences of Alcohol Misuse in the Family of Origin», *The International Journal of Addictions*, vol. 27, nᵒ 10, p. 1137-1158.

LAUGHREA, K., BÉLANGER, C. et WRIGHT, J. (1996). «Existe-t-il un consensus social pour définir et comprendre la problématique de la violence conjugale?», *Santé mentale au Québec*, vol. 21, nᵒ 2, p. 93-116.

LEMOINE, P. (1996). *Le mystère du placebo*, Paris, Éditions Odile Jacob.

LIEPMAN, M. et coll. (1989). «Family Functioning of Male Alcoholics and Their Female Partners During Periods of Drinking and Abstinence», *Family Process*, vol. 28, p. 239-249.

LIVINGSTON, L. (1986). «Measuring Domestic Violence in an Alcoholic Population», *Journal of Sociology and Social Welfare*, vol. 13, p. 934-951.

LORCH, B. (1990). «Social Class and Its Relationship to Youth Substance Use and Other Delinquent Behaviors», *Social Work Research and Abstract*, vol. 5, n° 26, p. 25-31.

MILLER, M. et POTTER-EFRON, T. (1989). *Aggression and Violence Associated with Substance Abuse*, vol. 3, Binghampton (New York), Haworth Press, p. 1.

NADEAU, L. (1990). *Vivre avec l'alcool*, Montréal, Éditions de l'Homme.

PAGLIA, A. et ROOM, R. (1998). «Alcohol and Aggression: General Population Views About Causation and Responsibility», *Journal of Substance Abuse*, vol. 10, n° 2, p. 199-216.

PEELE, S. (1991). *The Truth About Addiction and Recovery*, New York, Simon & Schuster.

PEELE, S. (1989). *Diseasing of America*, Moscow (Idaho), Lexington Books.

PERNANEN, K. (1991). *Studies of the Role of Alcohol in Real-Life Violence: Alcohol in Human Violence,* New York, Guilford Press.

RINFRET-RAYNOR, M. et CANTIN, S. (1994). *Violence conjugale,* Boucherville, Gaëtan Morin Éditeur.

ROIZON, J. (1997). «Epidemiological Issues in Alcohol-Related Violence», dans M. Galanter (sous la dir. de), *Recent Developments in Alcoholism*, vol. 3, New York, Plenum Press, p. 7-40.

RONDEAU, G., BROCHU, S., LEMIRE, G. et BRODEUR, N. (1999). *La persévérance des conjoints violents dans les programmes de traitement qui leur sont proposés*, rapport de recherche du Centre de recherche interdisciplinaire sur la violence familiale et la violence faite aux femmes (CRI-VIFF), mars.

ROOM, R. (1995). «Drinking, Violence, Gender and Causal Attribution: A Canadian Study in Science, Law and Policy», présentation au 21ᵉ Symposium annuel sur l'alcool et l'épidémiologie, Portugal, 3-5 juin.

RYAN, B. et ADAMS, G. (1998). How Do Families Affect Children?, *Investing in Children: A National Research*, Ottawa, Château Laurier.

SANTÉ ET BIEN-ÊTRE SOCIAL CANADA (1993). *Rapport du Comité canadien sur la violence,* Ottawa, Santé et Bien-être social Canada.

SANTÉ ET BIEN-ÊTRE SOCIAL CANADA (1987). *Il n'en tient qu'à nous,* Actes du Colloque national sur les femmes et la toxicomanie, Ottawa.

SANTÉ QUÉBEC (1995). *Rapport de l'enquête sociale et de santé 1992-1993,* Québec, Les Publications du Québec.

SANTÉ QUÉBEC (1988). *Et la santé ça va?,* rapport de l'enquête Santé Québec, Québec, Les Publications du Québec.

SEIGEL, S., HINSON, R., KRANK, M. et MCCULLY, J. (1988). «Heroin Overdose Death: Contribution of Drug Associated Environmental Cues», dans Blacwell et Erickson, *Illicit Drugs in Canada: A Risky Business,* Scarborough (Ont.), ITP, Nelson Canada.

SIMOND, J. et KASHANI, J. (1980). «Specific Drug Use and Violence in Delinquent Boys», *American Journal of Drug and Alcohol Abuse*, vol. 7, p. 305-322.

SINGLE, E. et coll. (1996). *The Costs of Substance Abuse in Canada*, Ottawa, Centre canadien de lutte contre l'alcoolisme.

SKOG, O. (1996). «The Prevention Paradox Revisited», texte inédit.

STANTON, M.D. et TODD, T.C. (1982). *The Family Therapy of Drug Abuse and Addiction*, New York, Guilford Press.

STEINGLASS, P. (1987). *The Alcoholic Family*, New York, Basic.

SUISSA, J.A. (1998). *Pourquoi l'alcoolisme n'est pas une maladie*, Montréal, Fides.

SUISSA, J.A. (1994). «Violence, toxicomanie et dynamique familiale: qui est responsable?», *Intervention*, vol. 99, p. 64-69.

TATE, D. et WILSON, A. (1989). «Addictions and Family Dynamics», résumé de la conférence intitulée «Addiction Services of the Royal Hospital», Ottawa, octobre.

VAILLANT, G. (1983). *The Natural History of Alcoholism*, Cambridge, Harvard University Press.

VAN CALOEN, B. et coll. (1989). «Alcoolisme et co-alcoolisme: à propos du couple alcoolique», *Psychotropes*, vol. 5, n° 3, p. 123-129.

VOLPICELLI, R. (1991). «Psychoactive Substance Use Disorders», dans D. Rosenblaum et M. Seligman, *Abnormal Psychology*, New York, W.W. Norton, p. 450-491.

WEIL, A. (1983). *From Chocolate to Morphine*, Boston, Houghton Mifflin.

YOUNG, L. (1964). *Wednesday's Children: A Study of Child Neglect and Abuse*, New York, McGraw-Hill.

11

L'approche développementale et les problèmes de consommation chez les jeunes : prévalence, facteurs de prédiction, prévention et dépistage

Frank Vitaro ◆ *René Carbonneau*
◆ *Catherine Gosselin* ◆ *Richard E. Tremblay*
◆ *Mark Zoccolillo*

Les auteurs abordent la question des problèmes de toxicomanie chez les jeunes dans la perspective d'une approche développementale. Une fois définis les termes et le cadre de référence, ils présentent, dans la première partie, un état de la situation, soit la prévalence du phénomène, ses consé-quences et la comorbidité qui lui est associée. Dans la deuxième partie, ils passent en revue les facteurs de risque et les facteurs de protection dégagés par la littérature. Ils introduisent, dans la troisième partie, les caractéristiques de programmes de prévention de nature développementale et présentent une intervention type menée dans la région de Montréal. Dans la dernière partie sont explorées certaines avenues concernant le dépistage des jeunes à risque à partir d'un modèle intégré d'intervention.

Introduction : définition des termes et du cadre théorique

Dans ce chapitre, nous insistons tout particulièrement sur l'abus des substances psychotropes ou sur leur consommation précoce, car, comme on le mentionnera plus loin, ces aspects sont problématiques au regard de l'adaptation actuelle ou future des jeunes. En effet, s'il y a abus ou dépendance, la consommation d'alcool, de drogues, de médicaments et même de tabac peut être considérée comme un problème de santé mentale selon l'Association américaine de psychiatrie qui a mis au point le DSM-IV, de plus en plus utilisé partout dans le monde comme guide de référence pour le diagnostic des problèmes de santé mentale (American Psychiatric Association, 1994). Selon les critères du DSM-IV, l'abus implique l'usage répété d'une ou de plusieurs substances entraînant des difficultés sur le plan des responsabilités au travail, à l'école ou à la maison, des situations dangereuses pour la santé, des problèmes légaux, ou encore des problèmes au point de vue des relations sociales ou familiales. Les critères relatifs à la dépendance sont une tolérance accrue à la substance, des symptômes de sevrage, une consommation plus importante que prévue, des tentatives infructueuses pour réduire les quantités consommées, un investissement temporel important pour obtenir et utiliser la substance ou encore pour se remettre de ses effets, une interférence avec d'autres activités importantes et un usage prolongé malgré la prise de conscience d'un problème.

À l'adolescence, les cas de dépendance à l'alcool et aux drogues sont plutôt rares, contrairement aux cas d'abus répétés ou ponctuels. Bien que discutables sur plusieurs aspects, les critères du DSM-IV possèdent une grande vertu : celle d'établir clairement qu'un problème d'abus ne se définit pas seulement en fonction de la quantité des substances consommées, ou de la fréquence de la consommation, mais aussi en fonction des problèmes associés à cette consommation. Ce n'est toutefois pas le cas de plusieurs questionnaires qu'on utilise fréquemment pour évaluer la consommation de psychotropes chez les jeunes. Ils se contentent très souvent d'évaluer les paramètres quantitatifs tels que la fréquence, la variété et la quantité, et omettent les problèmes liés à la consommation. Les auteurs qui recourent à ce type de mesure préfèrent parler de consommation importante ou régulière. La prolifération des instruments, des critères de classification et des catégories qui en résultent rend toute comparaison entre les études difficile, voire impossible.

Pour résumer, dans ce texte, nous nous centrons davantage sur l'abus que sur la dépendance. Nous mettons également l'accent sur la consommation précoce et nous distinguons, lorsque c'est possible, le type de substance : tabac, alcool, marijuana, autres drogues. Pour des raisons linguistiques, nous utilisons les termes « consommation abusive de drogues », « consommation abusive de psychotropes » et « toxicomanie » de manière interchangeable. Ces termes impliquent que la consommation est jugée problématique en raison des problèmes qui y sont associés. L'usage de qualificatifs tels qu'« abusif » ou « problématique » sous-entend une vision catégorielle basée sur des critères plus ou moins consensuels: certains individus sont «abstinents», d'autres sont des «consommateurs réguliers» et d'autres encore, des «surconsommateurs» ou des «consommateurs abusifs» ou «problématiques». En contrepartie, nous utilisons les termes «consommation de...» lorsqu'une perspective dimensionnelle est privilégiée. Selon cette perspective, la consommation d'un individu se situe sur un continuum défini par des paramètres quantitatifs tels que la fréquence, la qualité ou la durée; il n'y a pas de ligne de démarcation entre le «normal» et le pathologique. Il est cependant possible de préciser si la consommation est faible ou élevée en utilisant la moyenne et des statistiques telles que l'écart type.

L'approche théorique utilisée comme cadre de référence est celle de la psychopathologie développementale. Cette approche, qui transcende les approches disciplinaires traditionnelles, tente de décrire et d'expliquer les problèmes d'adaptation chez les jeunes (et les adultes) en faisant appel à une variété de facteurs que les recherches longitudinales de nature épidémiologique ont permis de mettre au jour. Étant donné que ces facteurs sont souvent relevés avant l'apparition ou l'aggravation de la toxicomanie, il est permis de les considérer comme des facteurs de prédiction[1]. Ils peuvent être d'ordre personnel, familial, scolaire ou social. Selon le stade de développement où ils exercent une influence, ces facteurs sont organisés en chaînes développementales et intégrés dans des modèles théoriques à paliers, chaque palier correspondant à un stade du développement des individus. Deux courants théoriques s'opposent et se complètent tout à la fois dans cette perspective: le courant psychopathologique, qui fait référence aux caractéristiques de l'individu, incluant les caractéristiques biologiques et héréditaires, et le courant de l'apprentissage social, qui fait surtout appel à l'influence du milieu (famille, école, pairs, normes sociales, médias).

L'approche psychopathologique met l'accent sur les caractéristiques personnelles comme facteur prédisposant à une forme ou une autre de toxicomanie. Par exemple, Dobkin et ses collaborateurs (1995) ont montré que les problèmes de comportement durant l'enfance prédisent la consommation abusive de psychotropes durant l'adolescence. De plus, ces auteurs rapportent que les pairs contribuent peu au processus qui mène les enfants en difficulté d'adaptation à une consommation abusive de psychotropes. À l'opposé, plusieurs recherches ont mis en évidence l'importance des facteurs sociofamiliaux, conformément aux propositions théoriques du courant de l'apprentissage social. Citons, à titre d'illustration, les travaux de Kandel, Kessler et Margulies (1978) ou ceux d'Oetting et Beauvais

---

1. Le fait qu'un facteur précède un problème n'en garantit pas le statut causal. Il est important de noter que les facteurs de risque associés de façon prédictive aux problèmes ultérieurs de consommation dans les recherches longitudinales conservent un statut corrélationnel même si, en raison de certains abus de langage, on a tendance à les considérer comme des «déterminants» ou des «facteurs explicatifs». Les recherches longitudinales permettent toutefois de déterminer la direction du lien entre les facteurs de risque et les problèmes de consommation, ce que les recherches transversales n'autorisent pas à faire. Elles permettent aussi de vérifier le rôle médiateur ou modérateur de certaines variables, en plus des effets directs et indirects de certaines autres. Seules des études expérimentales permettraient d'établir des relations causales, à moins d'inclure (et donc de contrôler) toutes les variables pertinentes dans un modèle explicatif, ce qui est à toutes fins utiles impossible.

(1987), qui ont souligné la contribution importante de la consommation des pairs dans la prédiction de l'initiation à la consommation de certaines substances; également les travaux de Baumrind (1991) et de Kumpfer (1987), qui ont indiqué l'importance centrale des relations parents-enfants et des pratiques parentales dans la prédiction de la consommation abusive de psychotropes. Enfin, certains auteurs ont fait ressortir la contribution conjointe des caractéristiques personnelles et des caractéristiques familiales dans la prédiction des problèmes de consommation à l'adolescence.

Première partie: l'état de la situation

La prévalence: taux généraux d'usage et drogues consommées

Aux États-Unis, plus de 80 % des adolescents de 16 et 17 ans ont déjà consommé de l'alcool (Johnston, O'Malley et Bachman, 1995). Au Québec, les résultats sont similaires: environ 80 % des jeunes âgés de 15 et 16 ans ont déjà consommé de l'alcool et près des deux tiers en ont consommé à plus de cinq reprises. Ces données proviennent d'une enquête réalisée par Zoccolillo, Vitaro et Tremblay (1999) auprès d'un échantillon de 1 600 jeunes au Québec. Selon ces auteurs, un tiers des jeunes âgés de 15 et 16 ans ont également fait usage de drogues à cinq reprises ou plus. Les drogues les plus populaires sont, en ordre décroissant: la marijuana (autour de 50 % l'ont essayée), les hallucinogènes (autour de 20 %), les amphétamines et les inhalants (autour de 5 %), la cocaïne (autour de 3,5 %), les tranquillisants (autour de 3 %), les opiacés (autour de 1,5 %), l'héroïne (0,3 %) et les stéroïdes (0,2 %). Les résultats pour les filles sont semblables à ceux qui concernent les garçons. Ces résultats corroborent en bonne partie ceux de l'enquête de Santé Québec réalisée en 1992-1993 (Camirand, 1996). Lors de cette enquête, 75 % des jeunes de 15 à 17 ans interrogés ont déclaré avoir consommé de l'alcool au cours de l'année précédant l'enquête. Cette proportion grimpait à 85 % pour les jeunes de 18-19 ans et les différences selon le sexe sont mineures. Trente-six pour cent[2] des jeunes de 15 à 19 ans ont déclaré avoir consommé de l'alcool à cinq reprises ou plus et 24 % estimaient s'être enivrés au moins à cinq reprises au cours des 12 mois précédents. En outre, un peu plus du quart (27 %) des Québécois de 15 à 19 ans ont déclaré avoir consommé de la drogue au moins une fois au cours des 12 mois précédant l'enquête et plus de 35 % en ont consommé au moins une fois au cours de leur vie. Les drogues les plus populaires sont la

---

2. Les pourcentages en apparence inférieurs dans l'enquête de Santé Québec par rapport aux résultats de Zoccolillo, Vitaro et Tremblay proviennent du fait que les données sont limitées aux 12 mois précédant l'enquête, pour ce qui est de Santé Québec, alors qu'il n'y a pas de restriction temporelle dans l'autre étude.

ma~~rijuana et le haschich~~ que 32% ont consommés au moins une fois dans l'un
ou ~~l'autre cas.~~

~~L'enquête de Santé Qué~~bec montre aussi que 21% des jeunes de 15 à 17 ans
et 2~~7% des jeunes de 18 et~~ 19 ans fument la cigarette tous les jours, sans diffé-
ren~~ce notable entre les garço~~ns et les filles. Les garçons sont toutefois plus nom-
bre~~ux à fumer jour~~ (53% contre 44%).

L'âge de l'initiation

Les ~~données prospectives~~ de l'enquête Santé Québec révèlent qu'un fumeur
régu~~lier sur cinq a commen~~cé à fumer avant l'âge de 13 ans. Un consommateur
d'alc~~ool sur cinq rapporte~~ également qu'il a commencé à boire de l'alcool avant
l'âge ~~de 13 ans. Les études~~ prospectives et longitudinales réalisées par Vitaro et
ses c~~ollaborateurs (1997)~~ révèlent que la consommation fréquente de tabac
débu~~t autour de l'âge de 1~~2 ou 13 ans pour environ un jeune sur sept et pro-
gresse~~ rapidement au cours~~ de l'adolescence, particulièrement chez les filles. La
conso~~mmation fréquente d'a~~lcool commence autour de 13 ans pour environ 15%
des je~~unes, alors que 10%~~ déclarent s'être déjà enivrés à 14 ans. Enfin, la con-
somm~~ation de drogues douc~~es (marijuana et haschich) débute entre 13 et 14 ans.
Dussa~~ult (1994) rapporte de~~ son côté des résultats comparables concernant les
jeunes~~ Montréalais qui co~~mmencent à consommer du tabac, de l'alcool et
d'autre~~s drogues illicites~~ ~~commence~~nt à 12,5 ans, à 13,5 ans et à 14,5 ans.

Évolution de l'usage et problèmes de consommation

Les recherches montrent que la consommation de substances psychoactives suit
un schéma développemental typique : la séquence débute par la consommation
d'alcool ou de tabac. Elle continue par une période de consommation d'alcool
avant d'atteindre le stade de la consommation de marijuana. La consommation de
marijuana précède habituellement celle d'autres types de drogues illégales
(Kandel, Kessler et Margulies, 1978). Évidemment, tous les jeunes qui consomment de l'alcool ou du tabac ne feront pas le passage à la marijuana ou à d'autres
drogues, mais ceux qui l'ont fait ont commencé par consommer de l'alcool et du
tabac. La séquence reflète davantage l'accessibilité et l'acceptabilité sociale des
produits qu'un choix quant à leurs effets pharmacologiques.

Aux États-Unis, des enquêtes annuelles menées de 1975 à 1995 auprès
d'échantillons représentatifs de jeunes du secondaire ont permis de suivre l'évolution de la consommation des substances psychotropes (Johnston, O'Malley et
Bachman, 1995). Entre 1975 et 1985, la consommation d'alcool chez les jeunes
de la fin du secondaire (12e année ou 18 ans) est demeurée relativement constante, puis elle a subi une légère diminution. La consommation de tabac et de
marijuana a eu tendance à diminuer au début des années 1980 pour se stabiliser
jusqu'au début des années 1990, après quoi une tendance à l'accroissement a été

notée. On ne trouve malheureusement pas pour des échantillons représentatifs des données comparables pour le Québec.

On ne trouve pas non plus de données quant au nombre de cas d'abus et de dépendance chez les adolescents et les jeunes adultes dans l'enquête de Santé Québec. De leur côté, les données américaines révèlent que 9,1 % de jeunes hommes et 5,5 % de jeunes femmes âgés de 15 à 24 ans avaient un problème de dépendance aux drogues. Comparativement, le taux d'abus d'alcool et de dépendance à l'alcool était plus bas (6,2 %, pour les hommes et les femmes réunis) même si le pourcentage d'utilisateurs d'alcool était plus élevé (80,7 %) que celui d'utilisateurs de drogues (51,5 %) au cours de la même période (Kessler et coll., 1994). Contrairement aux études qui évaluent la prévalence de la simple consommation d'une substance suivant des paramètres quantitatifs faciles à établir (par exemple, le nombre de cigarettes consommées quotidiennement), celles qui tentent d'établir le taux des problèmes de consommation se heurtent à la difficulté de définir des critères pertinents, convaincants et comparables d'une étude à l'autre. Ce manque de consensus porte à conséquence puisque les taux de prévalence des *problèmes* de consommation dépendent des critères utilisés.

Les conséquences de la consommation

Bien qu'en principe interdites aux mineurs, les substances psychoactives tels le tabac et l'alcool sont largement utilisées par les adolescents en raison de la tolérance sociale dont elles bénéficient. Il en va de même pour la marijuana. Toutefois, leur usage précoce ou leur abus peut provoquer des conséquences sérieuses qui méritent qu'on s'en préoccupe. Une consommation d'alcool au cours de l'enfance annonce des difficultés ultérieures de toxicomanie (Hawkins et coll., 2000). Dans certains cas, une consommation abusive, même occasionnelle, peut avoir de graves répercussions. Par exemple, l'abus d'alcool chez les adolescents est associé à un taux plus élevé d'accidents d'automobile (Perrine, Peck et Fell, 1988), de suicides (Berman et Schwartz, 1990) et d'activités sexuelles non protégées entraînant des grossesses précoces ou des infections par le VIH (Leigh et Stall, 1993). La violence envers les personnes ainsi que l'accomplissement d'actes délinquants (Miczek et coll., 1994) sont également associés à l'abus d'alcool.

En plus des effets bien connus que la cigarette et certaines drogues peuvent avoir sur la santé physique[3], celles-ci peuvent entraîner une chute dans les résultats et la motivation scolaires. Par exemple, Newcomb, Maddahian et Bentler (1986) ont montré que l'usage de la cigarette et de la marijuana prédit l'abandon précoce de l'école même après un contrôle des difficultés scolaires antérieures. Plusieurs explications sont possibles : la consommation de substances psychoactives réduit la concentration à l'école ; la consommation de psychotropes favorise

---

3. L'usage du tabac et de la marijuana à l'adolescence peut avoir des répercussions à court terme sur la fonction pulmonaire et causer le développement de problèmes respiratoires.

l'association à des pairs marginaux qui ont une influence négative sur le rendement et la motivation scolaires ; la consommation de psychotropes et les difficultés scolaires sont reliées à une tierce variable qui leur est commune, par exemple les problèmes de comportement ou l'association à des pairs déviants. D'autres recherches sont nécessaires pour clarifier ces diverses pistes.

La comorbidité

La consommation abusive de psychotropes coexiste souvent avec d'autres problèmes de santé mentale. Toutefois, le lien entre les deux ordres de problèmes n'est pas clair : il est possible qu'une catégorie de problème influence l'autre catégorie ; il est également possible que les deux catégories de problèmes s'exacerbent mutuellement ; enfin, il est possible que les deux catégories de problèmes se développent parallèlement en raison de leurs liens respectifs avec des antécédents communs. Cette dernière hypothèse est supportée par les travaux de Jessor et Jessor (1977). Ces auteurs ont constaté une comorbidité élevée entre plusieurs problèmes d'adaptation à l'adolescence chez des jeunes qui avaient un certain profil qu'ils ont nommé «syndrome des conduites déviantes». La «spécialisation» des problèmes, dans certains cas, viendrait des modèles sociaux devant lesquels ces jeunes sont placés. D'autres chercheurs ont montré que les jeunes aux prises avec une double problématique (toxicomanie et dépression, toxicomanie et trouble des conduites, toxicomanie et jeux de hasard) se distinguent des jeunes aux prises avec une problématique simple sur un certain nombre de caractéristiques personnelles (par exemple, l'impulsivité ou l'agressivité), de caractéristiques familiales (par exemple, un faible soutien de la part des parents) ou de caractéristiques liées au groupe de pairs (par exemple, une exposition à des amis déviants ou une forte susceptibilité à l'influence des pairs) [Aseltine, Gore et Colten, 1998 ; Robins, 1998 ; Vitaro et coll., 1998]. Ces caractéristiques différentielles peuvent déjà être repérées à l'enfance ou à la préadolescence, ce qui pourrait servir à dépister les jeunes les plus susceptibles de bénéficier d'une intervention préventive en raison du fait qu'ils risquent de développer une double ou une triple problématique et les difficultés particulières qui sont associées à ces problématiques.

Les problèmes de toxicomanie et de dépression, de toxicomanie et de trouble des conduites (semblable à la délinquance) ou de toxicomanie et de jeux de hasard font bon ménage. Dans un échantillon d'adolescents québécois, plus du quart de ceux qui rapportent une consommation problématique de psychotropes éprouvent un problème de comportement ou un trouble dépressif, comparativement à moins de 1 sur 10 parmi les non-consommateurs ou les consommateurs occasionnels de psychotropes (Vitaro et coll., 1999). En outre, les adolescents qui sont aux prises avec une double ou une triple problématique sont proportionnellement plus nombreux à rapporter des idées suicidaires (environ 40 % pour ceux qui présentent une double ou une triple problématique, comparativement à près de 20 % pour ceux qui ont une problématique simple et à environ 5 % pour ceux qui n'ont aucun problème particulier d'adaptation). De même, les jeunes ayant une double ou une triple problématique sont proportionnellement plus nombreux à être suspendus de l'école, à faire un usage quotidien du tabac et à recourir à des ressources en santé mentale. Ces résultats, dans l'ensemble, s'appliquent à peu près de la même manière aux garçons et aux filles. Par conséquent, les jeunes ayant une double ou une triple problématique devraient retenir en priorité l'attention des intervenants et des spécialistes de la prévention, d'autant plus s'ils possèdent des caractéristiques particulières susceptibles de faciliter leur dépistage précoce.

Deuxième partie :
facteurs de risque et facteurs de protection

Les facteurs de risque et les facteurs de protection[4] dans le domaine de la consommation de substances psychotropes peuvent être regroupés en quatre catégories : les facteurs d'ordre personnel, familial, scolaire et social. Le tableau 11.1 (p. 288-289) présente une synthèse des facteurs associés au risque d'une consommation précoce ou abusive de substances psychotropes chez les jeunes.

Les facteurs d'ordre personnel

Les facteurs d'ordre personnel ou les caractéristiques personnelles liées à la consommation abusive de substances psychotropes se divisent en deux volets : les caractéristiques génétiques, prénatales et périnatales et les caractéristiques comportementales et sociocognitives de l'enfant. En ce qui concerne le premier volet, la consommation abusive de substances psychotropes par la mère lors du développement intra-utérin augmente les risques de complications périnatales (accouchement prématuré, bébé de faible poids à la naissance, anoxie) et peut entraver le développement du cerveau du bébé. Ces complications périnatales prédisposeraient l'enfant à la consommation précoce de substances psychotropes (Hawkins et coll., 1997). Par ailleurs, des études ont examiné la question de la consommation abusive de substances psychotropes sous l'angle de la transmission génétique du comportement. Ces études montrent l'existence d'une prédisposition à l'alcoolisme chez les enfants de parents surconsommateurs (Blum et coll., 1993 ; Rose, 1998), bien que la majorité des enfants de parents alcooliques

---

4. Un facteur de protection ne correspond pas à l'inverse ou à l'absence d'un facteur de risque. Il s'agit plutôt d'un facteur dont la présence est susceptible de changer le lien entre un facteur de risque et la variable dépendante (un problème de consommation, dans le cas présent). Par conséquent, l'action d'un facteur de protection se constate surtout chez des individus ou des groupes à risque. Si le même facteur exerce aussi un effet positif sur les individus ou les groupes qui ne sont pas à risque, il s'agit alors d'un effet principal positif et non d'un effet protecteur. En termes statistiques, un effet protecteur se traduit par l'interaction d'un facteur de risque avec le présumé facteur de protection. Le facteur de protection joue alors un rôle modérateur (un rôle d'atténuation) quant au lien entre le facteur de risque et la variable dépendante.

ou toxicomanes ne le deviennent pas à leur tour. De plus, la transmission intergénérationnelle d'un problème de consommation d'alcool semble toucher davantage les garçons que les filles (Jennison et Johnson, 1998). Enfin, les études sur le tempérament mettent l'accent sur trois composantes liées à la consommation précoce de substances psychotropes. Il s'agit du degré élevé d'activité ou d'hyperactivité (Greene et coll., 1997), de l'impulsivité (Martin et coll., 1997) et de la recherche de sensations et de nouveautés (Epstein et coll., 1995; Mâsse et Tremblay, 1997).

En ce qui a trait au volet des caractéristiques comportementales et sociocognitives, plusieurs études ont établi un lien entre les problèmes de comportement tels que l'agressivité, l'antisocialité ou l'opposition (évalués au cours de l'enfance) et la consommation abusive de substances psychotropes à l'adolescence (Dobkin et coll., 1995; Lynskey et Fergusson, 1995). À titre d'exemple, citons l'étude de Kandel et coll. (1997), qui montre que la turbulence chez les jeunes de 9 à 18 ans est associée à l'abus de cigarettes, d'alcool et de drogues et à la dépendance à ces substances. Mentionnons aussi les études qui rapportent que, dès l'âge de 5 ou 6 ans, l'agressivité chez les garçons prédit un usage de drogues élevé à l'adolescence (Brook et coll., 1990; Dobkin et coll., 1995; Kellam et Brown, 1982) et des problèmes de drogues à l'âge adulte (Lewis, Robins et Rice, 1985). Ces caractéristiques comportementales sont aussi associées au rejet de l'enfant par ses pairs (Coie, Dodge et Kupersmidt, 1990), qui à son tour peut conduire les jeunes présentant ce profil à se regrouper (Boivin et Vitaro, 1995; Cairns et coll., 1988). L'association à des pairs déviants a pour effet d'accroître le risque de consommer abusivement des substances psychotropes par un processus réciproque de modelage et de renforcement. En effet, le nombre d'amis consommateurs de psychotropes est associé à l'expérimentation des mêmes substances chez les jeunes (Curran, Stice et Chassin, 1997; Urberg, Degirmencioglu et Pilgrim, 1997). En outre, la susceptibilité à l'influence des pairs représente une variable qui peut moduler cette influence ou contribuer, de manière indépendante, à l'explication des problèmes de toxicomanie chez les jeunes (DeWitt et coll., 1995).

L'influence des pairs se manifeste aussi dans le développement sociocognitif des jeunes par le biais des attitudes et des perceptions qu'ils acquièrent à l'égard des substances psychotropes. Les attitudes et les perceptions contribuent à fixer les normes de consommation de cigarettes, d'alcool et de drogues parmi le groupe de pairs (Ennett et Bauman, 1991). Les attitudes favorables à la consommation de cigarettes et d'alcool de la part des amis sont aussi associées à l'intention de consommer (Webb et coll., 1996) et à la stabilité de la consommation (Lo et coll., 1993). À l'inverse, il existe une relation négative entre les attitudes défavorables à l'égard de la consommation de marijuana et la consommation ultérieure de cette substance par les adolescents (Epstein et coll., 1995).

Un autre aspect important à souligner au chapitre des variables sociocognitives concerne la perception de l'usage normatif des substances psychotropes. Par exemple, les jeunes qui fument ou qui commenceront à fumer ont tendance à

TABLEAU 11.1 Facteurs de risque et facteurs de protection associés à la consommation précoce et à l'abus de psychotropes à l'adolescence

Facteurs d'ordre personnel		Facteurs d'ordre familial		Facteurs d'ordre scolaire		Facteurs d'ordre social	
Risque	Protection	Risque	Protection	Risque	Protection	Risque	Protection
• Complications périnatales	• Tempérament facile	• Parents consommateurs (plus de garçons)		• Inadaptation scolaire		• Normes culturelles favorables	• Prix de vente, taxes
• Tempérament difficile	• Peu de susceptibilité à l'influence des pairs	• Consommation abusive de la mère pendant la grossesse		• Faible rendement scolaire		• Accessibilité	
• Susceptibilité à l'influence des pairs	• Attitudes défavorables à la consommation de psychotropes	• Nombre élevé de consommateurs au sein de la famille		• Décrochage		• Publicité	
• Attitudes favorables à la consommation de psychotropes				• Milieu scolaire délabré		• Adversité sociofamiliale (résultats contradictoires)	
• Perception selon laquelle la consommation de substances psychotropes (légales et illégales) correspond à un phénomène normatif	• Perceptions selon laquelle la consommation de substances psychotropes (légales et illégales) correspond à un phénomène normatif	• Attitudes parentales libérales eu égard à l'alcool	• Attitudes parentales conservatrices eu égard à l'alcool	• Faible investissement des éducateurs dans la vie scolaire		• Pauvreté (résultats contradictoires)	
		• Conflits familiaux	• Cohésion familiale				
• Estime de soi (faible ou élevée)	• Estime de soi élevée	• Manque de supervision parentale	• Pratiques parentales favorisant le développement de l'enfant				

- Styles disciplinaires autoritaire et permissif
- Manque de sensibilité maternelle
- Sensibilité maternelle

- Perceptions négatives de ses compétences :
  - scolaires
  - relationnelles avec les parents
  - relationnelles avec les pairs de l'autre sexe et de l'apparence physique
- Importance accordée aux qualités morales
- Intelligence supérieure à la moyenne
- Habiletés personnelles de résolution de problèmes
- Attachement à des adultes
- Soutien positif de la part de l'adulte

surestimer la proportion de jeunes ou d'adultes qui ont le même comportement (Rhodes et Jason, 1988).

Les perceptions et l'estime de soi constituent à la fois des facteurs de risque et des facteurs de protection dans l'acquisition des habitudes de consommation de substances psychotropes. Les perceptions négatives dans plusieurs domaines de compétences ont été reconnues comme des facteurs de risque quant à la consommation de cigarettes et d'alcool chez les jeunes adolescents. Il s'agit notamment des perceptions négatives dans le domaine des compétences scolaires, des relations avec les parents et avec les pairs de l'autre sexe, et de l'apparence physique (Gosselin et coll., 2000; Jackson et coll., 1997). D'autres résultats montrent que les perceptions positives des compétences scolaires sont associées à une consommation moins importante de cigarettes et d'alcool chez les jeunes (Lifrak et coll., 1997). Par contre, le rôle de protection que jouent les perceptions positives dans divers domaines de compétences n'est pas encore bien établi. Par exemple, Newcomb et Felix-Ortiz (1992) ont indiqué qu'une perception de soi positive à l'adolescence est associée à des problèmes ultérieurs de toxicomanie. Il est possible que les jeunes qui entretiennent une perception positive d'eux-mêmes soient les jeunes les plus actifs socialement, ce qui expliquerait une consommation plus élevée de psychotropes. Par conséquent, la relation entre la perception de soi et la consommation de psychotropes pourrait s'avérer curvilinéaire: les jeunes dont la perception de soi est faible et ceux chez qui elle est élevée sont également à risque mais pour des raisons différentes. De même, la nature de ce lien pourrait varier en fonction de la substance consommée. Pour le moment, ces théories demeurent toutefois sans base empirique.

L'importance accordée aux qualités morales représente plus clairement un facteur de protection en ce qui concerne la consommation de cigarettes chez des jeunes Québécois (Gosselin et coll., 2000). Cette dernière caractéristique semble rejoindre les résultats des études américaines qui montrent que la pratique de la religion représente un facteur de protection à l'égard de la consommation abusive de substances psychotropes à l'adolescence (Marcos, Bahr et Johnson, 1986; Newcomb, 1997). Ces divers comportements ou attitudes reflètent probablement un certain conformisme social ou un certain attachement (*bonding*) aux valeurs familiales ou sociétales. Ces éléments peuvent s'avérer, de fait, les véritables facteurs de protection (Gottfredson et Hirschi, 1990). En guise de facteurs de protection d'ordre personnel, mentionnons aussi une intelligence supérieure à la moyenne, un tempérament facile, des habiletés personnelles de résolution de problèmes, un attachement à des adultes et un soutien positif de leur part (Radke-Yarrow et Sherman, 1990; Werner et Smith, 1982).

Les facteurs d'ordre familial

Plusieurs caractéristiques de l'environnement familial sont liées à la consommation précoce ou abusive de substances psychotropes chez les jeunes. Outre la transmission génétique de la propension à l'alcoolisme, le nombre de personnes qui consomment des substances psychoactives au sein de la famille, les pratiques éducatives en vigueur et la présence de conflits dans la famille ont été signalés comme des caractéristiques importantes rattachées à la consommation abusive de substances psychotropes. Par exemple, le nombre de personnes qui consomment des psychotropes au sein d'une famille est associé à la précocité de l'initiation à ces mêmes substances par l'enfant (Jackson et coll., 1997). Les attitudes parentales plus libérales vis-à-vis de l'alcool (par exemple, demander à l'enfant d'aller chercher une bouteille de bière et de la déboucher) sont aussi liées à la consommation précoce d'alcool chez l'enfant (Ahmed et coll., 1984). À l'inverse, l'établissement de normes visant à ne pas engager l'enfant dans la consommation d'alcool du parent, combiné avec des pratiques éducatives favorables au développement de l'enfant, réduit le risque d'une consommation précoce chez l'adolescent même lorsque les parents sont eux-mêmes des surconsommateurs (Peterson et coll., 1994). Encore une fois, il est possible que la relation entre les normes ou pratiques parentales et la consommation de psychotropes soit curvilinéaire plutôt que linéaire.

La supervision parentale semble jouer un rôle médiateur dans le lien entre la consommation du parent et la consommation de l'enfant (Chassin et coll., 1996). En effet, le parent qui consomme abusivement des substances psychotropes peut être moins vigilant et accorder moins d'importance à la supervision des activités et des fréquentations de son enfant. Ce dernier pourra alors se sentir plus libre d'expérimenter les substances psychotropes. Des études ont montré que les styles disciplinaires autoritaire et permissif, le manque de supervision parentale ou des difficultés de communication entre l'adolescent et le parent sont associés à la consommation abusive de substances psychotropes chez les jeunes (Cohen et Rice, 1997). Le manque de chaleur et de sensibilité maternelles, ajouté à la turbulence chez l'enfant, prédit aussi la consommation précoce de substances psychotropes (Dobkin, Tremblay et Sacchitelle, 1997). Shedler et Block (1990) ont indiqué que les mères d'enfants de cinq ans qui allaient devenir des consommateurs réguliers de marijuana étaient plus distantes, moins positives, moins attentives et moins protectrices face à leur enfant que les mères de jeunes qui allaient devenir des consommateurs occasionnels ou des non-consommateurs. Un bon lien affectif entre l'enfant et le parent constituerait ainsi un facteur de protection dans l'adoption des conduites liées à la consommation abusive. En effet, le lien familial favorise l'intériorisation des valeurs et des normes sociales et amène l'enfant à choisir des amis non déviants, ce qui, en théorie, réduit l'effet négatif de l'exposition aux substances psychotropes (Hawkins et coll., 1997).

Les facteurs d'ordre scolaire

L'inadaptation scolaire est un facteur de risque associé à la consommation abusive de cigarettes et d'alcool, et plus particulièrement à la consommation de drogues chez les filles (Gosselin et coll., 2000). Cette inadaptation témoigne généralement d'une difficulté à se conformer aux règles scolaires. Elle est souvent assortie d'un sous-rendement sur le plan des études. Ces difficultés se répercutent sur la motivation à s'engager dans les activités scolaires. En retour, le désengagement mène à l'absentéisme et au décrochage (LeBlanc, Janosz et Langelier-Biron, 1993). Les études menées sur les adolescents montrent que le décrochage scolaire est associé à la consommation abusive de substances psychotropes (LeBlanc, Janosz et Langelier-Biron, 1993). L'existence d'un lien direct entre le faible rendement scolaire et la consommation abusive de drogues a aussi été établie par d'autres chercheurs (Bachman, Johnston et O'Malley, 1991 ; Epstein et coll., 1995). DeWitt et ses collaborateurs (1995) ont observé, quant à eux, un lien indirect entre les échecs scolaires et la consommation abusive de drogues à l'adolescence. Ils mentionnent que le lien passe par l'absentéisme et, éventuellement, par l'abandon prématuré de l'école.

Certaines caractéristiques du milieu scolaire ou de son organisation peuvent aussi être associées à la consommation abusive de psychotropes. Par exemple, un milieu scolaire délabré et démuni de sources de soutien social est relié à une augmentation des problèmes de comportement, incluant l'usage répété de psychotropes (Hawkins et coll., 1997).

Les facteurs d'ordre social

Des caractéristiques de type social, associées à l'environnement ethnoculturel, sociodémographique et sociopolitique, peuvent aussi influencer la consommation de substances psychotropes au sein d'une population. Par exemple, aux États-Unis, le nombre d'arrestations liées aux substances psychotropes est plus important chez les adultes noirs que chez les adultes blancs ; il en va de même pour le taux élevé de cirrhose mortelle. Ces constatations laissent croire que les jeunes vivant dans la communauté noire risquent de développer des problèmes de consommation plus importants que les jeunes de communautés différentes en raison des modèles adultes présents dans la vie de ces jeunes.

Par ailleurs, les normes sociales concernant l'usage de substances psychotropes ou d'alcool semblent également exercer une influence sur le nombre de jeunes qui en font un usage abusif (Robins, 1984). Aux États-Unis, les changements dans les perceptions des jeunes vis-à-vis de l'acceptabilité de la marijuana et de la cocaïne et des risques qui y sont associés ont été suivis de près par des changements concordants sur le plan de la consommation de ces substances (Johnston, 1991). Au Québec, les programmes de sensibilisation tels Éduc'alcool ou Opération Nez Rouge ont précisément pour but de changer les normes sociales envers l'abus d'alcool. Il semble que les résultats aillent dans le sens escompté puisque, sur une période de cinq ans, l'intolérance des Québécois vis-à-vis de la conduite en état d'ébriété paraît avoir augmenté. Parallèlement, le nombre d'accidents mortels où l'alcool est mis en cause a diminué au cours de la même période (Comité permanent de lutte à la toxicomanie, 1996). Aux États-Unis, l'augmentation de l'âge légal et la majoration des taxes sur l'alcool ont eu pour effet une réduction de la consommation abusive et une diminution des accidents d'automobile associés à l'alcool, en plus de se traduire par une intolérance grandissante à l'égard de l'abus de cette substance par les jeunes (Holder et Blose, 1987; Saffer et Grossman, 1987). Pendant un certain temps au Canada, la majoration des taxes sur le tabac, un projet de loi musclé sur la publicité au sujet de ce produit et une insistance sur le respect de l'âge légal dans les points de vente avaient réussi à créer un climat antitabac intéressant. Ces efforts ont vite été minés par le problème de la contrebande et le lobby des compagnies de tabac, appuyées par les responsables d'événements sportifs et culturels qui profitaient des commandites de ces compagnies. Ces messages contradictoires ne favorisent pas l'établissement de normes sociales clairement défavorables à l'endroit du tabac. Résultat : au Québec, près d'un jeune sur trois fume la cigarette, ce qui place les jeunes Québécois au premier rang à l'échelle canadienne.

Des études ont aussi montré que plus l'alcool et le tabac étaient accessibles, plus la consommation de ces substances était importante (Maddahian, Newcomb et Bentler, 1988). Bien que le Québec et le Canada se soient dotés de lois visant à réduire la visibilité des compagnies de tabac en plus de restreindre l'accessibilité des cigarettes et de l'alcool aux individus de 18 ans et plus, il faut s'interroger sur l'impact de ces lois et évaluer ce dernier puisque les adolescents commencent à fumer et à consommer de l'alcool bien avant 18 ans.

En plus des aspects ethnoculturel et sociopolitique, les caractéristiques de l'environnement sociodémographique représentent une source importante d'influence. Les caractéristiques sociodémographiques font référence à des facteurs tels l'éducation des parents, la monoparentalité, le prestige professionnel des parents et le revenu familial. Ces indicateurs ne produisent pas toujours un effet direct sur la consommation de substances psychotropes chez les jeunes; ils sont souvent médiatisés par des variables plus proches de l'enfant comme les pratiques éducatives des parents (Brook et coll., 1988). De plus, les résultats relatifs à l'impact des facteurs sociodémographiques sur la consommation de substances psychotropes chez les jeunes sont contradictoires. Par exemple, McGee et Stanton (1993) montrent que l'adversité familiale n'est pas associée étroitement à l'usage de la cigarette chez les enfants de 11 ans, même si elle représente un facteur prédictif de la consommation de la cigarette à 15 ans. En revanche, Robins et Ratcliff (1979) rapportent que des conditions de grande pauvreté augmentent le risque d'abus d'alcool et de drogues, mais seulement chez les jeunes qui ont des problèmes de comportement.

En guise de conclusion, notons que plusieurs facteurs de risque relevés ici au regard de la toxicomanie ont également été reconnus comme des précurseurs de la violence, de la délinquance, de l'abandon scolaire et de la maternité ou de la paternité précoce (Brewer et coll., 1995). Par conséquent, la réduction de certains d'entre eux pourrait avoir des répercussions sur divers problèmes d'adaptation à l'adolescence, problèmes qui sont, par ailleurs, fortement reliés et coexistants chez plusieurs individus.

Troisième partie :
la prévention dans une perspective développementale

Les programmes de prévention s'appuyant sur une perspective développementale visent à réduire les facteurs de risque et à promouvoir les facteurs de protection associés au développement de la toxicomanie. Ces programmes sont nombreux et leur contenu est varié. Un certain nombre d'initiatives ont été centrées sur un facteur de risque particulier, par exemple les pratiques parentales ou les habiletés sociales des enfants. Les résultats de ces programmes à volet unique sont toutefois relatifs (Vitaro et Carbonneau, 2000). Puisque les résultats des études longitudinales tendent à démontrer que la toxicomanie découle d'un ensemble de facteurs individuels, familiaux et sociaux et de leur interaction dans le temps, les programmes à volets multiples semblent beaucoup plus appropriés pour prévenir la consommation précoce et la dépendance des jeunes à l'alcool et aux drogues (Hawkins et coll., 1997). De plus, comme différents facteurs de risque caractérisent différentes périodes du développement, il est impératif de proposer des programmes adaptés aux diverses étapes du développement. Par exemple, les facteurs de risque personnels et familiaux apparaissant plus tôt dans le développement de l'enfant, ils devraient être ciblés en vue d'une intervention au préscolaire ou au début du primaire (Yoshikawa, 1994).

Une autre caractéristique venant différencier les programmes de prévention est le degré de risque couru par les individus visés. En effet, plus nombreux sont les facteurs de risque auxquels un individu fait face au cours de son développement, plus grand est le risque qu'il évolue vers la toxicomanie à l'adolescence ou à l'âge adulte. De plus, les enfants faisant face à plusieurs facteurs de risque éprouvent souvent des problèmes multiples d'adaptation en raison de la nature commune des facteurs de risque conduisant à différentes formes d'inadaptation psychosociale (Coie et coll., 1993). En conséquence, le contenu des programmes de prévention variera selon qu'ils s'adressent à une population présentant plus ou moins de facteurs de risque (Mrazek et Haggerty, 1994). Lorsque la population en général est visée par une intervention, ce programme est dit de type universel ; les campagnes médiatiques informant le grand public des dangers des psychotropes en sont un exemple. Lorsque des programmes ciblent des populations ou des individus présentant des facteurs de risque associés à la toxicomanie, il est respectivement question de prévention sélective et de prévention indiquée (les deux formules constituent des variantes de ce qu'il est convenu d'appeler la prévention ciblée).

L'étude longitudinale et expérimentale de Montréal

L'étude longitudinale et expérimentale de Montréal est un programme d'intervention à volets multiples visant à prévenir les problèmes d'adaptation sociale chez des garçons qui manifestaient des comportements turbulents excessifs à la maternelle. Ce programme n'a pas été conçu spécifiquement pour prévenir la toxicomanie, mais pour agir sur des facteurs de risque communs à différentes formes d'inadaptation psychosociale à l'adolescence et à l'âge adulte, dont les problèmes de toxicomanie. Il s'agit d'une intervention préventive de type indiqué, ciblant des enfants présentant des facteurs de risque personnels, familiaux et sociaux.

L'échantillon original de cette étude était composé des garçons fréquentant en 1984 les classes de maternelle dans 54 écoles de milieux défavorisés de Montréal (Tremblay et coll., 1995). Le Questionnaire d'évaluation des comportements au préscolaire (Tremblay et coll., 1987) a été rempli par l'enseignant pour 1 161 garçons. Ce questionnaire permet d'obtenir une évaluation du comportement sur trois dimensions : la prosocialité (altruisme), l'anxiété retrait-social et les comportements agressifs-hyperactifs. Les garçons évalués au-delà du 70e percentile sur la dimension agressivité-hyperactivité alors qu'ils étaient à la maternelle ont été choisis pour participer à un programme d'intervention préventive entre les âges de sept et neuf ans. Ces garçons ont été répartis au hasard dans trois groupes : le premier groupe constituait le groupe témoin qui ne recevait aucune intervention ($n = 59$), le deuxième groupe faisait l'objet de l'intervention expérimentale ($n = 57$) et le troisième groupe participait à une étude observationnelle des interactions parent-enfant en laboratoire ($n = 119$) (Tremblay et coll., 1987). Les familles participant à l'étude ont été sélectionnées sur la base des critères suivants : elles provenaient d'un milieu socioéconomique défavorisé, étaient francophones et les deux parents étaient nés au Canada. Ces critères ont permis de créer un échantillon homogène sur le plan sociodémographique.

Une équipe multidisciplinaire (psychoéducateurs, psychologues et travailleurs sociaux) a été mise sur pied pour réaliser l'intervention préventive. Ces professionnels ont été formés aux méthodes d'intervention devant être expérimentées dans le programme sans qu'il y ait de spécialisation des tâches. L'intervention a débuté alors que les garçons entraient en deuxième année à l'école primaire. Le programme d'intervention préventive comportait deux volets : une intervention auprès des parents à la maison et une intervention auprès des enfants à l'école. Le premier volet portait sur les interactions adulte-enfant et s'inspirait de la stratégie mise au point par l'Oregon Social Learning Center (Patterson et coll., 1975). L'objectif de cette intervention était d'aider les parents à adopter des comportements susceptibles de réduire les interactions coercitives de l'enfant avec son environnement. Plus spécifiquement, on apprenait aux parents à gérer les comportements de l'enfant de façon à renforcer les attitudes positives (récompenser) et à éliminer les attitudes négatives (punir). Quatre catégories de comportements parentaux ont été ciblées : la détermination et la catégorisation des comportements de l'enfant, la formulation des règles de conduite, l'utilisation de comportements disciplinaires et la résolution de problèmes. Le professionnel responsable de chaque famille se rendait au domicile des parents à raison d'une fois toutes les deux semaines en moyenne et, à partir de discussions, de matériel écrit et visuel et de démonstrations concrètes, il travaillait à la poursuite des objectifs qui ont été cités précédemment.

Le second volet du programme, centré sur l'enfant, portait sur l'apprentissage d'habiletés sociales et sur l'acquisition de stratégies de résolution de problèmes sociaux. Ces habiletés ont été transmises aux enfants au cours d'ateliers auxquels participaient des pairs socialement compétents. Après avoir décrit le comportement cible, l'animateur de l'atelier invitait un enfant compétent à en faire une démonstration détaillée. Les participants répétaient ensuite le comportement cible au moyen de jeux de rôles guidés par l'animateur. Les ateliers de formation aux habiletés sociales et aux stratégies de résolution de problèmes avaient lieu à l'école à raison d'un atelier toutes les deux semaines. Ces ateliers se déroulaient en petits groupes de quatre à six enfants avec un ratio de trois garçons prosociaux pour chaque garçon turbulent. L'apprentissage d'habiletés prosociales est un moyen d'amener ces enfants à adopter des comportements qui seront suivis par une réponse positive de la part de leur entourage.

Les deux volets du programme d'intervention se sont déroulés sur une période de deux années, les garçons étant alors en deuxième et en troisième année du primaire. La fréquence et la durée de l'intervention dépendaient des besoins et des préférences des familles. Le nombre moyen de séances d'intervention auprès des parents a été de 17,4. Plus de 75 % des parents ont participé au moins aux deux tiers des séances. Dans le volet s'adressant aux enfants, plus de 85 % des garçons ont assisté au moins aux deux tiers des ateliers.

Les garçons participant à l'étude longitudinale et expérimentale de Montréal ont été évalués annuellement par leur enseignant et par leurs parents entre la fin du programme d'intervention et l'âge de 17 ans. Une évaluation annuelle auprès des jeunes eux-mêmes a également été réalisée au cours de leur adolescence. Nous examinerons plus loin les résultats obtenus par le programme à court terme et à moyen terme, soit immédiatement après la fin de l'intervention jusqu'à la fin du primaire, ainsi qu'à long terme, au cours de l'adolescence.

L'évaluation du programme à court terme et à moyen terme

L'adaptation sociale des garçons a été évaluée à partir d'un ensemble d'indices sur les plans comportemental et scolaire. Un des objectifs de l'étude de Montréal était de réduire les comportements agressifs de ces enfants. Les évaluations annuelles des garçons ont permis de suivre l'évolution de ces comportements pour les groupes expérimental et témoin, ainsi que pour l'ensemble de l'échantillon initial de l'étude, entre la maternelle et la fin du primaire (Tremblay et coll., 1992). Les résultats, basés sur l'évaluation faite par l'enseignant, montrent une diminution marquée des comportements agressifs chez les garçons du groupe expérimental durant la période d'intervention, ces derniers étant devenus moins agressifs que leurs pairs du groupe témoin dès la fin de l'intervention, alors qu'ils étaient âgés de neuf ans. De plus, la différence observée est demeurée relativement constante jusqu'à la fin du primaire où les deux groupes se distinguaient toujours de façon statistiquement significative en ce qui a trait à l'agressivité.

Une autre dimension de l'adaptation des garçons est l'adaptation scolaire. À la fin de l'intervention, les garçons du groupe expérimental présentaient un certain avantage sur ceux du groupe témoin : 71 % des garçons ayant bénéficié de l'intervention préventive étaient en classe régulière de troisième année contre 66 % des garçons de l'autre groupe. L'année suivante, la différence entre les deux groupes s'était encore accrue, 76 % des garçons du groupe expérimental étant en classe régulière contre 61 % pour le groupe témoin. À la fin du primaire, les deux groupes se différenciaient toujours sur ce plan en faveur des garçons du groupe expérimental (60 % contre 46 %).

À la fin du primaire, on a jumelé les informations recueillies sur le rendement scolaire et sur les difficultés comportementales observées par l'enseignant pour créer un indice global d'adaptation scolaire. Les garçons étaient alors classés en trois sous-groupes : (1) bien adaptés ; (2) présentant quelques difficultés d'adaptation ; (3) ayant de sérieuses difficultés d'adaptation scolaire. Pour se retrouver dans la troisième catégorie, un garçon devait être évalué, par l'enseignant ou par ses pairs, parmi les 30 % des garçons plus turbulents de l'échantillon, sans avoir de retard scolaire ou être placé en classe spéciale. Les résultats de ces analyses sont présentés à la figure 11.1. La comparaison des deux catégories extrêmes de l'indice d'adaptation est éloquente : 29 % des garçons du groupe expérimental ont été classés « bien adaptés », contre 19 % des garçons du groupe témoin. À l'inverse, 44 % de ces derniers présentaient de sérieuses difficultés

FIGURE 11.1   **Adaptation scolaire des garçons à 11 et 12 ans**

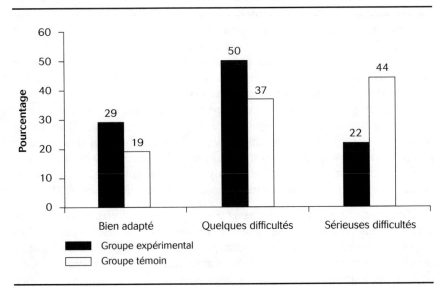

Source: Adapté de Tremblay et coll., 1995.

d'adaptation, contre seulement 22 % pour les garçons du groupe expérimental, soit deux fois moins chez les garçons ayant bénéficié de l'intervention. Ces résultats sont tous significatifs statistiquement.

Les résultats qui précèdent indiquent que l'intervention réalisée auprès de garçons à risque en deuxième et troisième année du primaire a eu un effet positif sur leur comportement et sur leur adaptation scolaire. Il est important de souligner que ces effets étaient observables dès la fin de l'intervention, en troisième année, et qu'ils sont demeurés significatifs jusqu'à la fin du primaire. Examinons maintenant les résultats à long terme du programme, soit au cours de l'adolescence, et en particulier les effets sur les comportements associés à la consommation de psychotropes.

Les résultats à long terme du programme

Un des effets à long terme attendu du programme consistait à prévenir les comportements délinquants des garçons, dans la mesure où les problèmes liés à la turbulence au début du primaire permettent de prédire la délinquance juvénile à l'adolescence (Tremblay et coll., 1994). Une mesure de la délinquance rapportée par les participants eux-mêmes a été prise chaque année entre les âges de 10 et 15 ans. Cette mesure comprend un ensemble de comportements délinquants (vols, vandalisme, violence, etc.) évalués sur une échelle en quatre points selon qu'ils ne se présentent jamais, qu'ils se présentent une ou deux fois, souvent ou très souvent (LeBlanc et Tremblay, 1988). La figure 11.2 indique les scores obtenus pour le groupe expérimental et le groupe témoin. Il est à noter que la cote obtenue à l'âge de 10 ans couvre toute la période de vie jusqu'à cet âge, alors que les cotes aux âges subséquents représentent les comportements rapportés pour la dernière année. Cette particularité explique sans doute les cotes moyennes un peu plus élevées à l'âge de 10 ans. Les résultats observés de 11 à 15 ans sont conformes à la courbe de délinquance généralement observée, soit une augmentation marquée et stable jusqu'au milieu de l'adolescence (Blumstein, Cohen et Farrington, 1988). Cela dit, les scores moyens obtenus pour chaque groupe indiquent que les garçons du groupe expérimental ont rapporté moins de comportements délinquants chaque année entre les âges de 10 et 15 ans. Une analyse multivariée de ces résultats confirme que les différences observées entre les deux groupes sont statistiquement significatives (Tremblay et coll., 1995). Enfin, une étude récente utilisant une stratégie d'analyse différente confirme aussi ces résultats, cette fois jusqu'à l'âge de 16 ans (Vitaro, Brendgen et Tremblay, 2000).

L'efficacité du programme de prévention a également été vérifiée au regard de comportements reliés aux problèmes de consommation de substances psychotropes à l'adolescence. Deux comportements cibles nous permettront d'illustrer ces effets : le fait de s'être saoulé et le fait d'avoir consommé des drogues au cours de la dernière année. Les résultats obtenus pour ces deux comportements chez les garçons qui étaient âgés de 15 ans sont présentés aux figures 11.3 et 11.4. En

FIGURE 11.2   **Délinquance rapportée par les participants de 10 à 15 ans**

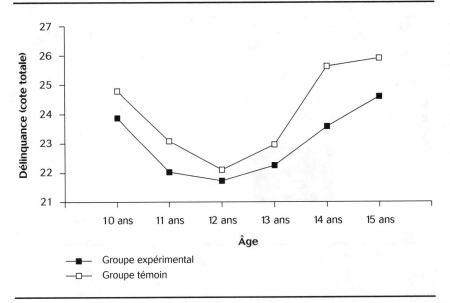

Source: Adapté de Tremblay et coll., 1995.

ce qui a trait à la consommation abusive d'alcool, 20% des garçons du groupe expérimental ont rapporté qu'ils s'étaient saoulés au cours de la dernière année, contre plus de 47% pour les garçons du groupe témoin (figure 11.3). En ce qui concerne la consommation de drogues, 35% de ces derniers ont dit en avoir consommé au cours de la dernière année, contre seulement 15% pour les garçons ayant bénéficié de l'intervention lorsqu'ils étaient au primaire. Cet ordre de différences entre les deux groupes est observé pour différents types de drogues et semble se maintenir dans le temps. Des données observées à une époque où les garçons étaient âgés de 16 ans indiquent que 25% des adolescents du groupe expérimental ont rapporté qu'ils avaient consommé de la marijuana au cours de la dernière année, contre plus de 46% pour les garçons du second groupe; de même, 23,5% des garçons du groupe témoin ont dit qu'ils avaient consommé des drogues plus dures, contre seulement 8,3% des adolescents du groupe expérimental.

Pour terminer cette revue des effets à long terme, mentionnons que les garçons du groupe expérimental étaient deux fois moins nombreux à avoir abandonné l'école avant l'âge de 17 ans que les garçons de l'autre groupe (Vitaro et coll., 1999). Ce résultat, jumelé avec les observations recueillies au sujet de la délinquance et de la consommation d'alcool et de drogues au cours de l'adolescence, tend à démontrer qu'une intervention préventive réalisée auprès de garçons à risque au début du primaire peut avoir des effets à long terme sur les comportements de ces jeunes, jusqu'à sept ans après la fin du programme.

FIGURE 11.3   **Se saouler à 15 ans**

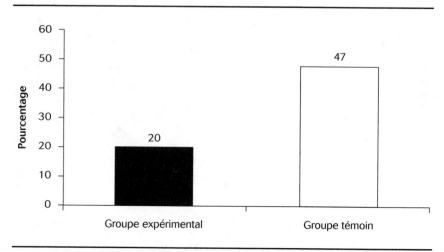

Source : Adapté de Tremblay et coll., 1995.

FIGURE 11.4   **Consommer des drogues à 15 ans**

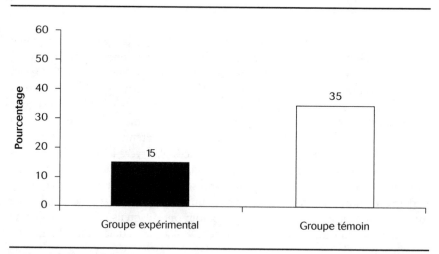

Source : Adapté de Tremblay et coll., 1995.

Conclusions concernant la prévention de type développemental

Les résultats du programme que nous avons décrits pour illustrer l'utilité d'une approche développementale sur le plan de la prévention de la toxicomanie sont éloquents. En effet, peu de programmes de prévention à l'adolescence présentent des effets aussi importants. Qui plus est, il faut souligner que ce programme n'était pas conçu exclusivement pour prévenir les problèmes de consommation des jeunes, mais visait un ensemble de facteurs de risque communs au développement de différents problèmes d'adaptation, dont les problèmes de toxicomanie. Les effets observés en ce qui touche la délinquance, l'adaptation scolaire ou les comportements sexuels montrent bien que les interventions réalisées ont eu un impact sur plusieurs dimensions. Cela correspond au fait que les jeunes à risque présentent souvent un profil de problèmes multiples lorsqu'ils atteignent l'adolescence (Moffit, 1993), ce que les données sur l'état de la situation nous avaient déjà révélé. Il est aussi important de noter que les effets des interventions étaient observables à différentes périodes du développement, soit à court terme, à moyen terme et à long terme. En fait, il s'agit là du scénario attendu en matière de prévention développementale : une intervention précoce vise à agir sur certains facteurs de risque ou sur certains comportements (par exemple, les comportements agressifs, les habiletés sociales ou les pratiques parentales), qui sont associés au développement de certaines conditions indésirables (par exemple, les difficultés scolaires), qui elles-mêmes conduisent à des problèmes d'adaptation subséquents (par exemple, la toxicomanie).

Cet enchaînement développemental d'effets est précisément l'hypothèse à la base d'une intervention préventive. Puisque les facteurs de risque personnels et familiaux sont ceux qui apparaissent le plus tôt dans le développement (Yoshikawa, 1994), il est impératif d'intervenir précocement sur ces dimensions pour prévenir le développement des trajectoires développementales menant entre autres à la toxicomanie, mais également à d'autres problèmes d'adaptation. En conséquence, les ressources allouées à la prévention des problèmes de toxicomanie devraient être investies le plus tôt possible dans le développement de l'enfant, étant donné que leurs bénéfices peuvent non seulement être plus importants, mais aussi déborder le cadre des problèmes de consommation chez ces jeunes.

Quatrième partie :
le dépistage des jeunes à risque

Dans la perspective d'élaborer des programmes d'intervention précoce, la connaissance des facteurs de risque (et des facteurs de protection) concernant la consommation abusive ou précoce de substances psychotropes chez les jeunes peut donner lieu à l'élaboration d'outils de dépistage des individus à risque, eu égard non seulement à la toxicomanie, mais aussi à plusieurs problèmes d'inadaptation sociale.

Les instruments de dépistage peuvent s'élaborer selon trois approches. La première approche s'attache à dénombrer les facteurs de risque d'ordre personnel, familial scolaire et social : un nombre élevé de facteurs est associé à une probabilité élevée de consommer des substances psychotropes (Farrell, 1993).

Bien qu'intéressante, cette approche ne tient pas compte de la résistance (*resilience*) de l'individu. Il est en effet probable que certains individus ne manifestent pas les difficultés attendues malgré une exposition à un environnement hautement à risque; ainsi, la majorité des enfants de parents alcooliques ou toxicomanes ne développent pas ces problèmes même s'ils sont, en général, de 4 à 10 fois plus à risque que les enfants de parents non alcooliques (Vitaro, Baillargeon et coll., 1996). Ces enfants possèdent des caractéristiques personnelles, familiales et sociales particulières qui agissent comme des facteurs de protection.

La deuxième approche du dépistage tient compte de ce fait en proposant le dénombrement des facteurs de risque et des facteurs de protection à tous les niveaux d'influence: lorsque le nombre de facteurs de risque dépasse celui des facteurs de protection, la probabilité de consommer est élevée. Cette stratégie de dépistage est intéressante, mais les résultats des études sont contradictoires quant au nombre de facteurs de protection nécessaires pour contrer l'effet des facteurs de risque. De plus, les facteurs de protection, comme les facteurs de risque, ne s'équivalent pas nécessairement, certains pouvant avoir un rôle protecteur plus puissant que d'autres. Enfin, peu d'attention a été accordée au fait que les facteurs de risque et les facteurs de protection à l'adolescence peuvent varier selon le sexe ou d'autres caractéristiques de l'individu (DeWitt et coll., 1995; Newcomb et Felix-Ortiz, 1992).

La troisième approche s'attache au dépistage précoce des jeunes risquant de consommer des substances psychotropes en fonction de la nature des caractéristiques plutôt qu'en fonction du nombre de facteurs de risque et de facteurs de protection présents. À cet égard, Vitaro et ses collaborateurs (1997) ont élaboré un instrument destiné au dépistage des enfants de 10 et 11 ans susceptibles de consommer des substances psychotropes à 13 ans. Cet instrument permet de calculer, à partir de certaines caractéristiques personnelles, familiales, scolaires et sociales, la probabilité de s'initier à la consommation de substances psychotropes.

Une autre leçon importante à tirer de l'analyse des facteurs de risque et des facteurs de protection concerne la possibilité et la nécessité de cibler les facteurs les plus pertinents à chaque stade du développement du jeune, ces facteurs pouvant varier d'un stade à l'autre, comme l'illustre la figure 11.5[5]. Rappelons que l'objectif même de la prévention consiste à réduire les facteurs de risque modifiables et à mettre en place le plus grand nombre possible de facteurs de protection. Toutefois, la pertinence des facteurs de risque et des facteurs de protection varie avec le temps, comme le suggère notre modèle intégré.

---

5. Pour des raisons de simplicité, la figure 11.5 n'inclut pas tous les facteurs de risque et tous les facteurs de protection passés en revue dans ce chapitre. Elle sert à illustrer l'enchaînement séquentiel des principaux facteurs qui ressortent des recherches longitudinales. D'ailleurs, aucune étude n'a réussi à inclure plus d'une dizaine de facteurs à la fois.

FIGURE 11.5   Modèle de développement des problèmes d'adaptation de la naissance à l'adolescence

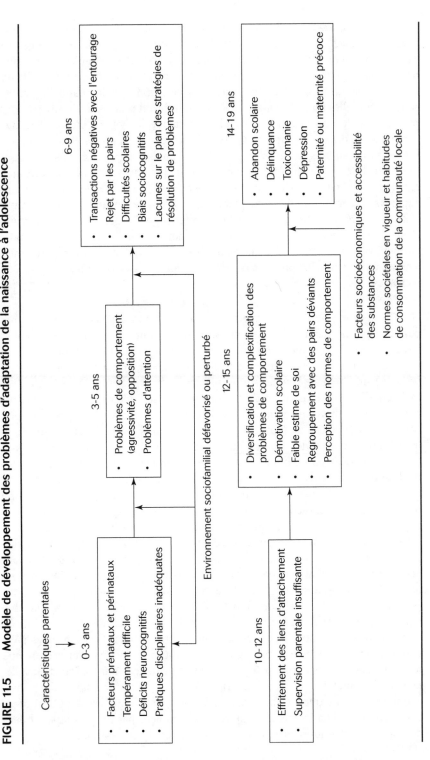

Ce modèle n'est sans doute ni complet ni même conforme à toutes les données empiriques. Ainsi, les variables socioéconomiques, traitées comme des variables modératrices pouvant exacerber l'effet d'autres variables jugées plus proximales, pourraient tout aussi bien exercer une influence directe. Par ailleurs, le rôle médiateur de certaines variables n'est pas précisé, ni la possibilité d'interactions mutuelles (dont l'effet serait alors multiplicatif plutôt qu'additif) ou l'effet protecteur de certaines autres. Le modèle a toutefois le mérite d'illustrer l'enchaînement séquentiel de diverses catégories de facteurs. Certains facteurs demeurent présents tout au long du développement bien qu'ils n'apparaissent pas à chaque stade du développement (par exemple, un tempérament difficile); d'autres, en revanche, apparaissent à un certain moment alors qu'ils n'étaient pas présents auparavant (comme les difficultés scolaires et les pairs déviants). Enfin, certains facteurs voient leur importance modulée en fonction de l'âge tout en restant présents au long du développement (la supervision parentale). Le modèle proposé permet donc une meilleure détermination des cibles d'intervention pertinentes ainsi que des variables proximales, intermédiaires et distales qui devraient être mesurées.

Ce modèle général n'implique pas que tous les jeunes qui consommeront des psychotropes de façon précoce ou abusive auront connu le même cheminement. Certains peuvent commencer à consommer des psychotropes afin de réduire le stress qu'entraînent des relations difficiles avec leur entourage (parents, professeurs et pairs) ou leurs lacunes sur les plans personnel et social. Des études montrent en effet une diminution de l'anxiété et des sentiments dépressifs sur une période de six mois ou moins suivant la période d'initiation aux psychotropes. Toutefois, si la consommation devient régulière ou abusive, il s'ensuit une augmentation du niveau de stress en raison des difficultés sociales et scolaires associées; de plus, les jeunes qui utilisent les psychotropes comme un moyen d'automédication évitent d'élaborer des solutions efficaces à leurs problèmes. Pour d'autres qui n'ont pas établi de liens d'attachement avec les agents de socialisation que sont les parents, l'école et les pairs conventionnels, et qui, de surcroît, ont un profil caractérisé par la recherche de sensations et l'insensibilité aux sanctions, la consommation de psychotropes représente une façon d'affirmer leur marginalité et leur opposition aux valeurs de la société tout en permettant d'assouvir leur besoin d'expérimentation et de risque. Certains de ces jeunes sont aussi exposés à des parents consommateurs qui servent de modèles. Au total, ces individus risquent de connaître une consommation précoce ou abusive. Un troisième cheminement, probablement fort répandu parmi les consommateurs non problématiques, consiste à s'initier aux substances psychotropes sous l'influence des pairs et des normes en vigueur dans la culture adolescente « locale ». Peu d'entre eux ont commencé à consommer précocement et risquent de connaître l'abus ou la dépendance. Toutefois, une consommation excessive, même occasionnelle, pourra entraîner des conséquences importantes à long terme, tel un accident d'automobile grave. Ces cheminements n'épuisent évidemment pas toutes les possibilités de trajectoires développementales mais en illustrent quelques-unes.

Synthèse

Dans ce chapitre, nous avons fait un survol des taux de prévalence de la consommation de plusieurs substances psychoactives, en prenant soin d'inclure des données se rapportant au Québec. Nous avons constaté qu'une proportion importante de jeunes consomme de manière occasionnelle, régulière ou problématique diverses substances, légales ou illégales, et que les différences liées au sexe sont minimes. Nous avons aussi constaté que l'âge d'initiation à ces substances s'étend de 12 à 14 ans pour un important pourcentage de jeunes. Ces consommateurs précoces risquent particulièrement d'expérimenter une consommation problématique et continue. Nous avons aussi examiné les problèmes d'adaptation et les problèmes de santé mentale avec lesquels plusieurs consommateurs de psychotropes doivent composer. Nous avons noté que des jeunes présentant une double ou une triple problématique possèdent des caractéristiques personnelles particulières repérables dès l'enfance, quoique les recherches à ce sujet soient encore relativement peu nombreuses. Nous avons ensuite fait un survol des facteurs de risque et des facteurs de protection connus au regard d'une consommation précoce ou d'une consommation problématique, ce qui nous a conduits à exposer un programme type de prévention selon une perspective développementale. Enfin, nous avons proposé un modèle intégré qui permet d'illustrer l'enchaînement séquentiel des facteurs de risque connus, utile pour reconnaître précocement les jeunes susceptibles de connaître la toxicomanie et les variables pertinentes pouvant éventuellement servir de cibles aux efforts de prévention. Il reste à espérer que, dans la perspective développementale que nous avons présentée ici, des programmes de prévention à cibles et à stratégies multiples seront conçus, expérimentés et, surtout, rigoureusement évalués.

Références

AHMED, S.W., BUSH, P.J., DAVIDSON, F.R. et IANNOTTI, R.J. (1984). «Predicting Children's Use and Intentions to Use Abusable Substances», communication présentée à l'Annual Meeting of the American Public Health Association, Anaheim (Calif.), novembre.

AMERICAN PSYCHIATRIC ASSOCIATION (1994). *Diagnostic and Statistical Manual of Mental Disorders*, 4ᵉ éd., Washington (D.C.), American Psychiatric Association.

ASELTINE, J.R., GORE, S. et COLTEN, M.E. (1998). «The Co-occurrence of Depression and Substance Abuse in Late Adolescence», *Development and Psychopathology*, vol. 10, p. 549-570.

BACHMAN, J.G., JOHNSTON, L.D. et O'MALLEY, P.M. (1991). «How Changes in Drug Use Are Linked to Perceived Risks and Disapproval: Evidence from National Studies That Youth and Young Adults Respond to Information About the Consequences of Drug Use, dans L. Donohew, H.E. Sypher et W.J. Bukowski (sous la dir. de), *Persuasive Communication and Drug Abuse Prevention*, Hillsdale (N.J.), Lawrence Erlbaum, (p. 133-135).

BAUMRIND, D. (1991). «The Influence of Parenting Style on Adolescent Competence and Substance Use», *Journal of Early Adolescence*, vol. 11, nᵒ 1, p. 56-95.

BERGERON, J. et coll. (1992). *Validation d'un instrument d'évaluation de la gravité des problèmes reliés à la consommation de drogues et d'alcool: l'indice de gravité d'une toxicomanie (IGT)*, Québec, Direction générale de la planification et de l'évaluation, Ministère de la Santé et des Services sociaux.

BERMAN, A.L. et SCHWARTZ, R.H. (1990). «Suicide Attempts Among Adolescent Drug Users», *American Journal of Diseases of Children*, vol. 144, n° 3, p. 310-314.

BLUM, K., NOBLE, E.P., SHERIDAN, P.J., MONTGOMERY, A., RITCHIE, T., OZKARAGOZ, T., FITCH, R.J., WOOD, R., FINLEY, O. et SADLACK, F. (1993). «Genetic Predisposition in Alcoholism: Association of the D2 Dopamine Receptor TaqI B1 RFLP with Severe Alcoholics», *Alcohol*, vol. 10, n° 1, p. 59-67.

BLUMSTEIN, A., COHEN, J. et FARRINGTON, D.P. (1988). «Criminal Career Research: Its Value for Criminology», *Criminology*, vol. 26, p. 5-25.

BOIVIN, M. et VITARO, F. (1995). «The Impact of Peer Relationships on Aggression in Childhood: Inhibition Through Coercion or Promotion Through Peer Support», dans J. McCord (sous la dir. de), *Coercion and Punishment in Long-Term Perspectives*, Cambridge, Cambridge University Press, p. 183-197.

BREWER, D.D., HAWKINS, J.D., CATALANO, R.F. et NECKERMAN, H.J. (1995). «Preventing Serious, Violent, and Chronic Juvenile Offending: A Review of Selected Strategies in Childhood, Adolescence, and the Community», dans J.C. Howell, B. Krisberg, J.D. Hawkins et J.J. Wilson (sous la dir. de), *A Sourcebook: Serious, Violent, and Chronic Juvenile Offenders*, Thousand Oaks (Calif.), Sage, p. 61-141.

BROOK, J.S., WHITEMAN, M., NOMURA, C., GORDON, A.C. et COHEN, P. (1988). «Personality, Family, and Ecological Influences on Adolescent Drug Use: A Developmental Analysis», *Journal of Chemical Dependency Treatment*, vol. 1, n° 2, p. 123-161.

BROOK, J.S., WHITEMAN, M., SCOVELL-GORDON, A. et BROOK, D.W. (1990). «The Role of Older Brothers in Younger Brothers' Drug Use Viewed in the Context of Parent and Peer Influences», *Journal of Genetic Psychology*, vol. 151, p. 59-85.

CAIRNS, R.B., CAIRNS, B.D., NECKERMAN, H.J., GEST, S.D. et GARIÉPY, J.-L. (1988). «Peer Networks and Aggressive Behavior: Social Support or Social Rejection?», *Developmental Psychology*, vol. 24, p. 815-823.

CAMIRAND, J. (1996). *Un profil des enfants et des adolescents québécois. Monographie n° 3. Enquête sociale et de santé 1992-1993*, Montréal, Ministère de la Santé et des Services sociaux.

CHASSIN, L., CURRAN, P.J., HUSSONG, A.M. et COLDER, C.R. (1996). «The Relation of Parent Alcoholism to Adolescent Substance Use: A Longitudinal Follow-Up Study», *Journal of Abnormal Psychology*, vol. 105, n° 1, p. 70-80.

CLOUTIER, R., CHAMPOUX, L., JACQUES, C. et LANCOP, C. (1994). *Ados, familles et milieux de vie*, rapport de l'enquête menée dans le cadre de l'Année internationale de la famille, Québec, Centre de recherche sur les services communautaires, Université Laval.

CLOUTIER, R. et LEGAULT, G. (1991). *Les habitudes de vie des élèves du secondaire. Synthèse du rapport d'étude*, Québec, Centre de recherche sur les services communautaires, Université Laval.

COHEN, D.A. et RICE, J. (1997). «Parenting Styles, Adolescent Substance Use, and Academic Achievement», *Journal of Drug Education*, vol. 27, n° 2, p. 199-211.

COIE, J.D., DODGE, K.A. et KUPERSMIDT, J. (1990). «Peer Group Behavior and Social Status», dans S.R. Asher et J.D. Coie (sous la dir. de), *Peer Rejection in Childhood*, Cambridge, Cambridge University Press, p. 17-59.

COIE, J.D., WATT, N.F., WEST, S.G., HAWKINS, J.D., ASARNOW, J.R., MARKMAN, H.J., RAMEY, S.L., SHURE, M.B. et LONG, B. (1993). « The Science of Prevention: A Conceptual Framework and Some Directions for a National Research Program », *American Psychologist,* vol. 48, p. 1013-1022.

COMITÉ PERMANENT DE LUTTE À LA TOXICOMANIE (1996). *La toxicomanie au Québec: des inquiétudes à l'action,* Montréal, Comité permanent de lutte à la toxicomanie.

CURRAN, P.J., STICE, E. et CHASSIN, L. (1997). « The Relation Between Adolescent Alcohol Use and Peer Alcohol Use: A Longitudinal Random Coefficients Model », *Journal of Consulting and Clinical Psychology,* vol. 65, n° 1, p. 130-140.

DEWITT, D.J., SILVERMAN, G., GOODSTADT, M. et STODUTO, G. (1995). « The Construction of Risk and Protective Factor Indices for Adolescent Alcohol and Other Drug Use », *The Journal of Drug Issues,* vol. 25, n° 4, p. 837-863.

DOBKIN, P.L., TREMBLAY, R.E., MÂSSE, L.C. et VITARO, F. (1995). « Individual and Peer Characteristics in Predicting Boys' Early Onset of Substance Abuse: A 7-Year Longitudinal Study », *Child Development,* vol. 66, p. 1198-1214.

DOBKIN, P.L., TREMBLAY, R.E. et SACCHITELLE, C. (1997). « Predicting Boys' Early-Onset Substance Abuse from Father's Alcoholism, Son's Disruptiveness, and Mother's Parenting Behavior », *Journal of Consulting and Clinical Psychology,* vol. 65, n° 1, p. 86-92.

DUSSAULT, R. (1994). *Les habitudes de vie des élèves du secondaire fréquentant une polyvalente de la Commission des écoles catholiques de Montréal,* rapport d'étude, Montréal, Commission des écoles catholiques de Montréal.

ELLIOTT, D.S., HUIZINGA, D. et AGETON, S. (1985). *Explaining Delinquency and Drug Use,* Beverly Hills (Calif.), Sage.

ENNETT, S.T. et BAUMAN, K.E. (1991). « Mediators in the Relationship Between Parental and Peer Characteristics and Beer Drinking by Early Adolescents », *Journal of Applied Social Psychology,* vol. 21, p. 1699-1711.

EPSTEIN, J.A., BOTVIN, G.J., DIAZ, T., TOTH, V. et SCHINKE, S.P. (1995). « Social and Personal Factors in Marijuana Use and Intentions to Use Drugs Among Inner City Minority Youth », *Developmental and Behavioral Pediatrics,* vol. 16, n° 1, p. 14-20.

EWING, J.A. (1984). « Detecting Alcoholism: The CAGE Questionnaire », *Journal of the American Medical Association,* vol. 252, p. 1905-1907.

FARRELL, A.D. (1993). « Risk Factors for Drug Use in Urban Adolescents: A Three Wave Longitudinal Study », *Journal of Drug Issues,* vol. 23, n° 3, p. 443-462.

FARRINGTON, D.P. (1994). « Childhood, Adolescent, and Adult Features of Violent Males », dans L.R. Huesman (sous la dir. de), *Aggressive Behavior: Current Perspectives,* New York, Plenum Press, p. 215-240.

GORMAN, D.M. (1998). « The Irrelevance of Evidence in the Development of School-Based Drug Prevention Policy, 1986-1996 », *Evaluation Review,* vol. 22, p. 118-146.

GOSSELIN, C., LAROCQUE, D., VITARO, F. et GAGNON, C. (2000). « Identification des facteurs liés à la consommation de cigarettes, d'alcool et de drogues à l'adolescence », *Journal international de psychologie,* vol. 35, p.46-59.

GOTTFREDSON, M.R. et HIRSCHI, T. (1990). *A General Theory of Crime,* Stanford (Calif.), Stanford University Press.

GREENE, R.W., BIEDERMAN, J., FARAONE, S.V., SIENNA, M. et GARCIA-JETTON, J. (1997). « Adolescent Outcome of Boys with Attention-Deficit/Hyperactivity Disorder and Social Disability: Results from a 4-Year Longitudinal Follow-Up Study», *Journal of Consulting and Clinical Psychology*, vol. 65, p. 758-767.

HAWKINS, J.D., GRAHAM, J.W., MAGUIN, E., ABBOTT, R.D. et CATALANO, R.F. (2000). «Exploring the Effects of Age of Alcohol Use Initiation and Psychosocial Risk Factors on Subsequent Alcohol Misuse», *Journal of Studies on Alcohol*.

HAWKINS, J.D., KOSTERMAN, R., MAGUIN, E., CATALANO, R.F. et ARTHUR, M.W. (1997). «Substance Use and Abuse», dans R.T. Ammerman et M. Hersen (sous la dir. de), *Handbook of Prevention and Treatment with Children and Adolescents. Intervention in the Real World Context*, New York, John Wiley, p. 203-237.

HENLY, G.A. et WINTERS, K.C. (1989). «Development of Psychosocial Scales for the Assessment of Adolescent Alcohol and Drug Involvement», *The International Journal of the Addictions*, vol. 24, p. 973-1001.

HOLDER, H.D. et BLOSE, J.O. (1987). «Impact of Changes in Distilled Spirits Availability on Apparent Consumption: A Time-Series Analysis of Liquor-by-the-Drink», *British Journal of Addiction*, vol. 82, p. 623-631.

INSTITUTE OF MEDICINE COMMITTEE ON PREVENTION OF MENTAL DISORDERS (1994). *Reducing Risks for Mental Disorders: Frontiers for Preventive Intervention Research*, Washington (D.C.), National Academy Press.

JACKSON, C., HENRIKSEN, L., DICKSON, D. et LEVINE, D.W. (1997). «The Early Use of Alcohol and Tobacco: Its Relation to Children's Competence and Parents' Behavior», *American Journal of Public Health*, vol. 87, n° 3, p. 359-364.

JENNISON, K.M. et JOHNSON, K.A. (1998). «Alcohol Dependence in Adult Children of Alcoholics: Longitudinal Evidence of Early Risk», *Journal of Drug Education*, vol. 28, p. 19-37.

JESSOR, R. et JESSOR, S.I. (1977). *Problem Behavior and Psychosocial Development: A Longitudinal Study of Youth*, New York, Academic Press.

JOHNSTON, L.D. (1991). Toward a Theory of Drug Epidemics, dans L. Donohew, H.E. Sypher et W. J. Bukoski (sous la dir. de), *Persuasive Communication and Drug Abuse Prevention*, Hillsdale (N.J.), Lawrence Erlbaum, p. 93-131.

JOHNSTON, L.D., O'MALLEY, P.M. et BACHMAN, J.G. (1995). *Drug Use Rises Again in 1995 Among American Teens*, Ann Arbor, University of Michigan News and Information Services, décembre.

KANDEL, D.B., JOHNSON, J.G., BIRD, H.R., CANINO, G., GOODMAN, S.H., LAHEY, B.B., REGIER, D.A. et SCHWAB-STONE, M. (1997). «Psychiatric Disorders Associated with Substance Use Among Children and Adolescents: Findings from the Methods for the Epidemiology of Child and Adolescent Mental Disorders (MECA) Study», *Journal of Abnormal Child Psychology*, vol. 25, n° 2, p. 121-132.

KANDEL, D.B., KESSLER, R.C. et MARGULIES, R.Z. (1978). «Antecedents of Adolescent Initiation to Stages of Drug Use: A Developmental Analysis», *Journal of Youth and Adolescence*, vol. 7, p. 13-40.

KELLAM, S.G. et BROWN, H. (1982). *Social Adaptational Psychological Antecedents of Adolescent Psychopathology Ten Years Later*, Baltimore, Johns Hopkins University.

KESSLER, R.C., McGONAGLE, K.A., ZHAO, S., NELSON, C.B., HUGES, M., ESHLEMAN, S., WITTCHEN, H.U. et KENDLER, K.S. (1994). «Lifetime and 12-Month Prevalence of DSM-III-R Psychiatric Disorders in the United States. Results from the National Comorbidity Survey», *Archives of General Psychiatry*, vol. 51, n° 1, p. 8-19.

KUMPFER, K.L. (1987). «Etiology and Prevention of Vulnerability to Chemical

Dependency in Children of Substance Abusers», dans B.S. Brown et A.R. Mills (sous la dir. de), *Youth and High Risk for Substance Abuse*, Rockville (Md.), National Institute on Drug Abuse, p. 1-73.

LeBlanc, M., Janosz, M. et Langelier-Biron, L. (1993). «Abandon scolaire et prévention spécifique: antécédents sociaux et personnels», *Apprentissage et Socialisation*, vol. 16, nᵒˢ 1-2, p. 43-64.

LeBlanc, M. et Tremblay, R.E. (1988). «A Study of Factors Associated with the Stability of Hidden Delinquency», *International Journal of Adolescence and Youth*, vol. 1, p. 269-291.

Leigh, B.C. et Stall, R. (1993). «Substance Use and Risky Sexual Behavior for Exposure to HIV: Issues in Methodology, Interpretation, and Prevention», *American Psychologist*, vol. 48, nᵒ 10, p. 1035-1045.

Leonard, M.A. et Taccarino, J.R. (1989). «Identifying and Helping the Substance Abuse Prone Child», dans J.M. Lakebrink (sous la dir. de), *Children at risk*, Springfield (Ill.), Charles Thomas, p. 331-341.

Lewis, C.E., Robins, L.N. et Rice, J. (1985). «Association of Alcoholism with Antisocial Personality in Urban Men», *Journal of Nervous and Mental Disease*, vol. 173, p. 166-174.

Lifrak, P.D., McKay, J.R., Rostain, A., Alterman, A.I. et O'Brien, C.P. (1997). «Relationship of Perceived Competencies, Perceived Social Support, and Gender to Substance Use in Young Adolescents», *The International Journal of the Addictions*, vol. 36, nᵒ 1, p. 933-940.

Lo, S.K., Blaze-Temple, D., Binns, C.W. et Ovenden, C. (1993). «Adolescent Cigarette Consumptions: The Influence of Attitudes and Peer Drug Use», *The International Journal of the Addictions*, vol. 28, nᵒ 14, p. 1515-1530.

Loeber, R. et Stouthamer-Loeber, M. (1986). «Family Factors as Correlates and Predictors of Juvenile Conduct Problems and Deliquency», dans M. Tonry et N. Morris (sous la dir. de), *Crime and Justice: An Annual Review*, Chicago, University of Chicago Press, vol. 7, p. 29-149.

Lynskey, M.T. et Fergusson, D.M. (1995). «Childhood Conduct Problems, Attention Deficit Behaviors, and Adolescent Alcohol, Tobacco, and Illicit Drug Use», *Journal of Abnormal Child Psychology*, vol. 23, nᵒ 3, p. 281-302.

McGee, R. et Stanton, W.R. (1993). «A Longitudinal Study of Reasons for Smoking in Adolescence». *Addiction*, vol. 88, p. 265-271.

McLellan, A.T., Luborsky, L., Woody, C.E. et O'Brien, C.P. (1980). «An Improved Diagnostic Evaluation Instrument for Substance Abuse Patients: The Addiction Severity Index», *Journal of Nervous and Mental Disease*, vol. 168, nᵒ 1, p. 26-33.

Maddahian, E., Newcomb, M.D. et Bentler, P.M. (1988). «Risk Factors for Substance Use: Ethnic Differences Among Adolescents», *Journal of Substance Abuse*, vol. 1, p. 11-23.

Marcos, A.C., Bahr, S.J. et Johnson, R.E. (1986). «Test of a Bonding/Association Theory of Adolescent Drug Use», *Social Forces*, vol. 65, nᵒ 1, p. 135-161.

Martin, C.A., Milich, R., Martin, W. R., Hartung, C.M. et Haigler, E.D. (1997). «Gender Differences in Adolescent Psychiatric Outpatient Substance Use: Associated Behaviors and Feelings», *The International Journal of the Addictions*, vol. 36, nᵒ 4, p. 486-494.

Mâsse, L.C. et Tremblay, R.E. (1997). «Behavior of Boys in Kindergarten and the Onset of Substance Use During Adolescence», *Archives of General Psychiatry*, vol. 54, p. 62-68.

Miczek, K.A., DeBold, J.F., Haney, M., Tidey, J., Vivian, J. et Weerts, E.M. (1994). «Alcohol, Drugs of Abuse, Aggression, and Violence», dans J. Riess, Jr. et J.A. Roth (sous la dir. de),

Understanding and Preventing Violence: Social Influences, vol. III, Washington (D.C.), National Academy Press, p. 377-570.

MOFFIT, T.E. (1993). « Adolescence-Limited and Life-Course Persistent Antisocial Behavior: A Developmental Taxonomy », *Psychological Review*, vol. 100, p. 674-701.

MOORE, M.H. (1990). « Supply Reduction and Drug Law Enforcement », dans M. Tonry et J.Q. Wilson (sous la dir. de), *Crime and Justice: A Review of Research: Drugs and Crime*, vol. XIII, Chicago, University of Chicago Press, p. 109-157.

MRAZEK, P.J. et HAGGERTY, R.J. (1994). *Reducing Risks for Mental Disorders*, Washington (D.C.), National Academy Press.

NEWCOMB, M.D. (1997). « Psychosocial Predictors and Consequences of Drug Use: A Developmental Perspective Within a Prospective Study », *Journal of Addictive Diseases*, vol. 16, n° 1, p. 51-89.

NEWCOMB, M.D. et BENTLER, P.M. (1988). *Consequences of Adolescent Drug Use: Impact on the Lives of Young Adults*, Newbury Park (Calif.), Sage.

NEWCOMB, M.D. et FELIX-ORTIZ, M. (1992). « Multiple Protective and Risk Factors for Drug Use and Abuse: Cross-Sectional and Prospective Findings », *Journal of Personality and Social Psychology*, vol. 63, p. 280-296.

NEWCOMB, M.D., MADDAHIAN, E. et BENTLER, P.M. (1986). « Risk Factors for Drug Use Among Adolescents: Concurrent and Longitudinal Analyses », *American Journal of Public Health*, vol. 76, p. 525-531.

OETTING, E.R. et BEAUVAIS, F. (1987). « Peer Cluster Theory, Socialization Characteristics and Adolescent Drug Use: A Path Analysis », *Journal of Counselling Psychology*, vol. 34, p. 205-213.

OFFORD, D.R., CHMURA-KRAEMER, H., KAZDIN, A.E., JENSEN, P.S. et HARRINGTON, R. (2000). Lowering the Burden of Suffering from Child Psychiatric Disorder: Trade-Offs Among Clinical, Targeted, and Universal Interventions », *Journal of Child Psychology and Psychiatry*, vol. 37, p. 686-694

PAQUIN, P. (1988). « Les jeunes, l'alcool et les drogues: valeurs, profils, problèmes », dans P. Brisson (sous la dir. de), *L'usage des drogues et la toxicomanie*, vol. I, Boucherville, Gaëtan Morin Éditeur, p. 253-269

PATTERSON, G.R., REID, J.B., JONES, R.R. et CONGER, R.R. (1975). *A Social Learning Approach to Family Intervention: Families with Aggressive Children*, vol. 1, Eugene (Ore.), Castalia Publishing.

PERRINE, M.W., PECK, R.C. et FELL, J.C. (1988). « Epidemiologic Perspectives on Drunk Driving », dans U.S. Department of Health and Human Services (sous la dir. de), *Background Papers of Surgeon General's Workshop on Drunk Driving*, Washington (D.C.), U.S. Department of Health and Human Services, p. 35-76.

PETERSON, P.L., HAWKINS, J.D., ABBOTT, R.D. et CATALANO, R.F. (1994). « Disentangling the Effects of Parental Drinking, Family Management, and Parental Alcohol Norms on Current Drinking by Black and White Adolescents », *Journal of Research on Adolescence*, vol. 4, p. 203-227.

RADKE-YARROW, M. et SHERMAN, T. (1990). « Children Born at Medical Risk: Factors Affecting Vulnerability and Resilience », dans J. Rolf, A.S. Masten, D. Cicchetti, K.H. Nuechterlein et S. Weintraub (sous la dir. de), *Risk and Protective Factors in the Development of Psychopathology*. Cambridge (Angleterre), Cambridge University Press.

RHODES, J.E. et JASON, L.A. (1988). *Preventing Substance Abuse Among Children and Adolescents*, New York, Pergamon Press.

ROBINS, L.N. (1998). «The Intimate Connection Between Antisocial Personality and Substance Abuse», *Social Psychiatry and Psychiatric Epidemiology,* vol. 33, p. 393-399.

ROBINS, L.N. (1984). «The Natural History of Adolescent Drug Use», *American Journal of Public Health*, vol. 74, p. 656-657.

ROBINS, L.N. et RATCLIFF, K. (1979). «Risk Factors in the Continuation of Childhood Antisocial Behavior into Adulthood», *International Journal of Mental Health*, vol. 7, p. 76-116.

ROSE, R.J. (1998). «A Developmental Behavioral-Genetic Perspective on Alcoholism Risk», *Alcohol Health & Research World*, vol. 22, n° 2, p. 131-143.

SAFFER, H. et GROSSMAN, M. (1987). «Beer Taxes, the Legal Drinking Age, and Youth Motor Vehicle Fatalities», *Journal of Legal Studies*, vol. 16, p. 351-374.

SELZER, M.L. (1971). The Michigan Alcoholism Screening Test: The Quest for a New Diagnostic Instrument, *American Journal of Psychiatry*, vol. 127, p. 1653-1658.

SELZER, M.L., VINOKUR, A. et VAN ROOIJEN, L. (1975). «A Self-Administered Short Michigan Alcoholism Screening Test (SMAST)», *Journal of Studies on Alcoholism*, vol. 36, p. 117-126.

SHEDLER, J. et BLOCK, J. (1990). «Adolescent Drug Use and Psychological Health: A Longitudinal Inquiry», *American Psychologist*, vol. 45, p. 612-630.

SKINNER, H.A. (1982). «The Drug Abuse Screening Test», *Addictive Behaviors*, vol. 7, p. 363-371.

TREMBLAY, R.E. et CRAIG, W.M. (1995). «Developmental Crime Prevention», dans M. Tonry et D.P. Farrington (sous la dir. de), *Building a Safer Society: Strategic Approaches to Crime Prevention*, vol. XIX, Chicago, University of Chicago Press, p. 151-236.

TREMBLAY, R.E., DESMARAIS-GERVAIS, L., GAGNON, C. et CHARLEBOIS, P. (1987). «The Preschool Behavior Questionnaire: Stability of Its Factor Structure Between Cultures, Sexes, Ages and Socioeconomic Classes», *International Journal of Behavioral Development*, vol. 10, p. 467-484.

TREMBLAY, R.E., PAGANI-KURTZ, L., MÂSSE, L., VITARO, F. et PIHL, R.O. (1995). «A Bimodal Preventive Intervention for Disruptive Kindergarten Boys: Its Impact Through Mid-Adolescence», *Journal of Consulting and Clinical Psychology*, vol. 63, p. 560-568.

TREMBLAY, R.E., PIHL, R.O., VITARO, F. et DOBKIN, P.L. (1994). «Predicting Early Onset of Male Antisocial Behavior from Preschool Behavior: A Test of Two Personality Theories», *Archives of General Psychiatry*, vol. 51, p. 732-739.

TREMBLAY, R.E., VITARO, F., BERTRAND, L., LEBLANC, M., BEAUCHESNE, H., BOILEAU, H. et DAVID, H. (1992). «Parent and Child Training to Prevent Early Onset of Delinquency: The Monorail Longitudinal-Experimental Study», dans J. McCord et R.E. Tremblay (sous la dir. de), *Preventing Antisocial Behavior: Interventions from Birth Through Adolescence*, New York, Guilford Press.

URBERG, K.A., DEGIRMENCIOGLU, S.M. et PILGRIM, C. (1997). «Close Friend and Group Influence on Adolescent Cigarette Smoking and Alcohol Use», *Developmental Psychology*, vol. 33, n° 5, p. 834-844.

VITARO, F., BAILLARGEON, R., PELLETIER, D., JANOSZ, M. et GAGNON, C. (1996). «Prédiction de l'initiation au tabagisme chez les jeunes», *Psychotropes*, vol. 3, p. 71-85.

VITARO, F., BEAUMONT, H., MALIANTO-VITCH, K., TREMBLAY, R.E. et PELLETIER, D. (1997). «Consommation des psychotropes chez les adolescents:

prévalence et âge d'initiation». *Psychotropes*, vol. 3, n° 3, p. 41-52.

VITARO, F., BRENDGEN, M. et TREMBLAY, R.E. (2000). «Preventive Intervention: Assessing Its Effects on the Trajectories of Delinquency and Testing for Mediational Processes», *Applied Developmental Science*.

VITARO, F., BRENDGEN, M. et TREMBLAY, R.E. (1999). «Prevention of School Dropout Through the Reduction of Disruptive Behaviors and School Failure in Elementary School», *Journal of School Psychology*, vol. 37, p. 205-226.

VITARO, F. et CARBONNEAU, R. (2000). «La prévention de la consommation abusive de psychotropes», dans F. Vitaro et C. Gagnon (sous la dir. de), *Prévention des problèmes d'adaptation chez les enfants et les adolescents*, Sainte-Foy, Presses de l'Université du Québec.

VITARO, F., DOBKIN, P.L., CARBONNEAU, R. et TREMBLAY, R.E. (1996). «Personal and Familial Characteristics of Resilient Sons of Male Alcoholics», *Addiction*, vol. 91, n° 8, p. 1161-1177.

VITARO, F., FERLAND, F., JACQUES, C. et LADOUCEUR, R. (1998). «Gambling, Substance Use, and Impulsivity During Adolescence», *Psychology of Addictive Behaviors*, vol. 12, p. 185-194.

VITARO, F., NORMAND, C.L. et CHARLEBOIS, P. (1999). *Stratégies pour impliquer les parents dans la prévention de la toxicomanie chez les jeunes*, Montréal, Comité permanent de lutte à la toxicomanie.

VITARO, F., TREMBLAY, R.E., ZOCCOLILLO, M., ROMANO, E. et PAGANI, L. (1999). *Problèmes de toxicomanie et de santé mentale chez les adolescents québécois: prévalence, comorbidité et caractéristiques associées*, rapport de recherche présenté au Conseil québécois de la recherche sociale, Montréal, Université de Montréal.

WEBB, J.A. et coll. (1996). «Do Fifth Graders' Attitudes and Intentions Toward Alcohol Use Predict Seventh-Grade Use?», *Journal of the American Academy of Child and Adolescent Psychiatry*, vol. 35, n° 12, p. 1611-1617.

WERNER, E.E. et SMITH, R.S. (1982). *Vulnerable But Invincible: A Longitudinal Study of Resilient Children and Youth*, New York, McGraw-Hill.

YOSHIKAWA, H. (1994). «Prevention as Cumulative Protection: Effects of Early Family Support and Education on Chronic Delinquency and Its Risks», *Psychological Bulletin*, vol. 115, p. 28-54.

ZOCCOLILLO, M., VITARO, F. et TREMBLAY, R.E. (1999). «Problem Drug and Alcohol Use in a Community Sample of Adolescents», *Journal of the American Academy of Child and Adolescent Psychiatry*, vol. 38, p. 900-907.

Traitement, suivi, éthique

Le traitement des toxicomanies dans le contexte carcéral : politiques et éthique*

Serge Brochu ◆ *Pascal Schneeberger*

Après une mise en perspective du rôle de l'emprisonnement dans nos sociétés et des relations étroites qui existent entre l'exercice de la criminalité, l'usage de drogues et la consommation à l'intérieur des murs, les auteurs analysent plus particulièrement les programmes et les modalités de traitement des toxicomanies dans le contexte carcéral en dégageant certaines dimensions éthiques soulevées par les politiques en vigueur dans ce domaine.

* La présente étude a pu être réalisée grâce à des subventions du Conseil québécois de la recherche sociale, du Fonds pour la formation de chercheurs et l'aide à la recherche et du Comité permanent de lutte à la toxicomanie.

Drogue : les trafiquants sont de plus en plus rusés,
de plus en plus riches et de plus en plus libres.
La Presse, 8 avril 1998

La drogue à l'origine du premier meurtre
de l'année à Ottawa.
Le Droit, 12 février 1998

La drogue du viol s'infiltre à Québec.
Le Soleil, 28 mars 1998

Introduction

Chaque semaine, les manchettes des quotidiens attirent l'œil du grand public sur la drogue et le crime. À la lecture du type d'information présenté, il n'est pas étonnant que la population générale se sente menacée par les consommateurs de drogues et qu'elle exige de la part de l'administration publique une intervention qui lui offrira un sentiment de sécurité, fût-il illusoire. Pour des raisons à la fois politiques et stratégiques, les autorités se sont empressées de répondre à l'insécurité des citoyens en promulguant des mesures sévères à l'égard des consommateurs et des trafiquants. Au nombre de ces mesures se trouve l'obligation d'un travail thérapeutique en cours de peine pour les consommateurs.

Devant la double fonction de répression et de réhabilitation que remplit l'appareil judiciaire, les enjeux se complexifient. Pour certains, la répression devient molle en permettant à un contrevenant de troquer la détention contre un traitement. Pour d'autres, le rôle du traitement dans le contexte judiciaire ne peut être qu'obscurci par le cadre répressif. Devant cette situation, il apparaît comme important de se poser certaines questions. Les toxicomanes s'impliquent-ils vraiment dans le crime? Quelle proportion des contrevenants éprouve réellement une dépendance à l'égard d'une drogue quelconque (médicaments, alcool, drogues de rue)? Doit-on intervenir auprès de ces individus? Quels sont les enjeux de l'intervention dans un milieu coercitif?

Ce chapitre se veut une réflexion critique sur les diverses questions soulevées par les travaux que nous avons effectués ces dernières années dans le domaine de l'intervention auprès des toxicomanes judiciarisés. À défaut de répondre à chacune de ces questions, cette discussion sensibilisera le lecteur aux aspects litigieux du traitement de la toxicomanie dans un milieu carcéral. Pour bien comprendre le fondement des politiques en vigueur concernant le traitement des toxicomanies en milieu carcéral, la première partie mettra en contexte le rôle de l'emprisonnement dans la société contemporaine canadienne, pour amener ensuite une discussion sur l'enfermement des consommateurs de substances psychoactives et sur la poursuite des comportements de consommation à l'intérieur des établissements carcéraux. Dans une troisième partie, nous étudierons le recours au traitement comme mesure d'intervention auprès de la clientèle toxicomane ainsi que les obstacles auxquels de telles pratiques se heurtent. Nous terminerons le chapitre par l'examen de quelques questions éthiques rattachées au traitement des toxicomanies dans un environnement coercitif.

Criminalité et société

Dans les sondages, le crime se classe toujours parmi les préoccupations sociales majeures de la population. Par exemple, dans une enquête récente, un Canadien sur quatre affirmait ne pas se sentir en sécurité lorsqu'il marche la nuit dans son quartier (Centre national de prévention du crime, 1998). On discute alors de la peur du crime. Mais qu'est-ce qu'un crime? Par sa définition légale, le crime diffère des autres comportements déviants en ce qu'il viole une loi promulguée par les autorités politiques. Ainsi, la possession d'héroïne ne constitue un crime, au Canada, que depuis le début du XXe siècle.

De façon à avoir un certain poids, les législateurs associent souvent les lois à des sanctions pénales tels les amendes, les travaux communautaires, la probation ou la détention, cette dernière sanction étant réservée aux personnes les plus dangereuses et aux auteurs des infractions les plus graves (Solliciteur général du Canada, 1998). Cette coercition légitime, croit-on, permet aux lois d'inspirer une certaine crainte chez une grande partie de la population. Un des arguments centraux de la peine est donc la dissuasion. Toutefois, on ne peut passer sous silence une autre fonction de la peine qu'est le *châtiment*. La société, par la voie de ses législateurs, se plaît à faire souffrir le contrevenant, de manière qu'il goûte un peu à «sa propre médecine». Bien sûr, dans la société nord-américaine actuelle, on ne coupe pas la main du voleur et on ne l'expose pas au mépris public en le mettant au pilori, mais on ne laisse pas totalement de côté ce principe du châtiment. Ainsi, certaines lois peuvent apparaître comme exagérément punitives. Prenons, à titre d'exemple, la *Rockefeller Drug Law* de l'État de New York, qui requiert une sentence minimale de 15 ans de pénitencier pour toute personne trouvée coupable du trafic de deux onces ou plus de narcotiques, ou de la possession de quatre onces ou plus du même produit (Muscoreil, 1998). À ces deux fonctions s'est ajoutée, plus récemment, la *réadaptation*. Croyant que l'origine du crime ne se situe pas dans l'immoralité de l'acteur social en cause, mais bien dans des problèmes d'adaptation, d'éducation, de personnalité ou d'acquisition d'habiletés personnelles et sociales, le domaine correctionnel a ouvert ses portes aux experts de la réadaptation de façon à adopter une mesure qui se situe au-delà de la punition.

Selon les données du Solliciteur général du Canada (1998), le taux global de criminalité a diminué pour la sixième année consécutive, en 1997. Bien plus, pour ce qui est des crimes signalés à la police, le Canada connaît actuellement son taux le plus bas depuis 1980. Malgré cette situation qui devrait, à première vue, accroître la sécurité du citoyen, le taux d'admission en détention n'a cessé d'augmenter au Canada[1]. En effet, ce nombre est passé de 212 592 (détenus provinciaux[2]: 207 946; détenus fédéraux: 4 646) en 1990-1991 à 231 031 (détenus provinciaux: 225 462; détenus fédéraux: 5 569) en 1997-1998 (Solliciteur général du Canada, 1998). Le nombre de détenus canadiens par 100 000 habitants s'élève ainsi à 129; ce taux est bien loin de celui de nos voisins américains (645 par 100 000 habitants), mais s'avère plus élevé que celui de la plupart des autres pays industrialisés (France: 110 par 100 000 habitants; Allemagne: 95 par 100 000 habitants; Suisse: 88 par 100 000 habitants; Finlande 76 par 100 000 habitants) [Solliciteur général du Canada, 1998]. On peut croire que le recours à l'incarcération varie d'un pays à l'autre et d'une époque à l'autre sans que cela soit directement lié au taux de criminalité en vigueur.

Criminalité et usage de drogues

De nombreuses études ont pu démontrer que les toxicomanes étaient activement impliqués dans la criminalité. Par exemple, les travaux de Hall, Bell et Careless (1993) réalisés aux États-Unis auprès d'une population de consommateurs rapportent que 72 % d'entre eux affirment qu'une de leurs principales sources de revenu réside dans la vente de drogues ou l'accomplissement de crimes contre les biens. D'autres chercheurs sont même parvenus à établir que les revenus annuels engendrés par de telles activités se chiffraient à près de 18 000 $ US par personne (Deschesnes, Anglin et Speckart, 1991).

Nous ne possédons pas de données de la même nature pour le Québec, mais certains indices laissent croire que la situation n'est pas très différente. Ainsi, une étude réalisée auprès d'un échantillon de toxicomanes effectuant une demande de service au Centre Dollard-Cormier indique que 70 % d'entre eux avaient déjà été arrêtés et inculpés d'un crime en vertu du Code criminel, et que 20 % de l'échantillon se présentaient en traitement alors qu'ils étaient en instance d'inculpation, de procès ou de sentence (Laflamme-Cusson, Guyon et Landry, 1994).

Par contre, les crimes commis par les toxicomanes pour se procurer l'argent nécessaire à la poursuite de leur habitude ne constituent pas la seule raison de leur incarcération. Depuis 1997, la *Loi réglementant certaines drogues et autres substances* régit les différentes infractions liées à la possession, à la culture, à la fabrication, au trafic, à l'importation-exportation ou à l'ordonnance des différentes substances psychoactives illégales. Cette loi prévoit qu'un individu en possession

---

1. Les personnes condamnées à une peine de deux ans moins un jour sont généralement détenues dans une prison alors que celles qui sont condamnées à une sentence de détention supérieure sont placées dans un pénitencier. L'administration des prisons est de compétence provinciale alors que les pénitenciers sont gérés par le gouvernement fédéral.
2. Il faut toutefois noter qu'au Québec le nombre des admissions en détention a diminué de 12 % entre 1993-1994 et 1997-1998 (Solliciteur général du Canada, 1998).

de drogues peut encourir jusqu'à cinq ans moins un jour d'emprisonnement, alors que, dans le cas du trafic, de la possession en vue du trafic et de l'importation-exportation de substances psychoactives illicites, le contrevenant est passible de l'emprisonnement à vie (Dion, 1999). Bien que la loi fasse preuve d'un plus grand discernement dans le cas du cannabis et de ses dérivés, considérant notamment les quantités en cause, il n'en demeure pas moins qu'elle recommande l'incarcération dans de nombreux cas.

Or, depuis 1993, le nombre d'infractions enregistrées en matière de stupéfiants n'a cessé d'augmenter au Canada, atteignant pour l'année 1997 un chiffre supérieur à 65 400 infractions (Dion, 1999). Selon le même auteur, de 1995 à 1997, entre 17 % et 20 % des condamnations imposées par un tribunal du Québec en matière de possession de stupéfiants se sont soldées par une peine d'incarcération ; il s'agit de plus de 4 600 cas. En matière de trafic, la réponse des tribunaux est beaucoup plus sévère. En effet, les données compilées par S. Tremblay (1999) dans six provinces canadiennes et un territoire indiquent que près des deux tiers (64 %) des infractions reliées au trafic de stupéfiants ont été sanctionnées par une peine d'emprisonnement. Le 5 octobre 1996, la proportion de détenus incarcérés pour une infraction relative aux drogues se situait autour de 10 % pour le Canada, alors que cette proportion atteignait 14 % pour la province de Québec (S. Tremblay, 1999).

Bien sûr, les contrevenants condamnés à une peine relative aux lois canadiennes en matière de drogues ne sont pas nécessairement les seuls à consommer des drogues. En fait, un grand nombre d'études provenant de divers pays ont démontré que la consommation de substances psychoactives faisait partie du style de vie d'une grande partie des contrevenants (voir Brochu, 1995 pour une présentation de ces diverses études). Faute d'espace, nous nous concentrerons sur les résultats de recherches réalisées au Québec. Lors de son étude d'une population de détenus résidant au Centre de détention de Montréal, Forget (1990) indiquait que plus de la moitié des personnes interrogées reconnaissaient qu'elles avaient fait usage d'une drogue proscrite par la loi durant le mois qui a précédé leur incarcération. Plus du tiers des participants à l'étude avouaient que les coûts relatifs à leur consommation de drogues avaient joué un rôle dans la perpétration du délit pour lequel ils étaient écroués. Plus inquiétante encore, l'étude de Brochu et Guyon (1994) révèle que le tiers des détenus admis au Centre de détention de Montréal présentent une dépendance à une substance psychoactive. Cette proportion a même été évaluée à 43 % à la prison provinciale de Trois-Rivières (Schneeberger et Brochu, 1995).

En ce qui concerne les détenus fédéraux, les données ne diffèrent guère. Un rapport du Service correctionnel du Canada (1990) rapporte que 50 % des détenus nouvellement incarcérés ont consommé une drogue au moins une fois par mois lors des six mois qui ont précédé leur emprisonnement (Lévesque, 1994). De ce nombre, 10 % en faisaient un usage quotidien et la moitié en avaient utilisé le jour du délit pour lequel ils ont été incarcérés. La même étude constate que 20 % de la clientèle des établissements d'incarcération fédéraux présente une dépendance à une substance psychoactive allant d'importante à grave. Une récente étude révèle que 29 % des détenus fédéraux rapportent que la plupart de leurs crimes ont été perpétrés sous l'influence de la drogue alors que 24 % affirment la même chose au sujet de l'alcool (Brochu et coll., accepté pour publication).

Les données divulguées démontrent clairement qu'avant leur incarcération une forte proportion des détenus consommait une drogue et que, selon les études, entre 20 % et 45 % de la clientèle des établissements carcéraux québécois serait aux prises avec des problèmes de dépendance.

C'est ainsi que se retrouvent dans les mêmes milieux d'incarcération vendeurs et acheteurs de drogues. Comment croire, alors, que la détention sera un espace exempt de consommation de drogues illicites ? Selon certains travaux, les comportements de consommation ne cessent pas avec l'emprisonnement des individus (Barrette et coll., 1999 ; Chayer, 1997 ; P. Tremblay, 1999). Un certain nombre d'études ont démontré l'accessibilité des drogues à l'intérieur des établissements de détention (voir Plourde [en préparation] pour une discussion plus exhaustive de cette question). Cela ne signifie pas pour autant que tous les détenus consomment des drogues ni que l'environnement carcéral constitue un facteur d'initiation aux drogues. Par contre, la réalité de la consommation de drogues en détention ne fait aucun doute.

Une recherche récente effectuée par Chayer et Brochu (soumis pour publication) a permis de constater les faits suivants :

1. Toutes les drogues sont généralement accessibles en détention.
2. Le prix de ces drogues est beaucoup plus élevé que dans la rue.
3. La consommation de drogues diminue durant l'incarcération (entres autres étant donné leur prix élevé).
4. Le contexte carcéral s'avère plus propice à la consommation de cannabis, de somnifères et d'alcool frelaté, produits de nature « calmante », qu'à la consommation de produits stimulants telles la cocaïne ou les amphétamines.
5. Dans un contexte de privation de la liberté, la consommation correspond à une échappatoire, à un moyen d'adaptation utilisé en vue de vivre moins douloureusement la réalité de l'enfermement.

La présence de la consommation de drogues en détention et surtout le taux élevé de toxicomanes qu'on y trouve soulignent la nécessité de mettre en place des programmes d'intervention afin d'aider ces personnes à se défaire de leur assuétude.

Toxicomanies et détention

L'apparition du modèle « réadaptatif » en détention va de pair avec la reconnaissance des besoins humains des prisonniers. Le détenu, privé de sa liberté, conserve tout de même ses droits à des services de santé adéquats. Ainsi, le toxicomane doit avoir accès à des soins relatifs à sa consommation abusive de substances psychoactives.

Parallèlement, tenant compte des besoins de la société et de la peur du crime qui y règne, les autorités appuient les initiatives de réadaptation des toxicomanes afin de réduire les risques de récidive de ce type de contrevenants. En d'autres mots, l'objectif principal des services correctionnels demeure la réduction maximale de la récidive, objectif qui, croient-ils, passe par la réadaptation des contrevenants ayant un problème de consommation.

À première vue, les programmes de réadaptation ont leur place à l'intérieur des murs. Pourtant, en soi, un établissement carcéral est une organisation coercitive : la force et la menace constituent d'excellentes façons de faire régner l'ordre parmi un ensemble d'individus qui ne sont certes pas reconnus pour leur esprit d'obéissance. La coercition exercée par l'établissement est en rapport direct avec le niveau de sécurité qui lui a été attribué ; un établissement à sécurité maximale présentera un caractère plus coercitif qu'un centre de détention à sécurité minimale. Coercition et réadaptation peuvent-elles cohabiter sereinement ? Lemire (1990, p. 86) répond ceci : « Tout d'abord, l'établissement coercitif ne peut prétendre avoir vocation de rééducation car son but se veut d'une tout autre nature ; il s'agit en fait d'un but essentiellement négatif : prévenir le désordre et "sauver les meubles" ». Ce passage nous laisse croire que le mariage de la coercition et de la rééducation n'est pas facile en soi. Un milieu coercitif ne favorise pas la coopération des personnes qui sont l'objet de mesures restrictives avec celles qui sont chargées de leur surveillance (Clément et Ray, 1991 ; Hirschel et Keny, 1990). Un contexte punitif n'est pas, par sa nature, propice aux soins. Nous examinerons maintenant dans quelle mesure les soins offerts aux toxicomanes dans un tel contexte peuvent s'avérer adéquats.

Le contexte de soins en milieu carcéral

Un récent rapport commandé par le Comité permanent de lutte à la toxicomanie (Brochu et Schneeberger, 1999) révèle en fait que les programmes de réadaptation en toxicomanie ne sont pas nombreux dans les établissements de détention québécois. On ne trouve pour ainsi dire aucun programme d'intervention en toxicomanie dans les prisons (à l'exception des mouvements d'entraide), alors que les pénitenciers fédéraux de la province offrent un programme de prévention secondaire accessible dans la majorité des institutions ainsi que deux programmes de communautés thérapeutiques (STOP, dans un établissement à sécurité minimale, et ECHO, dans un pénitencier à sécurité moyenne).

Quoi qu'il en soit, dans un contexte coercitif comme celui que nous venons de décrire, plusieurs difficultés guettent la réadaptation lorsqu'elle est offerte.

Une de ces difficultés réside dans la perception qu'entretiennent les divers acteurs pénaux au sujet de la validité des programmes de réadaptation. D'une part, le traitement est encore fréquemment considéré par les agents de correction comme une récréation pour les détenus, des «bonbons», comme ils le disent. D'autre part, il arrive fréquemment que la participation à un programme soit également mal perçue par l'ensemble de la population carcérale, ce qui est notamment le cas de certains programmes de communauté thérapeutique, dont un a même dû être abandonné. L'intervention s'inscrit donc le plus souvent dans un contexte d'isolement pénible pour un certain nombre de détenus.

Par ailleurs, même si les priorités carcérales sont avant tout accordées à la protection de la société et au bon fonctionnement de l'établissement, il faut veiller à ce que le contenu du traitement ne soit pas dénaturé par des impératifs administratifs, c'est-à-dire perverti pour des raisons budgétaires ou de manque de personnel, ou encore à ce que des priorités de gestion, telle l'occupation maximale du nombre des cellules, ne l'emportent pas sur un processus rigoureux de sélection de la clientèle.

Les priorités administratives durant le traitement en menacent constamment les principes, l'accent n'étant pas mis sur le bien-être psychologique du client mais plutôt sur la prévention de la récidive, ultime mesure de l'impact de la démarche thérapeutique aux yeux des administrateurs pénaux. Or, l'indicateur de récidive par excellence en matière de toxicomanie est la rechute. De nombreuses énergies sont employées à mesurer cette rechute, à la détecter, à la prévenir et à la «punir», entre autres par un resserrement du contrôle pénal autour des personnes qui en font l'objet. Dans le champ de l'intervention en toxicomanie, la rechute constitue un matériau de premier plan. C'est souvent à travers elle que le travail thérapeutique se réalise et que le client progresse. Pour plusieurs personnes, la toxicomanie consiste en une réponse (inadaptée, dans beaucoup de cas) à une série de difficultés profondes. Le traitement des toxicomanies consiste, en quelque sorte, dans l'apprentissage de nouvelles stratégies d'adaptation. Plusieurs clients font l'expérience, pour la première fois depuis de nombreuses années, d'une vie sans drogue. Il est important que cette expérience puisse être vécue comme une réussite et leur donne le désir de poursuivre dans cette voie, ce à quoi on ne peut parvenir en gérant la rechute comme un échec de la démarche.

On le voit bien, la relation détenu-intervenant à l'intérieur d'un milieu coercitif peut rapidement devenir un jeu de dupes, obligeant l'un à fournir une preuve de plus en plus difficile à donner des progrès réalisés (quitte à en inventer) et l'autre à devenir de plus en plus sceptique face aux manifestations de ces progrès.

L'impact des soins

Une étude récente concernant l'efficacité de différents types d'intervention démontre que le traitement de l'alcoolisme et des toxicomanies se trouve parmi les 500 interventions les plus rentables examinées quant au nombre d'années de vie sauvées (Tengs et coll., 1995). Cependant, tous les programmes de traitement ne présentent pas le même degré d'efficacité. Les études des 20 dernières années indiquent que l'impact d'un traitement (pour personnes judiciarisées ou non) est relié à un ensemble de facteurs, dont les suivants :

1) la durée et la quantité de traitement (De Leon, 1985 ; Simpson, 1979, 1981) ;

2) la motivation des clients (Miller, 1985, 1989a ; Prochaska et Di Clemente, 1992) ;

3) une stratégie d'appariement client-programme d'intervention (Miller, 1989b ; Pattison, Sobell et Sobell, 1977) ;

4) la qualité de la relation thérapeutique (Luborksy et coll., 1985).

Pour différentes raisons, plusieurs détenus « décident » d'entamer une démarche thérapeutique en toxicomanie au sein d'un établissement de détention. Quel en est le résultat ? Examinons un à un les facteurs qui ont été reconnus comme étant reliés au succès thérapeutique des traitements des toxicomanies.

La durée et la quantité de traitement

De toute évidence, pour espérer obtenir un certain impact auprès de la clientèle qui entreprend un traitement dans un établissement carcéral, il faut tout d'abord s'assurer de l'adhésion des participants pour un minimum de temps. Dans son étude de la communauté thérapeutique ECHO qui se trouve au pénitencier à sécurité moyenne Leclerc, Bourdages (1992) indique que près de 70 % de la clientèle ne demeurait pas plus de six mois en traitement. Une étude plus récente de ce même programme et de son équivalent dans un pénitencier à sécurité minimale (STOP) enregistrait des taux d'abandon de 50 % (Barrette et coll., 1999 ; Schneeberger et coll., 1999). Une autre étude réalisée à l'ancienne prison de Waterloo, entre 1985 et 1991, révèle que plus de 80 % des détenus qui se sont engagés dans le programme de communauté thérapeutique de l'établissement n'ont pas terminé leur démarche (Girard, 1991).

Il semble donc extrêmement difficile de s'assurer de l'engagement du client, même dans un contexte carcéral. Par contre, les recherches qui se sont intéressées à l'effet des programmes sur les détenus qui poursuivent leur démarche thérapeutique jusqu'à la fin montrent que le traitement produit un impact réel. Ainsi, notre étude récente des communautés thérapeutiques du Service correctionnel du Canada indique que la poursuite du programme augmente l'estime de soi de la clientèle, modifie positivement ses valeurs et lui apporte une meilleure connaissance d'elle-même. Le programme aurait également un impact sur la façon de penser et d'agir de la clientèle, notamment en relation avec les figures d'autorité, qu'elle perçoit avec moins d'hostilité. Les résultats de ces études laissent croire que le programme serait plus efficace auprès de la clientèle présentant avant tout un profil toxicomane qu'auprès de celle qui présente surtout un profil délinquant

(Barrette et coll., 1999; Schneeberger et coll., 1999). Clavet (1990) remarquait, pour sa part, que l'aptitude interpersonnelle des détenus qui avaient suivi le programme à la prison de Waterloo était plus grande que chez ceux qui ne s'étaient pas inscrits dans une telle démarche. Les études qui se sont intéressées strictement à l'impact des programmes en milieu de détention ne sont généralement pas très solides sur le plan méthodologique. Elles prennent tout leur sens lorsqu'elles effectuent un suivi des participants dans la communauté, mais cela est souvent impossible faute d'argent.

Pourtant, les résultats des études empiriques que nous avons mentionnées montrent nettement que le facteur de succès d'une intervention en milieu carcéral réside dans la poursuite de cette démarche à l'extérieur de la prison. Par exemple, Magura et ses collaborateurs (1993) ont fait la démonstration que la réussite d'un traitement à la méthadone à l'intérieur d'un établissement de détention était associée à la poursuite d'une thérapie dans la communauté et que les détenus qui demeuraient plus de six mois et demi en traitement à l'extérieur commettaient moins de crimes et consommaient moins d'héroïne que les autres. Dans le même ordre d'idées, Inciardi et ses collaborateurs (1997) ont remarqué que les personnes qui obtenaient la plus forte réduction des comportements de consommation et de récidive étaient celles qui avaient entamé un programme de traitement dans un établissement carcéral, l'avaient poursuivi lors de leur séjour en maison de transition et continuaient leurs activités thérapeutiques une fois leur libération conditionnelle totale obtenue.

La motivation des clients

Lors de la détention, l'intérêt immédiat des contrevenants ne concorde pas vraiment avec les objectifs du système (protection des citoyens, sécurité, etc.). Les détenus recherchent généralement une façon de rendre leur séjour carcéral le moins pénible et le plus court possible. Ainsi, les toxicomanes qui ne sont pas désignés comme tels par les autorités pénales auront tendance à camoufler tout problème de drogues de façon à ne pas reporter le moment où ils pourront obtenir une libération conditionnelle (Brochu et Lévesque, 1990; Forcier, 1991). À l'inverse, d'autres personnes se sachant, à tort ou à raison, étiquetées en tant que toxicomanes veilleront à se faire admettre en traitement le plus rapidement possible de manière à se libérer du stigmate qui les afflige, peu importe leur motivation réelle à changer quoi que ce soit à leurs habitudes de consommation. Qui est le toxicomane? Quelle est sa motivation? Bien malin qui peut le dire!

Dans bien des cas, la demande d'aide d'un détenu est viciée par la pression coercitive du milieu ambiant. Quel thérapeute correctionnel n'a pas été mis en présence d'un détenu subtilement contraint de ressentir un désir soudain de changer son comportement et de solliciter une aide pour un problème précisé par un gestionnaire de cas à l'approche de sa date d'admissibilité à une libération conditionnelle? Il n'est donc pas surprenant d'apprendre que les intervenants pénaux au Québec (Schneeberger et Brochu, 1999) se plaignent de leur grande difficulté à évaluer la réelle motivation des personnes rencontrées dans le contexte de contrôle dans lequel ils travaillent.

Comment distinguer : le consommateur de drogues manipulateur qui tente de se soustraire à sa peine en inventant des problèmes de toxicomanie ; le trafiquant qui n'éprouve aucun problème de drogues, mais qui se voit dans l'obligation de suivre un programme de traitement dans l'espoir, un jour, d'acquérir le droit à une libération conditionnelle ; le toxicomane qui veut jouer le jeu de la réinsertion sociale pour bien paraître aux yeux des autorités, mais qui n'a aucune intention de changer ses comportements de consommation ; ou, enfin, le toxicomane désireux de changer et qui pourrait réellement bénéficier d'un encadrement thérapeutique spécialisé ? Cette situation inextricable fait en sorte que plusieurs intervenants pénaux entretiennent peu d'espoir en ce qui concerne l'impact du travail thérapeutique au cours de la détention, préférant laisser à la communauté le soin de réadapter le contrevenant.

Ce contexte marqué par des contraintes externes et par la manipulation est-il bien différent de celui qu'on trouve dans les services réguliers de traitement des toxicomanies offerts dans la communauté ? Quel intervenant dans le domaine des toxicomanies n'a pas été mis en présence d'un client dont la demande d'aide émanait de la famille ou était imposée par l'employeur ? Par ailleurs, lorsqu'un toxicomane fait une demande d'aide, plusieurs nuances doivent être apportées à sa volonté de changer. Quels sont les objectifs réels (cachés) de la personne ? Ces objectifs peuvent être de natures diverses : se départir définitivement de son problème de toxicomanie, réduire sa consommation d'une ou de plusieurs drogues, sauver son mariage, écouter les conseils de sa famille, prouver à un juge sa volonté de régler ses problèmes criminels, répondre aux exigences d'une libération conditionnelle. On le voit bien, les notions de volontariat et de motivation, même chez un client qui se présente de lui-même pour être traité, doivent être nuancées. Selon l'objectif déterminé, le travail thérapeutique prendra une tournure différente dans la communauté ou en milieu carcéral. Cette forte motivation externe que montrent les détenus toxicomanes justifie-t-elle le fait de ne pas offrir de services de santé adéquats en milieu correctionnel ?

Les stratégies d'appariement client-programme d'intervention

Le grand nombre d'individus nécessitant des interventions spécifiques de même que la limite des budgets disponibles en milieu correctionnel font qu'il est actuellement impossible d'offrir une gamme variée d'interventions s'adressant à différents types de consommateurs. Comme nous l'avons mentionné précédemment, les établissements de détention provinciaux ne proposent pratiquement aucune intervention en toxicomanie et les pénitenciers en proposent un nombre limité. Conséquemment, certains programmes sont offerts indifféremment aux consommateurs, aux trafiquants et aux toxicomanes. Cette situation fait en sorte que les

« clients » adhèrent difficilement aux programmes. De façon que leur impact soit maximisé, les programmes de réadaptation dans le domaine des toxicomanies devraient s'adresser aux personnes dépendantes et non aux simples consommateurs ayant commis un crime sous l'influence d'une drogue. Il serait également intéressant que des programmes de sensibilisation et de responsabilisation soient offerts aux consommateurs qui ont commis un délit sous l'effet de la drogue et, éventuellement, aux trafiquants.

Une autre difficulté réside dans le moment où le service est offert. Doit-on offrir un programme de traitement dès le début de l'incarcération du détenu ou attendre que celui-ci approche de sa date d'admissibilité à une libération conditionnelle de façon à mieux préparer sa sortie? C'est cette dernière solution qui est actuellement privilégiée par le Service correctionnel du Canada. Ce faisant, les détenus éprouvant de réels problèmes de toxicomanie et un désir de s'en sortir doivent, jusqu'au tiers de leur peine, combattre seuls l'influence d'un milieu, où, rappelons-le, la drogue est omniprésente. De plus, dans un tel contexte, l'intervention ne peut mettre à profit le choc de l'enfermement et le convertir en énergie servant au changement.

La qualité de la relation thérapeutique

Plusieurs cliniciens soutiennent que l'alliance thérapeute-client constitue une condition préalable à l'établissement d'un processus de réadaptation efficace. Toutefois, l'atmosphère pénale entourant le processus de réadaptation en détention empoisonne l'espace thérapeutique vu les nombreuses contraintes administratives (rédaction de rapports) reliées au fonctionnement d'un centre de détention. Il importe d'éviter que le thérapeute ne se voie assimilé à l'autorité judiciaire (et à la mise en liberté éventuelle du détenu) s'il veut établir une relation thérapeutique de qualité. Il importe également que le thérapeute aide à clarifier les représentations que le client et l'agent qui l'a adressé à lui se font de l'intervention demandée. Par la suite, il est extrêmement important d'établir, dès le départ, des règles claires aux yeux de chacune de ces personnes afin qu'aucune attente irréaliste ou erronée ne subsiste et que le traitement puisse se poursuivre dans des conditions favorables à la réadaptation plutôt que de basculer dans une délégation subtile des pouvoirs répressifs ou de normalisation. En ce sens, pourquoi ne pas imiter le modèle français, dans lequel les personnes responsables de l'intervention en toxicomanie dans le contexte coercitif ne sont pas des employés des institutions pénales ou judiciaires? Cette remarque a d'ailleurs été mentionnée à plusieurs reprises par les résidants que nous avons rencontrés au cours de l'évaluation des communautés thérapeutiques ECHO et STOP (Barrette et coll., 1999; Schneeberger et coll., 1999). Cela ne veut pas dire que le thérapeute et l'intervenant pénal doivent s'abstenir de tout échange, bien au contraire. Compte tenu de la dynamique à la fois toxicomane et délinquante d'une grande partie de la clientèle, une certaine collaboration peut être bénéfique au client. Par contre, ce dernier doit être assuré que la nature des informations échangées ne lui portera pas préjudice dans son cheminement judiciaire.

Questions éthiques

Le traitement des toxicomanes

Les responsables de l'implantation de programmes de traitement doivent toujours conserver le souci de la juste mesure; ils offriront donc le programme le moins préjudiciable au client. Ainsi, même si un jour la lobotomie démontrait un impact totalement positif sur la consommation de drogues, cette mesure extrême ne devrait pas être prise en considération étant donné ses effets pervers sur les autres sphères de la vie de l'individu. Cet exemple caricatural a pour but de bien démontrer que l'impact du traitement ne doit pas être le seul élément dont il faille tenir compte lors du choix des programmes offerts. Dans une société démocratique, le client, même toxicomane, doit conserver la possibilité de refuser un traitement qu'il estime trop contraignant.

Par ailleurs, certains détenus se disent «prêts à tout» pour recouvrer leur liberté. La chose est troublante. Jusqu'à quel point ces détenus accepteront-ils de suivre un programme de traitement qu'ils jugent trop envahissant ou peu approprié afin de pouvoir éventuellement retrouver leur liberté? Un client doit avoir le choix de refuser une thérapie qui ne lui convient pas. Un détenu a-t-il vraiment ce choix?

L'intervention en milieu carcéral doit s'effectuer sous un constant regard éthique et sous une continuelle «redéfinition» des limites que l'intervenant s'impose (Brochu et Frigon, 1989). Qui est le véritable client: la personne confiée aux soins de l'intervenant ou le système qui l'adresse à l'intervenant? Et quel est ce système?

Des problèmes éthiques tout à fait concrets se posent à l'intervenant au quotidien: comment réagira-t-il face à un client adressé par l'administration pénitentiaire et sur qui pèse une menace de transfert ou de report de la libération conditionnelle dans le cas d'un refus, d'un abandon ou d'un échec du traitement? Dans ces circonstances, quels droits a l'intervenant d'exercer des pressions (de quel type?) en vue de provoquer un changement jugé positif (par qui? de quel ordre?)?

De plus, il faut être conscient des pressions du milieu carcéral qui s'exercent sur les intervenants. Ces derniers doivent remplir un minimum d'exigences reliées à l'évaluation du risque de récidive; ils doivent faire des recommandations en vue d'un transfert ou d'une libération conditionnelle. En somme, ils doivent transmettre des informations. Qu'est-ce qui est confidentiel et qu'est-ce qui ne l'est pas? Jusqu'à quel point le détenu-client a-t-il bien saisi ces nuances?

En fait, la relation aidé-aidant en milieu carcéral n'est pas une affaire de dyade, comme dans la majorité des contacts thérapeutiques, mais de triangle car elle doit tenir compte de l'autorité carcérale. Cette relation triangulaire n'est pas sans rappeler celle qui peut avoir lieu dans les thérapies dans la communauté lorsque les conjoints ou les employeurs participent à la formulation de la demande d'aide. Toutefois, la différence majeure réside dans le fait que les autorités correctionnelles possèdent toujours un droit de punition : la privation de liberté pour une plus longue période.

L'incarcération des toxicomanes

Aux États-Unis, une des principales justifications de la judiciarisation des consommateurs de drogues illicites consiste à affirmer que ces personnes ne sont habituellement pas rejointes par les services réguliers de traitement des toxicomanies et que, par leur judiciarisation, elles seront contraintes de suivre un traitement. Ainsi, on estime qu'il y a environ 388 000 Américains détenus pour des délits de drogues et éventuellement exposés à des pressions plus ou moins subtiles pour entreprendre une démarche de réadaptation (Lindesmith Center, 1996). Cette exposition «forcée» au traitement aurait un effet extrêmement positif quant à l'argent économisé pour la société étant donné la réduction de la criminalité, si l'on se fie à différentes études de nature économique (Caulkins et coll., 1997).

Pourtant, nous l'avons vu plus tôt, le contexte de la détention est, en soi, antithérapeutique. Les individus punis prennent souvent une attitude rebelle ; la majorité adhéreront à la loi du milieu qui empêche le dévoilement de soi. Pire, l'intervenant devra aviser son client qu'il sera appelé à divulguer certaines informations lors de la rédaction de rapports ; comment croire que les éléments thérapeutiques puissent se développer dans une telle ambiance ? Malgré ce contexte difficile pour l'établissement de programmes de réadaptation, les écrits scientifiques indiquent pourtant une baisse appréciable de la récidive à la suite du traitement des toxicomanies chez les personnes qui *poursuivent leur programme jusqu'à la fin et qui bénéficient d'un suivi lors de la libération conditionnelle*. En fait, une analyse plus fine des études effectuées sur l'impact du traitement des toxicomanies en détention montre un fort taux d'abandon (toutefois moindre que pour les traitements en communauté) ainsi qu'un taux de récidive élevé chez les personnes qui abandonnent le programme (Brochu et Schneeberger, 1999). Ce n'est pas de cette façon que les statistiques américaines sont présentées. On préfère calculer le taux de récidive uniquement à partir des personnes qui terminent avec succès le programme, ce qui ne peut que surévaluer l'impact de ce dernier.

Le Québec n'adhère pas aussi résolument à cette rhétorique de la guerre à la drogue et les consommateurs appréhendés pour possession simple se retrouvent bien plus souvent en prison qu'en pénitencier. Comme les prisons n'offrent pas vraiment de services de traitement organisé, on ne peut croire que l'on emprisonne ces consommateurs pour mieux les traiter. Toutefois, avant de nous libérer la conscience trop rapidement, il importe d'observer la pratique des tribunaux face à ces consommateurs. Dans bien des cas, le tribunal laissera entrevoir des avantages évidents pour la personne appréhendée à son adhésion à un programme de traitement avant le prononcé de la sentence (Brochu et Drapeau, 1997). Bien sûr, le processus judiciaire peut, pour certaines personnes, constituer un soutien à une démarche thérapeutique, mais, compte tenu des contraintes et des difficultés inhérentes au traitement dans ce type de contexte, ne serait-il pas préférable d'envisager une autre solution?

Plutôt que de créer un climat de «tolérance zéro» qui a pour effet d'incarcérer les toxicomanes, certains pays européens, la Suisse et les Pays-Bas entre autres, ont opté pour une solution de rechange intéressante: *régulariser les rapports avec les toxicomanes afin de mieux les aider.* Ainsi, à l'opposé d'une guerre politico-judiciaire visant l'abstinence face aux drogues illicites, on met davantage l'accent sur un combat sociosanitaire où l'on cherche à remplacer les pratiques dangereuses d'usage de drogues par d'autres plus acceptables socialement. Cette attitude de libéralisme relatif permet de minimiser les conséquences juridiques (casier judiciaire) associées au statut de consommateur et de garder un contact avec une très grande partie de cette population (Leuw, 1991). Malgré cette attitude qui peut sembler à première vue trop libérale, les Pays-Bas ne comptent pas plus d'usagers de cannabis (30 % qui en ont déjà fait l'essai) que les États-Unis (38 %). Il en est de même pour les héroïnomanes, qui ne sont pas plus nombreux aux Pays-Bas que chez nos voisins du Sud, au contraire: aux Pays-Bas, il sont 160 par 100 000 habitants tandis qu'aux États-Unis ils sont 430 par 100 000 habitants (Royal Netherlands Embassy, 1999).

Sommes-nous réellement obligés de punir pour mieux traiter?

Synthèse

On ne peut nier le fait que la drogue constitue une réalité bien présente à l'intérieur des établissements carcéraux québécois. Une partie du phénomène s'explique du fait que la plupart des contrevenants sont des utilisateurs de drogues. Toutefois, il faut être conscient que l'autre partie du phénomène est plus directement attribuable à la législation canadienne en matière de drogues qui veut que l'on enferme les consommateurs, les trafiquants et les toxicomanes.

On note actuellement une certaine «ouverture» des services correctionnels face à la réadaptation des contrevenants, notamment en matière de toxicomanies. Toutefois, lorsqu'on analyse la situation de plus près, on remarque plusieurs problèmes. D'abord, les programmes dans le domaine des toxicomanies ne sont pas légion; ensuite, les programmes offerts ne sont pas toujours adaptés à la clientèle qui les fréquente. Des principes de base en matière de réadaptation tels que le libre choix et la confidentialité des informations divulguées sont souvent mis en péril dans un contexte coercitif. Par ailleurs, la prévention de la récidive (et, par le fait même, de la rechute) demeure l'objectif prioritaire des intervenants pénaux alors que cette notion n'est pas considérée de la même façon d'un point de vue thérapeutique. Notons à cet effet que la majorité des études d'impact des programmes portant sur les toxicomanies en milieu carcéral emploient la récidive comme variable dépendante principale (ou unique) de leur devis de recherche. La prévention de la récidive devient donc le premier but poursuivi par les programmes de réadaptation en détention. Toutefois, il faut être conscient que l'on ne peut éliminer la récidive sans compromettre de nombreuses valeurs sociales. Une intervention apparemment efficace ne constitue pas pour autant une méthode d'intervention moralement acceptable ou, du moins, appropriée. Le contexte carcéral ne peut permettre l'application de mesures qui ne respectent pas l'intégrité de la personne. En fait, l'intensité de l'intervention devrait toujours être limitée au strict nécessaire et nous devrions sans cesse interroger les critères qui définissent ce strict nécessaire.

Si l'impact d'un programme de traitement fournit un indicateur important de sa pertinence, encore faut-il considérer, au-delà de ce principe d'efficacité, un aspect aussi important, sinon plus : le respect de l'éthique au cœur de l'intervention.

Références

BARRETTE, M., SCHNEEBERGER, P., DESROSIERS, M. et BROCHU, S. (1999). *Évaluation du programme de communauté thérapeutique ECHO*, Montréal, Centre international de criminologie comparée.

BOURDAGES, A. (1992). *Écho tel que rapporté par des ex-résidents du programme : l'étude qualitative d'une communauté thérapeutique en milieu carcéral*, Montréal, Les Presses de l'Université de Montréal.

BROCHU, S. (1995). *Drogue et criminalité : une relation complexe*, Montréal, Les Presses de l'Université de Montréal.

BROCHU, S., COURNOYER, L.-G., MOTIUK, L. et PERNANEN, K. (accepté pour publication). «Drugs, Alcohol and Crime : Patterns Among Canadian Federal Inmates», *Bulletin of Narcotics*, vol. 51, à paraître.

BROCHU, S. et DRAPEAU, A. (1997). «La pratique des tribunaux face aux renvois vers les centres de traitement de la toxicomanie», *Revue canadienne de criminologie*, vol. 39, p. 329-356.

BROCHU, S. et FRIGON, S. (1989). «Toxicomanie et délinquance : une question d'éthique», *Revue internationale de criminologie et de police technique*, vol. 42, p. 163-171.

BROCHU, S. et GUYON, L. (1994). *Faits saillants concernant l'étude de la consommation de substances psychoactives chez les personnes incarcérées au Centre de détention de Montréal*, Montréal, Recherche et intervention sur les substances psychoactives — Québec (RISQ).

BROCHU, S. et LÉVESQUE, M. (1990). «Treatment of Prisoners for Alcohol or Drug Abuse», *Alcoholism Treatment Quarterly*, vol. 7, p. 15-21.

BROCHU, S. et SCHNEEBERGER, P. (1999). *L'impact des contraintes judiciaires dans le traitement de la toxicomanie*, Montréal, Comité permanent de lutte à la toxicomanie.

CAULKINS, J.P., RYDELL, C.P., SCHWABE, W.L. et CHIESA, J. (1997). *Mandatory Minimum Drug Sentences: Throwing Away the Key or the Taxpayer Money?*, http://www.drugsense.org/jnr/randstud.htm.

CENTRE NATIONAL DE PRÉVENTION DU CRIME (1998). *Tableau de la criminalité au Canada*, Ottawa, Ministère de la Justice.

CHAYER, L. (1997). «Consommation de drogues et entrée en traitement en pénitencier: le point de vue des détenus», mémoire de maîtrise, Université de Montréal.

CHAYER, L. et BROCHU, S. (soumis pour publication). «The Penitentiary: A Setting for Drug Use», inédit.

CLAVET, B. (1990). «Effets du programme de communautés thérapeutiques. La relance sur la compétence interpersonnelle d'un groupe de détenus», mémoire de maîtrise, Université du Québec à Trois-Rivières.

CLÉMENT, M. et RAY, D. (1991). «Les intervenants extérieurs au milieu carcéral: les limites de leur intervention», *Bulletin de liaison CNDT*, n° 17, p. 45-48.

COLLINS, J.J. et ALLISON, M. (1983). «Legal Coercion and Treatment for Drug Abuse», *Hospital and Community Psychiatry*, vol. 34, p. 1145-1149.

DE LEON, G. (1988). «Legal Pressure in Therapeutic Communities», *NIDA Research Monograph Series. Compulsory Treatment of Drug Abuse: Research and Clinical Practice*, Rockville (Md.), National Institute on Drug Abuse, vol. 86, p. 160-177.

DE LEON, G. (1985). «The Therapeutic Community: Status and Evolution», *The International Journal of the Addictions*, vol. 20, n°s 6-7, p. 823-844.

DESCHESNES, E.P., ANGLIN, M.D. et SPECKART, G. (1991). «Narcotics Addiction: Related Criminal Careers, Social and Economic Costs», *Journal of Drug Issues*, vol. 21, p. 383-411.

DION, G.A. (1999). *Les pratiques policières et judiciaires dans les affaires de possession de cannabis et autres drogues, de 1995 à 1998. Portrait statistique*, Montréal, Comité permanent de lutte à la toxicomanie.

FORCIER, M.W. (1991). «Substance Abuse, Crime and Prison Based Treatment: Problems and Prospects», *Sociological Practice Review*, vol. 2, n° 2, p. 123-131.

FORGET, C. (1990). «La consommation de substances psychoactives chez les détenus du Centre de détention de Montréal», mémoire de maîtrise, Université de Montréal.

GIRARD, A. (1991). *Relance: statistiques 1985-1991*, Waterloo, Centre de réhabilitation de Waterloo.

HALL, W., BELL, J. et CARELESS, J. (1993). «Crime and Drug Use Among Applicants for Methadone Maintenance», *Drug and Alcohol Dependence*, vol. 31, n° 2, p. 123-129.

HARTJEN, C.A., MITCHELL, S.M. et WASHBURNE, N.F. (1982). «Sentencing to Therapy: Some Legal, Ethical and Practical Issues», *Journal of Offender Counseling, Services and Rehabilitation*, vol. 7, p. 21-39.

HIRSCHEL, J.D. et KENY, J.R. (1990). «Outpatient Treatment for Substance Abusing Offenders», *Journal of Offender Counseling, Services and Rehabilitation*, vol. 15, p. 111-130.

HUBBARD, R.L., COLLINS, J.J., RACHAL, J.V. et CAVANAUGH, E.R. (1988). «The Criminal Justice Client in Drug Abuse Treatment», *National Institute on Drug Abuse Monograph Series*, Rockville (Md.), p. 57-80.

HUBBARD, R.L., MARSDEN, M.E., RACHAL, J.V., HARWOOD, H.J., CAVANAUGH, E.R. et GINZBURG, E.R. (1989). *Drug Abuse Treatment — A National Study of Effectiveness*, Chapel Hill, The University of North California Press.

INCIARDI, J.A., MARTIN, S.S., BUTZIN, C.A., HOOPER, R.M. et HARRISON, L.D.

(1997). «An Effective Model of Prison-Based Treatment for Drug-Involved Offender», *Journal of Drug Issues*, vol. 27, n° 2, p. 261-278.

LAFLAMME-CUSSON, S., GUYON, L. et LANDRY, M. (1994). *Analyse comparée de la clientèle de trois centres de réadaptation pour personnes alcooliques et toxicomanes à partir de l'IGT*, Montréal, Recherche et intervention sur les substances psychoactives — Québec (RISQ).

LEMIRE, G. (1990). *Anatomie de la prison*, Montréal, Les Presses de l'Université de Montréal.

LEUW, E. (1991). «Drugs and Drug Policy in the Netherlands», dans M. Tonry (sous la dir. de), *Crime and Justice: A Review of Research*, vol. 14, Chicago, University of Chicago Press, p. 229-276.

LÉVESQUE, M. (1994). «La criminalité et la consommation de drogues: une double problématique», dans P. Brisson (sous la dir. de), *L'usage des drogues et la toxicomanie,* vol. II, Boucherville, Gaëtan Morin Éditeur, p. 255-272.

LINDESMITH CENTER (1996). *Drug Prohibition and the US Prison System*, New York, Lindesmith Center.

LUBORSKY, L., MCLELLAN, A.T., WOODY, G.E., O'BRIEN, C.P. et AUERBACH, A. (1985). «Therapist Success and Its Determinents», *Archives of General Psychiatry*, vol. 42, p. 602-611.

MAGURA, S., ROSENBLUM, A., LEWIS, C. et JOSEPH, H. (1993). «The Effectiveness of In-Jail Methadone Maintenance», *Journal of Drug Issues*, vol. 23, n° 1, p. 75-99.

MILLER, W.R. (1989a). «Increasing Motivation for Change», dans W.R. Miller et R.K. Hester (sous la dir. de), *Handbook of Alcoholism Treatment Approaches: Effective Alternatives*, Elmsford (N.Y.), Pergamon, p. 67-80.

MILLER, W.R. (1989b). «Matching Individuals with Interventions», dans W.R. Miller et R.K. Hester (sous la dir.

de), *Handbook of Alcoholism Treatment Approaches: Effective Alternatives*, Elmsford (N.Y.), Pergamon, p. 261-271.

MILLER, W.R. (1985). «Motivation for Treatment: A Review with Special Emphasis on Alcoholism», *Psychological Bulletin*, vol. 98, n° 1, p. 84-107.

MUSCOREIL, K. (1998). *New York's Rockefeller Drug Laws*, http://wnvember.org/0704.html

PATTISON, E.M., SOBELL, M.B. et SOBELL, L.C. (1977). *Emerging Concepts of Alcohol Dependence*, New York, Springer.

PLOURDE, C. (en préparation). *Prison et drogues: faits et enjeux contemporains*, à paraître.

PROCHASKA, J.O. et DI CLEMENTE, C.C. (1992). «Transtheoretical Therapy: Toward a More Integrative Model of Change», *Psychotherapy: Theory, Research and Practice*, vol. 19, p. 276-288.

ROYAL NETHERLANDS EMBASSY (1999). *Drug Policy and Crime Statistics.* Washington (D.C.), Royal Netherlands Embassy.

SCHNEEBERGER, P., BARRETTE, M., DESROSIERS, M. et BROCHU, S. (1999). *Évaluation du programme de communauté thérapeutique STOP*, Montréal, Centre international de criminologie comparée.

SCHNEEBERGER, P. et BROCHU, S. (1999). «L'intervention en toxicomanie auprès des personnes judiciarisées: les intervenants se prononcent», *Revue canadienne de santé mentale communautaire*, vol. 18, n° 1, p. 181-197.

SCHNEEBERGER, P. et BROCHU, S. (1995). «Alcool, drogues illicites et criminalité: étude d'une population incarcérée à l'établissement de détention de Trois-Rivières», *Psychotropes: RIT*, vol. 1, p. 63-81.

SERVICE CORRECTIONNEL DU CANADA (1997). *Faits et chiffres sur les services correctionnels du Canada*, Ottawa, Service correctionnel du Canada.

SERVICE CORRECTIONNEL DU CANADA (1990). «Repérer les toxicomanes dès leur arrivée: résultats préliminaires d'une évaluation informatisée des habitudes de vie: Computerized Lifestyle Assessment Instrument», *Forum*, vol. 2, n° 4, p. 12-16.

SIMPSON, D.D. (1981). «Treatment of Drug Abuse: Follow-Up Outcomes and Length of Time Spent», *Archives of General Psychiatry*, vol. 38, p. 875-880.

SIMPSON, D.D. (1979). «The Relation of Time Spent in Drug Abuse Treatment to Posttreatment Outcome», *American Journal of Psychiatry*, vol. 136, p. 1449-1453.

SOLLICITEUR GÉNÉRAL DU CANADA (1998). *Croissance de la population carcérale. Deuxième rapport d'étape à l'intention des ministres responsables de la Justice du gouvernement fédéral, des provinces et des territoires*, Regina (Sask.), octobre.

STATISTIQUE CANADA (1999). *Le Canada en statistiques*, http://www.statcan.ca/Francais/Pgdb

TENGS, T.O., ADAMS, M.E., PLISKIN, J.S., GELB SAFRAN, D., SIEGEL, J.E., WEIN-

STEIN, M.C. et GRAHAM, J.D. (1995). «Five Hundred Life-Saving Interventions and Their Cost Effectiveness», *Risk Analysis Journal*, vol. 15, n° 3, p. 369-390.

TREMBLAY, P. (1999). «Poules, frigidaires et compagnie», *Le Devoir*, 12 février, p. A 9.

TREMBLAY, S. (1999). «Drogues illicites et criminalité au Canada», *Juristat, Catalogue 85-002*, vol. 19, n° 1, Centre canadien de la statistique juridique, Statistique Canada.

WISH, E.D. (1988). «Urine Testing of Criminal: What Are We Waiting For?», *Journal of Policy Analysis and Management*, vol. 7, p. 551-554.

WISH, E.D. et GROOPER, B.A. (1990). «Drug Testing by the Criminal Justice System: Methods, Research, and Application», dans M. Tonry et J.Q. Wilson (sous la dir. de), *Drugs and Crime, Crime and Justice: A Review of Research*, vol. XIII, Chicago, The University of Chicago Press, p. 321-392.

YOCHELSON, S. et SAMENOW, S.E. (1986). *The Criminal Personality. Vol. III: The Drug User*, New Jersey, Jason Aronson.

CHAPITRE

13

Le processus de rétablissement chez les personnes alcooliques et toxicomanes*

Céline Mercier ◆ *Sophie Alarie*

Les auteures présentent un bilan des connaissances actuelles concernant le processus de rétablissement chez les alcooliques et les toxicomanes. D'abord, elles distinguent le concept de rétablissement de celui de réadaptation, celui-là se définissant à partir de la perspective de la personne en cheminement plutôt que du point de vue des intervenants responsables de la démarche de réadaptation. Les auteures font ensuite une revue des recherches portant sur la réadaptation qui se sont intéressées au vécu des personnes dépendantes, avant de nous présenter les résultats d'une étude originale menée au Québec sur le sujet. En conclusion, elles insistent sur ce qui permettrait de soutenir plus efficacement le processus de rétablissement chez les personnes préoccupées au premier chef par le problème.

* **Remerciements**. Les résultats de recherche rapportés dans ce chapitre sont issus d'une expérience humaine exceptionnelle. La collecte de données a été l'occasion de rencontrer 30 personnes qui ont généreusement accepté de partager avec nous leur cheminement, leurs doutes et leurs espoirs. Leurs intervenants nous ont aussi consacré du temps, soucieux de nous donner un aperçu de la complexité et de la diversité des parcours individuels de leurs clients. Nous espérons que la diffusion de ces résultats contribuera à soutenir leur engagement pour la justice sociale et le respect des différences. Nous remercions aussi le Conseil québécois de la recherche sociale et la Division de la recherche et du développement des connaissances de Santé Canada qui ont financé cette recherche.

Introduction

Les services destinés aux personnes alcooliques et toxicomanes, ou usagers dépendants, sont de plus en plus orientés vers la stabilisation de l'ensemble des conditions de vie et vers le suivi en milieu naturel. Ils mettent l'accent sur le cheminement des personnes elles-mêmes, en relation avec leur accompagnement dans la communauté. Les services les plus novateurs souhaitent appuyer leurs interventions sur une meilleure connaissance des stratégies et des dynamiques déployées par les personnes dans leur milieu de vie, afin de renforcer ces stratégies et ces dynamiques ou de les compléter.

En relation avec ces nouvelles orientations est apparu le concept de rétablissement, qui est complémentaire par rapport à celui de réadaptation. À première vue, la différence entre les deux termes peut paraître subtile, mais elle traduit la dimension spécifique du concept de rétablissement. En français, on parle de réadaptation, en fonction d'une «adaptation nouvelle» (réinsertion) ou d'une «réduction des séquelles d'un accident, d'une opération [...], afin de réadapter à une vie normale» (*Le Petit Robert*). L'équivalent anglais, *rehabilitation*, est associé à l'action de «restaurer la santé physique ou mentale à travers l'entraînement» (*Webster*). En français, le terme «rétablissement» renvoie à un «effort [...] pour retrouver son équilibre» (*Le Petit Robert*). Le terme anglais correspondant, *recovery*, est utilisé dans le sens de «retrouver son équilibre ou le contrôle, après une défaillance, un problème ou une erreur» (*Webster*). Ces définitions font ressortir une différence majeure sur le plan de l'agent principal du changement. Dans la réadaptation, l'action est menée par un acteur externe qui entraîne, rééduque; lorsqu'il est question de rétablissement, c'est la personne elle-même qui exerce un rôle déterminant.

Cette distinction de base est la pierre angulaire à partir de laquelle se sont développées la réflexion et la pratique eu égard au rétablissement. Le concept de rétablissement traduit la place centrale accordée à la démarche de la personne, au fait qu'elle se considère comme un agent actif appelé à jouer un rôle déterminant dans sa réadaptation. Il permet aussi de situer conceptuellement l'expérience subjective, les sentiments que la personne éprouve face à ses problèmes et les attitudes qu'elle acquiert quant à leur évolution. Cependant, la connaissance de ce processus, tel que vécu et perçu par les personnes, demeure limitée.

Ce chapitre vise à rendre compte des connaissances actuelles quant au rétablissement chez les personnes alcooliques et toxicomanes. Après une brève présentation du concept, nous passerons en revue les quelques recherches sur la réadaptation qui ont porté une attention spéciale au point de vue des personnes en cause. Ces données permettront d'établir une comparaison lors de la présentation de la méthodologie et des résultats d'une recherche réalisée au Québec sur *Les parcours de réinsertion chez des personnes sans abri, alcooliques et toxicomanes* (Mercier, Corin et Alarie, 1999). Les résultats seront exposés selon des étapes et des moyens mis en place pour soutenir le processus de rétablissement. Ils seront ensuite discutés en relation avec les autres données dont on dispose, de façon à dresser un état des connaissances sur le processus de rétablissement chez les personnes toxicomanes.

Le concept de rétablissement

Le concept de rétablissement s'est surtout développé dans le champ de la santé mentale (Anthony, 1993; Deegan, 1988). Il renvoie à un processus de transformation et de découverte de soi, à travers lequel les personnes se « reconstruisent » à la suite de problèmes de santé mentale. Cette démarche est distincte de celle de la guérison. Son but n'est pas de retourner à un état analogue à celui qui prévalait avant l'apparition du problème, mais de reprendre pied, d'en arriver à une nouvelle expression de soi qui tienne compte de l'expérience des troubles et de leurs séquelles (incapacités résiduelles, perte de rôles, stigmatisation) [Anthony, 1993]. La reprise de contrôle sur la maladie et sur sa vie, la « réappropriation du pouvoir d'agir », l'action responsable et l'espoir sont au cœur de cette démarche (Corin, Rodriguez Del Barrio et Guay, 1996; Deegan, 1988; Farkas et Vallée, 1996). Le rétablissement est un processus multidimensionnel, à long terme, dont l'issue n'est pas clairement définie. Il implique des changements dans les valeurs, les attitudes, les objectifs de vie et les rôles, autant de changements qui à leur tour influencent le cadre de vie.

Les problèmes de toxicomanie, comme ceux de santé mentale, tendent à contaminer l'identité personnelle et sociale de la personne au point où elle en vient à se définir comme un toxicomane, un alcoolique, un malade mental, un schizophrène, un déprimé. Le concept de rétablissement permet de nommer cette démarche où la personne, tout en intégrant l'expérience des problèmes, va développer une nouvelle image d'elle-même. Le rétablissement concerne aussi le processus par lequel la personne cherche à prendre une distance face au style de vie toxicomane et à reconstruire sa vie, tout en devant composer avec les conséquences de sa consommation (endettement, problèmes de santé et de justice, stigmatisation dans les domaines de l'emploi et du logement, perte de ressources personnelles et sociales). Le concept de rétablissement permet de nommer cette démarche intime de développement d'une nouvelle image de soi et d'une façon de vivre qui, intégrant l'expérience des problèmes, vise à évoluer, à aller au-delà. Sur le plan de la théorie et de la recherche, il permet de mieux situer l'expérience de la personne dans le processus de réadaptation.

Les études portant sur la réadaptation

La littérature spécialisée traite du processus de réadaptation principalement dans le cadre d'études de suivi des personnes inscrites dans des services de réadaptation. Ces études visent à mesurer les résultats du traitement et s'intéressent à l'évolution des personnes, à partir d'indicateurs et de critères reliés à des objectifs d'intervention. Les mêmes mesures sont prises à des intervalles réguliers (généralement tous les trois ou six mois), pour une période allant rarement au-delà de trois ans (Lamarche et Landry, 1994). Une variante de ce type d'études est le devis expérimental à cas unique, où un petit nombre de personnes sont suivies à des intervalles rapprochés (tous les mois), sur un grand nombre de variables (Péladeau et coll., 1996). On connaît aussi les études longitudinales où une même cohorte est suivie sur un certain nombre de dimensions pendant plusieurs années. Ces études ont en commun le fait que le cadre de référence est extérieur à la personne en cause et représente surtout le point de vue des cliniciens, des administrateurs et des chercheurs.

À l'opposé, les autobiographies rendent compte de l'expérience unique de la personne. Ces témoignages expriment une démarche éminemment personnelle, et la plupart d'entre eux peuvent être considérés comme des récits de rétablissement. Cependant, leur forme et leur structure, différentes pour chaque document, rendent difficile un travail de généralisation des caractéristiques communes aux expériences rapportées.

Les enquêtes rétrospectives visent à reconstruire l'expérience de la réadaptation chez des personnes qui ont réussi à stabiliser leur consommation et leur mode de vie. Ces études s'intéressent principalement au rapport entre les progrès dans le domaine de la consommation et les améliorations dans les autres domaines de la vie. Sur ce point, les résultats divergent d'une étude à l'autre. Giesbrecht (1983) a trouvé que l'établissement ou la reprise de contacts avec un milieu non déviant suivait les efforts de stabilisation de la consommation. Pour d'autres auteurs, ces contacts sont les catalyseurs à l'origine d'une amorce de stabilisation de la consommation ou du maintien de la sobriété (Bates, 1983 ; Carbonneau, 1988 ; Fagan et Mauss, 1986 ; Lee, 1988). D'autres, enfin, observent entre ces deux phénomènes des rapports dynamiques complexes (Lord et Hutchison, 1993 ; Rowe et Wolch, 1990).

À l'exception des récits autobiographiques, toutes les études citées ont en commun d'avoir été réalisées dans une perspective de services et à partir d'instruments de collecte de données relativement structurés. Les connaissances sur la façon dont une personne réussit à changer ses habitudes de consommation (le « comment ») se trouvent ainsi influencées principalement par les postulats, les objectifs et les indicateurs de progrès des programmes de réadaptation. Bien que légitimes, ce cadre de référence et ces méthodologies sont plus aptes à décrire les processus de réadaptation que les processus reliés au rétablissement.

Les conclusions de certaines études rétrospectives proposent cependant une contribution plus théorique, utile à la compréhension du processus de rétablissement. Segal, Baumohl et Johnson (1977, p. 387) ont défini le concept de marge de crédit social (*social margin*) en relation avec les difficultés de réinsertion des personnes démunies. Cette notion fait référence « à tout ce qui, dans les possessions, les caractéristiques ou les relations personnelles peut être échangé contre de l'aide en cas de nécessité. Les personnes marginalisées disposent d'une très faible marge de crédit social, si bien que leurs possibilités d'échanges (et de choix) sont de plus en plus réduites quant à leur lieu de résidence, à leur emploi du temps, à leur occupation de l'espace et à leurs relations interpersonnelles (Blumberg, Shipley et Barsky, 1978). Pour que la personne redevienne un membre autonome de la société, elle doit avoir accès à un éventail plus large de possibilités de changer sa situation (Fagan et Mauss, 1986).

De son côté, Giesbrecht (1983) a proposé une réflexion autour de la notion de risque. Pour les personnes en voie de réadaptation, chaque acquis s'accompagne d'un risque équivalant à perdre cet acquis s'il y a rechute. Ce risque augmente donc en proportion des progrès réalisés ou, si l'on préfère, les conséquences liées à une rechute seront d'autant plus vivement ressenties que les changements effectués auront été significatifs. Cette dynamique incite les personnes à une certaine prudence, voire à des limitations volontaires, malgré le désir d'amorcer de nouveaux changements. Elles hésiteront ainsi à s'engager plus avant dans une relation privilégiée ou à reprendre contact avec des proches, de crainte de ne pouvoir supporter la perte de ces relations dans l'éventualité d'une rechute.

Selon la documentation actuellement accessible, ce sont les approches ethnographique et sociologique qui ont jusqu'ici davantage contribué au développement des connaissances sur le client et sur son rétablissement. Ainsi, Adler (1992) s'est intéressée à la réintégration sociale de trafiquants américains de marijuana et de cocaïne, eux-mêmes grands consommateurs de ces drogues et d'alcool. Dix ans après une première enquête sur le terrain dans le milieu de la contrebande, elle a retrouvé huit de ses anciens informateurs clés. Ceux-ci avaient tous abandonné le trafic et la consommation, la plupart de leur plein gré. Certains avaient réussi à changer leur mode de vie avec l'assistance de programmes de désintoxication ou des Narcomanes anonymes, d'autres, à la suite d'une arrestation. Les raisons pour lesquelles ils avaient suspendu leurs activités de consommation et de trafic étaient reliées à l'âge, aux problèmes associés aux activités illégales (épuisement, stress, paranoïa), à la perte d'intérêt pour les gratifications apportées par ces activités (argent, exaltation). En bref, ils avaient arrêté soit par lassitude, soit par incapacité de continuer. Certains avaient tenté de réintégrer une vie régulière et prévisible, d'autres avaient plutôt cherché à maintenir un style de vie marginal, mais dans le cadre d'activités légales. Suivant les observations de l'auteure, le degré de succès de la réintégration paraît lié à l'intensité de l'engagement dans le milieu. Ceux qui ont commencé très jeunes à fréquenter le milieu, qui se sont adonnés au trafic à plein temps et qui participaient à des groupes organisés se retrouvent avec moins de ressources sur lesquelles s'appuyer pour changer leur mode de vie (éducation, habitudes de travail, relations sociales et sources de gratification extérieures au milieu).

L'étude de l'équipe de Castel (1992, 1994), réalisée en France, s'avère particulièrement pertinente dans le cadre de ce chapitre. Cette étude visait à obtenir des éléments de description et de compréhension des processus de sortie de la toxicomanie. Son point de départ est un intérêt pour «l'histoire naturelle de la toxicomanie», conçue comme une trajectoire temporelle en six étapes:

1) l'initiation ou l'expérimentation;
2) l'escalade;
3) le maintien;
4) une période dysfonctionnelle;
5) l'arrêt;
6) la période d'ancien toxicomane (Castel, 1992, p. 18).

L'étude de Castel porte essentiellement sur la période de l'arrêt. Les entrevues ont été réalisées avec des personnes qui présentaient au moins deux années de stabilisation dans une vie différente de celle de «toxicomane avéré» (Castel, 1994, p. 27). Des 51 personnes rencontrées, 30 avaient eu recours à différentes institutions pour s'en sortir, alors que 21 avaient stabilisé leur consommation sans aide.

D'entrée de jeu, le toxicomane est défini dans ce travail comme «un homme et une femme, c'est-à-dire un être social qui, en tant que tel, est doté d'une certaine faculté de jugement et d'une certaine capacité à maîtriser sa conduite» (Castel, 1994, p. 24)». On le voit, la perspective est ici très proche de celle du rétablissement. De plus, l'intérêt des chercheurs pour les trajectoires de sortie recoupe celui d'une étude québécoise sur le même sujet. Étant donné la parenté entre les deux études, les convergences entre leurs résultats aussi bien que leurs particularités devraient enrichir la compréhension du processus de rétablissement chez les personnes toxicomanes.

Une enquête québécoise

Dans le but de documenter les parcours de réinsertion chez des usagers dépendants, à partir de leur point de vue, 15 hommes et 15 femmes inscrits à un service de suivi dans la communauté ont été invités à participer à une recherche de type qualitatif. Ces personnes ont été adressées par leur intervenant, qui devait considérer qu'elles allaient mieux ou que leur situation s'était sensiblement améliorée depuis au moins trois mois. L'application du premier critère d'admissibilité — «aller mieux» ou être en train de «s'en sortir» — a volontairement été laissée aux professionnels qui ont choisi les participants, de telle sorte que la définition de «s'en sortir» est celle des responsables du suivi régulier. On a établi le critère relatif à une durée minimale de trois mois de stabilisation pour s'assurer que l'on se trouve bien en présence de personnes inscrites dans un processus de réadaptation et non sortant d'une courte période de désintoxication.

Les personnes recrutées ont été invitées à participer à deux entrevues semi-directives, d'une durée d'environ deux heures, effectuées à neuf mois d'intervalle (pour une description complète de la méthodologie, voir Mercier, Corin et Alarie, 1999). La moyenne d'âge des participants était de 44 ans pour les hommes et de 36 ans pour les femmes. On trouvait une forte majorité de célibataires (73%), particulièrement chez les femmes (94 %). Parmi les personnes rencontrées, seulement quatre n'ont pas connu d'épisode d'itinérance dans leur vie et 12 ont vécu sans domicile fixe plus d'un an. L'aide sociale constituait l'apport pécuniaire principal pour 88 % d'entre eux. Quatorze participants à l'enquête (47 %) étaient principalement des consommateurs d'un produit illicite tandis que neuf étaient polytoxicomanes (30 %). Les alcooliques (7) représentaient moins du quart du groupe (23 %).

Les étapes de la sortie de la toxicomanie

Les entrevues ont permis de reconnaître un processus commun dans le parcours de réinsertion des participants à la recherche. Ce processus semble se dérouler en quatre étapes :

1) la prise de conscience et la décision de s'en sortir ;
2) la réduction, le contrôle ou l'arrêt de la consommation ;
3) la stabilisation ;
4) le maintien à long terme.

La plupart des participants ont subi plusieurs désintoxications avant que la décision de « s'en sortir » soit prise. Les cures de désintoxication leur permettaient de « prendre un break », de se remettre sur pied entre les épisodes de consommation. Une prise de conscience, momentanée ou graduelle, est à l'origine du processus de sortie. Cette prise de conscience est suivie à plus ou moins long terme de la décision de s'en sortir et de l'engagement dans une démarche soutenue par la mise en place de moyens de contrôler la consommation. Ces moyens modifient le cycle des désintoxications suivies de retours à la consommation. Avec le temps, les rechutes se font moins fréquentes et s'accompagnent d'une désorganisation moins importante. Démarches et moyens apportent des résultats, même si les rechutes viennent rappeler la fragilité des acquis. Ceux-ci, sur le plan de la consommation, contribuent cependant à une stabilisation de l'ensemble des autres conditions de vie. Il s'agit ensuite de veiller au maintien à long terme, car la personne en rétablissement n'est jamais sûre de s'en être vraiment sortie. Les participants considèrent d'ailleurs la toxicomanie comme une condition permanente, aussi hésitent-ils à affirmer qu'ils en sont définitivement sortis. Le danger de croire qu'on a réglé pour de bon ses problèmes de consommation a été soulevé à maintes reprises. La perspective d'une rechute n'est donc jamais écartée et fait l'objet d'une appréhension constante.

Les données des entrevues permettent d'approfondir les circonstances de la prise de conscience et d'explorer les moyens mis en place pour réduire, contrôler ou arrêter sa consommation et se protéger des rechutes. Les moyens fonctionnent souvent par essais et erreurs et évoluent au long du processus. Les moyens et les résultats agissent les uns sur les autres dans un mécanisme de renforcement mutuel : les moyens donnent des résultats qui suscitent la mise en place d'autres moyens qui deviennent à leur tour moins nécessaires avec le temps. On passe ainsi des moyens de contrôler la consommation aux moyens destinés à stabiliser l'ensemble de sa condition, puis à ceux qui visent le maintien des acquis.

La prise de conscience et la décision

Tous les participants ont pu préciser un point de départ dans leur démarche, un «point tournant», marqué par une remise en question, suivie de l'émergence d'une position personnelle différente face à la consommation. Il y a là en quelque sorte un renversement dans l'évaluation de sa situation, les coûts liés à la consommation devenant nettement trop élevés par rapport aux bénéfices récoltés. La compulsion face à la consommation, l'attrait d'un style de vie déviant ne font dès lors plus le poids.

Cette prise de conscience peut être le fruit d'une réflexion progressive sur le passé d'où émerge une vision plus claire de sa vie, de ses échecs et la décision d'essayer autre chose. Elle peut aussi être vécue comme un *flash*, la révélation soudaine de la gravité de sa situation.

La prise de conscience relève d'un certain nombre d'événements dont l'importance relative varie d'une personne à l'autre. Elle peut être reliée à des événements précis, le plus souvent malheureux, mais aussi heureux. L'âge, la dégradation des conditions de vie, la répétition de situations difficiles, l'accumulation des pertes subies vont pousser les personnes à vouloir changer leur mode de vie. En conséquence de la consommation, elles voient leur image de soi se détériorer, leurs valeurs et leurs comportements changer. Beaucoup ont éprouvé un sentiment d'urgence, où il s'agissait d'une question de vie ou de mort, de maintenant ou jamais. D'aucuns ont été motivés par la peur de la mort, du sida, de la surdose, de la mort violente, du passage à l'acte suicidaire. Enfin, pour plusieurs, les traitements antérieurs ont joué un rôle significatif. Certains clients avaient dans le passé amorcé une démarche thérapeutique, sans que la décision de s'en sortir soit vraiment prise. Malgré tout, les réflexions suscitées par le traitement ont agi comme catalyseur.

À la suite de la prise de conscience, la décision de s'en sortir peut être momentanée ou mûrie de longue date. Dans tous les cas, elle sera mise en œuvre lorsque la personne se considérera comme prête. Par ailleurs, tous les «faux départs» ne sont pas vains. Si les nombreuses démarches antérieures sont demeurées infructueuses, elles auront néanmoins eu un effet d'entraînement pour ceux qui sont en train de s'en sortir. Les «thérapies» passées, parfois vécues comme des échecs, sont réévaluées et désormais perçues comme des démarches précoces significatives.

La réduction, le contrôle ou l'arrêt de la consommation

Une fois la décision prise, l'essentiel des énergies est centré sur les comportements de consommation. Lorsque ces comportements sont mieux contrôlés, le fait de combler le vide créé par l'abandon des substances dans le mode de vie constitue une autre étape essentielle. La possibilité de suppléer à ce vide, de rendre la vie de nouveau intéressante est ici critique. Plusieurs personnes investissent alors dans les groupes d'entraide, mais certaines se trouvent peu d'affinités avec ces groupes et recherchent d'autres formes d'occupation.

Les moyens de réduire la consommation peuvent être regroupés en cinq stratégies : demander de l'aide et suivre un traitement ; rompre avec le milieu ; apprendre à dire non ; se refaire une vie (logement, réseau social, emploi du temps, habitudes de vie) ; éviter les situations à risque. Les entrevues ont aussi révélé un ensemble de moyens, jusqu'ici peu reconnus, que l'on pourrait qualifier de stratégies de dissuasion. On les trouve dans des situations où une personne se place ou se maintient délibérément dans une position critique, les conséquences négatives appréhendées jouant alors le rôle de signal d'alarme ou de repoussoir. Ainsi, on évitera de payer une dette de drogue parce qu'il devient dangereux de retourner dans le milieu. De même, des amendes impayées forceront la personne à se tenir tranquille pour éviter d'être interpellée et conduite en prison. Dans le même esprit, revoir des gens qui consomment a des effets dissuasifs pour certains en leur faisant retrouver un style de vie qu'ils ne veulent pas connaître de nouveau.

Les rechutes font partie intégrante du parcours. Elles sont assez souvent reliées à l'ennui et à l'isolement, mais aussi aux émotions trop fortes. Les personnes observent que ces rechutes sont plus courtes et plus espacées, que leurs comportements sont alors moins désorganisés et qu'elles parviennent mieux à en contrôler les conséquences. Elles s'assurent de certaines garanties pour ne pas aller trop loin, pour ne pas tout perdre, pour conserver des liens (généralement avec leur intervenant). Ces conduites ont une signification essentielle : la personne juge qu'elle a des acquis (matériels ou symboliques) et des liens auxquels elle tient. C'est en ce sens que l'on peut affirmer que ce genre de rechutes « allégées » a un caractère différent au point de pouvoir être considéré comme un indicateur d'un cheminement positif.

La stabilisation

La stabilisation de la consommation va de pair avec la stabilisation dans d'autres domaines de la vie, prioritairement la situation résidentielle et financière. La reconstruction d'un réseau social et l'occupation du temps libre suivent de près dans l'ordre des préoccupations. Les moyens utilisés pour soutenir cette stabilisation ont beaucoup à voir avec les services : habiter dans un milieu supervisé, faire administrer ses revenus ; participer à des groupes d'entraide ; être suivi sur le plan personnel (soutien émotif, principalement). Les participants à l'enquête insistent aussi sur la nécessité de prendre conscience de leurs limites, de se donner des modèles positifs ainsi que des mécanismes de contrôle extérieurs à eux.

Suivant les personnes rencontrées, le nombre et l'importance des changements apportés dans leur vie ont pour effet de les rendre fragiles. Même si elles ont beaucoup progressé, elles continuent à ressentir le besoin d'être accompagnées dans leur cheminement. C'est pourquoi elles insistent pour avoir accès à un suivi aussi longtemps que cela s'avère nécessaire. C'est peut-être aussi l'une des raisons pour lesquelles elles hésitent à dire qu'elles s'en sont sorties.

Le maintien à long terme

Lorsque les personnes ont regagné un certain contrôle sur leurs conditions de vie, qu'elles ont retrouvé une sécurité de base et se sont construit un réseau minimal d'appartenance, elles désirent davantage s'engager dans des démarches de croissance personnelle. Il ne leur suffit plus d'être stables au point de vue du logement ou de mieux gérer leur consommation. Elles aspirent à un certain bien-être psychologique, veulent régler les problèmes sous-jacents à leur consommation et atteindre un certain équilibre. C'est alors seulement qu'elles estimeront s'en être sorties.

Le terme du parcours demeure ainsi imprécis pour la plupart des participants. Ils reconnaissent qu'ils s'en sortent, constatent des progrès, mais sont en même temps portés à repousser toujours plus loin le but à atteindre. S'en sortir représente un long processus où les progrès sont évalués à la lumière du passé. C'est justement cette expérience du passé qui rend les usagers tellement prudents et conservateurs dans leur évaluation de la situation : trop souvent ils ont cru qu'ils allaient s'en sortir, sans que ce succès dure à long terme. Chaque fois, le découragement était plus grand. C'est sans doute pourquoi, à cette étape, ils privilégient un travail portant sur les attitudes : faire face au passé, se donner une motivation, respecter leur propre rythme. Ils insistent aussi sur l'importance de pouvoir compter sur un soutien à long terme, qui viendra parfois du réseau social, mais le plus souvent des ressources du milieu et de leurs intervenants.

Le processus de rétablissement

Nous avons proposé au début de ce chapitre le concept de rétablissement pour rendre compte de la participation active de la personne au processus de réadaptation. Dans leurs récits concernant leurs efforts pour s'en sortir, les participants se posent réellement comme des agents actifs de leur réadaptation. Ils définissent leurs problèmes et établissent des priorités, s'engagent dans des tâches à accomplir, se préoccupent de problèmes à régler et précisent les stratégies et les moyens utilisés pour soutenir leurs efforts. On peut reconnaître certaines similitudes dans ces démarches, lesquelles ont donné lieu à la détermination d'étapes, elles-mêmes caractérisées par la mise en place de moyens spécifiques.

Les données de cette étude fournissent certains éléments de réponses ou des clarifications à des questions ou à des propositions contenues dans des travaux antérieurs. Ainsi, en ce qui concerne le processus de sortie de la toxicomanie, les enquêtes rétrospectives n'ont pas permis d'établir de façon nette une séquence entre les changements dans les habitudes de consommation et les changements dans les autres domaines de la vie. Les clients, quant à eux, peuvent reconnaître clairement une telle séquence dans leur rétablissement. La démarche est amorcée par un jugement sur la situation actuelle, lequel donnera lieu, à plus ou moins brève échéance, à la décision de changer le mode de vie. Le contrôle sur la consommation prime alors tous les autres changements envisagés. Une fois la consommation stabilisée, on entreprendra les changements dans les conditions de vie, pour soutenir cette stabilisation. Castel en arrive aussi à cette conclusion pour ce qui est des participants qui ont abandonné la toxicomanie avec l'aide d'institutions, ceux qu'il appelle les « hétéro-contrôles ». Pour ceux-ci, la priorité est accordée au travail portant sur la dépendance, et le « changement de mode de vie est considéré comme une conséquence de la démarche de soin » (Castel, 1992, p. 174). Par contre, les toxicomanes qui arrêtent seuls (les « auto-contrôles ») « se centrent plus directement sur le changement effectif de mode de vie » (p. 175), à travers la mise en place progressive de nouvelles activités. Bref, pour le premier groupe, la demande de soins constitue le point central, car d'elle dépend le changement, alors que le second groupe est plus directement centré sur le résultat, c'est-à-dire sur le changement du mode de vie puisque l'intermédiaire d'un cadre thérapeutique n'existe pas entre le processus et le résultat. La distinction établie par Castel pourrait bien permettre de documenter deux parcours spécifiques selon que la sortie de la toxicomanie s'effectue ou non dans le cadre d'un programme de réadaptation.

On retrouve dans l'enquête d'Adler (1992) des similitudes avec les données des enquêtes québécoise et française pour ce qui est des circonstances de la décision d'agir sur sa consommation. Chez Adler, la « retraite » est liée à l'âge (la quarantaine) et à l'incapacité de consommer comme avant. Les principales raisons du retrait sont l'épuisement, l'effet de moins en moins intéressant du produit, l'augmentation de la paranoïa. Les gratifications que procure le milieu (argent, pouvoir, émotions fortes, accessibilité des drogues) perdent aussi de leur attrait. Les résultats de Castel (1994, p. 26) font aussi état d'un déclic, « ce moment où la conscience se fait que trop, c'est trop ». Discutant des raisons de la sortie de la toxicomanie, Castel (1992) fait référence à l'épuisement de l'expérience, au rapport à l'âge, à la peur des risques et à la modification des circonstances. On trouve donc chez Adler et Castel des raisons analogues à celles que mentionnent les participants québécois pour expliquer la prise de conscience. Cependant, l'interaction de ces raisons apparaît comme différente chez les participants québécois et semble se dérouler sur un mode plus dramatique. La « peur des risques » domine chez ces derniers. Dans la prise de décision, l'idée de la mort et la crainte de franchir un point de non-retour sont très présentes. Au Québec et aux États-Unis, les participants sont plus âgés (moyenne d'âge dans la quarantaine) et la référence à l'âge n'y a pas le même sens qu'en France. Suivant Castel (1992, p. 215), les personnes se retirent de la consommation parce qu'elles ne peuvent plus continuer dans « un mode de vie exclusivement réservé aux jeunes ». Chez les participants québécois, l'âge est associé au fait de vieillir, que l'on ait 30, 40 ou 50 ans. Chaque groupe d'âge exprime l'urgence d'agir, de « passer à autre chose », avant qu'il ne soit trop tard.

Dans la phase du travail portant sur la consommation, puis sur le mode de vie, l'expérience de l'ennui apparaît comme une constante, avec son corollaire, la recherche d'activités de remplacement. La vie « ordinaire » semble fade aussi bien aux participants américains qu'aux participants français ou québécois. La nécessité d'occuper de façon constructive le temps libéré par l'arrêt des activités liées à la consommation et de combler le vide laissé par la rupture avec le milieu est souvent mise en relation avec l'appréhension de la rechute chez les participants québécois. Pour Castel, la nécessité d'organiser le temps auparavant consacré à la recherche, au trafic et à la consommation de drogues est considérée comme une entrave à la sortie.

La pertinence de la notion de risque proposée par Giesbrecht (1983) s'est trouvée confirmée dans les entrevues avec les participants à l'enquête. Ceux-ci ont insisté sur la nécessité de respecter leur rythme et de procéder de façon progressive aux changements, de ne pas s'exposer à des niveaux de stress trop élevés. La peur du découragement consécutif à une rechute après tant d'efforts a été évoquée. Certains ont même affirmé qu'ils ne croyaient pas pouvoir s'en relever et qu'une rechute perçue comme un échec pourrait les conduire à la mort.

En contrepoint, les participants ont aussi exprimé leur préoccupation de préserver les acquis, si une telle rechute survenait. Ces acquis représentent ainsi tout autant un point d'ancrage qu'un risque. Les participants entretiennent une vision moins dramatique de la rechute que ne le laisse supposer la notion de risque, puisque celle-ci n'est pas associée à un danger de perte de tous les acquis, mais plutôt à une dérive dont les conséquences sont en partie contrôlables. En ce sens, la relation entre acquis et risque est inversée : la motivation à contrôler la rechute pour en limiter les conséquences sera d'autant plus élevée que ces acquis sont significatifs. Les acquis représentent par conséquent une « protection » autant qu'un « risque ».

Parce qu'elle a été réalisée sur une période de suivi plus longue (10 ans), l'enquête d'Adler est plus concluante pour ce qui est de l'issue du processus. La majorité des anciens trafiquants ont tout perdu et ont dû s'éloigner du milieu. Ceux qui se sont le mieux réintégrés sont ceux qui ont réussi à recréer, dans un cadre légal, un milieu et des activités du même type que ceux qu'ils avaient dû abandonner, c'est-à-dire les affaires, le commerce, le travail autonome. Cette observation doit être mise en rapport avec le succès des journaux de rue et des entreprises de réinsertion en général, qui, par leur mode de fonctionnement et leur champ d'activité, proposent aussi une réinsertion professionnelle différente.

Par ailleurs, en relation avec le fait qu'elles ont été réalisées avec beaucoup moins de recul (trois mois et deux ans de stabilisation), les enquêtes faites au Québec et en France expriment toutes deux l'« incertitude » des anciens toxico-

manes «quant à la réussite de leur démarche propre» (Castel, 1992, p. 168).
Castel (1994, p. 25) affirme que «la majorité des toxicomanes s'en sortent», mais
il reconnaît aussi le caractère aléatoire du processus et de son terme: «un jour, il
semble que "ça marche", c'est-à-dire que ça dure» (p. 27), sans que l'on puisse
jamais affirmer que ça va durer «toujours». De même, pour les participants à
cette enquête, le point d'arrivée demeure indéterminé et le jugement sur la situation actuelle par rapport à ce point d'arrivée est marqué par la prudence. Une
question semble devoir demeurer sans réponse: «peut-on distinguer les "fausses"
sorties des "vraies"» (Castel, 1992, p. 168)? Au terme des deux enquêtes, l'ambiguïté demeure quant au sens à attribuer à l'expression «s'en être sorti». Cette
ambiguïté s'explique en partie par la difficulté de définir la toxicomanie elle-
même. S'agit-il de «se sortir» d'une condition permanente (comme une maladie
chronique) ou d'un mode de vie centré sur les produits?

Les soutiens au rétablissement

En ce qui concerne les moyens mis en place pour se sortir de la toxicomanie, plusieurs recoupent ceux qui existent au sein des services formels et des groupes
d'entraide. En interrogeant les participants à propos de ces ressources, il a été
possible de constater qu'elles sont utilisées de façon différenciée et s'articulent à
des étapes spécifiques du processus de sortie de la toxicomanie. Les personnes
ont recours à ces moyens au moment où ils «font sens» dans leur vie, ce qui
témoigne du caractère éminemment personnel de leur démarche.

Dans son enquête, Castel (1992, p. 203) a aussi constaté que «tous les toxicomanes interviewés ont été aidés, à un moment ou l'autre de leur trajectoire, y
compris ceux qui déclarent s'en être sortis seuls». À son avis, il importe de mieux
comprendre la relation entre la trajectoire du toxicomane et ses rencontres avec
les institutions, «car ces rencontres peuvent prendre des significations très
diverses à tel ou tel moment du parcours» (1994, p. 27). Au Québec, les institutions (au sens sociologique) occupent aussi une place de choix dans le discours
des personnes rencontrées: centres publics de réadaptation, organismes communautaires qui offrent des services de base et des thérapies, groupes d'entraide. Les
toxicomanes en rétablissement diront que «rien n'est inutile» et que les
démarches apparemment vaines peuvent un jour s'avérer utiles: peu importe
l'issue, ils y ont appris des choses. C'est aussi dans les services formels et infor-
mels qu'ils vont chercher plusieurs appuis pour leur démarche: encadrement
pour le logement et la gestion de l'argent, recherche d'activités structurantes et
d'un milieu social, relation avec une personne significative ou accompagnement
émotif. Les groupes formels d'entraide offrent l'occasion d'actualiser des rôles de
leader, de personne-ressource et de conseiller. Quant à l'entraide informelle, elle
suscite des relations différentes de celles qui sont vécues avec les professionnels.

Quand il s'est agi de parler de moyens pour maintenir les acquis, les participants ont mentionné des éléments reliés à la vie intérieure, à la connaissance de

soi et à la croissance personnelle. Ces démarches contribuent à l'acceptation des difficultés et des pertes subies, en même temps qu'elles donnent un sens à la souffrance qui en résulte. Les façons dont cette dimension spirituelle se vit varient énormément d'un individu à l'autre, mais elles traduisent toutes l'expression d'un travail sur soi et d'une quête du sens. On en découvre un écho, sur un mode plus sociologisant, chez Castel (1992, p. 178), qui parle de la reprise de «contrôle de son identité sociale et personnelle et de la reconstruction d'une nouvelle identité personnelle, en remplacement d'une "identité souillée"». On se trouve certes ici au cœur même de l'expression du processus de rétablissement.

Cette recherche d'une nouvelle identité peut être mise en relation avec ce que l'enquête française a appelé l'«absence de modèles de guérison» (Castel, 1992, p. 217). Castel remarque à juste titre qu'une «sous-culture de la drogue indiquant aux toxicomanes comment ils pourraient mettre fin à leur addiction n'existe pratiquement pas» (p. 217). Cette absence de modèles de guérison représente l'une des quatre entraves à la sortie relevées par l'étude française. Cela permet de constater que l'enquête québécoise ne s'est intéressée qu'aux soutiens à la sortie et n'a pas, de ce fait, directement interrogé les participants sur les obstacles rencontrés sur leur parcours. On peut néanmoins retracer dans les entrevues les trois autres «entraves à la sortie», qui sont la fragilité des résolutions prises et l'incertitude quant au fait de pouvoir tenir le coup, compte tenu des échecs antérieurs; le peu d'attrait ou l'inaccessibilité des choix de vie autres que la toxicomanie (un travail valorisant, par exemple); la difficulté de remplir de façon satisfaisante le temps libéré par la modification des habitudes de consommation.

Conclusion

Le processus de rétablissement chez les usagers dépendants, dont les conditions d'existence sont souvent précaires, semble caractérisé par la fragilité et la complexité. Les témoignages de personnes engagées à s'en sortir ou considérées comme des ex-toxicomanes ainsi que les conclusions d'études antérieures apportent des indications pour une intervention qui tienne compte du processus de rétablissement dans la démarche globale de réadaptation et de réinsertion sociale. Ainsi en est-il de l'abandon de la notion de progrès en tant que processus linéaire et cumulatif, de la nécessité d'adapter les objectifs d'intervention en fonction des besoins et des compétences de la personne, mais aussi de sa capacité à assumer des risques, de l'inscription de l'intervention dans un parcours ponctué d'étapes se déroulant à long terme, et de la sensibilisation à la démarche intérieure de la personne.

De façon générale, une meilleure compréhension du point de vue des personnes en cause apparaît comme essentielle pour permettre aux intervenants de prendre appui sur les mouvements déjà amorcés et d'éviter de disqualifier les principaux intéressés ou de défaire ce qu'ils sont en train de mettre en place. Plus profondément, la reconnaissance des personnes en traitement comme des acteurs qui façonnent et orientent leur vie plutôt que comme des sujets passifs exposés à des interventions marque un changement significatif dans l'orientation même du traitement. À ce titre, le mouvement du rétablissement, issu des groupes de consommateurs de services, représente l'actualisation de ces rapports d'un type nouveau quant au traitement et à la réadaptation. À travers ce mouvement, on peut aussi penser que s'élaborera une sous-culture de la sortie de la toxicomanie où « sortir, ce serait vivre une expérience unique, tracer une voie que nul n'aurait encore parcourue » (Castel, 1992, p. 217).

Références

ADLER, P.A. (1992). « Carrières de trafiquants et réintégration sociale aux États-Unis », dans A. Ehrenberg et P. Mignon (sous la dir. de), *Drogues, politiques et société*, Paris, Le Monde Éditions, p. 258-273.

ANTHONY, W.A. (1993). « Recovery from Mental Illness: The Guiding Vision of the Mental Health Service System in the 1990's », *Innovations and Research*, vol. 2, n° 3, p. 17-25.

BATES, M. (1983). « Using the Environment to Help the Male Skid Row Alcoholic », *Social Casework. The Journal of Contemporary Social Work*, mai, p. 276-282.

BLUMBERG, L.U., SHIPLEY, T.E. et BARSKY, S.F. (1978). *Liquor and Poverty. Skid Row as a Human Condition?*, New Brunswick (N.J.), Rutgers Center of Alcohol Studies.

CARBONNEAU, P. (1988). « Désengagement et réengagement social: la réinsertion par le travail en milieu rural », *Revue québécoise de psychologie*, vol. 9, n° 1, p. 136-144.

CASTEL, R. (1994). « Les sorties de la toxicomanie », dans A. Ogien et P. Mignon (sous la dir. de), *La demande sociale de drogue*, Paris, La Documentation française, p. 23-30.

CASTEL, R. (1992). *Les sorties de la toxicomanie*, Paris, GRASS-MIRE.

CORIN, E., RODRIGUEZ DEL BARRIO, L. et GUAY, L. (1996). « Les figures de l'aliénation: un regard alternatif sur l'appropriation du pouvoir », *Revue canadienne de santé mentale communautaire*, vol. 15, n° 2, p. 45-67.

DEEGAN, P.E. (1988). « Recovery: The Lived Experience of Rehabilitation », *Psychosocial Rehabilitation Journal*, vol. 11, n° 4, p. 11-19.

FAGAN, R.W. et MAUSS, A.L. (1986). « Social Margin and Social Reentry: An Evaluation of a Rehabilitation Program for Skid Row Alcoholics », *Journal of Studies on Alcohol*, vol. 47, n° 5, p. 413-425.

FARKAS, M. et VALLÉE, C. (1996). « De la réappropriation au pouvoir d'agir: la dimension discrète d'une réelle réadaptation », *Santé mentale au Québec*, vol. 21, n° 2, p. 17-28.

GIESBRECHT, N. (1983). « Stakes in Conformity and the "Normalization" of Deviants: Account by Former and Current Skid Row Inebriates », *Journal of Drug Issues*, vol. 13, n° 3, p. 299-322.

LAMARCHE, P. et LANDRY, M. (1994). « L'efficacité du traitement: caractéristiques cliniques et organisationnelles », dans P. Brisson (sous la dir. de), *L'usage des drogues et la toxicomanie*, vol. II, Boucherville, Gaëtan Morin Éditeur, p. 421-435.

LEE, J. (1988). « Les sans-abri: la population itinérante », *L'Intervenant*, vol. 4, n° 3, p. 4-6.

LORD, J. et HUTCHISON, P. (1993). «The Process of Empowerment: Implications for Theory and Practice», *Canadian Journal of Community Mental Health*, vol. 12, n° 1, p. 5-22.

MERCIER, C., CORIN, E. et ALARIE, S. (1999). *Les parcours de réinsertion chez des personnes sans abri, alcooliques et toxicomanes*, Verdun, Centre de recherche de l'Hôpital Douglas.

PÉLADEAU, N., FORTIN, L., LAUZON, P. et MERCIER, C. (1996). «Évolution d'hommes et de femmes dépendants de l'héroïne avant et pendant le traitement de maintien à la méthadone», *Psychotropes*, vol. 7, n° 4, p. 25-43.

ROWE, S. et WOLCH, J. (1990). «Social Networks in Time and Space: Homeless Women in Skid Row», Los Angeles. *Annals of the Association of American Geographics*, vol. 80, n° 2, p. 184-204.

SEGAL, S.P., BAUMOHL, J.E. et JOHNSON, E. (1977). «Falling Through the Cracks: Mental Disorder and Social Margin in a Youth Vagrant Population», *Social Problems*, vol. 24, n° 3, p. 387-400.

14

La réinsertion sociale dans le champ des toxicomanies*

Marie-Denyse Boivin ◆ *Jacques Tondreau*

Après avoir distingué les notions de réinsertion sociale et de réintégration sociale, les auteurs retracent l'évolution des conceptions et des pratiques en matière de désintoxication et de réadaptation dans le contexte de la société québécoise, en vue de mieux comprendre la place qu'occupe actuellement la réinsertion dans la gamme des services offerts aux toxicomanes. Cette perspective historique les conduit à situer les enjeux contemporains de la réinsertion à la lumière des réseaux qui offrent ces services et au regard des philosophies d'intervention qui les sous-tendent. En conclusion, ils interrogent les fins à atteindre en matière de réinsertion et les responsabilités individuelles et collectives qui sont en cause.

* Nous tenons à remercier Robert Baril et André Landry de leurs judicieux commentaires. Nous désirons également remercier Robert Faulkner et Benoît Côté ainsi que Marie-Josée De Montigny et Nadine Léveillée de leurs réflexions sur le sujet.

Introduction

En matière de santé physique ou mentale, les notions d'insertion et de réinsertion s'inscrivent dans un discours de mobilisation depuis les années 1970 (Guyennot, 1998). En matière de toxicomanie, toutefois, l'idée de réinsertion n'a vraiment fait son apparition qu'au début des années 1990. Comment expliquer cette sensibilisation tardive en matière de réinsertion sociale des toxicomanes ? En outre, si la phase de la réinsertion sociale des personnes toxicomanes est actuellement reconnue comme un maillon aussi fondamental du continuum thérapeutique que celui de la désintoxication ou celui de la réadaptation, cela implique-t-il que les acteurs de ce champ d'activité ont des représentations claires et précises de ce que veut dire la réinsertion sociale ? Que fait-on au juste lorsque l'on fait de la réinsertion et que vise-t-on réellement par cette pratique ? Sous la simplicité de la question se cache la complexité de la réponse. En fait, la réinsertion des toxicomanes semble recouvrir de multiples dimensions, tantôt en porte-à-faux par rapport à une démarche intégrée conduisant à une réelle réintégration sociale, tantôt en concordance avec cette démarche.

De la réinsertion sociale à la réintégration sociale

Dans plusieurs écrits sur la réinsertion sociale des personnes toxicomanes, la notion de réinsertion est souvent floue : il semble que l'on veuille parfois parler de réinsertion sociale, parfois de réintégration sociale. Comme le souligne Hesbeen (1994, p. 45), le manque de précision « ne facilite pas la modélisation et peut rendre la discipline imperméable au repérage et à la compréhension de son champ réel d'intervention par tous les acteurs concernés ». En fait, il importe de se doter d'un langage commun qui permette de dégager les fins respectives de la réinsertion et de la réintégration afin de pouvoir mettre sur pied des plans d'intervention appropriés à chacun de ces champs. Nous allons donc commencer par clarifier les deux notions.

La réinsertion sociale

Pour une personne toxicomane, entreprendre une démarche de réinsertion signifie généralement faire un premier pas vers l'acquisition d'une place reconnue dans la société. Mouvement d'avancées et de reculs, cette démarche constitue un défi de taille car il s'agit de renouer avec soi, ses proches, le monde du travail et sa communauté. Le fait de vivre cette nouvelle réalité fait d'ailleurs resurgir des difficultés relationnelles et sociales importantes, particulièrement chez les toxicomanes qui ont évité les rencontres « réelles » avec les autres pendant leurs années de consommation : étant protégés par ce paravent toxique, le détour par la drogue constitue bien souvent le seul moyen pour eux de rencontrer l'autre (Pagès-Berthier, 1995). Faisant face à elle-même, sans le secours des substances qui lui offraient une certaine protection, la personne se sent souvent dépassée par l'ampleur de la tâche que représente sa propre réinsertion. Dans certains cas, il est nécessaire d'acquérir ou de consolider les unes après les autres les compétences requises par une réinsertion dans le milieu ; pour y parvenir, elle devra pouvoir compter sur une aide afin d'entreprendre et de mener à terme sa démarche. Elle pourra s'occuper par la suite des divers enjeux que suppose une réintégration en société.

En fait, la réinsertion s'inscrit dans le prolongement de la phase de réadaptation tout en constituant une étape préalable à la réintégration ; elle se définit ainsi en fonction du continuum des services offerts aux personnes toxicomanes. Aussi la réinsertion vise-t-elle à les rendre les plus autonomes possible dans les sphères relationnelle, communautaire et professionnelle, avant qu'elles soient aptes à participer plus pleinement à la vie de la communauté (Boivin, Tondreau et Parent, 1999). Si la réalisation de l'objectif de réinsertion passe obligatoirement par l'abstinence chez certains, il faut se garder d'établir trop rapidement une équation entre abstinence et autonomie. De fait, l'autonomie n'est pas nécessairement synonyme d'abstinence, elle-même ne garantissant pas automatiquement l'indépendance ; « on peut être abstinent et dépendre fortement d'un cadre ou d'une personne, comme l'atteste la "guérison" de toxicomanes abstinents » (Morel, Hervé et Fontaine, 1997, p. 221). En somme, la réinsertion sociale consiste à mettre en place les conditions favorables à l'établissement d'un dialogue entre le toxicomane et ses proches ainsi que d'un réseau social dans sa communauté d'appartenance. Elle vise également le développement de connaissances et de modes d'expression qui lui permettront de mener à bien ses activités de loisir, de travail ou d'études et d'acquérir un nouveau style de vie dans lequel il sera à même de se fixer et de poursuivre des objectifs de vie (Ministère de la Santé et des Services sociaux, 1998).

La réintégration sociale

Si l'autonomie est un but fort important de la démarche de réinsertion sociale, elle ne doit pas uniquement être une façade. L'acquisition d'habiletés sociales et de compétences personnelles spécifiques ainsi que le développement d'attitudes favorables à la vie en société peuvent être superficiels si la personne en réinsertion est confinée dans des rôles sociaux peu valorisés ; son expérience risque alors d'être peu diversifiée, dans un cadre de relations et d'activités limitées et fournissant peu de possibilités d'assumer des responsabilités. Quelle est l'autonomie véritable des personnes vivant la précarité sur les plans de l'emploi, des liens sociaux et de la résidence ?

Dans le contexte d'une démarche de réintégration, l'autonomie acquise doit déboucher sur une véritable participation à la vie sociale, à travers des rôles valorisés et valorisants qui donnent l'occasion d'assumer de nombreuses responsabilités. Mais de quels rôles sociaux s'agit-il ? Comme le soulignent D'Heilly et

Sorriaux (1995), trop souvent les intervenants, voire les toxicomanes eux-mêmes, se représentent la réinsertion et la réintégration en fonction des moyens (par exemple, obtenir un emploi) plutôt qu'en fonction des résultats (par exemple, atteindre une certaine capacité de fonctionnement et de participation à la vie en société). Pour certaines personnes, d'ailleurs, l'actualisation de leur potentiel et une réelle participation sociale ne pourront s'effectuer dans le cadre d'un emploi traditionnel, voire dans le cadre d'un emploi tout court. En conséquence, même si la réinsertion peut mener à l'autonomie et aboutir à une intégration sociale, elle ne s'exprime pas de la même manière pour tous.

Il y a réintégration optimale de l'individu lorsque celui-ci peut jouer son rôle de citoyen à part entière. La citoyenneté passe notamment par l'accès à un revenu décent, nécessaire pour se loger, se nourrir et se vêtir et participer à des activités courantes de loisir; c'est aussi accepter les responsabilités rattachées aux différentes situations sociales que l'on occupe et user avec discernement des avantages qui en découlent. Ainsi peut-on dire qu'il y a réintégration sociale lorsque:

> [...] la personne fait partie à part entière de la communauté et du groupe et établit des liens réciproques et spontanés sur une base régulière avec les autres membres. Il y a véritablement un sentiment d'appartenance et de participation à part égale. Elle a une place et assume un rôle qui lui est propre. (Pilon, 1995, p. 51)

Il y a donc coopération entre la personne toxicomane et les autres membres de la société; elle peut participer aux décisions qui la concernent et à celles de la société (Ebersold, 1998; Saint-Martin, 1998)[1].

Les représentations de la réinsertion et de la réintégration sociales

On constate, lors de l'analyse des représentations que se font de la réinsertion des intervenants et des personnes toxicomanes, que cette notion reste à préciser. Pour la plupart des intervenants en toxicomanie, la réinsertion sociale se définit par un ensemble d'idées maîtresses:

1) devenir autonome;

2) prévenir la rechute;

3) acquérir des capacités d'adaptation;

---

1. Vue sous un autre angle, l'exclusion sociale peut consister justement en une impossibilité de s'insérer socialement par le moyen de la famille, de l'école, de la communauté ou du travail. L'exclusion résulterait d'une désaffiliation vis-à-vis de ces pôles importants d'insertion, à moins que ce ne soit leur défaillance qui soit en cause alors que la crise de la famille, de l'école et du travail est à l'ordre du jour. De manière plus précise, l'exclusion sociale se caractérise bien souvent par la conjonction de nombreux facteurs: le manque de scolarité ou l'absence de diplôme, les difficultés à trouver un emploi ou la précarité du travail, et l'absence ou la fragilisation des soutiens relationnels (famille, voisinage, communauté). À sa manière, Castel parle de ceux et celles qui sont désaffiliés comme de personnes souffrant d'un « déficit d'intégration » (Castel, 1995, p. 418).

4) se réinsérer dans son milieu social et familial ;

5) recouvrer du pouvoir sur son environnement ;

6) se donner un projet de vie ;

7) éprouver le besoin de se sentir en sécurité ;

8) améliorer son accès au travail, aux études et à la formation professionnelle (De Montigny, 1999 ; Gagneux, 1997).

Ces représentations illustrent bien le flou qui existe autour de la réinsertion puisque tantôt on parle de fins (devenir autonome), tantôt on parle de moyens (prévenir la rechute). Ces représentations indiquent également le fait qu'on met peu l'accent sur le volet réintégration. Certains intervenants ajoutent toutefois une dimension fondamentale : la réinsertion constitue un processus d'aller-retour complexe entre la personne et son environnement, un passage de soi à l'autre, et si le sujet en cheminement ne modifie pas son style de vie, cette réinsertion ne peut véritablement avoir lieu (De Montigny, 1999).

Du côté des toxicomanes qui poursuivent une démarche, les représentations de la réinsertion se situent spontanément sur le plan des objectifs à atteindre, soit obtenir un emploi et se loger convenablement. Par contre, les personnes questionnées pondèrent leurs premières impressions en mentionnant, après réflexion, que l'acquisition de compétences serait vaine sans une mise à l'épreuve constante du rapport entre soi et l'autre, et sans la mise en pratique des acquis dans des situations et des milieux de vie diversifiés. En somme, ces représentations semblent davantage se rapprocher des visées d'une réelle réintégration sociale (De Montigny, 1999).

Conceptions thérapeutiques et réinsertion sociale

La notion de réinsertion sociale dans le champ de la toxicomanie est relativement récente au Québec, remontant tout au plus à une quinzaine d'années. Si des pratiques de réinsertion ont été mises en œuvre avant cette période, elles étaient le plus souvent intégrées à la phase de la réadaptation, aux actions préventives (par exemple, la prévention de la rechute) ou aux pratiques de suivi dans la communauté.

L'évolution de la notion de réinsertion sociale dans le champ de la toxicomanie se présente donc comme un long processus de prise de conscience quant à l'importance de cette étape dans le cheminement thérapeutique, notamment au regard du suivi et du soutien apportés à la personne toxicomane lors de son retour à des activités quotidiennes. Entre autres, cette évolution se traduit par l'élargissement des buts de l'intervention thérapeutique. Comme l'indiquent D'Heilly et Sorriaux (1995, p. 42-43) en parlant de réadaptation physique :

> [...] il y a encore peu de temps, soigner la maladie, c'est-à-dire venir à bout des symptômes, était la préoccupation principale, presque exclusive des soignants. Aujourd'hui [...] le soignant s'efforce de permettre à son patient de

retrouver des possibilités de vie quotidienne et sociale comparables à celles qu'il connaissait avant sa maladie ou comparables à celles de tout le monde. C'est ce qui a amené le corps médical et paramédical à inclure l'insertion dans le protocole thérapeutique.

Dans le cas de la toxicomanie, le développement de la réinsertion sociale doit être mis sur le compte de l'approche psychosociale dont certaines composantes — l'acquisition d'habiletés sociales et de vie et l'approche communautaire — sont devenues importantes dans la réhabilitation de la personne toxicomane (Mercier, 1985).

Les années 1950-1970

La toxicomanie a été jusqu'à tout récemment analysée en fonction de l'alcoolisme. Celui-ci fut d'abord défini, à tout le moins au Québec, selon des valeurs religieuses et à partir de critères moraux[2]. Jusqu'aux années 1950, la consommation et l'abus sont vus sous l'angle de la gestion morale dans le cas de l'alcool, et en fonction du contrôle policier ou judiciaire pour ce qui est des autres drogues. Dans la gestion morale du problème, c'est principalement le clergé qui construit le discours autour du phénomène, considéré comme un péché que l'on nomme le «vice de l'ivrognerie». L'Église et la loi sont pendant longtemps les seules institutions chargées de la réhabilitation des intempérants. Dans ce contexte, la réhabilitation passe par l'abstinence, et l'on ne parle pas de moyens propres à faciliter la réintégration des personnes «fautives» dans un cadre de vie jugé normal (Nadeau, 1988). En somme, l'accent est mis davantage sur la répression de la consommation que sur la prévention, la réadaptation ou la réinsertion.

Parallèlement à la gestion morale et judiciaire, et en complément de celles-ci, la conception médicale prend une place de plus en plus grande dans la première moitié du XXe siècle. Il faut rappeler qu'au Québec comme aux États-Unis la prise en charge de l'alcoolisme en vue d'un traitement a d'abord été le fait des hôpitaux psychiatriques (Jacob, 1970). La jonction entre les deux conceptions se fera de manière structurée avec la création des Alcooliques anonymes, dont les références sont à la fois religieuses, morales et médicales (Nadeau, 1988). Dans ce courant de pensée, la réinsertion de la personne malade se conçoit principalement à travers la réparation des torts et le témoignage.

Au cours des années 1950, les intervenants auprès des alcooliques se rendent à l'évidence que la religion et la morale ne peuvent à elles seules fournir les outils nécessaires au traitement et à la réhabilitation de ces personnes. Aussi, en 1955, le père Ubald Villeneuve comprend-il qu'il faut faire appel à la médecine et à la science afin d'aider les toxicomanes. Il fonde alors à Québec la première

---

2. On doit cependant souligner que l'alcoolisme fait l'objet d'une analyse à tendance scientifique dès le dernier quart du XIXe siècle, notamment à travers l'œuvre du sociologue Gabriel Tarde (Cerclé, 1995).

maison Domrémy (Villeneuve, 1995). Grâce à l'intervention de l'État, en 1958, les cliniques Domrémy connaissent une expansion notable avec la création de cliniques à Montréal, à Saint-Jérôme et à Trois-Rivières (Ministère de la Santé et des Services sociaux, 1986). Ces cliniques assument le volet réadaptation tandis que la désintoxication est prise en charge par les hôpitaux.

Dans les années 1960, le Québec, comme d'autres sociétés occidentales, connaît une augmentation importante de la consommation d'autres produits chez les jeunes, tels le cannabis et le LSD (Bertrand, 1990). Cette réalité nouvelle est prise en considération par l'État avec la création, dès 1966, de l'Office de la prévention et du traitement de l'alcoolisme et autres toxicomanies (OPTAT). La mise sur pied de ce nouvel organisme constitue une reconnaissance explicite de l'évolution de la problématique de la toxicomanie. L'OPTAT regroupe quatre organismes subventionnés par l'État : l'Institut d'étude sur l'alcoolisme, l'Association des cliniques et des unités de réadaptation pour alcooliques, le Comité d'étude et d'information sur l'alcoolisme et le Service médical sur l'alcoolisme. À partir de ce moment, la préoccupation principale des différents organismes s'élargit graduellement pour inclure les autres produits psychotropes (Ministère de la Santé et des Services sociaux, 1986).

En 1975, le ministère des Affaires sociales dissout l'OPTAT et l'intègre à ses structures. L'année suivante, le ministère publie une *Politique sur l'usage et l'abus des drogues*. Parmi les principaux objectifs de cette politique, on note la volonté de diminuer les conséquences les plus importantes liées à ces problèmes (Ministère de la Santé et des Services sociaux, 1986). La notion de réinsertion sociale est toutefois absente de cette politique.

Les années 1970-1990

À partir des années 1970, au Québec, la vision médicale et la vision psychosociale des toxicomanies se partagent le champ du traitement des toxicomanies. Ces deux perceptions s'incarnent d'abord dans des directions opposées : désintoxication médicale d'un côté, réadaptation psychosociale de l'autre. Cette scission, utile à l'époque, s'est par la suite avérée porteuse de tensions.

Dans l'approche psychosociale de la réadaptation, l'intervenant tient compte des multiples interactions que la personne toxicomane entretient avec son milieu ; il considère la toxicomanie comme un problème lié à des facteurs psychologiques et sociaux. De ces interactions émergent des difficultés perçues comme des facteurs de risque face à l'abus de substances psychoactives. Suivant cette vision, l'individu a un rapport dynamique avec d'autres personnes, des groupes, des institutions et des structures sociales. Cette approche thérapeutique des toxicomanies met l'accent sur une intervention qui porte sur les difficultés psychologiques et sociales (sur les plans conjugal, familial et professionnel) afin d'atténuer ou d'éliminer les facteurs handicapants qui empêchent l'appropriation de son expérience par le sujet.

Selon cette perspective, les mesures relatives à la réinsertion sociale revêtent une certaine importance. Dans les faits cependant, les interventions en matière de réhabilitation des personnes toxicomanes sont en majorité dirigées vers la sphère psychologique, la sphère sociale étant le plus souvent négligée. Les quelques initiatives dans le champ de la réinsertion sociale sont le lot de certains intervenants, sans que les institutions de réadaptation ou les régies régionales les enchâssent clairement dans leurs politiques. Ces efforts consistent essentiellement en des mesures de post-cure, d'*aftercare* ou de suivi ponctuel de la famille immédiate ou des milieux scolaire et professionnel. Dans ce contexte, les facteurs sociaux comme le développement du réseau social ou l'engagement dans la communauté sont moins pris en considération.

Si certaines mesures de réinsertion sont mises en place par le réseau institutionnel, celui-ci délègue progressivement une partie de ses responsabilités aux services communautaires ou aux centres privés, qui, pour leur part, ne possèdent pas toujours les ressources financières, matérielles ou professionnelles pour faire face à la tâche. Ainsi, s'agissant de réinsertion, les services de désintoxication et de réadaptation utilisent davantage les ressources du milieu qu'ils n'y participent concrètement. À l'inverse, les ressources du milieu établissent peu de liens avec les institutions et se développent le plus souvent en marge de ces dernières. Ce sont d'ailleurs les communautés thérapeutiques, certains groupes communautaires et, de façon plus informelle, les groupes d'entraide, tels les Alcooliques anonymes, qui prennent le plus souvent le relais des institutions.

Les préoccupations timides concernant la réinsertion sociale des personnes toxicomanes au cours de cette période coïncident avec une fragilisation des grandes institutions d'insertion sociale — la famille, l'école, le milieu de travail et la communauté. Des dangers d'exclusion sociale guettent dès lors les toxicomanes, qui ne peuvent compter comme auparavant sur ces lieux de socialisation et d'intégration. Le déficit de cohésion sociale rend ainsi plus difficile la réinsertion d'abord, puis la réintégration dans des rôles sociaux valorisés et valorisants. Consécutivement à la libéralisation de l'usage de certaines drogues, au cours des années 1970, suivie d'un retour à une approche de «tolérance zéro», de nouveaux profils de toxicomanes apparaissent: plus jeunes, plus judiciarisés, plus désaffiliés et consommant plusieurs produits. Le travail de réinsertion se fait dès lors dans des registres beaucoup plus étendus, plusieurs sphères devant être considérées de front et plusieurs services devant être coordonnés en parallèle, en fonction de la multiplicité des problématiques en cause.

L'évolution récente de la notion de réinsertion sociale

C'est dans les années 1990 que l'on voit apparaître la volonté de distinguer précisément la phase de la réinsertion sociale des autres phases de la «chaîne thérapeutique», soit la phase de la désintoxication et celle de la réadaptation[3].

---

3. Il faut toutefois éviter de considérer les éléments de cette chaîne comme disjoints ou fragmentés. En fait, ces éléments sont interdépendants et fonctionnent comme un système.

Quoiqu'il existe certains services distincts de réinsertion pour les toxicomanes (par exemple, le service de réinsertion sociale du Centre de réadaptation en toxicomanie de Québec, fondé par Romain Pelletier en 1980), dans les faits, la réinsertion sociale des toxicomanes semble encore fondue dans les autres services de réadaptation, sans que ces services soulèvent vraiment la question des fins à atteindre et des moyens à mettre en place pour y parvenir. Certes, plusieurs organismes communautaires ou institutionnels œuvrant dans le domaine de la réadaptation disent offrir des services de réinsertion plus ou moins complets. Toutefois, comme le souligne Gagneux (1997, p. 19), «peu d'organismes arrivent à distinguer clairement le champ spécifique de la réinsertion [et ils signifient par là] que la réinsertion est la continuité de la réadaptation». Pour ces organismes, la réinsertion est considérée soit comme une étape de transition, soit comme un maintien des acquis et une prévention de la rechute.

Depuis quelques années, le volet réinsertion se détache progressivement de la phase de la réadaptation et obtient une autonomie plus grande à mesure que les besoins en cette matière se font plus criants et que les interventions en ce qui touche la réinsertion se développent et se spécialisent. Cette vision de la réinsertion prend graduellement forme dans certaines pratiques et s'observe dans des publications de la Régie régionale de la santé et des services sociaux de Québec (1998) et de la Montérégie (1997) et du ministère de la Santé et des Services sociaux (1998).

Dans la région de Québec, les services les mieux définis actuellement en matière de réinsertion socioprofessionnelle des toxicomanes (tels le service de réinsertion du Centre de réadaptation en toxicomanie de Québec, le centre de réinsertion Le Portage et le service de réinsertion Job) sont ceux qui ont pris forme dans la foulée des pratiques adoptées au début des années 1980. En Montérégie, la Régie régionale de la santé et des services sociaux a été la première à implanter, en 1994, un programme structuré de prévention de la rechute. Ce dernier, offert avec la collaboration du Pavillon Foster, consiste en un suivi après l'étape de la réadaptation. Découlant des pratiques mises en avant dans leurs régions respectives, les régies régionales de Québec et de la Montérégie ont élaboré une programmation-cadre devant servir à mettre en place les services et les pratiques en matière de réinsertion des personnes toxicomanes (Régie régionale de la santé et des services sociaux de la Montérégie, 1997; Régie régionale de la santé et des services sociaux de Québec, 1998).

Pour ces organismes, la réinsertion sociale se définit comme un maillon important de la chaîne thérapeutique dont un des objectifs est de s'assurer que les «gains thérapeutiques et les apprentissages de la personne dans les premières étapes du traitement se maintiennent de façon durable dans le temps et se généralisent» (Régie régionale de la santé et des services sociaux de Québec, 1998, p. 17).

Sur le plan des moyens, la vision contemporaine de la réinsertion sociale se traduit par un ensemble de services et de mesures qui permettent à la personne toxicomane d'acquérir les habiletés et les compétences nécessaires en vue de passer de la réinsertion sociale à une réintégration sociale. En fait, les programmes de réadaptation en matière de toxicomanie qui possèdent un volet réinsertion comportent le plus souvent des activités visant l'acquisition de compétences sociales (Service correctionnel du Canada, 1996). L'acquisition de ces compétences est favorable à l'accroissement de l'autonomie relationnelle, communautaire et professionnelle (Boivin, Tondreau et Parent, 1999). Dans un contexte plus large, de tels services cherchent à atténuer et à surmonter les obstacles à la source de handicaps, soit les facteurs individuels (réinvestissement de soi, image de soi, habitudes de vie, etc.) et les facteurs environnementaux (physique, humain, administratif et financier) [Hesbeen, 1994].

D'un point de vue critique, les services de réinsertion sociale qui ne visent pas la réintégration des toxicomanes condamnent ces derniers à une réinsertion perpétuelle, un peu comme ces personnes participant à des programmes d'«employabilité» qui ne réussissent jamais à accéder au marché du travail traditionnel. Dans ces conditions, la réinsertion sociale risque de devenir non plus une *étape*, mais un *état* permanent (Castel, 1995). La réintégration leur est refusée ou donnée au compte-gouttes, par intermittence, ou en attendant des jours meilleurs (lire une meilleure conjoncture économique, l'engagement des entreprises et des milieux communautaires, une volonté politique d'offrir des conditions de vie décentes pour tous, etc.). Ainsi, au syndrome de la porte tournante en santé mentale pourrait bien correspondre le chemin de l'éternel retour en toxicomanie.

Les enjeux contemporains de la réinsertion sociale

En raison de la complexification de la problématique des toxicomanies (profils diversifiés de toxicomanes, appariement des services en fonction des divers sous-groupes, relation plus poussée entre les éléments de la chaîne thérapeutique, doubles problématiques avec la délinquance, les problèmes de santé mentale, l'itinérance et la prostitution), la réadaptation semble devoir être prise en charge par des équipes d'intervenants multidisciplinaires. De nombreuses conséquences en découlent.

Concertation et partenariat

D'abord, un partage des pouvoirs et une clarification des rôles et des tâches de chacun deviennent impératifs, ce qui ne va pas sans un réaménagement des zones de pouvoir et des marges de manœuvre. Ensuite, la diversité des paradigmes étiologiques, des conceptions thérapeutiques, des pratiques de traitement et des représentations de la réinsertion risque de poser des problèmes inextricables de définition, d'où la nécessité de mettre au point un langage commun à travers un travail de précision des buts de la réinsertion sociale. Par ailleurs, les équipes multidisciplinaires devront reposer sur la capacité des intervenants de travailler dans des environnements où s'affrontent divers paradigmes, des conceptions thérapeutiques souvent opposées et des vocables hétérogènes, bref un univers où connaissances et pratiques diverses peuvent se heurter. La rencontre d'intervenants de diverses allégeances et croyances ainsi que le sont les ex-toxicomanes, pour la plupart formés sur le terrain et œuvrant dans les organismes communautaires, et les professionnels, majoritairement issus du milieu universitaire, ne risque-t-elle pas d'entraîner un « partage forcé du territoire de la guérison » (Giroux, 1998, p. 7)?

Ces tensions recoupent deux autres types de frictions entre les deux groupes. Le premier type concerne la dynamique entre les services institutionnels et les services communautaires en matière de réhabilitation des personnes toxicomanes : les premiers tendraient à définir le champ de la pratique alors que les seconds tendraient à vouloir s'imposer par leur façon de faire. Les normes de reconnaissance des organismes communautaires et privés constituent, à cet égard, un premier pas vers une normalisation des orientations et des pratiques selon un modèle professionnel qui laisse peu de place à l'expérience acquise sur le terrain. Comment ces nouvelles tendances s'actualiseront-elles dans le temps et quels enjeux en matière de concertation soulèveront-elles?

La dynamique entre les interventions inspirées de la réduction des méfaits et celles qui sont centrées sur l'abstinence constitue le deuxième type de frictions : alors que les premières interventions semblent prendre une place de plus en plus importante au Québec en raison des impératifs de santé publique, les secondes, quoique toujours essentielles, subissent un certain ressac, surtout lorsqu'elles donnent lieu à des pratiques trop rigides et à des formes d'exclusion.

Il va sans dire qu'un des défis importants dans le champ de la réinsertion sociale au cours des années qui viennent sera celui de la concertation. Cette dernière renvoie aux rapports entre le secteur de la réadaptation et celui de la réinsertion, la question de fond étant essentiellement de savoir qui fait quoi et comment. En outre, la concertation implique la remise en question des rapports entre le corps médical et les intervenants psychosociaux, respectivement associés aux secteurs de la désintoxication et de la réinsertion. Le cas des personnes inscrites dans des programmes de traitement à la méthadone en est un exemple patent.

Si les enjeux de la réinsertion se situent d'emblée sur le plan de la concertation des pratiques spécialisées en matière de toxicomanie, ils appellent aussi, dans leur sillage, le nécessaire partenariat entre le secteur des toxicomanies et les secteurs associés sur les plans scolaire, syndical, économique et politique. Dans ce contexte, on peut s'interroger sur la possibilité d'instaurer de nouvelles pratiques de réinsertion des toxicomanes sans qu'une prise de conscience se fasse et que des engagements se prennent chez tous les acteurs touchés de près ou de loin par la question de l'exclusion et de la marginalisation (et de ses corollaires, la réinsertion et la réintégration).

L'individu au cœur des pratiques d'aide dans le champ de la réinsertion sociale

Si la concertation et le partenariat sont des facteurs facilitant la démarche de réinsertion sociale, de telles mesures seraient vaines si les principaux acteurs touchés par cet engagement étaient laissés pour compte. En ce sens, il s'avère primordial de situer la personne toxicomane au cœur des pratiques afin que les moyens mis en œuvre ne deviennent pas des fins en soi. Placer l'individu au cœur des pratiques d'aide, et tenir compte de ses besoins spécifiques, peut paraître un luxe dans la conjoncture actuelle où les impératifs de rentabilité priment. Mais ignorer l'apport des principaux intéressés serait nous exposer à maintenir dans la marge ces gens qui, au-delà de leur démarche de réinsertion, cherchent à réintégrer la société.

Par ailleurs, s'il paraît évident qu'une démarche de réinsertion représente aussi pour la personne toxicomane une quête d'intégration sociale, il ne va pas nécessairement de soi de savoir quel sens et quelle direction on doit donner à cette quête. Dans cette optique, le fait de tenir compte des besoins implique aussi celui de tenir compte du sens et de la direction des projets de la personne poursuivant une démarche de réinsertion (Drolet, 1995). Pour ce faire, il est souvent nécessaire de dénouer les difficultés d'ordre personnel et professionnel qu'a vécues l'individu, difficultés qui affectent ses rapports avec les autres et limitent sa capacité de réinsertion (Revuz, 1994). Favoriser un cheminement de réinsertion plus personnalisé comporte toutefois des risques pour l'intervenant comme pour la personne qui se situe au cœur de la démarche. Ainsi, comment faire face au problème de la consommation chez des gens en réinsertion dans un cadre où cette consommation est proscrite (Boivin et coll., 1998)? Faut-il congédier la personne? Cette attitude lui permet-elle de renforcer son sentiment de pouvoir sur sa vie, et l'aide-t-on véritablement à cheminer dans sa démarche de réinsertion? En contrepartie, si l'on considère la consommation comme un accident de parcours, cela ne risque-t-il pas de susciter chez certains intervenants des problèmes de conscience incompatibles avec leur pratique?

Cette réflexion sur l'importance à accorder au sens du projet de l'individu poursuivant une démarche de réinsertion sociale s'inscrit donc dans la perspective plus large des rapports entre les divers éléments du système, selon une perspective écologique d'intervention. L'interdépendance entre la personne poursuivant une démarche et les composantes des milieux de réinsertion ne fait aucun doute. Par conséquent, les enjeux soulevés englobent autant les services, les intervenants et la personne poursuivant une démarche que les autres milieux préoccupés par la réinsertion sociale.

Dans ce contexte, la famille et le milieu de travail sont plus particulièrement interpellés. Comme le soulignent Bouchard et ses collaborateurs (1994, p. 31), il est intéressant de situer les relations entre l'intervenant et les membres de la famille du toxicomane dans une perspective de partenariat qui implique «un échange de connaissances, d'habiletés et d'expériences et [qui] vise la prise de décision par consensus dans un rapport d'égalité entre les partenaires». Qu'il s'agisse d'actions à privilégier auprès de personnes en stage de réinsertion ou encore d'interventions à entreprendre pour engager la famille dans le processus, il demeure fondamental que chacun des acteurs du système puisse participer aux valeurs qui sous-tendent le projet de réinsertion de façon à faire émerger une meilleure cohésion d'ensemble (Boivin, 1999). Il en va de même en matière de réintégration socioprofessionnelle où des efforts de sensibilisation doivent être faits du côté des employeurs.

Conclusion

La multitude des pratiques en matière de réinsertion des personnes toxicomanes, les différentes conceptions thérapeutiques, la diversité des intervenants et de leurs approches, la complexité des structures, le manque de clarté dans la définition des rôles et des tâches de chacun, les clivages idéologiques entre les pratiques institutionnelles et les pratiques communautaires, les pressions exercées sur les gestionnaires eu égard à l'efficacité, le faible taux de réintégration sociale réelle des exclus sont autant d'éléments qui commandent un nouveau *modus operandi* en matière de réinsertion sociale dans le secteur des toxicomanies.

Devant la complexité des problématiques rencontrées chez les personnes qui abusent de substances psychoactives et face aux enjeux que cette complexité soulève au cœur des pratiques de réinsertion et de réintégration sociales, on peut émettre l'hypothèse que l'intervention sur ce plan ne pourra porter des fruits que si des changements sociaux et politiques, en complément des approches thérapeutiques, s'opèrent. La collectivité, l'État et les principaux groupes sociaux doivent être interpellés dans la recherche de solutions à long terme, soit la réintégration sociale durable des personnes toxicomanes.

Références

BERTRAND, M. (1990). *Rapport du Groupe de travail sur la lutte contre la drogue*, Québec, Les Publications du Québec.

BOIVIN, M.-D. (1999). «Les enjeux de l'affiliation et de la désaffiliation au marché du travail: quelques réflexions sur l'insertion socioprofessionnelle de jeunes toxicomanes», dans *L'insertion: un jeu de hasard ou de stratégie*, Québec, Les Presses de l'Université Laval.

BOIVIN, M.-D., LEBLANC, A., OUELLET, L., MARTEL, N. et CÔTÉ, J. (1998). *Étude d'impact du programme de réinsertion sociale par le travail offert aux personnes toxicomanes du Pavillon Saint-François d'Assise (CHUQ)*, rapport de recherche, Québec, Conseil québécois de la recherche sociale.

BOIVIN, M.-D., TONDREAU, J. et PARENT, N. (1999). *L'évaluation en matière de réinsertion: le pourquoi et le comment* (avec la collaboration de R. Baril, R. Faulkner, A. Landry et B. Côté), Québec et Montréal, Régie régionale de la santé et des services sociaux du Québec et Régie régionale de la santé et des services sociaux de Montréal.

BOUCHARD, J.-M., PELCHAT, D., BOUDREAULT, P. et LALONDE-GRATON, M. (1994). « Le cadre de références », dans *Déficiences, incapacités et handicaps: processus d'adaptation et qualité de vie de la famille*, Montréal, Guérin Universitaire.

CASTEL, R. (1995). *Les métamorphoses de la question sociale. Une chronique du salariat*, Paris, Fayard.

CERCLÉ, A. (1995). « L'inter-psychologie de Gabriel Tarde et la question de l'alcool au XIXᵉ siècle », dans A. D'Houtaud et M. Taleghani, *Sciences sociales et alcool*, Paris, L'Harmattan.

DE MONTIGNY, M.-J. (1999). *Programmation en réinsertion sociale* (avec la collaboration de J. Dorval, M. Drolet, L. Ouellet), Québec, Service de réinsertion sociale du Centre de réadaptation en toxicomanie de Québec.

D'HEILLY, H. et SORRIAUX, J.-P. (1995). *De l'insertion à l'autonomie: quelle réalité pour les malades mentaux?*, Paris, Érès.

DROLET, J.-L. (1995). « L'insertion professionnelle en tant que relation intentionnelle au monde », *Carriérologie*, été, p. 117-140.

EBERSOLD, S. (1998). « Le champ du handicap, ses enjeux et ses mutations », dans A. Blanc et H.-J. Stiker (sous la dir. de), *L'insertion professionnelle des personnes handicapées en France*, Paris, Desclée de Brouwer, p. 39-62.

GAGNEUX, G. (1997). *Réinsertion sociale en toxicomanie: état de la situation dans la région de Québec (03)*, dans R. Painchaud, R. Faulkner (sous la dir. de), Québec, Régie régionale de la santé et des services sociaux de la région 03.

GIROUX, C. (1998). « La contribution des intervenants à la construction d'un discours québécois sur la toxicomanie », *L'Intervenant*, vol. 14, nᵒ 4, p. 5-8.

GUYENNOT, C. (1998). *L'insertion. Discours, politiques et pratiques*, Paris, L'Harmattan.

HESBEEN, W. (1994). « La réadaptation », dans *La réadaptation. Du concept au soin*, Paris, Éditions Lamarre, p. 37-50.

JACOB, A.G. (1970). *Situation du traitement des alcooliques dans les hôpitaux et les services sociaux divers*, Québec, Office de la prévention et du traitement de l'alcoolisme et des autres toxicomanies.

MERCIER, C. (1985). *L'approche psychosociale dans le traitement de la toxicomanie*, Montréal, Association des intervenants en toxicomanie du Québec.

MINISTÈRE DE LA SANTÉ ET DES SERVICES SOCIAUX (1998). *Plan d'action en toxicomanie*, Québec, Ministère de la Santé et des Services sociaux.

MINISTÈRE DE LA SANTÉ ET DES SERVICES SOCIAUX (1986). *Orientations ministérielles à l'égard de l'usage et de l'abus des psychotropes*, Québec, Ministère de la Santé et des Services sociaux.

MOREL, A., HERVÉ, F. et FONTAINE, B. (1997). *Soigner les toxicomanes*. Paris, Dunod.

NADEAU, L. (1988). « La crise paradigmatique dans le champ de l'alcoolisme », dans P. Brisson (sous la dir. de), *L'usage des drogues et la toxicomanie*, vol. I, Boucherville, Gaëtan Morin Éditeur, p. 185-203.

PAGÈS-BERTHIER, J. (1995). « Le toxique, l'autre et le non-sujet », *Psychotropes-R.I.T.*, vol. 1, p. 45-51.

PILON, W. (1995). « De la valorisation des rôles sociaux », dans D. Boisvert (sous la dir. de), *Le plan de service individualisé. Participation et animation*, Montréal, Les Presses de l'Université de Montréal.

RÉGIE RÉGIONALE DE LA SANTÉ ET DES SERVICES SOCIAUX DE LA MONTÉRÉGIE (1997). *Devis décrivant le programme de soutien à la réintégration sociale en toxicomanie*, Longueuil, Régie régionale de la santé et des services sociaux de la Montérégie.

RÉGIE RÉGIONALE DE LA SANTÉ ET DES SERVICES SOCIAUX DE QUÉBEC (1998).

Programme cadre de réinsertion sociale en toxicomanie, Québec, Régie régionale de la santé et des services sociaux de Québec.

REVUZ, C. (1994). «Écouter les chômeurs pour comprendre le rapport au travail?», *Éducation permanente*, n° 117, p. 47-67.

SAINT-MARTIN, P. (1998). «Quelle réinsertion pour quel travail?», dans A. Blanc

et H.-J. Stiker (sous la dir. de), *L'insertion professionnelle des personnes handicapées en France*, Paris, Desclée de Brouwer, p. 91-96.

SERVICE CORRECTIONNEL DU CANADA (1996). *Étude des méthodes de traitement*, Ottawa, Service correctionnel du Canada.

VILLENEUVE, U. (1995). *Comment a commencé Domrémy*, s.l.

Éthique et toxicomanie : remarques sur l'incertitude, la violence et le mensonge dans les relations d'aide*

Jean-François Malherbe

La présentation de l'expérience de vie d'une personne toxicomane permet à l'auteur de nous exposer les thèmes de l'incertitude, de la violence et du mensonge, traits de l'humaine condition dont il approfondit le sens philosophique. Il en vient ensuite à la proposition d'une matrice de l'autonomie réciproque dont les tenants et aboutissants éclairent l'enjeu essentiel au cœur de la relation d'aide au toxicomane et, plus largement, de toute relation d'aide ou intervention sanitaire dans un univers dominé par le scientisme biomédical.

* Ce texte est tiré en partie de ma contribution au séminaire de doctorat «Incertitude et violence au cœur des sciences humaines» tenu, à l'automne 1999, à la Chaire d'éthique appliquée de l'Université de Sherbrooke à Longueuil.

Les liens du toxicomane avec l'incertitude et la violence sont extrêmement complexes. Toutefois, la perspective d'une éthique de l'autonomie fait apparaître clairement que c'est la pratique du mensonge à l'égard de soi qui constitue le pont le plus solide entre l'incertitude radicale d'être aimé dont souffre le toxicomane et la violence dont il se fait le bourreau en même temps que la victime. Sur ce mensonge, en effet, le toxicomane construit un écran qui lui permet de substituer une souffrance tolérable (celle du manque de sa substance toxique favorite) à une souffrance absolument intolérable (l'incertitude d'être aimé). C'est dire que, dans une telle perspective, la relation d'aide avec un toxicomane ne peut être qu'une relation réciproque dans laquelle les personnes en cause s'engagent toutes deux dans une lutte exigeante contre toute forme de mensonge à l'égard de soi.

La thèse qui vient d'être énoncée sera développée en trois étapes. On partira d'abord de l'expérience vécue de la toxicomanie en évoquant quelques épisodes particulièrement significatifs du récit de vie de «Denise» qui figure en tête du remarquable ouvrage de Gilles Bibeau et Marc Perreault (1995). Les expériences que rapporte Denise sont, en effet, à la fois assez personnelles pour être vraies et assez communément partagées par les toxicomanes pour dépasser la singularité de son cas personnel et être représentatives d'un problème social. Ensuite, on s'interrogera sur l'incertitude dont témoigne à plusieurs reprises le récit de Denise et l'on se demandera si cette incertitude est propre aux toxicomanes ou si elle est un trait de l'humaine condition en général. On montrera également que lorsque l'incertitude est vécue comme insupportable, elle entraîne des formes de comportement compensatoires qui ressortissent à la violence. Enfin, on montrera que le passage de l'incertitude insupportable à la violence ne peut s'effectuer qu'en s'appuyant sur le mensonge du toxicomane à l'égard de soi et que, par conséquent, toute relation d'aide avec un toxicomane devrait prendre en priorité la forme d'une lutte commune, c'est-à-dire solidaire et réciproque, contre le mensonge.

L'expérience de vie

[…] suite au décès de mon père quand j'avais douze ans, ma mère a eu un amant qui m'a violée pendant six mois de temps […] (P. 13)

Abandon, incertitude, violence subie.

[…] Je me suis organisée pour être de moins en moins souvent chez nous […] (P. 13)

Violence commise et subie (autoviolence).

[…] j'ai été dans les clubs […] pis j'ai aimé ça me sentir ben r'gardée par les hommes […] (P. 15)

Autoviolence pour être sécurisée par des regards de désir.

[…] ça me faisait une vendeuse à moi, accrochée, qui me devait de l'argent, qu'y fallait qu'y continue à vendre, tsé. (P. 16)

Violence commise envers une autre.

Mes enfants étaient dans la maison, y avait pas personne dedans depuis quatre jours. Je ne m'étais même pas rendu compte que cela faisait quatre jours que j'étais partie. (P. 17)

Violence commise.

[...] de toute façon j'en avais jamais du sexe quand je consommais [...] les viols que j'avais vécus [...] veux-tu que je te conte toute? (P. 18)

Violence commise (à l'égard du client) en réponse à la violence subie.

Pis un moment donné je me suis ramassée à l'hôpital, pas overdose, mais souffle au cœur, diabète, placenta décollé, sous-alimentation, y manquait d'eau pour le bébé dans mon ventre, un paquet de problèmes causés par ma mauvaise alimentation [...] (P. 20)

Violence commise et subie.

Pis je me disais que ça avait pas de conséquences pour le bébé [...] mais le bébé est venu au monde bien coké, intubé. (P. 22-23)

Mensonge: histoire fausse qu'on se raconte pour (inconsciemment) justifier ou autoriser une violence commise.

[Quand Johnny est sorti de prison alors que j'avais commencé une cure qui marchait bien,] tout s'est écroulé parce que j'avais tout fait mon horaire autour de mes visites au pénitencier, autour de mes visites de mes enfants [...] (P. 23)

Mensonge pour faciliter (inconsciemment) le sabotage de la cure.

[...] au lieu d'être centrée sur mes affaires à moi, j'étais centrée sur sa vie à lui avec moi [...] (P. 24)

Mensonge à l'égard de soi, dont Denise prend conscience ici.

Au mois de janvier, j'ai dit: «Tiens, tiens, tiens, moi j'arrête de me piquer, j'vas me mettre à faire de la free-base.» Fait que j'ai faite de la free-base, janvier, février, [...] février, bon, j'ai dit: «C'est ça, j'arrête la coke, j'en fais pus.» Fait qu'en février, j'ai arrêté un boute, j'ai rechuté en mars sur l'intra-veineuse. Bon là en mars j'en avais mon osti de voyage [...] (P. 24)

Mensonge à l'égard de soi pour verrouiller inconsciemment la porte de sortie.

[...] j'avais peur de me perdre [dans le quartier au-delà des rues que je connaissais]. (P. 27)

Incertitude.

[...] les piqueries: c'est nous autres qui les met au monde [...] si on appelle ça «mettre au monde» ça va toute les «mettre à mort» là [...] (P. 28)

Violence commise: mettre au monde un mécanisme de mise à mort.

[...] je m'attends ben à aller chercher ma fille en Cour supérieure l'année prochaine [Le dernier – son prénom] va rentrer à la maison au mois de mars [...] Johnny sort [de prison] au mois de juin [...] en mai [...] J'en ai encore jusqu'au mois de mars à travailler sur moi. (P. 31)

FIGURE 15.1   **Le mensonge est le moteur de la violence dont l'incertitude est l'occasion**

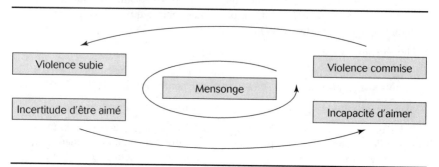

Mensonge à l'égard de soi.

> [...] j'ai toujours mis le condom [...] sauf avec Gaston. C'est là qu'est venu le p'tit bébé [...] mais lui, c'était un homme marié, qui sortait jamais, mais moi je l'avais décroché, ben comme il faut. C'était même pas un client, c'était un amant [...] (P. 33)

Mensonge à l'égard de soi.

Que nous donnent à penser ces paroles de Denise? Le lecteur attentif perçoit vite le décalage, la rupture entre le monde imaginaire auquel se réfèrent ces paroles et le monde réel. Cette distorsion est un mensonge que le toxicomane se raconte à lui-même. Ce dernier peut être de bonne foi, mais il demeure qu'il se ment et que son mensonge lui facilite le passage de l'incertitude à la violence, et de la violence à l'incertitude. Peu importe que cette violence soit subie ou commise, qu'elle soit commise à l'égard de soi, d'une autre personne ou même de ses propres enfants. Ce mensonge entretient et développe même un monde illusoire. Et c'est en fonction de ces illusions, et non pas de ses possibilités réelles, que le toxicomane prend ses «décisions» (voir la figure 15.1).

Mais cette incertitude d'être aimée qu'éprouve Denise est-elle typique des toxicomanes ou bien est-ce un trait général de l'humaine condition?

À ce point de la recherche, il est utile d'opérer un petit détour (aussi peu technique que possible) du côté de la philosophie.

L'incertitude comme trait fondamental de l'humaine condition

Je voudrais prendre pour point de départ la position de René Descartes. Celui-ci est assis «dans son poêle», c'est-à-dire dans la pièce chauffée de sa maison, et il se demande, en voyant des passants déambuler sur le trottoir au pied de sa fenêtre, si ces derniers sont bien comme lui-même des humains ou s'ils sont de simples automates, à vrai dire fort perfectionnés, qui donnent l'illusion d'être ses semblables. Mais Descartes ne parvient pas à résoudre le problème qu'il pose. La raison de cet échec se trouve sans doute dans le point de départ qu'il choisit pour sa recherche. Ce point de départ est inapproprié. Pourquoi?

Je me découvre agi par un désir

Descartes adopte pour point de départ la constatation de sa propre incertitude : *je pense* (c'est-à-dire : je doute), *donc je suis*. Comme Descartes, je me découvre incertain, mais je ne saisis pas mon incertitude de la même façon qu'il saisit la sienne. L'incertitude de Descartes est celle du *savoir*. Mon incertitude est celle du *désir*, plus précisément : je ne suis pas certain que l'autre me désire comme je désire qu'il (elle) me désire. La différence entre les deux est que mon désir, même incertain, porte en lui la trace de l'autre, ce qui n'est pas le cas du savoir incertain de Descartes. Dans la démarche que je propose, la prise de conscience de soi est prise de conscience tout à la fois du manque de l'autre inscrit en moi et de sa trace imprimée dans mon être avant même qu'il puisse se savoir soi.

Il y a toujours l'autre dans ma propre incertitude

Mais je ne me découvre pas seulement incertain, je m'éprouve fini. Parmi mes désirs, même si quelques-uns sont peut-être réalisables, il en est de bien plus nombreux qui ne le sont point. C'est l'épreuve de la finitude.

Incertain et fini, je me découvre aussi solitaire. Je suis le seul à pouvoir désirer mon désir, le seul à être porté par mon désir qui ne devient mien que parce qu'il me porte. Ma solitude me renvoie donc à mon incertitude, car ce désir-là qui me porte et dont je suis seul à bénéficier, quel est-il au juste? Je l'ignore. Incertitude.

Je me découvre communiquant

Mais je me découvre également comme un être qui, avec plus ou moins de succès, communique. Par exemple, il est remarquable que nous soyons tous arrivés dans ce local à peu près à la même heure pour participer à ce séminaire. Serait-ce par hasard? Sans doute pas. Mais alors il faut bien admettre que de l'information a circulé entre nous au sujet de ce séminaire.

Et, en repensant à Descartes, je me dis que s'il était dans son poêle en train de penser, c'est bien parce que quelqu'un avait mis du charbon dans le foyer et avait allumé le feu le matin, quelqu'un à qui il s'était adressé d'une façon ou d'une autre. Et à supposer qu'il ait fait lui-même son feu, avait-il fondu le métal dont était fait son foyer? Et fabriqué la chaise sur laquelle il était assis? Et tissé la couverture qui le tenait au chaud? Et construit sa maison? Mon environnement immédiat porte toujours la trace d'un autre que moi. De même mon langage.

Même si la communication entre humains n'est pas exempte de malentendus, même si elle connaît des ratés, elle fonctionne tant bien que mal et finit par remplir son office. On pourrait même aller jusqu'à dire que cette communication a la capacité de se réparer elle-même lorsqu'elle tombe en panne. En effet, les sujets humains ont cette faculté de pouvoir élucider les malentendus qui surgissent entre eux et de s'appuyer sur le dénouement de ces malentendus pour renforcer la qualité de leur communication.

Je cherche à comprendre comment est possible ce « je » désirant et communiquant

La circulation du sens est chaotique, maladroite, blessante, mais elle trouve assez souvent son chemin pour qu'on doive reconnaître qu'elle est possible.

La première condition pour comprendre comment est possible ce « je communiquant » est de sortir du schéma cartésien et de substituer au *Cogito, ergo sum* (« Je pense, donc je suis ») un *Loquimus, ergo cogitando sum* (« Nous parlons, donc je suis entraîné à penser »). La parole des autres à laquelle je suis appelé à participer m'induit à penser. Je suis en quelque sorte poussé à penser par la parole des autres : nous parlons, donc je ne puis m'empêcher de penser. Telle est la pierre angulaire sur laquelle on peut appuyer tout le reste.

Mais telle est aussi la première forme de violence dont je subis l'épreuve :

1. Je suis entraîné malgré moi à penser et, en plus, à penser dans une langue que, pas plus que ma vie, je n'ai pu choisir.

2. Je me découvre jeté dans la vie, aspiré par la parole d'autrui, induit à penser dans la langue de cette parole.

3. Je me découvre ainsi porté par un élan dont je ne prends conscience qu'au moment où je découvre que j'en suis devenu moi-même, *bon gré mal gré*, un des relais.

Je me découvre et m'éprouve donc à partir de cette sorte de violence fondamentale qui marque la différence entre les humains et les animaux : être un sujet héritier d'une tradition que je n'ai pas choisie. Autrement dit, comme on le reprendra plus loin, pour que je puisse communiquer, il faut qu'il y ait l'autre.

Mais alors, je ne peux pas ne pas me rendre compte que, chaque fois que je prends la parole, que je la reçois ou que j'en suis le témoin, j'occupe l'un des trois sommets du triangle de la parole : je, tu, il. Ce triangle est la figure structurelle de la communication. Mais ses sommets indiquent aussi l'ordre dans lequel je suis venu au langage. D'abord « il (ou elle) » dans la parole d'autrui, je suis devenu ensuite un « tu », pour finir par dire « je ». La parole suppose à la fois un triangle structurel (émetteur, objet dont il s'agit, récepteur) et un triplet chronologique (il, tu, je). On parle d'un enfant dans le sein de sa mère, ou même avant sa conception, bien avant que de lui parler. Et ce n'est que bien plus tard que l'enfant dira

FIGURE 15.2   Structure de la communication

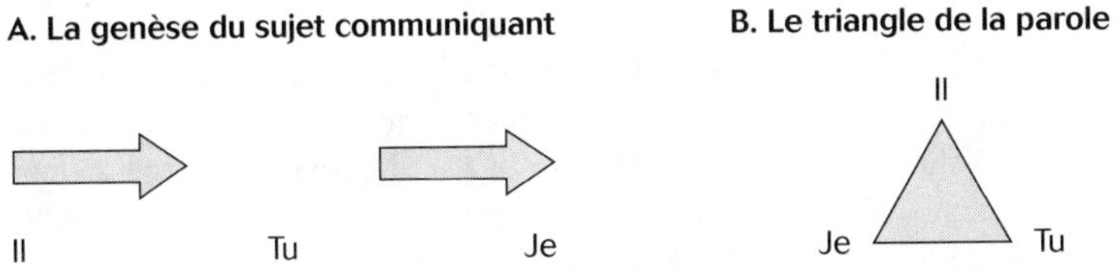

A. La genèse du sujet communiquant   B. Le triangle de la parole

«je». En latin, le mot *infans* désigne d'ailleurs celui qui ne parle pas (encore), qui ne dit pas encore «je». Je suis d'abord l'objet de la parole des autres, sommé de répondre ensuite, et seulement enfin un locuteur responsable qui dit «je» (voir la figure 15.2).

Mais à partir du moment où je suis dans le triangle de la parole, nous sommes nécessairement trois (dans des positions interchangeables). Et dès ce moment triangulaire apparaissent des «il faut», au sens de condition de possibilité, c'est-à-dire des «il n'est pas possible qu'il n'y ait pas...»[1]. Ce sont les formes les plus originaires de la violence: elles ressortissent à la violence symbolique qui permet la vie de la parole:

1.   D'abord, comme on l'a vu en conclusion, au point 3 de l'énumération précédente, pour que je puisse communiquer, il faut qu'il y ait l'autre. Je ne suis donc pas seul maître à bord.

2.   Curieusement, je m'aperçois aussi qu'il faut qu'il y ait de l'interdit pour qu'il y ait de l'inter-dit (comme dit Adolphe Gesché). On ne peut pas se parler sans partager un minimum de grammaire; or les règles de grammaire, pour préciser quels énoncés ont du sens et quel est ce sens, doivent aussi interdire la formation d'autres énoncés «dépourvus de sens».

3.   Il faut encore que je me laisse travailler par l'autre pour que du sens advienne. Que je me laisse démasquer par l'autre. Il n'y a pas de parole possible sans un travail de soi par l'altérité, ni même sans un travail de soi par soi, car, comme l'a dit très joliment Paul Ricœur (1990), on se découvre «*soi-même comme un autre*». Nous nous rendons compte qu'il y a tellement de traces d'altérité en nous que nous sommes un autre pour nous-mêmes. La parole nous invite donc à une sorte de travail d'unification, d'harmonisation qui consiste à assouplir notre masque jusqu'à ce qu'il n'irrite plus notre «soi». Cela ne veut pas dire qu'on s'adonne nécessairement à ce travail ni qu'on le réussit, mais simplement qu'on est invité à le faire.

---

1.   L'argument que je formule ainsi résulte d'une analyse des discussions entre Karl Otto Appel et Jürgen Habermas sur la pragmatique transcendantale de la communication. Voir à ce sujet Appel (1994) et Habermas (1987).

Je me découvre sous le mode du « soi-même comme un autre »

Notons au passage que l'on pourrait ici élaborer toute une approche de la thématique du *masque*. En latin, masque se dit *persona*, qui traduit le grec *prosôpon*, qui désigne le masque porté par un acteur au théâtre. Un masque grec est figé ; il est solennel et sacré. Mais les spectateurs identifient immédiatement l'acteur au masque qu'il porte et qui signale le rôle qu'il est censé jouer. L'acteur comme sujet de sa propre destinée disparaît ainsi sous le masque du rôle que les spectateurs s'attendent à le voir jouer. Mais, en même temps, le masque est un porte-voix qui permet aux spectateurs des derniers rangs d'entendre ce que dit l'acteur. Le masque est à la fois un porte-voix et un rôle qui est collé à soi.

À ce propos, une remarque s'impose. Un peu de réflexion nous permet d'admettre assez facilement que nous portons un masque dans la vie de tous les jours. Que ce masque dissimule notre vraie personnalité et qu'il suffirait que nous abandonnions ce masque pour qu'apparaisse aussitôt notre identité authentique. La situation est plus complexe. En effet, le « soi », dont on peut faire avec Carl Jung l'hypothèse qu'il se cache, se protège derrière le masque, ne dispose pas pour se dire d'autre langue maternelle que celle du masque qui est son porte-voix. À supposer qu'il y ait un « soi » authentique derrière le masque, ce « soi » ne dispose pour se dire que du langage du masque. Cependant, il proteste contre le langage inapproprié du masque. Actes manqués, lapsus, rêves sont les symptômes du désaccord du « soi » avec les affirmations du masque. C'est au travers des ratés du discours du masque, qui à la fois le protège et l'ensevelit, que tente de se glisser l'expression authentique du « soi ». C'est dire qu'il n'y a de recherche possible de l'authenticité du « soi » qu'à partir d'un travail de réajustement du masque, réajustement qui consiste à se déprendre de ces aspects du masque qui autrefois protégeaient le « soi » dans sa fragilité et qui, à la longue, les circonstances évoluant, finissent par l'emprisonner. Le travail du masque consiste à se délier des protections devenues prison[2]. Lorsque les protections sont devenues prison, elles s'appellent « mensonge ».

Telle est la condition humaine qui, avec la parole, m'échoit en partage, telle est ma destinée. Dès son départ le plus ancien, cette condition, on le voit en toute lumière, est marquée au sceau de la violence. C'est ce que j'appelle la *violence radicale*. N'est-elle pas, en effet, à la *racine* de l'être ? La violence radicale, c'est le choc de deux dynamiques, celle de mon désir et celle de l'altérité. Mon désir en soi est infini, il se projette dans sa plénitude sans porter aucune question à son propre sujet. Il est une dynamique en soi. Et pourtant, dès qu'il prend conscience de soi, il se découvre solitaire face à l'autre désir qui le limite et le transforme en question pour lui-même. Choc de deux dynamiques, celle du « soi » et celle de l'« autre », telle est la violence de la coexistence.

---

2. Voir, notamment, Jung (1973).

On retrouve ici la troisième forme de violence radicale énoncée ci-dessus : la violence de la coexistence, de la synergie, que Georges Legault appelle fort heureusement la « co-élaboration de sens[3] ». Bref, je suis travaillé par l'altérité comme une pierre sous le ciseau et la râpe du sculpteur. Il y a donc toujours-déjà l'autre qui tente de m'imposer sa norme.

Esquisse d'une définition de la violence radicale

Sous ces quatre formes de violence fondamentale, on retrouve les quatre causes qu'évoque Aristote dans sa *Physique* :

1) la matière (il y a l'autre) ;
2) la forme (il y a l'interdit) ;
3) l'efficience (il y a toujours-déjà un travail en cours dont je suis l'objet) ;
4) la finalité (il y a nécessairement une finalité synergique, sociale).

C'est pourquoi je m'en sers pour construire la matrice du concept d'autonomie réciproque que je considère comme la pierre angulaire de toute l'éthique (voir le tableau 15.1).

L'histoire de Denise nous offre de cela une illustration frappante : mettons-nous dans la peau du bébé « venu au monde bien coké, intubé ». Cet enfant est la « matière » que « l'autre » (en l'occurrence Denise, sa mère) « travaille », « selon sa norme », pour la « socialiser » (c'est-à-dire la mettre au monde).

La norme de Denise (ici, devoir consommer en raison de sa toxicomanie) n'est pas volontaire. Elle n'a certainement pas l'intention de nuire à son enfant. Mais cette norme est bien présente. L'enfant, lui, n'a pas le choix : il subit cette violence et se trouve « socialisé » par le truchement de son intubation à l'hôpital.

TABLEAU 15.1   Les quatre causes d'Aristote

	Matière	Forme	Efficience	Finalité
Par l'autre,	je suis	selon sa norme	travaillé	pour être socialisé.

---

3. « Synergie » vient du grec *syn-ergon*. La racine « -erg » signifie « travail » ; d'ailleurs, un « erg » est une unité de travail en physique. On retrouve cette racine dans « énergie », dans « ergothérapie ». « Syn- » est un préfixe que l'on retrouve dans « syntaxe », « symphonie », « synapse ». Il signifie « avec ». La synergie grecque devient en latin « col-laboration », « col- » signifiant « avec » et « labor » « travail ». Il n'est pas imaginable qu'un travail humain, précisément en tant qu'il est humain, ne soit pas d'une manière ou d'une autre une collaboration, une synergie. Pensons à Descartes qui se chauffait dans son poêle et n'avait pas fondu lui-même le sable dont étaient faites les vitres qui le séparaient des humanoïdes au sujet desquels il cherchait à savoir s'ils étaient bien des hommes comme lui-même.

Cet héritage qui est le sien constitue la conséquence violente du mensonge que sa mère se raconte à elle-même comme suite des mensonges dont elle a elle-même été victime. Il ne s'agit ici en aucune façon de condamner Denise. Elle est elle-même une victime. Il s'agit de comprendre comment, de victime en victime, le mensonge sert de vecteur à la violence. Comprendre ce mécanisme de la transmission de la violence permet au thérapeute de mieux savoir où il fera porter le travail de la relation d'aide.

En généralisant, on pourrait dire que je me découvre parlé avant que de pouvoir être parlant, *institué* avant que de pouvoir être *instituant*. Cette condition, tous les humains la partagent. Elle n'est pas propre aux toxicomanes. Toutefois, on peut formuler l'hypothèse que ces derniers, blessés très précocement par une violence subie (pour Denise, d'abord la mort de son père, puis le viol répété par l'amant de sa mère), ont été ébranlés de manière plus grave dans leur sécurité affective et sont devenus hypersensibles au caractère insupportable de leur incertitude d'être aimés. C'est cette hypersensibilité qui les entraîne à se raconter des histoires pour survivre et, ensuite, à rester prisonniers de ces mêmes histoires une fois qu'elles ont perdu leur rôle protecteur et sont devenues des prisons.

Denise peut bien se persuader elle-même qu'elle va reconstituer sa famille en rassemblant ses enfants autour d'elle et que ce sera fait au moment où Johnny sortira de prison. Elle s'interdit simultanément de se rappeler que ses enfants sont, selon son propre récit, de pères différents (son premier mari pour les deux premiers, Johnny pour le troisième, un inconnu et Gaston pour les deux derniers) et qu'il n'est pas évident que Johnny soit disposé à se retrouver père de cinq enfants. De plus, elle se convainc que Johnny ne consomme plus, ce qui est loin d'être assuré. Bref, l'incertitude est si violente qu'elle doit être masquée par des mensonges qui sont finalement, du moins à première vue, moins insupportables. Et pourtant, ce sont ces mêmes mensonges destinés à adoucir son sort que Denise devra affronter et rectifier pour éviter la chute qui, autrement, l'entraînerait inexorablement vers une mort très probablement violente: surdose, agression, suicide ou accident.

Mais quelle aide pourrait-on alors proposer à Denise?

Approfondissement théorique

Pour répondre à cette question, il vaut la peine de développer la matrice esquissée précédemment, en l'ouvrant en fonction de toutes ses implications.

1.   Qu'il y ait l'autre, cela signifie que je suis invité à reconnaître la *présence* de l'autre en moi. Et en même temps notre différence car, précisément, c'est un autre et non pas moi qui s'impose ainsi à moi. Et, finalement, la reconnaissance de cette *différence* qui me distingue de l'autre me conduit à me saisir moi-même comme autre de l'autre, c'est-à-dire comme sujet d'une relation réciproque dont il est l'autre sujet. C'est l'*équivalence* qu'implique la réciprocité.

2. Que cet autre me travaille selon des normes qui ne sont pas d'emblée celles de ma vivante spontanéité me place devant le fait qu'il est nécessaire que la matière de notre présence mutuelle, notre inter-dit, soit structurée par de l'*interdit*. Interdit de supprimer mon interlocuteur (*homicide*), interdit de le nier dans sa subjectivité (*inceste*), interdit de lui résister au moyen de la tromperie (*mensonge*). Ces trois interdits expriment la dynamique de l'institué (héritage) qui entre en collision violemment avec la dynamique de l'instituant (héritier).

3. Que ce travail de l'autre me mette hors de moi, c'est précisément ce en quoi consiste l'é-ducation (*ex-ducere* ne signifie-t-il pas « conduire hors de » ?). C'est ici que s'enracine la dialectique du masque et du « soi ». Le travail de l'autre sur moi (« surmoi ») induit en moi un « autotravail », une autoproduction, une « autopoïèse » diront certains philosophes pour souligner la dimension « poétique » de ce travail. Dans un premier temps très précoce, cette autopoïèse consiste à me composer un masque protecteur qui assure ma survie au travers de mon éducation, c'est-à-dire, comme on l'a vu, de ma mise « hors de moi ». Dans un second temps, lorsque le masque, de protecteur qu'il était, sera devenu geôlier, mon autopoïèse prendra davantage l'allure d'une recherche de transparence à l'égard du « soi ». Et cette recherche prendra nécessairement le chemin d'un travail pour assumer l'humaine condition, c'est-à-dire :

    — ma solitude : je suis seul à être importuné par mon désir et contrarié par l'autre désir ;

    — ma finitude : je suis « ému » (mis en mouvement) par des désirs qui débordent infiniment, par leur nombre comme par leur intensité, mes possibilités limitées de les réaliser ;

    — mon incertitude : toute nouvelle réponse que je conquiers soulève plus de questions qu'elle n'en résout.

4. Que ce travail synergique de l'autre avec moi et de moi avec l'autre consiste en la transformation de la coexistence brute en convivialité, qui pourrait en douter ? Ne s'agit-il pas, en définitive, de cette sorte d'accouchement mutuel de soi que, depuis Socrate, les philosophes appellent « maïeutique » et dans laquelle, à tour de rôle, chacun, « je » et « tu », se trouve en position de parturiente et d'obstétricien, d'accouchée et de sage-femme ? C'est sur ce chemin que, l'un et l'autre, nous découvrirons la *solidarité*, la *dignité* et la *liberté* comme emblèmes de relations sociales équilibrées, comme points d'équilibre entre les dynamiques radicales qui dès le départ entraient en collision violemment.

On s'aperçoit que les remarques regroupées ci-dessus s'inscrivent dans les trois dimensions de l'humain : l'organique, le psychique et le symbolique. Cela n'a rien d'étonnant puisqu'il s'agit de l'inventaire de l'héritage humain (cette part de moi-même que je n'ai pu choisir et qui me constitue) :

1) les deux demi-patrimoines génétiques qui se sont appariés sur le plan organique pour composer mon patrimoine génétique ;

2) le réseau de relations où, tel un fil dans un entrelacs psychique, je me suis trouvé tissé sur un métier qui n'était ni moi ni mien ;

3) la langue maternelle, milieu symbolique au sein de laquelle j'ai été aspiré (il, tu, je) à prendre un jour la parole dans des jeux de langage institués par d'autres et qui n'étaient pas d'emblée les miens.

Ce triple héritage — organique (génétique), relationnel (psychique) et langagier (symbolique) — marque la contingence de mon surgissement et la nécessité de mon développement. Héritage tridimensionnel dont les dimensions se conjuguent, comme la longueur, la largeur et la hauteur d'un espace, pour définir tous les points qui me caractérisent. Et ces trois dimensions entrelacées me paraissent permettre un ordonnancement plus rigoureux du tableau qui s'esquisse sous nos yeux depuis quelques pages (voir le tableau 15.2).

Ce tableau propose un ordonnancement des fils qui composent ce que j'ai appelé la violence radicale qui affecte l'humain. La violence est omniprésente dans cette matrice. Chacune des 12 cases en reflète une facette. La matrice enregistre pour ainsi dire le choc de deux dynamiques, celle de mon désir et celle de l'autre désir, cette collision d'où peut résulter la convivialité ou la mort selon que les désirs en présence parviendront ou non à se conjuguer, à porter ensemble le joug de l'humaine condition. Et tout à la fois elle prescrit (nouvelle violence) comment l'assumer ensemble pour survivre ensemble. En effet, nous ne sommes heureusement pas les premiers à faire face à ce redoutable défi. Nos prédécesseurs ont accumulé toute une expérience à ce sujet, qu'ils ont déposée dans la langue qu'ils nous ont imposée en parlant de nous, puis en nous parlant et enfin en nous accueillant comme sujets d'une parole singulière.

TABLEAU 15.2   Matrice du concept d'autonomie réciproque

Reconnaître	Respecter	Assumer	Cultiver
La **présence** mutuelle	L'interdit de l'**homicide**	Ma **solitude**	La **solidarité**
Les **différences** factuelles	L'interdit de l'**inceste**	Ma **finitude**	La **dignité**
L'**équivalence** de principe	L'interdit du **mensonge**	Mon **incertitude**	La **liberté**
d'autrui et de moi-même	dans tous mes actes	en toute lucidité	dans toutes mes relations

La matrice du concept d'autonomie réciproque est une tentative pour synthétiser cette culture, cet institué qui nous «formate» dès que nous émergeons du chaos comme possibilité subjective et qui, au départ du moins, protège notre fragile existence. Sans «formatage», nous ne survivrions pas. «Formatés», nous sommes en danger de mort. C'est ce que j'ai appelé le paradoxe de l'autonomie : celle-ci ne peut se déployer que structurée par un minimum d'hétéronomie. Ce n'est que sur la base d'un minimum d'éducation instituée que je puis un jour devenir instituant. Et je ne puis tenir ce rôle qu'en m'appuyant sur la tradition. Pas de création sans tradition ; et pourtant la tradition tue parfois la création.

Tout cela me conduit à tirer une conséquence remarquable à propos de la violence radicale : elle est ambiguë. Elle peut être bonne et mauvaise, vivifiante et mortifiante, autonomisante et hétéronomisante, dominatrice et libératrice. Et toute la question de l'éthique consiste à construire pas à pas cet équilibre toujours instable entre la trop grande violence et le trop peu de violence, entre l'institué et l'instituant, entre la langue et la parole, entre mon désir et l'autre désir.

À cet égard, les trois interdits radicaux qu'abrite la matrice jouent un rôle déterminant. En instituant l'espace humain proprement dit, ils marquent le passage de la nature à la culture et ouvrent le chemin de l'autonomie réciproque.

— L'interdit de l'homicide, c'est : *tu ne tueras pas ton semblable et tu ne te laisseras pas tuer par lui.*

— L'interdit de l'inceste, c'est : *tu ne manipuleras pas autrui et tu ne te laisseras pas manipuler par lui.*

— L'interdit du mensonge, c'est : *tu ne mentiras pas et tu ne te laisseras pas conter d'histoires.*

Ces trois interdits peuvent se ramener à celui de l'inceste. Un inceste, c'est en effet une conduite fusionnelle dans laquelle l'autre est nié dans sa subjectivité, réifié, réduit à un objet de jouissance et finalement détruit en tant que sujet. Et un mensonge, c'est une conduite dans laquelle l'autre est également nié dans son statut de sujet qui lui donne le droit de savoir la vérité. Mentir tue non seulement celui qui est la victime première du mensonge, mais également celui qui ment, car ce dernier, de tromperie en tromperie, finit par porter un masque si lourd qu'il devient opaque.

Il est cependant clair que chaque jour nous commettons des homicides, des incestes et des mensonges. Nous empêchons d'autres personnes de parler et nous refusons de prendre part à certaines conversations dans lesquelles nous devrions prendre le risque d'être nous-même. Nous faisons des autres de simples objets de jouissance en leur enlevant ainsi leur dignité de sujets. Et nous mentons aux autres, ce qui, précisément à l'insu de l'autre, prive notre conversation de tout point d'appui dans notre forme de vie.

L'éthique concrète consiste à s'engager chaque jour, «autant que faire se peut», dans la lutte contre toutes les formes d'homicide, d'inceste et de mensonge, et non pas à prétendre s'abstenir de tout acte d'homicide, d'inceste et de mensonge. Une telle prétention, en effet, relèverait d'un angélisme incompatible avec l'humaine condition.

L'approche scientiste de la toxicomanie

Les sciences biomédicales qui sous-tendent toute la problématique actuelle de la prévention envisagent leur objet sous les traits d'un *système*. Elles effectuent une réduction de l'être humain au système organique qui en constitue le support matériel.

Selon cette approche méthodologique, l'être humain et ses parties sont considérés comme *isolables* de leur contexte, c'est-à-dire notamment des systèmes avec lesquels ils se trouvent en interaction. Ainsi, le système circulatoire est considéré comme séparé, distinct du système respiratoire ou du système nerveux.

L'être humain est aussi considéré comme un système *décomposable* en sous-systèmes. Ainsi, le sang peut être vu comme un système indépendamment du cœur. Mais tous deux s'emboîtent comme des sous-systèmes dans le système respiratoire. Par rapport au sang, les globules rouges, par exemple, forment également ment un sous-système.

C'est par hypothèse méthodologique que l'on considère qu'un système est toujours emboîté dans un autre et qu'inversement d'autres systèmes viennent s'emboîter en lui. Un système est encore envisagé comme *évoluant* dans le temps. Le système circulatoire se développe au cours de l'embryogenèse et se détériore pendant le vieillissement de l'organisme ou certaines maladies comme l'artériosclérose ou l'infarctus du myocarde. Mais chaque étape de l'évolution d'un système peut être caractérisée par un *état*. L'état d'un système à un moment donné comprend toute l'information dont on dispose à son sujet à l'instant considéré. La mesure de la tension artérielle ou du pouls, par exemple, est un élément de l'état du système circulatoire de tel organisme à tel moment.

Étudier un système consiste à le décrire à ses moments successifs et à tenter de formuler les lois auxquelles il obéit. Si ces dernières sont correctement énoncées, elles permettent de prévoir l'évolution du système en fonction des paramètres qui, à chaque instant, déterminent cet état. Sans cet ensemble d'hypothèses méthodologiques, il serait impossible de connaître le fonctionnement d'un système.

En voyant dans l'être humain un système, les sciences biomédicales, et la physiopathologie en particulier, se sont ménagé la voie de l'opération avec ce système puisqu'elles peuvent en prévoir l'évolution en fonction de la variation des paramètres qui le définissent. Cette conquête méthodologique, fruit du dualisme cartésien, s'est avérée d'une portée considérable qu'il n'entre pas dans notre intention de dénigrer. Mais la capacité d'agir ainsi acquise se paie à grands frais, car elle a réduit l'être humain à une machine cybernétique. Elle l'a abstrait de son histoire particulière, de sa subjectivité propre, de son existence vécue.

L'objectivation de l'être humain par les sciences biomédicales consiste à mettre entre parenthèses certains aspects du sujet pour en mettre d'autres en évidence. Le temps mesurable est abstrait de la durée; la géométrie, de l'espace qualitatif; l'entropie de l'organisme, du vieillissement de la personne; le métabolisme biologique, de l'existence personnelle. Bref, les sciences biomédicales découpent la chair humaine pour en extraire une abstraction nommée machine cybernétique. L'objectivité de l'observation est mise en évidence au prix de la mise entre parenthèses de l'autocompréhension du sujet et donc de sa capacité de mentir et de chercher la vérité.

En un mot comme en cent, l'approche scientifique de l'humain abstrait l'organisme de la personne, le corps qu'on *a* du corps qu'on *est*. Mais cette opération, pour nécessaire qu'elle soit, passe souvent inaperçue et la médecine, appliquant indûment les connaissances acquises au sujet du corps qu'on a au soin du corps qu'on est, devient scientiste. Elle croit pouvoir régir les corps que nous sommes comme un mécanicien contrôlerait des machines cybernétiques. C'est alors la souffrance vécue par le sujet et la parole au travers de laquelle il tente de la dire que la médecine scientiste tient pour négligeables.

C'est donc une authentique forclusion[4] de la souffrance qui apparaît ainsi comme la conséquence la plus dramatique du scientisme[5] en médecine.

Et pourtant, la parole naît de la souffrance d'un sujet qui chemine à la recherche de sa véritable identité au cœur même de la crise qu'il vit, au cœur même de la déchirure qui le fait crier. Encore faut-il, pour que son cri devienne parole, qu'il soit entendu par autrui pour ce qu'il est.

La souffrance est inévitable. Elle est la vie qui chemine. Elle signe l'histoire des humains qui sont, ou du moins qui devraient être, à tour de rôle l'obstétricien et l'accouchée dans les relations qui les lient. Devenir un homme, devenir une femme, c'est laisser autrui m'accoucher dans une relation qui jamais ne fait l'économie de la souffrance. C'est pourquoi la médecine, qui devrait être l'art de rencontrer avec autrui sa véritable souffrance, plutôt que de contribuer à la masquer derrière le traitement technique de la douleur et de ses causes, devrait ainsi être un art intersubjectif bien plus que l'application d'un savoir objectif à un « patient » par un « praticien ».

La souffrance reste inévitable même lorsqu'on tente de la récuser. Mais, si elle est déniée, si elle ne trouve pas dans la parole l'expression qui permet d'y faire face, le sujet tentera, sans cesse mais toujours en vain, de recouvrer la santé d'autrefois dont il est à jamais privé, de restaurer l'état antérieur pourtant irrémédiablement dépassé, de remonter le temps irréversiblement écoulé.

---

4. Par « forclusion », on entend, à la suite de Jacques Lacan, l'opération de l'inconscient par laquelle un individu ou une collectivité s'empêchent efficacement d'atteindre le but qu'ils visent sincèrement.
5. Par « scientisme », on entend une attitude, et l'éventuelle doctrine correspondante, qui consiste à considérer que la science est détentrice du dernier mot en toute chose.

Les professions de la santé, et le corps médical en particulier, semblent se comporter le plus souvent comme si leur mission était de garantir et de promouvoir une normalité qui n'est en réalité que l'expression condensée de l'écran que nous dressons entre notre souffrance et nous dans l'espoir illusoire de ne pas souffrir. Qu'on ne se méprenne pas : je n'entends nullement plaider pour la réhabilitation de la douleur. La médecine a le devoir de lutter contre la douleur et de la vaincre par des soins appropriés. Mais elle se doit également de ne pas occulter ce dont la douleur est à la fois le symptôme et la cause : la souffrance d'être un homme, une femme, qui va mourir.

Lorsque l'être humain est réduit à l'image scientiste que notre culture scientifique se forme de lui, il se ment à lui-même en croyant se raconter la vérité. Lorsque la médecine est complice de ce mensonge ou, pire, l'entretient, elle renie sa raison d'être et se mue en une idéologie mortifère.

De ce mensonge, en effet, résulte *la mort du sujet,* peu importe qu'il soit soignant ou soigné. Finalement, et paradoxalement, c'est par le truchement du développement technoscientifique qu'elle cultive que la société occidentale empêche — et par conséquent précipite — cela même qu'elle cherchait à corriger : la souffrance.

Accompagnement et réciprocité

Qu'est-ce à dire concrètement dans une relation d'aide ? Quels travaux incombent à la personne aidée et à celle qui l'aide ?

La toxicomanie entraîne le sujet dans une crise[6] existentielle qu'elle a pour fonction, illusoire, de dénier. Vécue comme crise ou réponse à une crise, la toxicomanie est toujours un événement dramatique qui pose la question du sens et du non-sens de l'existence. Mais qu'est-ce au juste qu'une *crise* ? On parle de crise d'asthme, d'appendicite, de foie ou de larmes pour désigner un événement qui survient et qui est plus fort que nous, qui nous emporte comme un fétu de paille balayé par une vague. La crise survient lorsque nos moyens de défense habituels sont submergés, lorsque nous ne savons plus à quel saint nous vouer, lorsque tous nos points de repère basculent, ou du moins que nous en avons le sentiment, lorsque nous ne savons plus quel langage tenir sur ce qui fait notre vie et son sens.

La question surgit alors de savoir comment vivre dans un environnement où il ne nous est plus possible de nous dire à nous-mêmes (ni aux autres) la vérité de ce que nous devenons. Une crise est une situation dramatique dans laquelle le

---

6. « Crise » vient du mot grec *krisis,* dont la racine contient l'idée de discernement, de distinction. *Krinein* signifie « juger », « faire la part des choses », « séparer ce qui doit être séparé ». Une crise, c'est une situation dans laquelle on est appelé à discerner pour changer.

sens est radicalement mis en cause ou absent. Une crise est une situation qui conduit fréquemment au mensonge.

Dans cette perspective, il est intéressant de réfléchir à la parole. En effet, quand on rencontre quelqu'un qui est « en crise », c'est généralement quelqu'un qui raconte ou quelqu'un qui ne dit rien (mais alors c'est son silence qui devient éloquent), ou encore quelqu'un qui voudrait dire qui il est mais qui ne le sait plus, quelqu'un qui se trouve dans l'impossibilité de raconter sa vie avec un minimum de cohérence. Il ne se sent plus capable de dire pour quoi ni pourquoi il vit. Et pourtant, c'est quand on raconte sa vie que la vie prend un sens, que le sens en émerge ; c'est quand on fait le récit de sa vie, le récit de sa difficulté à un ami, à soi-même ou à un « spécialiste » que le sens peut surgir. Mais pour qu'il puisse (re)surgir, il faut d'abord qu'on reconnaisse qu'il est absent.

Raconter sa vie est un véritable travail : c'est accoucher de soi-même, c'est mettre de l'ordre en soi, tenter de dire qui l'on est en disant qui l'on a été et qui l'on voudrait être. C'est mettre en perspective des événements qui paraissent accidentels. C'est distinguer dans son passé l'essentiel de l'accessoire, c'est repérer des points fixes. Raconter sa vie permet de souligner des moments plus importants et de mettre entre parenthèses d'autres aspects de sa vie. C'est ainsi que le récit est créateur d'intelligibilité. Et la crise survient lorsque cette opération est devenue difficile, voire impossible.

Mais quand on raconte sa vie, on ne raconte pas n'importe quoi. Quand j'étais enfant, on m'a raconté ma vie à moi. Mes parents ont commencé le récit de ma vie pour moi et ils m'ont inséré dans leur récit à eux. Ma vie a pris conscience d'elle-même à l'intérieur d'autres récits déjà enchevêtrés les uns dans les autres. Nous ne racontons pas notre histoire solitaire ; dans notre histoire que « nous » racontons, il y a déjà l'histoire des autres.

L'histoire que nous racontons n'est évidemment pas une fiction arbitraire car, malgré le fait qu'elle restera toujours inexorablement subjective, elle comporte des évidences que nous partageons avec d'autres. Les membres d'une famille ont des parties communes dans les récits qu'ils font de leur vie. Il en est de même pour les amis ou les compagnons de travail ou de combat. Quand on a éduqué un enfant, le récit de l'enfant et celui de son éducateur comportent une partie commune que chacun racontera à sa manière, mais qui n'en est pas moins authentiquement partagée.

La crise est toujours une crise du sens parce qu'elle pose les questions radicales : à quoi suis-je fidèle ? De quoi suis-je occupé à me détacher ? Comment suis-je en train de me recomprendre moi-même ? Si l'on invente une histoire et qu'on la raconte à des enfants, on ne sait pas toujours comment on va la continuer. On est tenu, cependant, si l'on ne veut pas mécontenter les enfants, de continuer l'histoire qu'on avait commencée et non d'en recommencer une nouvelle chaque fois. On inventera donc une suite, de jour en jour, mais en restant cohérent par rapport à ce qu'on a dit auparavant. C'est ce qu'on pourrait appeler la fidélité créatrice. Le travail de la personne aidée dans une relation d'aide consiste d'abord à reconnaître sa crise et à vouloir en sortir. Ce qui suppose la résolution de sortir du mensonge. Comment donc raconter de façon vraie l'histoire de sa vie? C'est là une question redoutable, car elle conduit tout droit au cœur de nos terreurs les plus enfouies et de nos espoirs les plus cachés. Il n'y a de vrai récit de notre vie que dans le récit qui permet l'interprétation de la part d'un autre. Un autre qui sache nous libérer de nos propres illusions en écoutant, au travers des mots de l'histoire, la souffrance secrète qui l'habite et qui, par la vertu de son oreille, pratique en nous la brèche par laquelle nous serons délivrés, petit à petit, de nos illusions les plus tenaces. Finalement, cette délivrance sera accomplie lorsqu'il s'avérera qu'elle est elle-même illusoire et que la seule chose qui compte, en définitive, c'est le mouvement du récit à la recherche de sa propre vérité.

Mais quel est alors dans la relation d'aide, le travail de la personne qui aide? Sa première tâche consiste à se rendre compte que l'approche scientiste de la toxicomanie, qui se cantonne dans l'ingénierie biomédicale, apparaît dans bon nombre de crises comme une instance conduisant à refouler l'interrogation fondamentale de l'être humain faisant face à la question de la vérité de son existence. Vouloir à tout prix mettre au jour la cause organique d'un malaise «métaphysique» est une attitude qui, pour n'être sans doute ni délibérée ni même consciente, n'en est pas moins meurtrière. En effet, la demande d'un toxicomane est toujours, fût-ce implicitement, la demande d'un corps vécu poursuivant son propre avènement comme sujet. À ce travail d'engendrement devrait répondre le travail d'accoucheur du thérapeute.

Mais quelles conditions doivent être remplies pour qu'une crise soit effectivement une occasion de changement? En son principe, la réponse est simple: il faut que la crise vienne au langage de façon vraie. Et c'est tout le travail du thérapeute que d'assister le sujet dans cet accouchement toujours difficile. On peut décrire ce travail comme la mise en place de trois conditions pour que la crise de la personne aidée soit surmontée:

1. Pour qu'une crise puisse ouvrir sur un changement, pour qu'une maladie puisse devenir une expérience positive, il faut d'abord que le toxicomane arrive à trouver en lui-même la force de vaincre. La première condition est donc que le toxicomane soit encore capable de penser à lui-même comme à une personne capable d'inventer un jour une suite heureuse à sa propre histoire, peu importent les blocages qui apparaissent maintenant dans son récit.

2. Toutefois, on ne raconte pas une histoire à des murs, on la raconte à quelqu'un. Et la deuxième condition pour qu'une crise soit une occasion de changement, c'est précisément qu'une personne soit là pour écouter l'autre qui est en crise et qui tente de se raconter. Une personne qui écoute sans moraliser ni banaliser le récit, attentive à saisir avec lui le sens de sa propre histoire.

3. La troisième condition pour qu'une crise soit une occasion de changement est que l'on puisse relire son passé de façon à rouvrir l'avenir. Cela implique

évidemment que l'on reconnaît la crise pour ce qu'elle est et que l'on ne se laisse pas entraîner à suivre la politique de l'autruche. Il s'agit d'admettre que quelque chose a été perdu, irrémédiablement, et que cela ne peut plus être désormais qu'un souvenir. Il s'agit en quelque sorte de faire son deuil d'une trompeuse image de soi-même.

Mais pour être mené à bien, ce travail d'accoucheur demande des qualités qu'il vaut la peine d'énoncer brièvement :

1. Accepter soi-même l'angoisse inhérente à toute existence humaine, la nommer, l'apprivoiser et même s'en servir comme d'une énergie dont la force considérable peut devenir créatrice plutôt que destructrice. Il s'agit de renoncer à une conception scientiste de la thérapie selon laquelle celle-ci aurait pour finalité de vaincre la souffrance et la mort. Une telle tâche est tellement difficile à accomplir qu'il vaut mieux en rabattre et considérer plus modestement le but de son métier de thérapeute comme étant d'aider ses patients à vivre avec plaisir le corps qu'ils sont en dépit des vicissitudes du corps qu'ils ont.

2. Reconnaître qu'on a besoin de ses patients pour « gagner sa vie » et acquérir un statut social valorisant, évidemment, mais aussi tout simplement pour vivre. Il y a un véritable plaisir de soigner qui peut être très profond et parfaitement légitime : le plaisir d'une résonance entre la recherche d'équilibre personnelle menée par le thérapeute et celle qu'il tente d'accompagner chez son patient. En un sens, le patient est une espèce de médiation dans le travail intérieur du thérapeute. Il n'est pas rare que, dans une relation thérapeutique de qualité, le patient se trouve à cultiver à son insu l'autonomie de son thérapeute, comme ce dernier s'efforce de cultiver méthodiquement la sienne. Savoir témoigner discrètement à ses patients de la reconnaissance pour la confiance qu'ils lui accordent est une qualité appréciable chez un thérapeute.

3. Apprendre à entendre la crise existentielle du patient au travers des mots qui expriment sa demande. En même temps, apprendre à ne pas parler trop vite, à ne pas forcer ni la porte ni le rythme du patient. Accepter de n'être pas scientifiquement efficace à tout prix. Savoir attendre le moment opportun tout en évitant au patient des catastrophes prévisibles et évitables. C'est un grand art que de laisser l'initiative à l'autre.

4. Avoir acquis assez d'autonomie, toutefois, pour se laisser guider par le patient sans pour autant se laisser enfermer dans son discours ou dans son attitude. Un thérapeute n'est pas seulement une oreille attentive. C'est une personne qui doit pouvoir mobiliser à bon escient ses compétences et son expérience. Certains patients choisissent inconsciemment le langage du corps et de la maladie plutôt que le langage des mots. Dans de tels cas, il faut savoir résister aux mots qui, le plus souvent, disent le contraire de ce qu'exprime le corps.

5. De même, avoir acquis assez d'autonomie non seulement pour déjouer les pièges tendus inconsciemment ou non par les patients, mais aussi pour résister à toute forme d'institution soumise à la tentation du totalitarisme.

User du sens critique nécessaire pour toujours distinguer clairement le savoir biomédical de son utilisation au bénéfice particulier de chaque patient. Autrement dit, s'efforcer de ne pas réduire la thérapie à une science biomédicale appliquée. Mais l'institution la plus proche et la plus susceptible de succomber à la tentation totalitaire est encore le thérapeute lui-même, qui devra veiller particulièrement à résister à la tentation du paternalisme comme à celle du perfectionnisme. Le thérapeute, finalement, ne risque-t-il pas toujours de se prendre pour un dieu?

Conclusion : la rage de rendre normal

L'enjeu éthique de la lutte contre la toxicomanie est tout simplement de savoir pourquoi et dans quelle mesure il faut résister à cette *furor sanandi* — rage de rendre normal — qui s'est emparée depuis quelques années de la plupart des gouvernements occidentaux. D'emblée, j'affirme que je ne suis pas opposé à la médecine préventive. Bien au contraire! Mais j'entends résister aux diverses formes de totalitarisme qui se camouflent aisément derrière les idéaux de la santé publique. Lorsque la prévention se conçoit et se pratique comme une tâche politique où l'on cultive l'autonomie des citoyens en les mettant devant leurs responsabilités sanitaires, et en les aidant à réaliser leurs éventuels désirs d'assumer correctement ces responsabilités, elle fait montre d'un réel civisme démocratique.

Mais cette entreprise ne peut se concevoir sans les citoyens, ni surtout contre eux. Ce à quoi je résiste, c'est aux formes de prévention qui cherchent sans le dire à faire le bonheur des citoyens malgré eux. Ce paternalisme (même légalisé, le cas échéant) est une perversion majeure de l'éthique que l'on retrouve dans les campagnes contre la toxicomanie.

Trois piliers semblent soutenir l'édifice de la prévention : une conception scientiste de l'être humain, une vision rationaliste de la médecine et une science biostatistique rigoureuse. Hélas! aucun de ces étais ne résiste à l'analyse critique. La conception dite scientifique de l'être humain procède d'une réduction de l'existence humaine à ses aspects quantifiables. Le corps que nous *avons* est substitué au corps que nous *sommes* par la mise entre parenthèses de l'autocompréhension du sujet et notamment des mensonges qu'il peut former à son propre égard. La vision soi-disant rationnelle de la médecine procède de la même réduction et considère que sa finalité est de ramener à la normale tout dysfonctionnement organique ou social, c'est-à-dire d'empêcher les paramètres biologiques ou sociaux de l'humain qui auraient pu s'écarter de la normale de continuer à pencher à droite ou à gauche, à rester dans l'« hyper » ou dans l'« hypo », dans le trop ou le trop peu. Et la science biostatistique qui sert d'argument à la médecine préventive est trop souvent marquée par des erreurs épistémologiques aussi grossières que monumentales. Je pense, par exemple, à l'amalgame courant entre les causes et les facteurs de risque, à la définition d'un pronostic individuel à partir d'une corrélation statistique plus ou moins avérée dans une population observée, à la confusion des causes prochaines et des causes premières dans l'analyse étiologique des pathologies, ou encore à la réduction à une cause unique d'un faisceau d'influences multifactoriel.

Tout se passe comme s'il était démontré une fois pour toutes qu'aucun individu n'avait jamais adopté un comportement dangereux dans l'espoir d'éviter, consciemment ou non, un danger plus grand. Nous connaissons pourtant tous des personnes qui, à un moment ou l'autre de leur vie — nous-mêmes parfois —, ont fait ou font encore une maladie pour mieux s'adapter à leurs conditions d'existence.

Ces maladies ne sont pas seulement diplomatiques au sens superficiel du mot, elles sont précisément adaptatives. Et s'il semble aussi évident à la plupart des professionnels de la prévention que de telles maladies adaptatives ne sauraient être que des fantasmes d'intellectuels de mauvais aloi, c'est sans doute parce que la conception scientifique du corps et la vision rationnelle de la médecine excluent un quelconque rapport causal de l'humain avec les mensonges qu'il est toujours susceptible de se raconter à lui-même à son propre sujet. Et pourtant, la démonstration de leur erreur est quotidienne et ils la déplorent eux-mêmes explicitement tous les jours : si aucune motivation inconsciente n'intervenait dans nos comportements, nous nous conformerions tous depuis longtemps aux injonctions rationnelles de la prévention, et plus aucun d'entre nous ne consommerait jamais de substance toxique.

Ce chapitre était donc nécessaire, non pas en raison de l'originalité de sa thèse, car d'autres l'ont énoncée il y a de nombreuses années déjà[7], mais à cause de l'approche philosophique qui le caractérise. En effet, c'est en nous interrogeant sur le type d'humains et sur le type de convivialité entre les humains véhiculés par la prévention totalitaire que nous entendons lui résister et lui opposer le projet d'une prévention autonomisante. C'est en définitive d'éthique qu'il s'agit ici une fois de plus puisque, au nom du Bien, on tente d'imposer une vision tronquée de l'humain.

---

7. À cet égard, on lira avec profit et plaisir le remarquable livre de Norbert Bensaïd (1974). Nous lui devons tant qu'il faudrait le citer presque à chaque page.

Références

APPEL, K.O. (1994). *Éthique de la discussion*, Paris, Cerf.

BENSAÏD, N. (1981). *La lumière médicale. Les illusions de la prévention*, Paris, Seuil.

BENSAÏD, N. (1974). *La consultation — Le dialogue médecin/malade,* Paris, Denoël/Gonthier.

BIBEAU, G. et PERREAULT, M. (1995). *Dérives montréalaises — À travers des itinéraires de toxicomanies dans le quartier Hochelaga-Maisonneuve*, Montréal, Boréal.

HABERMAS, J. (1987). *Théorie de l'agir communicationnel*, 2 vol., Paris, Fayard.

JUNG, C.G. (1973). *Ma vie*, Paris, Gallimard, «Folio».

LADRIÈRE, J. (1997). *L'éthique dans l'univers de la rationalité*. Montréal : Fides.

LADRIÈRE, J. (1977). *Les enjeux de la rationalité*, Paris, Aubier/Unesco.

MALHERBE, J.-F. (1997a). *La conscience en liberté*, Montréal, Fides.

MALHERBE, J.-F. (1997b). *Pour une éthique de la médecine*, 3ᵉ éd., Montréal, Fides.

MALHERBE, J.-F. (1996). *L'incertitude en éthique*, Montréal, Fides.

MALHERBE, J.-F. (1994). *Autonomie et prévention. Alcool, tabac, sida dans une société médicalisée*, Montréal, Fides.

RICŒUR, P. (1990). *Soi-même comme un autre*, Paris, Seuil.

RICŒUR, P. (1983, 1984, 1985). *Temps et récit*, 3 vol., Paris, Seuil.

INDEX DES AUTEURS

INDEX DES SUJETS

Nous reconnaissons l'aide financière du gouvernement du Canada par l'entremise du Programme d'aide au développement de l'industrie de l'édition (PADIÉ) pour nos activités d'édition.

Gouvernement du Québec — Programme de crédit d'impôt pour l'édition de livres — Gestion SODEC.

AGMV Marquis

MEMBRE DU GROUPE SCABRINI

Québec, Canada
2000